ジェームズ・L・ノーラン Jr.
藤沢町子 訳

# 原爆投下、米国人医師は何を見たか

マンハッタン計画から
広島・長崎まで、
隠蔽された真実

# ATOMIC DOCTORS

Conscience and Complicity
at the Dawn of the Nuclear Age

James L. Nolan, Jr.

原書房

# 原爆投下、米国人医師は何を見たか

マンハッタン計画から広島・長崎まで、隠蔽された真実

ATOMIC DOCTORS:

Conscience and Complicity at the Dawn of the Nuclear Age

by James L. Nolan, Jr.



Published by arrangement with Harvard University Press

through The English Agency (Japan) Ltd.

ポヴィ・ツァイへ

目次

# 謝辞

本書を執筆するための調査は大冒険であり、私はその道中で多くの人々や機関に助けられた。プロジェクトの初期段階では、大学を休職して人文科学・社会科学オークレーセンターですごした。そこにいるあいだ、最終的には本書の第7章となった題材について発表をし、オークレーにいたほかの研究者から有益な意見をもらった。本プロジェクトの題材については、私が所属するウィリアムズ大学人類学・社会学部でおこなわれた一連の討論会でも二度の発表をし、同僚からありがたいフィードバックを受けた。研究助手の学生であるアシュリー・アーノルド、エリン・カーリー、マリアナ・ガルシア、ジョイス・ツェン、アシュリー・ビジャレアルらは、本書のプロジェクトをさまざまな点で手伝ってくれた。二〇一九年には、アメリカ・カトリック大学の人間生態学研究所で特別研究員として一学期をすごし、同大学の社会学の教授を訪ねたりもした。この期間に調査と執筆のための時間と空間を与えてくれたブランドン・ヴァイドゥヤネイサンとジョセフ・カピッツィに感謝する。ワシントンDCにいるあいだ、さまざまな場所で本書の題材について発表をし、とりわけヴィンセント・キアナン、ウィリアム・ソーンダースのふたりと興味深い議論をした。

多数の記録保管所を訪れ、またそうした機関から資料を集めるにあたり、丁寧で優秀なスタッフに助けられた。協力してくれた機関は、ロスアラモス国立研究所、ラスベガスの核実験記録保管所、ロスアラモス史学会、アルバカーキのニューメキシコ大学南西部研究センター、メリーランド州カレッジパークの国立公文書館、議会図書館、イェール大学医学史図書館、イェール大学バイネキ図書館、ニューヨーク公共図書館、ダートマス大学ラウナー特殊コレクション図書館、インディアナポリス史学会、アメリカ海軍協会学術図書館、ワシントン大学医科大学院バーナード・ベッカー医学図書館、ボストン大学ハワード・ゴットリーブ記録文書研究センター、ハリー・S・トルーマン図書館、カリフォルニア大学ロサンゼルス校チャールズ・E・ヤング学術図書館特殊コレクション、サン・イルデフォンソ・プエブロ博物館、CBS報道アーカイヴ、広島平和記念資料館、長崎大学原爆医学資料展示室、長崎原爆資料館、広島大学医学部医学資料館、広島の放射線影響研究所論文・データライブラリー。

一九四五ワールド・フェローシップが、日本で調査をおこなうための資金を助成してくれた。長崎、広島、東京では、マサコ・フクシマ、エリック・J・グラント、アキコ・クボタ、マイケル・ミルワード、カズオ・ミヤタ、トクサブロウ・ナガイ、リエ・ナカニシ、オオツラ・ニワ、マユミ・オダ、マリ・シモムラ、スタニスラウス・ケイサカ・シオノヤ、トオル・タサキ、ロバート・ウーリック、ケンイチ・ヨコタといった方々と話をすることで多くのものを得た（そして、有用な資料もいただいた）。

ロバート・フトラン、カレン・ノーラン、エリック・ソーソン、ジョン・レイノルズ、マルタ・レイノルズ、ケイト・カンピオン、クリス・ノーラン、アニー・ゲイムズ、アリス・ジャド、クレア・

ノーランといった家族や友人は、祖父との思い出を惜しみなく語り、きわめて貴重な情報を提供してくれた。リン・ハンディとビル・レイノルズから聞いた話は、とりわけ助けになった。ふたりは本書の草稿も快く読んでくれた。本書執筆のきっかけとなった小さな秘密の箱をきちんと保管していてくれた、愛する亡き父にも感謝の念を抱いている。

初期段階の草稿を読み、洞察に満ちた意見をくれたマイケル・アロンソンとニコラス・カー、あとの段階の草稿について同じことをしてくれたジョナサン・インバーに感謝している。ルネ・フォックス、デイヴィッド・C・シンドラー、ウィル・ノーランは、本書の各部分を読み、有用な情報を提供してくれた。ユミ・ファーウェルは、翻訳作業をして私を助けてくれた。ジョン・フォーブスは、私の目を長崎の放射線科医である永井隆の人生と仕事にむけさせた最初の人であり、ピア・ジョリフは、永井についてさらなる情報を提供してくれた。ティナ・コルドヴァは、トリニティ実験の風下にいた人々に関する重要な情報源であり、これはバーバラ・ケントとボブ・ケラーも同様だった。ジョイス・ランズバークは、父親ドナルド・コリンズから受け継いだ、第二次世界大戦後の彼の日本滞在に関する貴重な文書と写真を提供してくれた。グレッグ・ハーケンとケン・オラムは、ロスアラモスで開催された四〇周年記念集会の情報を得る手助けをしてくれ、サシャ・デイヴィスは、最新のマーシャル諸島の地図のテンプレートを提供してくれた。

サラ・ヴラディック、リン・ヴィンセント、アツコ・イイダから聞いた話も、米軍艦インディアナポリス号の物語に対する私の理解を深めた。ジャック・ニーデンタールやジョナサン・ワイズガルとの議論は、アメリカのマーシャル諸島に対する関わり方について示唆に富むものだった。チャド・ディールと長崎の戦後史について、トミコ・モリモト・ウェストと八月六日の原爆投下時およびその後の広島での体験について、デイヴィッド・ファーマンと彼の父親が私の祖父とした旅について、ローズ・フリッシュ、ヘンリー・フリッシュ、アンドリュー・ハンソンとロスアラモス病院におけるジェームズ・F・ノーランの仕事について、メアリー・カービーと第8章で論じた開発の一部について、シンディ・ケリーとマンハッタン計画全般について話をしたことも大いに役立った。ウィリアムズ大学で核の時代初期に関する講義を共同でおこなった歴史学者ジェシカ・チャップマンとも多くの有意義な議論をした。

ハーバード大学出版局の編集者イアン・マルコルムには大変お世話になった。イアンのような、頼もしく、賢く、有能な編集者といっしょに仕事ができたことは、とてもありがたい贈り物だった。最後に、キャシーに感謝する。彼女の知恵と忍耐と率直な助言は、本書と、本書を執筆した人物の思考とものの見方に深く影響を与えた。

# 序　章

一九四五年六月一七日の朝、医学博士であるジェームズ・F・ノーラン大尉は、ニューメキシコ州アルバカーキで飛行機に乗り込んだ。ブリーフケースには、極秘の報告書がはいっていた。ノーランがマンハッタン計画に参加しているほかの医師やふたりの物理学者と作成したもので、史上初の原子爆弾から生じうる放射性降下物についての懸念を表明してあった。ガジェットとよばれるそのプルトニウム爆弾を使った爆発実験、通称トリニティ実験は、ニューメキシコ州のアラモゴード爆撃試験場で一カ月以内におこなわれる予定だった。ノーランたちは、マンハッタン計画の指揮官レズリー・グローヴス将軍が説得に応じ、トリニティ実験の安全対策と避難手順を承認してくれることを願っていた。飛行機が遅れたために乗り継ぎを逃し、シンシナティからノックスヴィルまで長いあいだ列車に揺られたあと、翌朝六時半、ノーランはようやくマンハッタン工兵管区のオークリッジサイトに到着した。ノックスヴィルの町から約四〇キロ離れたこの場所で、ついにグローヴス将軍と面会を果たした。報告書を受けとった巨漢のグローヴス将軍は、まったくうれしそうではなかったが。

グローヴス将軍は、執務室の外にノーランを待たせ、報告書を読んで側近たちと議論した。それが終わると、ノーランを呼び入れて吐き捨てるようにこう言った。「なんだおまえ、ハースト気取りのプロパガンダ野郎かなんかか？」扇情的な報道で有名な新聞王ウィリアム・ランドルフ・ハーストを引き合いに出したこの台詞は、グローヴス将軍の最大の懸念が情報保全と秘密保持であることを示していた。もし提案の計画を実施したら、極秘のマンハッタン計画に関する情報がアラモゴード爆撃試験場の周辺住民に漏れてしまうかもしれない、と恐れたのだ。しかし、これはけっして予想外の反応ではなかった。ノーランが見たところ、軍部は戦争を目的として爆弾をつくることしか頭になく、放射線の危険を心配することは「完全にあとまわし」だったからだ。グローヴス将軍は、ノーランの言葉を借りれば「銃身のように一直線な考え方をもって」おり、それが彼を「卓越した兵士」にする一方で、「情報保全のことしか考えられない」状態にしてもいた。[1] 結果的には、マンハッタン計画の医師たちがトリニティ実験の放射性降下物を心配したことは正しかった。グローヴス将軍が最後には安全対策の一部を承認したにもかかわらず、実験場周辺地域では、放射線の長期的影響に関する懸念が今も残っているのだから。

マンハッタン計画の医師たちは、トリニティ実験で生じる危険な放射性降下物について軍部に警告したが、実験後には、放射線の有害な影響を実際より低く見積もることに加担してもいた。医師のこうした複雑な役割に着目すると、核の時代の黎明期にどんなことが繰り返されたかがよくわかる。マンハッタン計画の医師たちは、とりわけ放射線被ばくの危険について警告を発した。だが軍の指導者は、軍事的・科学的関心を優先し、医師の警告を深刻に受けとめなかった。そして警告の内容が現実になると、医師たちは、しばしば訴訟への恐れから、軍が放射線被ばくの負の影響を隠蔽《いんぺい》するか、可能なかぎり小さく見せようとするのを手伝わざるをえなくなった。

本書が焦点をあてるのは、第二次世界大戦中のアメリカで進められた原子爆弾の開発・製造計画、マンハッタン計画に携わった医師たちである。とくに、ノーラン、同僚のルイス・ヘンペルマン、スタフォード・ウォレンの三人に注目する。いずれの医師も初期段階から計画に参加し、のちに原子力時代が展開するドラマのなかで重要な役割を果たす人物だ。三人とも放射線医学の分野で研鑽《けんさん》を積んでいたので、新兵器の危険かつ重大な特徴でありながら謎の多かった放射線のことを、たいていの人よりよくわかっていた。こうした医師たちは、どのようにして放射線の知識を獲得し、管理したのだろうか？　放射線による悪影響を受けた人に対して、どのような対応をとったのか（あるいは、とらなかったのか）？　これらを明らかにすることが、本書の中心的な課題である。このテーマは、核兵器を使用し、その後も開発し保有しつづけたことの必要性と倫理性に関する現在継続中の議論とも交点をもつ。さらに、マンハッタン計画の医師たちがどのように利用されたのか、その際の医師たちの態度は協力的だったのか否か、その目的は原爆に関する歴史的言説の裏付けだったのか反証だったのか、についても考察する。

ジェームズ・F・ノーランは、著者の祖父である。彼がどんなふうにマンハッタン計画に関わったのか、私がそれをはじめて知ったのは、父が亡くなった数カ月後、母が訪ねてきたときだった。母は、ほかの家族が存在さえ知らない箱を携えていた。箱を開けて中身を調べはじめると、私は驚きにうたれた。その箱は、祖父自身とマンハッタン計画で彼が果たした役割に関する情報の宝庫だった。たくさんの写真が見つかった。トリニティ実験、米軍艦インディアナポリス号、テニアン島、ビキニ環礁。原爆投下のわずか数週間後に撮影された広島と長崎の写真もあった。それから、祖父の軍事記録、旅程表、工芸品、土産物、天気図、新聞の切り抜き、体験の記録、書簡や覚書といったものも出てきた。マンハッタン計画の科学部門を率いていたロバート・オッペンハイマーとのやりとりまであった。

こうした資料の発見を機に、祖父を案内役として、核の時代の黎明期をめぐる私の旅が始まった。私にとっての祖父ノーランは、『神曲』に出てくるダンテにとってのウェルギリウスのような存在だった。ノーランは私に魅力的な人たちを紹介してくれた。そのなかには、技術による新たな天国を思い描く人もいた。それから恐怖の地獄も見せてくれた。ノーランが終戦直後の広島と長崎で出会った日本人医師たちが伝える光景だ。祖父の秘密の箱に詰まった資料に導かれ、私は調査の旅に出た。アメリカ各地の記録保管所をまわり、ロスアラモスとオークリッジの原爆開発施設やサン・イルデフォンソ・プエブロの集落にとどまらず、インディアナ州で開かれた米軍艦インディアナポリス号生存者の集いに足を運び、広島や長崎へ飛んだ。調査をすればするほど、物語への興味がつのり、困惑が深まった。ノーランはもちろん中心人物ではあるが、ウェルギリウスと同じく案内役にすぎないともいえる。物語が描き出すのは、ノーランではなく、彼が生きた、ドラマチックな激動の時代そのものである。

祖父は、この時代に起きた重大な出来事の多くに立ち会っていた。人類が爆発させた最初の八つの原爆になんらかの形で関わっていたし、原爆開発の中心であるロスアラモス研究所に在籍していたどころか、立ち上げ時の人員のひとりだった。トリニティ実験では安全対策と避難計画の策定に一役買った。広島に投下された原爆リトルボーイをロスアラモスから太平洋諸島へ送り届ける任務を負った二人組の片方は祖父だった。終戦後に日本を訪れ、爆撃地を調査した最初のアメリカ人のひとりでもあった。その後マーシャル諸島のビキニ環礁とエニウェトク環礁でおこなわれた原爆実験にも参加していた。そして、人生の最後の最後には、およそ一〇〇名の元同僚といっしょにロスアラモス研究所で開催されたマンハッタン計画四〇周年記念集会に出席した。この行事は、原爆をつくり出した科学者にとって、自分たちの発明の結末について苦しみながらも考え抜く機会となった。本書では、ノーランにまつわる逸話をたどることにより、マンハッタン計画の医師たちが直面した倫理的・医学的問題について考察する。

祖父の旅路に対する私の興味は、個人や歴史の枠にとどまらない。社会学者として、現代社会における技術の役割に長らく関心を抱いてきた私は、ノーランの物語が技術と私たちの悩ましい関係を理解する手がかりになると気づいた。原爆の発見によって、軍事、エネルギー、医学の各分野で多数の核技術が生まれ、そこから派生した多種多様な技術が今も私たちの生活を形づくっている。原子力時代初期から得た教訓は、核技術と既存の派生技術だけでなく、遺伝工学、ロボット工学、ナノテクノロジーといった今まさに生まれつつある新技術と人間の関係を深く理解する一助になる。本書では、原子力時代のはじめにノーランがとおった道筋をたどりながら「リトルボーイを送り届ける」ことの意味をいくつも探っていくが、核を利用しているか否かによらず、技術が人間の生に強大な影響をもたらすことも、そのうちのひとつである。

# 第1章　ロスアラモスの生活

あれは最良の時代であり、最悪の時代だった……希望の春であり、絶望の冬だった。人々のまえにはすべてがあり、同時に何もなかった。みな天国に召されそうで、逆の方向に進みそうでもあった。

――チャールズ・ディケンズ
（『二都物語』、加賀山卓朗訳、新潮文庫、二〇一四年）

一九一五年九月五日、ジェームズ・フィンドリー・ノーランは、シカゴに住むジョセフ・ノーランとバーニスの三男として生まれた。五歳のとき、家族でセントルイスに引っ越し、一九三一年の大学入学まで同じ町で暮らした。ジョン・バローズ高校に通い、そこで未来の妻、のちに著者の祖母となるアン・ローリーと出会った。学部時代をミズーリ大学ですごし、一九三五年に卒業すると、ワシントン大学セントルイスの医科大学院に進み、一九三八年に医学博士号を取得した。けっして裕福ではない両親は、全財産を投入して末息子の医科大学院修了を助けた。そのため、ノーランのふたりの兄ジョーJr.とユージンは軍隊にはいった。

一九三六年八月、ジェームズ・ノーランはアン・ローリーと結婚した。二年後、ノーランの医科大学院修了からわずか数カ月で、長男、のちに著者の父となるジェームズ・ローリー・ノーランをこの世界に迎え入れた。卒業後のドクター・ノーランは、インターンとして外科で一年、レジデント兼助手として産婦人科で三年、いずれもセントルイス近辺の病院で経験を積んだ。一九四二年には妻と幼い息子をつれてニューヨーク市に引っ越し、メモリアル病院でフェローシップを開始した。婦人科がん治療を目的として、物理学と放射線療法の分野でより専門的な訓練を受けるためだった。ワシントン大学の誉れ高い放射線学科と出会ってから、ずっと興味をつのらせていた分野だった。[1]

メモリアル病院でのフェローシップは、医科大学院の同窓で親しい友人のルイス・ヘンペルマンから人生を変える電話を受けた一九四三年二月で切り上げた。ノーランと同じ年にワシントン大学セントルイスの医科大学院を修了したヘンペルマンは、一九四一年にコモンウェルス奨学金を得てカリフォルニア大学バークレー校で研究をしており、その半年のあいだにロバート・オッペンハイマーと出会っていた。ノーランに電話をする数週間まえ、ヘンペルマンはシカゴでこのオッペンハイマーと面会した。マンハッタン計画の科学監督に就任したばかりのオッペンハイマーは、計画の目的を少しも隠し立てすることなく説明し、ロスアラモス研究所の健康管理部門主任にならないかとヘンペルマンを誘った。「ずいぶんあけっぴろげに話していた」と、のちにヘンペルマンは語っている。「原子爆弾の開発に挑戦すると言っていたよ」[2]。しかし、オッペンハイマーの第一希望はヘンペルマンではなかった。ロスアラモス研究所の任務における「医学と健康管理の側面」を率いてほしい、と最初に声をかけたのは、カリフォルニア大学バークレー校の物理学者アーネスト・ローレンスの弟であるジョン・ローレンスだった。ジョンがほかの仕事を理由に誘いを断ったので、オッペンハイマーは誰かほかにいい人はいないかときいた。そのときジョンが推薦したのが、友人でスカッシュのパートナーであるルイス・ヘンペルマンだった。[3]

ノーランもまた、オッペンハイマーの第一希望ではなかった。「職員と家族の健康管理をしてほしい」とオッペンハイマーが最初に誘ったのは、カリフォルニア大学バークレー校博士課程の教え子バーナード・ピーターズの妻であり、自身の親しい友人でもあるハンナ・ピーターズだった。最終的にピーターズ夫妻がロスアラモス研究所へ行かなかった理由は、現在も定かではない。「今にも姿を現しそうだった」と、ヘンペルマンはのちに語っている。「それなのに来なかった。あるいは来られなかったのか、なんなのか。はっきりした事情はわからない」[4]。ほんとうはもっと多くを知っていたのだろうが、この件について認められるのはここまでだった。ピーターズ夫妻がロスアラモス研究所に行かなかった理由は、共産主義と関わりがあり、機密情報の取り扱い許可が下りなかったためだと考えられているからだ。[5]

ハンナ・ピーターズがだめになったとき、ヘンペルマンが代わりにノーランを推薦した。これは結果的にとても幸運だった、とヘンペルマンは考えている。「なぜ幸運かというと、私は一九五〇年にロチェスター大学に移籍したとき、本人［ピーターズ］に会ったからだ。となりの研究室にいたのが彼女だった。彼女は世界一いい人で、頭もすごくよかった。でも、手術や分娩の腕は私と同じかそれ以下だった。彼女が来ていたら、そういう類のことはすべて私がやるはめになっていただろうね。私だって得意ではないのに。だから、ほんとうに幸運だったよ。彼女が脱落して、オッピーが私に誰か知らないかときいてくれたのは」[6]。このとき、ヘンペルマンの頭にノーランのことが浮かんだ。「友人のノーランはどうでしょう」と、ヘンペルマンは提案した。「外科と産科で経験を積み、ラジウムを使ったがん患者の治療にも携わっています。現実的に問題を解決する人間で、医者としても優秀ですよ」[7]

ノーランは、一九四三年二月下旬、始動したばかりのマンハッタン計画に参加を決めたあとのことを、のちにこう語っている。「奇妙な秘密の任務としてワシントンへつれていかれ、オッペンハイマー博士とグローヴス将軍に面会した。そこでマンハッタン工兵管区の構想を説明され、もちろん、秘密保持についても言い含められた」[8]。グローヴス将軍とオッペンハイマーにはじめて会ったこのとき、秘密保持の話がノーランの記憶に強く残ったことは重要かつ示唆的である。秘密保持は、これから繰り返し登場する主題であり、マンハッタン計画と、ノーランの計画への関わり方に対する重大な影響を形づくるからだ。

この最初の会合の際、オッペンハイマーは、メサ（周囲が急な崖になっている台状の地形）に建設するロスアラモス病院の医師となるノーランに、いっしょに働く看護師を何人か見つけるように言った。オッピーの愛称でよばれる彼は、医療体制を整えれば、一流の物理学者を勧誘するにあたって有利に働くだろうと考えたのだ。オッペンハイマーがノーランに宛てた三月上旬の書簡には、「医師と看護師がひとりふたりいるとわかれば、研究所に赴任する人も安心だろう」と書いてある[9]。数日後、ノーランはオッペンハイマーに朗報を伝えた。ハリエット・〝ピーティ〟・ピーターソンとサラ・ドーソンという「有能で意欲的な」看護師ふたりをセントルイスの大学病院から首尾よく引き抜けた、と。ワシントン大学セントルイスの関連病院は、戦時中にロスアラモス病院で働いた医療スタッフの主要な引き抜き先として機能した。[10] ノーランは、ピーターソンとドーソンがすぐに赴任できるだけでなく、小児科の経験と専門知識をもっている点が気に入っていた。すぐに明らかになるが、僻地の陸軍病院の仕事ではこれが大いに役立った。[11]

三月下旬、ノーランとヘンペルマンは、ロスアラモスにいるオッペンハイマーと合流し、ニューメキシコ州へメス山脈のふもとにあるメサを視察した。[12] 建設工事は始まっていたが、このときはまだ、寝袋しかないも同然の小屋に兵士がひとり駐在しているだけで、ほかには誰も住んでいなかった。敷地内で唯一使える建物は、旧ロスアラモス牧場学校のものだった。この教育機関は一九一七年から運営をつづけていたのに、戦時下の秘密研究所を建てようとする軍によってつい先日メサから強制退去させられていた。一九四三年に卒業するクラスの生徒は、一月下旬の卒業式に間に合わせるべく、大急ぎで勉強を進めなければならなかった。

三月の視察旅行のあと、ヘンペルマンは民間人の立場を維持したまま、テック・エリアの通称で知られる技術区域で放射線の危険を監視する任務につき、ノーランは入隊して新病院の軍医となり、研究所の職員や家族の医療全般を担当することが決定された。この職務の境目が厳密に守られたためしはなく、友人ふたりは助け合って仕事をした。とくに研究所でさほど差し迫った放射線問題のなかったロスアラモスの一年目には、ヘンペルマンは病院で手伝いをすることが多かった。[13]

同じようにノーランも、研究所の健康管理と安全の問題に無関係ではいられなかった。オッペンハイマーは、ノーランに宛てた最初の書簡ですでに、病院の立ち上げに関する事柄だけでなく、医療従事者には血球計算を手伝ってもらう必要があることも説明していた。「放射線を使うわれわれの計画全体にとって、放射線の危険がいっさい生じていない初期段階でこうしたデータをとっておくことがあとあと非常に重要になる」と、書いてある。[14] オッペンハイマーのこの言葉から、ふたつのことがわかる。ひとつは、ノーランが放射線の安全管理になんらかの形で関わるだろうとオッペンハイマーが予想していたこと。もうひとつは、研究所に濃縮ウランとプルトニウムが到着しはじめたら職員が危険にさらされると、オッペンハイマーがはっきり認識していたことだ。当初の想定では、医療従事者は数百人規模の小さな集団の世話をすればよいはずだった。ロスアラモスの人口は着実に増加し、最終的には当初の推定数を大きく上回った。事実、終戦時のロスアラモスの人口は、民間人と軍人を合わせて六五〇〇人を超えていた。

スタフォード・ウォレンのマンハッタン計画参加が決まったのもこのころだった。ウォレンは、一九二二年にカリフォルニア大学医科大学院を修了し、一九二六年からロチェスター大学放射線科に所属していた。ノーランたちより年上で経験も豊富なウォレンは、グローヴス将軍からじきじきに声をかけられ、マンハッタン工兵管区の医学部長に就任した。しかし、四六歳のウォレンは、ロスアラモスではなく、マンハッタン工兵管区の公式司令部が設置されたテネシー州オークリッジに駐在することになった。一九四三年三月にノーランとヘンペルマンがロスアラモスを訪れていたのとほぼ同じころ、ウォレンは、こちらも初期段階からマンハッタン計画に参加した医師ハイマー・フリーデルと、テネシー州ノックスヴィルから四〇キロ地点にある広大な土地を視察していた。サイトXの本拠地となる予定のこの場所でも、大規模な工事をおこなって、クリントン・エンジニア・ワークスの巨大設備を建設していた。最終的には、広島に投下される原爆リトルボーイ用の濃縮ウラン（ウラン235）を製造する工場である。

ウォレンも、ノーランと同じく入隊すべきだと決定された。ウォレンは大佐の地位を強く要求した。軍人生活に違和感をもちつづけたノーランとはちがい、ウォレンは陸軍将校としての役目を楽しんだ。ある記録によると、初日には「戦闘用の半長靴を履き、四五口径のリボルバーを腰にさして」登場したらしい。[15]ノーラン、ヘンペルマン、ウォレンというマンハッタン計画の中心的な医師三人のうち、ウォレンが任務の軍事的性質にもっともよくなじんでいた。ジャーナリストのアイリーン・ウェルサムが述べているように、彼は「科学者なれど、自分はグローヴス将軍に忠節を誓う陸軍将校だと考えていた[16]」

この軍への忠誠心が原因で、ウォレンと一部の医師のあいだにはちょっとした緊張が生じていた。そうした医師のひとりは、メトラボとよばれるシカゴ大学冶金研究所の健康管理部門主任を務めつつも、民間人の立場を維持していたロバート・ストーンだ。オークリッジでウォレンの代理を務めたフリーデルによると、ウォレンが陸軍大佐としてマンハッタン工兵管区の医学部長に就任するとまもなく、「陸軍とシカゴ大学、とりわけドクター・ストーンとの対立が生じた[17]」。こうした分裂の根っこには、科学的なものの見方と軍事的なものの見方との本質的なちがいがあり、あとで論じるように、ロスアラモスでも同種の衝突がもっと一般的な形で顕在化した。[18]

グローヴス将軍は区分化――各自が自分の特定の任務以外のことについては関知すべきでないという考え方――を重視していたので、ウォレンははじめのうちはロスアラモスへの訪問を許可されてい

ハイマー・フリーデルとスタフォード・ウォレン、オークリッジにて、1945年。

なかった。計画の一年目には、ロスアラモスの存在さえ知らなかった。[19] ヘンペルマンものちにこう認めている。「マンハッタン計画の初期には、スタフォード・ウォレンはこちらへ来ることを許されていなかった。しかも、その理由はグローヴス将軍にしかわからない」[20]。ヘンペルマンは、シカゴでおこなわれたと思われる会議でウォレンに出会い、彼がロスアラモスに来てくれたら助かるはずだ、と考えた。そこで、ヘンペルマンとノーランは、オッペンハイマーに働きかけて実現にこぎつけた。のちにノーランはこう語っている。「SW［スタフォード・ウォレン］をここに連れてきてほしい、とオッピーを説得したんだ。そうすれば問題解決ですよ！　とね」[21]。ロスアラモスの医師たちは、グローヴス将軍の直属の部下であるウォレンを引き入れれば、将軍への発言力が強まる、と思ったのだ。以降、マンハッタン計画の医学部長は、〈サイトY〉のコードネームでよばれたロスアラモス研究所を定期的に訪れるようになる。[22] その際には、科学監督であるオッペンハイマーの執務室に立ち寄るのが恒例で、秘書のプリシラ・グリーンと雑談したり、ときにはオッペンハイマー本人とコーヒーを飲んだりした。だがいずれの場合も、「ノーランかヘンペルマンが必ず同行していた」[23]。ロスアラモス滞在中のウォレンは、ほとんどいつもノーランやヘンペルマンといっしょだった。

## 理念の対立

マンハッタン計画には一九四三年の立ち上げ当時、三つの独特な職業グループが存在しており、それぞれがときに相容れない顕著な職業的性質をもっていた。三つのグループとは、学者グループ、軍人グループ、そしてそれらよりずっと少人数の医師グループである。学者たちの第一の関心は、科学的発見にあった。原子のエネルギーを利用して核爆発を起こすことはできるのか？　といったことだ。ノーベル賞受賞者八人を含むマンハッタン計画の科学者は、全国の（あるいは世界の）一流大学から集まってきていた[24]。彼らにとっては、ゼミ形式の討論会や会議をとおして率直な意見交換をするのがあたりまえだった。これに対して、軍人たちが爆弾をつくる目的は戦闘のためだった。彼らは秘密保持、情報保全、階級に基づく厳密な序列を重視した。自由にアイデアを共有するのではなく、明確に区分化した任務に基づく実戦的体制を望んだ。

マンハッタン計画における軍人と科学者の対立についてはすでに多くの記述がある。学者たちは軍人文化にいらだち、軍人たちは科学者の都合などほとんど顧みなかったという[25]。グローヴス将軍は、ロスアラモスの学者たちを馬鹿にして「ガキ」、「インテリ気取り」、「史上最大の高飛車軍団」、さらに冷たく「未曾有の変人ども」と言っていた。[26] だが気に入らないのはお互いさまで、科学者組の大多数は、グローヴス将軍や規律にうるさく情報漏洩ばかり気にする軍人のやり方を嫌い、彼らをファシストとよんでいた。

プリンストン大学の物理学者ロバート・ウィルソンの妻、ジェイン・ウィルソンは、当時の状況をつぎのように表現している。「情報保全措置はほとんどいつも一貫性がなく、たいてい高圧的で、ときには理不尽だと感じることもあった。私たち民間人組はみんな、情報保全部が嫌いだった[27]」と。また、物理学者ジョセフ・ハーシュフェルダーは、グローヴス将軍と科学者組の関係について、「彼［グローヴス将軍］は科学者のことをまったく理解しておらず、科学者たちは心の底から彼を嫌っていた」と述べている。[28] こうした心境は、グローヴス将軍を中心とした軍人に対する数多くの不平不満や頻繁な批判へつながった。「みんなで情報保全措置と検閲のことを面白おかしく馬鹿にした」と、冶金学者エリック・ジェットの妻、エレノア・ジェットは回想している。「定期的に集まっては、われらが将軍をこうばしい匂いがするまでカリカリに料理した。自分たちに与えられないものをつけあわせに添えて、ラムの炎でフランベしてからお皿に盛った[29]」

医師たちは、軍人組と科学者組の両方に少しずつ属していたが、いずれも正式な一員とはいえなかった。医師の第一の関心は、少なくとも理屈の上では健康と安全に関する事柄であり、人々の命を健やかに保って守ることだった。だが健康と安全は、軍人組と科学者組の双方にとって最優先事項ではなかった。そのため、医師側の懸念を両者に真剣に受けとめてもらいたいと思っても、理解を得るのが難しい場合もあった。核放射線による危険の話になると、とりわけそうだった。ノーランは、著作家リチャード・ニューカムに宛てた一九五七年の手紙で当時をつぎのように振り返っている。「あのころは、放射線の状況や、放射線によって生じうる被害はあまり重大視されていなかった。戦時中だったから、技術者［軍人のこと］の関心事は、実戦で使用可能な爆弾を得ることと、情報漏洩を防ぐことだった。物理学者は、爆弾はちゃんと機能するのか否か、自分たちの努力は実を結んだのかということばかり知りたがった……爆弾は、戦争用の兵器として設計されており、主に爆風と熱を利用して破壊力を生み出すものだった。だから、放射線による危険は完全にあとまわしにされた」[30]。医師たちは、それゆえに独特な難しい立場に置かれた。「ほとんど前例のないやり方で、癒やしと戦争の技術を結びつける」必要があった[31]。科学的責務と軍事的責務が稀有な形で結びついて彼らに重くのしかかり、医師の使命の根幹を激しく揺さぶった。医師たちはこうした重圧にどのように対処したのだろうか？　許容できる妥協策は何だったのか？

マンハッタン計画という状況下で先例のない役割を担う困難をかかえていたうえ、医師たちは科学者から十分な尊敬を得られていないと感じることが少なくなかった。あとからロスアラモス病院に採用された小児科医のヘンリー・バーネットは、一九四三年七月に妻シャーリーをともなって到着するとすぐに、科学者のこうした態度に気がついた。バーネットもヘンペルマンとノーランのワシントン大学時代の同級生だが、医師というのはとても立派な職業だと常々考えていた。だからロスアラモスで働きだした当初は、一部の物理学者の態度にいくぶん面食らった。「医師という存在はかなり社会的地位が高いと思っていたが、ロスアラモスではちがった」と、バーネットは回想している。「物理学者の多くは、医師を見下している感じがした」。病院の医師は厳密には軍の一員だから、というのが理由のひとつだった。[32] ウォレンも同じく、サイトYの世界的に著名な科学者と働くにあたり、ロスアラモス病院の医師が直面する困難について述べている。「ドクター・ノーランを含む医療スタッフは一流ぞろいだった」にもかかわらず、「あの博士号さんたちは書庫に行って本を引っぱり出し、症状を調べて自分で自分の病気を診断してしまうことがしょっちゅうだった」から、「現場の医師にとってはかなり厄介な問題」が生じた。[33]

ある日のこと。脚を骨折したひとりの職員がロスアラモス病院に運び込まれた。負傷の程度がもっと深刻な場合は、サンタフェにあるブランズ病院へ患者を搬送することもあったが、今回は自分たち医療スタッフで必要な処置をすることができる、とノーランは判断した。だが、怪我をした職員の上司である科学者が研究所からやってきて、ノーランの見解に疑問を呈し、ブランズ病院へ搬送すべきだと言った。ノーランは、けっしてめずらしくはない、不快な口出しをやめさせるよい機会と考えて、この「素人医師」相手に形勢を逆転してみせた。「ところで、きみの部署の仕事はどうだい？」ノーランは上司のほうの科学者に尋ねた。「無事に任務を完了できそうかい？　私はきみの部署の仕事に興味津々なんだ。マンハッタン計画全体にとって重要だからね。手伝ってあげようか？　ひょっとすると、二、三分きみの部署に顔を出しただけで、いくつか誤りを正してあげられるかもしれない。科学的な課題って、無知の人間がまっさらな観点から見れば驚くほどうまく答えを見つけられる、とよく思うんだ」。[34] 相手の上司はもごもごと言葉を返した。「いや、私はそうは思わ……」。ノーランはつづけた。「そうか、ならやめておくよ。でも、なにか助言が必要なときはいつでも呼んでくれ。喜んで力になろう」。この会話を立ち聞きしていたシャーリー・バーネットによれば、ノーランの当意即妙な受け答えが「問題を解決した」という。ノーランは「完璧な方法を見つけて、医療の問題についてこうした素人と激論を戦わすことを回避した」のだった。[35]

職業的理念の対立という文脈でいうと、ウォレン、ヘンペルマン、ノーランという三人の医師は、各自が関与する機関の仕事内容に応じて、軍人と科学者からの圧力に異なるやり方で対処したように見える。この三人の対処の仕方はそれぞれ、軍事・科学・医学という三つの理念型が志向するものを表していた、といえるかもしれない。三人の医師のうち、オッペンハイマー直属の部下だったヘンペルマンは、もっとも科学者の理念に適応していた。ノーランはヘンペルマンについてこう述べている。「彼が患者を治療することはなかった……現場の医師ではなく理論家だった」。むしろ「典型的な……根っからの科学者」といえた。[36] ロスアラモスの健康管理部門の主任だったヘンペルマンは、オッペンハイマーと親密な関係をきずき、終戦後はしばらくロチェスター大学で研究をしたあと、ロスアラモスに戻って研究所で働いた。医師らしい仕事をしたことはなかった。

この点ではウォレンも同じだった。ノーランが述べているように、ウォレンは「放射線科の医師であるはずだったが、実質的にはちがった」。[37] ウォレンは、終戦後も管理職の要素が強い立場で仕事をつづけ、カリフォルニア大学ロサンゼルス校に新設された医学大学院の学長も務めた。また、三人の医師のなかで、マンハッタン計画の軍事的な性格にもっともよくなじんでいた人物であることは前述のとおりである。これに対してノーランは、息子のローリーが述べているように、「なによりもまず医師であり、最大の関心事は患者の健康だ」と考えていた。[38] したがって、陸軍病院の医師という仕事は、彼の核となるこうした職業観と一致するものであり、この意識をさらに深める一因となった。ウォレンとヘンペルマンのふたりとはちがい、終戦後のノーランは、医療従事者たる医師の務めに戻ることを強く希望していた。

このようなちがいはあったものの、医師三人は戦時中もそのあとも緊密な協力関係をきずいて任務にあたり、核放射線の危険から人々を守る最良の方法は何か、という共通の問題をかかえていた。放射線については、当時はほとんど何もわかっていなかった。三人はうまく協力していたようだが、どうやら緊張が生じることもあったらしい。ノーランとヘンペルマンは、当時もそのあとも親しい友人関係を保っていた。だがふたりとも、ウォレンについては、尊敬すべき点も多いが、ちょっとした政治家のようで、自分を売り込むのがうまく、話を誇張する人間だと考えていた。ノーランの寸評によれば、ウォレンは「完全な政治家」、天職を得た「やり手のセールスマン」だったが、「ほら吹き」でもあったという。[39] ヘンペルマンはウォレンのことを「とても派手で……大げさな話ばかり」だったと言っている。こうした事情のせいで、「ウォレンの言葉を信じる」ことは難しかった。[40]

ウォレンの性格と統率の仕方に対する比較的最近の評価も、ノーランやヘンペルマンの話と一致している。たとえば、アイリーン・ウェルサムはウォレンのことを「饒舌《じょうぜつ》で肝のすわった男の中の男……派手さと細心さ、人当たりのよさと狡猾《こうかつ》さ、虚言癖と口の固さ……矛盾した二面性をみごとに兼ね備える人物」と評している[41]（『プルトニウムファイル：いま明かされる放射能人体実験の全貌』、渡辺正訳、翔泳社、二〇一三年）。著述家、弁護士のジョナサン・ワイズガルも同様に「いつも愛想がよく礼儀正しい、精力的な科学者。身振り手振りをまじえて話す派手な人で、ともすると芝居がかった感じがした」と記している。[42]

誇張がすぎる軍人医師のこうした人物像を裏づける記載が、カリフォルニア大学の理事会が出版した、膨大なページ数におよぶウォレンの口述歴史記録の序文にある。その名も『類まれなる男の類まれなる挑戦 *An Exceptional Man for Exceptional Challenges*』という。この書の序文自体はウォレンを称賛する論調だが、執筆者である友人兼同僚のポール・ドッドは、ウォレンを批判する人がいて、そういう人たちは彼のことを「〝上昇志向〟が強すぎるとか、〝ワンマン〟の強硬派」だと思っていたと認めている。[43] 口述歴史記録用のインタビューがおこなわれたのは一九六六年と一九六七年だったが、編集がすんで出版されたのは一九八三年だった。これほど出版が遅れた主な理由は、編集者たちがウォレンがした話の詳細について裏付けを取る段階でいくつもの困難に直面したからだった。なかなか出版に至らなかったのはつまり、ウォレンの誇張癖と、人や場所のことを正確に思い出す能力の慢性的な（それゆえ、周知の事実だったと思われる）欠如のせいだった。[44]

マンハッタン計画において、グローヴス将軍直属の軍医として任務にあたったウォレンは、難しい立場に置かれた。社交的な性格と持ち前の口のうまさで、彼は医師の理念と軍人の理念がもつ異なる要素を器用に行き来したかもしれない。しかし、必ずしも一致しないふたつの責務のあいだでバランスをとる、というほぼ実現不可能な仕事によって、相当に苦労する局面が少なからずあったこともうかがえる。ウォレンはまず、合計数千人にのぼる軍人・民間人の職員の健康と安全を監督しなければならなかった――しかも、職員はほぼ未解明の危険物質を扱う、先例のない職場で働いている。同時に、要求が多く気難しい上官の指令にしたがう必要があった。側近に「過去最悪のクソ上司」と言わしめた男である。[45] 時とともに、ふたつの責務の調整は困難をきわめることとなる。そしてその状況は、医学的治療を必要とする人々にとってよい方向に働くとは限らなかった。

## シャングリラ

一九四三年三月にヘンペルマンとロスアラモスを視察しに行ったあと、ノーランは家族を迎えに東へ戻った。四月上旬には、当時妊娠五カ月だった妻アンと五歳の息子ローリーをともなってふたたびニューメキシコにやってきた。[46] このとき、ノーランは到着するやいなや秘密保持と情報保全に対する軍部の異様な執念の洗礼を受けた。三月の視察時に発行された通行許可証を破棄するように言われたのだ。彼は命じられたとおり、通行許可証を「焼却した」旨の宣誓書を書いて署名した。[47] 親切で気が利く世話人のドロシー・マッキビンは、サンタフェ中心部のイーストパレス通り一〇九にある事務所にて、赴任したばかりの職員と家族をいつでも熱烈に歓迎した。若きノーラン一家のために、彼女はメサのふもとの仮住まいを準備しておいてくれた。ノーランたちは、〈ヒル〉とよばれる高台にアパートが完成するまでそこに滞在した。

四月下旬、ノーラン一家は、大急ぎで建てられた〈サントアパートメント〉群の一棟に移った。建設会社の社名にちなんで名づけられた一棟四戸建てのその住宅は、いかにも軍が支給したという感じの、面白みに欠ける暗い薄緑色の建物だった。ノーランたちの真上には、物理学者ダナ・ミッチェル

ロスアラモスのノーラン一家。うしろはサントアパートメント。1944年。

の一家が住んでいた。息子のDDとローリー・ノーランはよく遊んだ。DDは、子ども部屋いっぱいに広がる三層の線路と電車のセットももっていたし、色が消えるインクをつくるための溶液がはいった化学セットももっていた。残りの二戸には、写真家ジュリアン・マックと物理学者サム・アリソン（二年後のトリニティ実験でカウントダウンのアナウンスをした人物）が家族でそれぞれ住んでいた。ほかのサントアパートメントの住戸と同じく、合計四部屋あるノーラン家の住居（T‐一三五棟A号）にも、大きくて扱いにくい薪ストーブが備えつけられていた。アン・ノーランは、ヒルで「ブラック・ビューティ」とよばれた嵩高《かさだか》のストーブを怖がって、電気ホットプレートで調理することを好んだ。薪ストーブについて多くの苦情が寄せられた結果、サントアパートメントに住む家族に支給されたものだった。

T - 一三五棟のとなりの棟に住む四家族のなかには、テラー一家がいた。超高性能爆弾すなわち水素爆弾の提唱者であるハンガリー出身の気難しい物理学者エドワード・テラーは、生活リズムが普通ではなかった。夜更けまでスタインウェイ製のグランドピアノを弾くこともあり、アパートの壁が薄かったので近所じゅうに鳴り響いた。サントアパートメント群のとなりにはバスタブ通りがあった。ヒルの住居のうちでこの通りにある家だけが浴槽つきだったため、こうよばれた。バスタブ通りに並ぶ家は、もともと牧場学校の経営者や教職員の住居だったもので、マンハッタン計画では、オッペンハイマーや物理学者ケネス・ベインブリッジ、海軍大佐ウィリアム・〝ディーク〟・パーソンズを含む上層部の人間とその家族が住んでいた。

共同体の規模がもっと小さく、爆弾完成への圧力がまだそれほど強くなかったロスアラモスの一年目についていえば、現地の暮らしは陽気で楽しかった。東にサングレ・デ・クリスト山脈、西にヘメス山脈を望むパハリート台地のてっぺんに位置し、まわりに何もないメサは目を瞠《みは》るような美しさだった。研究所を建設する場所の選定役だったオッペンハイマーは、ずっとまえからこの地域に魅了されており、戦前は定期的に訪れていた。ロスアラモスから馬に乗って約六五キロという近さにあるペコス渓谷に、弟フランクと共同でペロカリエンテ（スペイン語でホットドッグ）と名づけた小さな牧場主風の別荘までもっていた。一九二九年の友人宛の手紙には、「大好きなのは物理学とニューメキシコなのだが、残念なのはこれを一つにまとめられないことだ」と記している[48]（『オッペンハイマー：「原爆の父」と呼ばれた男の栄光と悲劇』、河邉俊彦訳、ＰＨＰ研究所、二〇〇七年）。ロスアラモス研究所によって彼の愛するこのふたつのものが結びついた。だが数年後、科学者による革命的発明の結果の多くを後悔しはじめると、

「美しい場所を駄目にしたのはわたしの責任だ」と言って嘆き悲しんだ。[49]

はじめのうち、ヒルの住人たちはよく働き、よく遊んだ。オッペンハイマーが絶対に休みだと主張した日曜日には、毎週のように地域の探検に出かけて、遠くまでハイキングや乗馬をした。バンデリア国定公園の古代遺跡を訪ねたり、周辺の自然豊かな場所でピクニックをしたりすることもあった。キティ・オッペンハイマーは、住人のなかでも大の乗馬好きで相当な腕前だった。馬は旧牧場学校の馬小屋で飼っていた。冬になると、みんなでスキーやスケートを楽しんだ。

ヒルでのノーランとヘンペルマンは、ただの同僚ではなく、ロスアラモス赴任中に家族ぐるみのつきあいとなった。ノーランにサイトYで最初の赤ん坊である娘のリンが生まれたときは、ヘンペルマンと新妻のエリノアに名づけ親を頼んだ。ヘンペルマンは、リンの生まれる二カ月まえにロスアラモスをしばらく離れ、セントルイスに戻ってエリノア・ピュリッツァーと結婚していた。彼女の父親はセントルイス・ポスト・ディスパッチ紙の経営者兼編集者のジョセフ・ピュリッツァー二世、祖父はピュリッツァー賞の設立者ジョセフ・ピュリッツァーである。

上流階級出身でおしゃれにも気を使うエリノア・ヘンペルマンにとって、ヒルの生活は必ずしも順応しやすいものではなく、キャンプ場同然の環境に移り住んでもなお、一分の隙もない服装とそれまでの洗練された習慣でとおした。概して明るく、様変わりした生活環境を冗談にする余裕もあったエリノアだったが、あるとき堪り兼ねてシャーリー・バーネットにこう言った。「売店でこぎたない人たちを見るのにはもううんざり！」[50] 子どものなかったヘンペルマン夫妻は、ロバート・オッペンハイマーと妻キティの子、ピーターとトニの名づけ親でもあった。ふたつの家族の親しい関係は終戦後も

ルイス・ヘンペルマンと妻エリノア、1944年。

つづいた。その証拠に、一九五四年にオッペンハイマーが悲惨な聴聞会にかけられていたあいだ、ピーターとトニはヘンペルマン家に預けられていたし、ピーター・オッペンハイマーは大人になって家族ができると、サンタフェ郊外でヘンペルマン夫妻と同居をした時期もあった。リンも自分の名づけ親のことを「とてもすてきな人たち」と記憶している[51]。

比較的若い世代の多かったヒルは、ばか騒ぎのパーティが名物だった。シャーリー・バーネットは当時を振り返って、「パーティはもちろんいつも大盛り上がり」で、みんな「お酒を飲みに飲んだ」と語っている[52]。海抜二三〇〇メートル地点では、アルコールの効き目もいっそう増した。のちにノーベル賞を受賞する物理学者エドウィン・マクミランの妻、エルシー・マクミランは、ロスアラモスではパーティのたびにそれまでに飲んだことがないほど大量の酒を飲んだという。科学者へのとてつもない重圧を考えれば、ある種の必然だったと彼女は考える。こうした方法で「息抜きをしていた。魂をむしばむこの感情を発散させなければならなかった。おお神よ、私たちは正しい道を歩んでいますか？[53]」

ヒルでは数多くのパーティが開かれたが、そのうちのひとつとして、ノーラン夫妻とヘンペルマン夫妻主催の仮装パーティが軍の売店でおこなわれることになり、「抑圧された欲望をあらわにせよ」という扇情的なお題が出された。オッペンハイマーは、ごく普通のスーツ姿で腕にナプキンを一枚かけ、給仕に扮していた。宴のためにサンタフェから五五キロの距離を車でやってきたドロシー・マッキビンは、豹柄の衣装を身にまとい、優雅にロングコートをはおっていた。働き詰めの医療スタッフたちは、パジャマ姿でやってきて、頭のうしろに枕をくくりつけていた。途中で起こされることなく朝までぐっすり眠りたい、という願望を表していた。ヘンペルマンは、パジャマとローブのうえに「リタ・ヘイワースとはあたしのことよ」の札を下げていたことを恥ずかしがりながらも認めている。物理学者リンゼイ・ヘルムホルツの妻、アリス・ヘルムホルツは、世間から隔絶された駐屯地を抜け出したいという願望を表すため、都会風の服を着て、手袋をはめた手にスーツケースをもっていた。ヘンペルマンが回想しているように、「一刻も早く脱出したがっていた」のだ。ほかにも有名人や新進気鋭の女優、歴史上の人物の格好をした人や、ローラースケートを履いてきて売店のまわりをぐるぐる回りつづける人もいた。「とっても楽しいパーティだった」とヘンペルマンは懐かしそうに語っている。[54]

記憶に残るパーティといえば、一九四四年四月二二日にキティ・オッペンハイマーが開いた夫の四〇歳の誕生日会もある。みんなが祝うなか、オッペンハイマーは得意のマティーニを振る舞い、誰もが浴びるように飲んだ。「(イジドール・)ラビみたいなものすごく真面目なやつまで、全員すっかり酔っ払っていた」とヘンペルマンはその晩の様子を振り返っている。「ひとり残らず踊っていて、みんなですばらしい時間をすごした[55]」。オッペンハイマーのバークレー時代からの同僚は、誕生日を記念して卒業アルバムを真似たものを製作した。各自の通行許可証にある犯罪者みたいな写真を使い、高校のクラス紹介形式で構成した。オッペンハイマーは学級委員長、ドロシー・マッキビンは「歓迎委員」といった具合に。ヘンペルマン、ノーラン、バーネットは看護師六人とともに「4Hクラブ」（農村青少年クラブ）として紹介されている。ヒルでは医療スタッフが獣医の役割を果たすこともあったから、という理由のようだ。[56]

終戦直後にヒルでおこなわれた最後の大宴会のひとつに、英国派遣団主催のものがあった。著名な英国の物理学者サー・ジェームズ・チャドウィック率いる二十数名の英国派遣団一行は、一九四三年一二月から順次やってきて、ロスアラモスの事業に協力していた。派遣団にはチャドウィックのほかに、のちにノーランと日本へ渡る英国の物理学者ウィリアム・ペニーや、最後には核兵器の重要機密をロシア人に流したかどで英国で裁判にかけられ有罪となったドイツ生まれのクラウス・フックスもいた。英国派遣団のなかでもっとも有名なのは、みなに慕われたデンマークの物理学者ニールス・ボーアではないだろうか。ニコラス・ベイカーというコードネームを使っていたが、ロスアラモスでは親愛の情をこめてアンクル・ニックとよぶ人が多かった。

英国派遣団が主催したパーティの会場はフラーロッジだった。見栄えがよく造りもしっかりとしたログハウスで、牧場学校時代からあったものだが、戦時中は主に食堂として使われた。盛大な宴の余興として、英国の物理学者アーネスト・ティッタートンがピアノを披露し、トリニティ実験、情報保全措置、そのほかヒルでの出来事を面白おかしく再現した寸劇もおこなわれた。その晩の最高潮の場面をドロシー・マッキビンはこう語っている。「いっせいに立ち上がって紙コップを突き上げ、英国王の健康を祈ってブルゴーニュのスパークリングワインで乾杯した」[57]

パーティ以外の娯楽としては、軍の会館で週に二度開かれる一五セントの映画上映会や、スクエアダンス、合唱部や演劇部、チェス同好会、スペイン語講座などがあった。父母の会も結成され、バスケットボール大会に参加したり、ソフトボールやテニス、ゴルフまで楽しんだ。毎週日曜の朝には、軍の会館でプロテスタントとカトリックの礼拝がおこなわれた。始めるまえには大変な掃除が必要なことも少なくなかった。前日の晩に同じ建物でパーティやダンスをしていたからだ。ときには柵で囲まれた軍の敷地から逃げ出してサンタフェまで行き、町の中心にあるお気に入りのホテル〈ラ・フォンダ〉で食事や酒を楽しむこともあった。ちょっとしたパーティをするときには、ドロシー・マッキビンの家に集まり、そこでは結婚式も何度もおこなわれた。

ローリー・ノーランは、ロスアラモスに引っ越してくるとすぐに幼稚園にはいった。学舎が未完成だったはじめのうちは、自宅のむかいにあるアパートの一室に通った。最初の担任ミセス・ティンズリーが鳴らす鐘の合図で園の一日が始まった。学舎が完成すると、大きな格子窓から息をのむほど美しいヘメス山脈を見渡すことができた。[58] ローリーにとって、ヒルの暮らしはとても楽しく、著名な物理学者の家族とすごす時間も刺激に満ちたものだった。友達と新しい遊びや冒険を思いついては、敷地のなかやまわりの丘を駆けまわった。

ドクター・ノーランは、病院での仕事に加えて、ロスアラモスの科学者や医師で発足させた町議会の仕事も引き受けた。幼稚園の開設にも力を貸した。妻のアンはというと、エリノア・ヘンペルマンとともに洗濯施設の立ち上げに一役買った。軍人と民間人の職員の両方が使う施設で、ふたつの共同体の緊張関係をやわらげるのも目的のうちだった。

ときに理想郷《シャングリラ》とよばれたヒルで暮らす人々は、創意工夫によってさまざまな娯楽を生み出し、大いに楽しんだが、その一方で相当な苦痛と不自由に耐えなければならなかった。科学者とその家族を対象に容赦なくつづく監視はとりわけつらいものだった。手紙の検閲、電話の傍受、通話を録音されることもあった。一部の科学者は、ヒルを出てどこかへ行こうとすると情報部員に尾行された。科学者組のなかでもっとも執拗に監視されたのはオッペンハイマーだった。本人も認めていたとおり、共産主義の支持者だった過去があったからだ。一九四三年六月に、昔と変わらずバークレーに住んでいた元恋人のジーン・タトロックの自宅をこっそり訪ねたことも状況を悪化させた。タトロックと共産党のつながりは周知の事実だったので、オッペンハイマーが彼女の家を訪れたときも情報部員が目を光らせていた。

ロスアラモスの情報保全部門の長であるピア・デ・シルヴァは、オッペンハイマーに疑念をつのらせていた。だからオッペンハイマーがバークレーのタトロック宅をひそかに訪れた数カ月後、上官にこう進言した。オッペンハイマーは「ソ連が合衆国の安全保障上きわめて重要な機密情報をスパイ活動によって入手しようと試みるなかで重要な役割を果たしている」[59]と。このような警告が上がってきても、それによる影響からオッペンハイマーは大いに守られていた。グローヴス将軍の介入と保護があったからだ。どう考えてもうまくいきそうにないグローヴス将軍とオッペンハイマーだが、正反対のふたりは良好な協力関係にあった。グローヴス将軍はオッペンハイマーのことをマンハッタン計画に必要不可欠な人物だと考えており、それゆえ共産主義に肩入れしていた過去に目をつぶろうとしていた。

しかし、グローヴス将軍の支持があっても、マンハッタン計画の科学監督に対する監視はつづいた。ロバート・ウィルソンによれば、オッペンハイマーは「電話が盗聴されていると、絶えず不満を言っていた[60]」。軍部による監督と監視に不平をもらし憤慨していたのは、この科学監督ばかりではない。ウィルソンの妻ジェインは、軍部による監視を息苦しく、理不尽で、限度を超えていると感じていた。「手紙を書けば、必ず覗き込む検閲係の姿があった」という。「サンタフェへ出かければ、必ず監視の目があり、こっちをじっと見ていて、うっかり過ちを犯したら飛びかかろうと待ち構えているのがわかった。いい気分ではなかった」。ジェインいわく、「ロスアラモスでの生活は、監獄で暮らすようなものだった[61]」

ある日のこと。アン・ノーランは軍の売店へ行こうとしていた。エリノアが風邪で寝ていたので、自分の家族の分だけでなく、ヘンペルマン家の分も買い物をする予定だった。友人ふたりは電話で買い物リストをおさらいした。アンがサントアパートメントの部屋から出ると、目のまえにふたりの憲兵が立っていた。ヘンペルマンの部屋のまえにもふたりいた。アンとエリノアは一時間半かけて事情を説明し、身の潔白を訴えた。どうやら電話で話していたとき、知らないうちにその日の秘密の符牒を口にしていたようだ。符牒がたまたま「ピーナッツバター」だったために。この体験は「ふたりを震え上がらせた」と、当時を振り返ってリン・ハンディは言っている。「あそこは疑心暗鬼の町だった。ほんとうに、そんなふうだった[62]」

軍部の厳しい監視への憤懣《ふんまん》に加えて、人々は手狭で安普請の家で暮らす難しさとも折り合いをつけなければならなかった。サントアパートメントは、サイトYの住宅のなかでは上等なほうだった。天井の低い仮兵舎や、政府支給のトレーラーハウス、実用的だが味気ない陸軍婦人部隊と下士官用の大兵舎など、もっと狭く粗末な造りの住まいが大急ぎで建設され、とめどなく増加するロスアラモスの職員とその家族を収容していった。こうして無秩序に増えていく住居は、快適とはいえないスラム街同然の状況だったので、比較的ゆったりとして、ひとつの建物に四世帯のみのサントアパートメントを「気取り屋の巣穴《スノッブ・ホロウ》」とよぶ人がいるのも無理はなかった。この軍事都市は拡大をつづけたが、道路はいつまでたっても未舗装のままだった。夏の数カ月は土埃が舞い、冬の終わりから春のはじめにかけてはぬかるみの道が人々をいらだたせた。車が泥にはまって動けなくなることもあった。メサでの水不足も恒常的な問題で、医師たちをひどく不安にさせた。給水制限についての注意喚起はロスアラモス内の新聞〈デイリー・ブレティン〉でも定期的に掲載されていた。敷地内にはさまざまな危険物質があり、爆発をともなう実験もおこなわれていたので、医師たちはつねに火事の危険性を心配していた。火事が起きても「建物を救うだけの水がない」と恐れていた。[63]

## ノーランとロスアラモス病院

軍部の介入などによる苦痛はあったにせよ、魅力的な仲間と美しいメサの上でさまざまな課外活動を楽しんでいたころは、またとない活気に満ちた時期だった。しかし、ノーランの第一の関心は、新病院の仕事にあった。一九四三年七月にヘンリー・バーネットが赴任してきた時点で、病院の職員はノーラン、バーネット、それから看護師三人だった。ほかに事務員がひとりと、雑用係として近隣集落の青年ふたりがいた。[64] このときの病院には、ベッド六台、処置室ひとつ、事務室や会議室や薬局として使われる小部屋がいくつかあるだけだった。とても手狭だったので、見舞客は建物の外から見舞わねばならず、ときには荷物用の木箱を踏み台にして、窓越しに患者の顔を見ようとした。処置室が使用中の場合、予約の順番を待つ患者も建物の外に立たされた。

病院は、アシュリー池をはさんで技術区域の反対側にあり、拡大してゆく町の中心に位置していた。処置室の明かりは煌々《こうこう》として、夜に医師が働いていれば、サイトYの誰もがそうとわかった。ある晩、アン・ノーランとシャーリー・バーネットは、病院の外でそれぞれの夫を待っていた。このときのアンは、娘のリンを出産するまであとほんの二、三週間という状態で、人々はヒルで最初の赤ん坊をまだかまだかと心待ちにしていた。暗いなかふたりで立っていると、車でまえを通りかかった人が病院の電気に気づいて速度をゆるめ、アンが分娩中なのかとシャーリーに尋ねた。答えのかわりにアンは明るいところへ歩み出て、まだ身重の自分の体を見せた。こんな出来事があったので、恥ずかしがり屋で少々引っ込み思案なアンは、人目につきにくい昼間に生まれますようにと願った。[65]

だがアンの願いはかなわず、出産は一九四三年八月一六日の晩となった。夫のノーランは、町にはほかに産婦人科医がおらず、友人のヘンペルマン医師は血を見ると吐きそうになるらしい（分娩中に失神した過去をもつというわさがあった）ので、結局は自分で自分の子を取り上げることになった。[66] 当初はヘンペルマンがリンを取り上げる予定だったが、いざというときになって、ノーランは友人には無理だと判断し、彼に麻酔医の役を割り当てた。賢明な決断だったとヘンペルマン本人も認めている。「まえにも言ったとおり、ジムは一流の産科医、腕利きの医師だった。現場の仕事が得意だった」と。[67]

リンの誕生は、小さな共同体の人々にとって「お祭り騒ぎの一大行事」だった、とシャーリー・バーネットは回想している。[68]地元のサン・イルデフォンソ・プエブロ族の人々までお祝いに駆けつけて、リンに〈ポヴィ・ツァイ〉というテワ語の名前をつけてくれた。「黄色い花」という意味で、メサではものめずらしいブロンドの巻き毛だったからだろう。リンの誕生を記念して、近くの集落の広場で舞踊の披露もおこなわれた。夏の終わりから秋の初めにかけておこなわれるコーンダンスだったようだ。「農作物、家畜、人間自身を含む万物の豊饒《ほうじょう》」のための踊りなのでぴったりだった。[69]

ヒルで赤ん坊が生まれるのは、リンが最初だったかもしれないが、これで最後というわけにはいかなかった。住人の平均年齢は二五歳だったので、多くの人が新たな家族をつくり、その家族を増やした。医療が無料だったこともあり、病院は「田舎の無料出産所（rural free delivery）」の頭文字をとってRFDとよばれた。[70]最初の一年だけで八〇人の赤ん坊が生まれたため、ノーランとバーネットは息つく暇もなく働いた。深夜に産気づいた人がいた場合には、陸軍三等軍曹マイロン・ワイグルがノーランの自宅にやってきて寝室に押し入り、たたき起こして救急車で病院へつれていくこともあった。無事に出産が終わると、同じ方法でノーランを家まで送った。ヒルの人々がもっとも沸き立ったのは、一九四四年一二月七日にノーランが取り上げたロバート・オッペンハイマーとキティの二番目の子、トニ・オッペンハイマーの誕生だった。科学監督の娘を見せろという要求があまりに強かったので、医師たちは通常の面会時間をいったん廃止し、赤ん坊のベッドに「オッペンハイマー」という手書きの札を下げた。興味津々の面持ちで幸運を祈る言葉をかけようと長蛇の列をなす人たちが、ひと目で上司の赤ん坊だとわかるようにしたのだ。[71]

出生率の高さは、やがてグローヴス将軍の悩みの種となった。頭をかかえた彼は、オッペンハイマーに不満を訴え、どうにかしてくれと頼んだ。だがグローヴス将軍の憂慮もヒルの繁殖能力を弱めるにはおよばず、高い出生率は衰えることなく維持された。終戦時には、ヒルで生まれた赤ん坊の数は二〇〇人を超えていた。[72] よく引用されるが、この件についてグローヴス将軍を揶揄《やゆ》したこんな歌がある。

今日も将軍やきもきしてる
きみもきみも頼りにしてた
科学要員と信じてたのに
ただの子づくり要員だった
ぼくはいったいどうすりゃいいの[73]？

売店でおむつと粉ミルクの品薄状態がつづくと、若い母親たちは、これ以上の出産を諦めさせようとしているのではないか、と共謀を疑った。[74] 極秘というマンハッタン計画の性質上、この人知れぬ軍事地区で生まれた赤ん坊は全員、出生証明書に「ニューメキシコ州、サンタフェ、私書箱一六六三た。

号」と記載された。この私書箱は赤ん坊でぎゅうぎゅう詰めだ、とロスアラモスの住人は冗談を言った。

ノーランの軍医としての仕事ぶりは高く評価されていた。「とても優秀」で、職務に「最適な人物」とヘンペルマンは述べている[75]。これが単なる親しい友人のひいき目でないことは、ほかの人の証言から明らかだ。多くの意見の代表として、たとえば理論物理学部門の副主任だったロバート・マルシャークの妻ルースはこう述べている。ヒルの生活のいろいろな面について文句を言っても、「病院のことを悪く言うことはほとんどなかった。医師はみな有能で、人々に慕われていた[76]」

一九四三年六月中旬、そうしたノーランの有能さを示す出来事があった。ノーランがロスアラモスに赴任してほんの二カ月後、ウィル・ハリソン夫妻が具合の悪い娘のリンダをこの小さな病院につれてきた。ノーランが赤ん坊を診察すると、重い肺炎だとわかった。その場にある機器を利用して、酸素の投与を試みた。だが効果はなく、日付が変わるころには容体は悪化していた。ロスアラモスの限られた設備では十分な処置ができないと考えたノーランは、救急車を呼んで母親と看護師ひとりといっしょに乗り込み、赤ん坊をサンタフェのブランズ病院へ搬送した。五日後、赤ん坊はすっかり元気になって退院した。両親はノーランの尽力に深く感謝し、駐屯地の指揮官であるホイットニー・アッシュブリッジ中佐に宛てて、ノーランの仕事ぶりを称賛する手紙を書いた。「今こうしてわが子といられるのは、決断力あるノーランの対応のおかげです。このすばらしい医師の診療を受けられて、私たちロスアラモス民間人地区の住人は幸運だと思います[77]」

ノーランは、医師としての腕のよさに加えて、前述した干渉的な「素人医師たち」への対処法からもわかるように、さらりと皮肉めいた冗談を言うことでも知られていた。ノーランに赤ん坊を取り上げてもらったビバリー・アグニューによると、水虫の人がどうすればよいかときけば、「まあ、私だったら、かゆがるかな」といった答えを返していたようだ。「とてもいい医師だった」点を認めつつ、アグニューは、ノーランが自分の担当の妊婦にも同じような悪い冗談を言っていたと回想している[78]。たとえば、出産間近のローズ・フリッシュがノーランの診察を受けに病院へ行ったときのこと。彼女がトイレを借りてもよいかときくと、ノーランはこう答えたらしい。「おっと、それは許可できない。過去にずいぶんたくさんの赤ん坊がトイレに流れていったからね[79]」と。あるいは、エルシー・マクミランがロスアラモスへつづく曲がりくねった道路で車の事故を起こし、頭蓋骨を骨折して長期入院していたときのこと。彼女は、ボレーゴ・マックという名のコッカースパニエル犬を病室に置いている時期があった。ノーランは彼女のカルテをにらみながら、声に出して言った。カルテによるとエルシーは「どんどんやせていっているのに、人に流されやすい《ボレーゴ》マックはなぜ全然やせていかないのだろう[80]」と。あるいは、寝たままでよいと伝えるときに「横になる力があるのに、なぜ体を起こしているんだい？」といった言い方をすることでも知られていた。

　またある日、ノーランは、具合が悪いというエレノア・ジェットの家へ往診に行った。問診のあと、なにか深刻な状態かもしれないと懸念したノーランは、エレノアを救急車でロスアラモス病院につれていった。病院につくと、ポール・ハーグマン――あとからヒルに赴任してきたまたべつの医師――といっしょにより詳しい検査をした。ハーグマンは一九四四年一月に採用された内科の専門医で、ロスアラモスのほかの医師と同じくセントルイスの医科大学院出身だったが、ノーラン、ヘンペルマン、バーネットより四年先輩だった。ハーグマンの意見を聞いたあと、ノーランはいい知らせだと言って病床のジェットのところに戻ってきて、ジェットの記憶によれば、ずいぶんくだけた口調でこう告げた。「まったく運のいい人だな。構造的な問題にすぎないよ。女性器の一部が留め具をつるりと落っことして、急性消化不良の影響でつねられている状態だ。あんな谷のでこぼこ道を車で走っているんだから、その振動ではらわたがずれる人がもっとたくさんいてもおかしくないのにな。よく運動すれば、すべり落ちた女性器の問題は解決するだろう。しかし昨日の晩飯はいったいなんだったんだい?」[81]
ためておいた配給券でステーキ肉を買って食べた、とジェットは説明した。するとノーランは、わざと仰天した顔をして言った。「きみが驚かすから、心臓がどうにかなってしまいそうだ……今後はステーキ禁止。配給の肉は胃を縮み上がらせるからね。きみはステーキのような脂っこいものは消化できないんだ。お願いだから、ハンバーガーで我慢してくれ!」この逸話のおしまいに、ジェットはノーランについて「偉大な人でした」と語った。さらに、彼のような医師がもっとたくさんいたらよかったのに、という意味でこうつけ加えた。ノーランら医師団の唯一の欠点は、「それぞれが三つ子じゃないこと」[82]だったと。

## 拡大する共同体とのしかかる重圧

ロスアラモスの生活に関する記載でしばしば言及されるのが、一年目とそのあとの年とのちがいである。原爆完成への圧力が強まり、ヒルへどんどん人が移り住んできてサイト内で働くようになると、ただでさえ不足していた資源はいよいよひっ迫し、限界点に達しそうになることもあった。活発な社交はつづいていたが、あちこちで派閥が生じていった。計画初期の参加者はなにか特権的な内輪集団に属していると感じる人もいた。ほかにも問題はあった。陸軍婦人部隊の宿舎のひとつから派生して売春組織が運営されている、とのうわさが広まっていたのだ。[83] 多くの人が記憶している共同体の変質を、ヘンペルマンの回想が象徴している。「最初はとても楽しかった。でもことが進行するにつれ、誰もが疲労し、神経が張り詰め、いらだつようになった。そうなるともう、あまりいいものではなかった[84]」

人口の増加により、病院の職員にも相当な負担がかかっていた。限られた設備と少人数の医療従事者では、数を増す患者にまったく対応できないということが日を追うごとにはっきりしていった。一九四四年六月九日、ノーランは駐屯地の指揮官に宛てて緊急の覚書を送り、物的・人的資源の増強を訴えた。「病院は過密状態にある。たった二四床しかないのだ」と、ノーランは病床不足の危機を説明した。さらに、「最低限の安全性を確保し、現在の人口に対処するには、五五から六〇ほどの病床が必要だろう」と述べた。ヒルでは多くの赤ん坊が誕生していたので、当然ながら産科と小児科の設備不足が顕著だった。「産科では、病床数が三であるのに対して、現在の入院患者数は五人である」とノーランは記した。「小児科の病床数は一〇だが、使用状況を鑑《かんが》みれば、需要に応えるために必要な数は一六だと考える[85]」とも。

このころにはノーランやヘンペルマンとより緊密に連携するようになっていたスタフォード・ウォ

レンも、二週間後、グローヴス将軍に対して、病院の設備と職員の規模を、五〇から六〇の「病人」用ベッドに対応できるように拡張してほしいと要望することで援護射撃をした。こうした嘆願のあとまもなく、病院は拡張され、医療従事者も補充された。一九四三年七月と一九四四年一月にそれぞれ赴任してきたバーネットとハーグマンに加えて、一九四四年後半には、またもやセントルイスから医師二名——耳鼻咽喉科の専門医ジャック・ブルックスと、一般外科医のアルフレッド・ラージ——を引き抜いた。以降、少しずつではあるが病院は拡大をつづけた。一九四五年の夏には、ロスアラモス病院で働く職員の数は一〇〇名を超えていた。

一方、研究所でも同様に深刻さを増す課題があった。健康と安全対策である。ヘンペルマンは当時を振り返って、ロスアラモスの一年目とそのあとの期間には明確なちがいがあったと述べている。一年目は「研究開発の規模が小さかったので、健康と安全対策もあまり必要なかった」が、二年目以降は「より複雑な問題が多数生じた[86]」のだ。一九四四年二月上旬、ごく微量のプルトニウムがロスアラモスに到着しはじめた。テネシー州のオークリッジとワシントン州のハンフォードにある製造工場の生産性が向上するにつれ、より多くの濃縮ウランとプルトニウムがサイトYに運びこまれた。こうして扱う有毒物質の量が増え、爆弾開発の進展に対する圧力が強まると、技術区域の安全を必要な水準に維持し管理するというヘンペルマンの仕事は困難をきわめた。

苦境に立たされた健康管理部門は、放射線の人体への影響についてもっとよく理解する必要がある、と考えた。知識を深めれば、職員にどんな危険性があるかをもっと正確に説明できるし、より適切かつ十分な安全対策をとることができるはずだった。こうした観点から、冶金研究所とオークリッジの代表者とともに、ヘンペルマンは東海岸にある〈ルミナス・ペイント・カンパニー〉を視察しに行った。一九二〇年代のアメリカ北東部では、女性工員が蛍光性の腕時計の文字盤に細かな装飾をほどこす作業をしていたのだが、その際に使う塗料には微量のラジウムが含まれていた。工員は自分の唇を使うティッピングとよばれるやり方で絵筆をとがらせていたので、絵筆についたラジウムをいくらか摂取してしまっていた。その結果、多くの工員が骨肉腫、とりわけ顎《あご》の骨肉腫を患い、死亡するに至った。これを受けて腕時計工場が施した安全対策を手本にして、ロスアラモスでも同様の手順を策定しようとした。

「工場の人たちの知識に基づいて、ロスアラモスの運用方針全体を形づくった」とヘンペルマンは述べている。「工場の運用方針を手本にしようとしたんだ[87]」。しかし、ロスアラモスで起きていることは、腕時計工場で起きたことよりずっと複雑だった。たしかにプルトニウムもラジウムと同じ放射性元素ではあったが、人体におよぼす影響は異なっており、どんな影響があるかは当時よくわからなかった。「われわれはキロ単位のプルトニウムを扱っていた」とヘンペルマンは言う。「腕時計工場の作業はごく単純だったが、ロスアラモス研究所の作業は非常に複雑だった。なかには化学工学や冶金学に関連する作業もあった。桁《けた》ちがいの難しさだったんだ[88]」

それゆえ、収集する科学的データの量も、健康管理部門の人員の数も、もっと増やす必要があった。一九四四年の夏、こうした必要性が浮き彫りになる事故が起きた。ひとりの職員が微量のプルトニウムを摂取してしまったのだ。この出来事をきっかけに、実験室や健康管理部門の職員のあいだに安全問題に対する不満が広がった。新たな有害元素が人体におよぼす影響について、医師も物理学者も限られた知識しかないとなればなおさらだった。ノーランが病院の物的・人的資源の増強を要望したように、ヘンペルマンも研究所の人手を増やしてくれるよう訴えた。その後、ハリー・O・ウィプルという医師ひとりが健診要員に加わり、放射線監視機器の専門家リチャード・ワッツが就業時間の四分の三を健康管理部門の業務にあてることを許可された。最終的には全就業時間をあてることとなるのだが[89]。

ヘンペルマンが懸念をつのらせる問題がもうひとつあった。訴訟に対する備えの弱さである。ヘンペルマンは、マンハッタン計画の「法的利益を……守ること」も健康管理部門の重要な機能のひとつだと考えていた[90]。しかし、研究所の規模が拡大するにつれ、正確かつ完全な血液学的記録をとる作業(つまり血球計算)が追いつかなくなった。職員に安全手順を守らせることも、職員が実際にどの程度の危険にさらされているかを判断することさえ難しくなった。記録をとるためには、研究所の各班の主任に協力をあおぐしかなかったが、主任がみな「全面的に協力」してくれるわけではなく、ヘンペルマンはいらだった[91]。

「各班の主任はたいがいが学者だった」とヘンペルマンは述べている。「それまでずっと自分のやり方で物事を進めてきた人たちだった。そんなふうに厳しく管理されるのはごめんだと言って、かなりいいかげんにやっていた[92]」。実際のところ、「学究肌な人ほど、推奨された手順を無視する傾向が強かった[93]」。ノーランいわく、「医師は警官扱いされていた[94]」。きちんとした記録がなければ、いつか法的な請求がなされた場合にマンハッタン計画側が不利になる、とヘンペルマンは案じていた。原子力時代の初期において、法的問題に対する恐怖は、ヘンペルマンを含むマンハッタン計画の医師のなかでたびたび頭をもたげることとなる。それゆえ、予期しうる訴訟に備えて——ときには個人の健康を守るという部分を犠牲にしても——自分たちの身を守るために何をすべきか、ということは医師に共通の大きな関心事となっていく。

共同体の規模が拡大しつづけ、爆弾を完成させよというグローヴス将軍からの圧力がいっそう強まった一九四五年初頭、「本腰を入れて健康管理部門の人員を確保する動きがあった」[95]。一九四五年二月には、ライト・ランガム、ジョー・ホフマン、J・H・アレンを含む数名がヘンペルマンのチームに加わった。ノーランも健康管理部門の副主任を務めるよう要請されたため、主任医師の地位をバーネットにゆずり、病院の軍医という当初の職務を離れた[96]。しかし、異動後のノーランは、研究所に関する業務ではなく、人類史上最初の原爆実験に関連する健康と安全対策にほとんどの時間をさいた。通称トリニティ実験は、一九四五年七月にアラモゴード爆撃試験場でおこなわれることになっていた。

# 第2章　トリニティ実験

**その月曜の朝トリニティで起きたことは、過去一〇〇〇年でもっとも重大な出来事のひとつとして後世に語りつがれるだろう。**

――フェレンツ・サース
『太陽が二度のぼった日 *The Day the Sun Rose Twice*』

一九四五年前半、ロスアラモスではあらゆる物事が加速した。爆弾は二種類つくられていた。ひとつは主な爆発物として濃縮ウラン（ウラン２３５）を使ったもの、もうひとつはプルトニウムの同位体の一種（プルトニウム２３９）を使ったものだった。濃縮ウランの生産はオークリッジでおこなわれ、プルトニウムの生産はワシントン州ハンフォードの施設でおこなわれていた。核爆発を引き起こすための設計は、濃縮ウランとプルトニウムで異なっていた。ウラン爆弾〈リトルボーイ〉は実験不要、と科学者は判断した。理由のひとつ目は、ウラン２３５はプルトニウム２３９より生産するのが難しいとわかったからである。しかも一九四五年晩春の時点では、兵器ひとつ分の濃縮ウランしか準備できていなかった。ふたつ目の理由は、砲身型設計のリトルボーイのほうは成功する自信があったからだ。砲身型というのは、臨界未満のウラン235の塊をもうひとつの臨界未満のウラン235の塊にむけて発射する設計である。他方のプルトニウム爆弾は、爆縮型というもっと複雑な設計だった。爆縮型では、球形のプルトニウムの塊を中心に据え、そのまわりを爆薬でかこむ。まわりの爆薬をいっせいに爆発させると、球形のプルトニウムが内側に圧縮される。これによって強制的に臨界状態をつくり出し、核爆発を引き起こす。

一九四五年七月にニューメキシコ州の砂漠で実験が予定されていたのは、ふたつ目の爆縮型であり、実験から一カ月もせず長崎に投下された爆弾も同型である。科学者組が実験にむけて準備していたころ、ニューメキシコの僻地のメサから遠く離れた場所で重要な進展があった。レズリー・グローヴス将軍は、一九四三年秋から、ドイツ人による原爆開発の進捗を探るプロジェクトを立ち上げていた。アルソス（ギリシャ語で「小さな森《グローヴス》」の意）と名づけられたこの諜報活動団の成員には、陸軍将校ロバート・ファーマンがいた。プリンストン大学出身の彼は、グローヴス将軍によるペンタゴン建設に協力し、このあとまもなくジェームズ・F・ノーランに同行してテニアン島へリトルボーイを輸送する人物である。アルソスの調査員は、一九四四年後半、連合軍がフランスを進むうしろをぴたりとついていった。

調査員たちは、一九四四年の終わりにはストラスブールの病院に隠された核研究所を発見した。その研究所で決め手となる情報が見つかり、ドイツの核開発の進捗が明らかになった。アルソス調査団は、ドイツが爆弾の製造にはほど遠い段階であることを突き止めた。「その結論は間違えようのないものだった」と、密命をおびたアルソスの物理学者サムエル・ハウトスミットは述べている。「手もとの証拠は、ドイツには原子爆弾はなく、また問題になりそうな月日のうちにそれをもつこともありえないことを、明確に証明していた」[1]。ストラスブールを離れてまもなく、自分たちの発見に興奮したハウトスミットはファーマンに言った。「ドイツ人が原爆をもっていないとは、すばらしいことじゃないかい？　これでわれわれは原爆を使う必要がなくなったのだから」。ファーマンはこう返した。「もちろん君にはわかるだろう、サム。われわれがそのような兵器を手に入れれば、われわれはそれを使うよ」[2]（『ナチと原爆──アルソス：科学情報調査団の報告』、山崎和夫・小沼通二訳、海鳴社、一九七七年）。ハウトスミットは、この返事に驚きつつも、ファーマンは「まったく正しい」と悟った[3]。ロバート・オッペンハイマーも同意見で、始動したものは必ず完遂させなければならないと考えていたようだ。いわく、「マンハッタン計画では、暗黙の了解として［爆弾を使用することが］確定していた」[4]

科学者の大部分にとって、ドイツ人との核兵器開発競争に勝つことがマンハッタン計画での存在理由《レゾンデートル》だった。ナチスの支配下にあるヨーロッパの各地域から逃げてきた者も多く、ヒトラーが連合国より先に原爆を製造してしまうのではないかと恐れていた。しかし、ナチスは原爆をもっていないという情報を得たあとも──その約五カ月後にドイツが敗北し降伏したあとでさえ──ロスアラモスの科学者は原爆の開発をつづけた。多数の記述によれば、むしろそれまで以上の集中力と情熱で開発に取り組んでいたようだ。なぜもっとよく考えて思い直すこともなく開発をつづけたのだろうか？　物理学者のなかには、戦後に当時を振り返り、まさにこう自問した者もいる。

ロバート・ウィルソンもそのひとりだ。クエーカー教徒の家庭で育ち、戦前は平和主義者だった彼は、もっとちがう考え方をして、もっとちがう行動をとればよかったと後悔した。「今の自分なら、ドイツが敗北した時点で立ち止まって、よく考えて、あらゆることをとことん検討しなおしたはずだ。そしてその時点で、ロスアラモスを離れたはずだ。そう思いたい」。ずっと抱いてきた人生観や価値観に照らせば、ウィルソンが自分自身に期待したはずの行動とはこうしたものだった。「それに自分の信念からすると……なぜそうした行動を選択し、実行しなかったのか理解できない」。必死に理由を探して、ウィルソンは思い出した。「単純にそんな雰囲気ではなかった……われわれの生はあるひとつのことだけをおこなうように定められていた。まるでプログラムされているみたいに。自動機械みたいに[5]」

物理学者フランク・オッペンハイマーも、同じように当時の状況を語っている。彼はロバート・オッペンハイマーの弟で、一九四五年にオークリッジからロスアラモスに移り、ケネス・ベインブリッジと緊密に連携してトリニティ実験の準備をした人物だ。彼によると、ドイツ降伏後も、まるで自分の外側の力に操られているみたいに科学者は前進をつづけた。「ものすごかったよ」と彼は回想している。「技術的道具が人間を罠にかけるさまは。とても強力だった」。彼によれば、原爆開発の当初の推進力は「ドイツにむけた激烈な反ファシズム」に由来するものだった。だが、「欧州戦線勝利の日が来ても、誰も少しも歩みをゆるめなかった。われわれは全員、開発をつづけた……機械仕掛けの罠にはまってしまって、とにかく前進させなければと感じていた」という[6]。つまり、心の奥底には疑念があったにもかかわらず、トーマス・ヒューズのいうある種の「技術的勢い《モメンタム》」が科学者を前へ前へと駆り立てていたのだ[7]。

しかし、みながみな猪突猛進したわけではない。組織全体として、軍部による直接の統制を比較的まぬがれていたシカゴ大学の冶金研究所では、六月一一日ジェームズ・フランクを代表とする物理学者の一団が、いわゆるフランク・レポートを提出した。無警告で日本の都市を攻撃することに反対し、かわりに無人地域で原爆投下の公開実験をおこなうことを提案する内容だった。さらに七月上旬には、レオ・シラードが日本への武力攻撃に警鐘を鳴らす嘆願書を回覧した。ハンガリーの物理学者シラードは、そもそも一九三九年にアインシュタインを説得してフランクリン・D・ルーズベルトに原爆開発開始を勧めさせた人物だ。マンハッタン計画の科学者七〇人の署名を集めた嘆願書には、こう記されていた。ドイツが敗北した今、当初の懸念は回避された。核兵器のいかなる使用についても、それにともなう倫理的責任を慎重かつ真摯に検討すべきである、と。

少なくともひとり、マンハッタン計画を実際に離脱した科学者がいた。この事実は、技術的モメンタムの作用があったとしても、それは完全に抵抗不可能なものではなかったことを示している。英国派遣団の一員だったポーランドの物理学者ジョセフ・ロートブラットは、一九四四年後半に「ドイツ人が原爆開発計画を放棄した」と知ったとき、「ロスアラモスにいる目的がすっかり消えてなくなった」と悟った。だから「離任し英国に帰る許可を願い出」て、一九四四年のクリスマス直前にロスアラモスをあとにした。ロートブラットは、ドイツの核兵器開発力の乏しさを知る以前から、アメリカ軍はすでにロシアを念頭に置いている、と気づきはじめていた。ロスアラモスのジェームズ・チャドウィック宅で夕食会が開かれたときのこと。ロートブラットはグローヴス将軍がこう言うのを聞いて衝撃を受けた。「原爆開発の真の目的はソ連の制圧だ」[8]。ロートブラットにとってグローヴス将軍の言葉は、ドイツの核開発計画が瀕死状態であるという発見と同じく、自分がマンハッタン計画に参加する理由が消滅したことの確証となった。
　なぜほかの科学者はドイツの敗北を知っても離脱を選ばないのだろう、とロートブラットは思った。戦前も戦後も彼はこの問いの答えを求めて、同僚の科学者に話を聞いた。ロスアラモスの同僚が語ったなかで「もっとも多かった理由」は、「純然たる科学的好奇心——理論上の計算と予測が正しかったのか否かをこの目で確かめたいという強い衝動」によるものだった。科学者特有の探究心に突き動かされていた物理学者は、自分のすべてを賭した研究、実験、理論的予測の最終結果のことほど、戦時下の兵器の使用については考えていなかったのだ。「アラモゴード砂漠での実験が終わってはじめて、原爆の使用についての議論を始めた」と彼らは語った。[9] こうした過程について、ロバート・オッペンハイマーもまったく同じ見解をもっていた。「技術的に甘美なものを見つけたら、とにかくやってみる。その成果をどうするかについて議論するのは、技術を成功させたあとでしかなかった。原爆のときは、まさにそんなふうだった」[10]
　一九四五年前半、アラモゴード砂漠での実験の日が近づくにつれ、科学者は発見への探究心にいよいよ突き動かされ、外交上の計略が、ニューメキシコの狂気的な開発速度に拍車をかけた。ワシントンの政府高官は、まもなく日本で使用できるのか否かを知りたがっていた。ハリー・S・トルーマン大統領は、近々ドイツのポツダムで開かれる英国首相ウィンストン・チャーチルとソ連首相ヨシフ・スターリンとの会談にむけて準備をしていた。戦争終結につながる超兵器をもっているとわかれば、この就任したばかりの米国大統領も強気でロシアと交渉できる。アメリカ政府はすでに、戦時中は同盟相手であるロシアと、戦後は競争し敵対する関係になると見越していたのだ。このことは前述のチャドウィックにむけたグローヴス将軍の発言からも明らかである。[11] こうした理由により、オッペンハイマーをはじめとする科学者は〈装置〉《ガジェット》のコードネームでよばれる原爆の爆発実験にむけて一心不乱に突き進んでいた。実験が成功すれば、ポツダムでトルーマン大統領を優位に立たせることができるだろう。

## 医師への重圧

外交上の進展と、ロスアラモス研究所の「雰囲気」中に生じていた技術的モメンタム。同時に存在したこのふたつの要因が、マンハッタン計画の医師の職務に重大かつ直接的な影響をおよぼした。第1章で述べたように、ヒルへのプルトニウム搬入量が増えるなか、研究者が開発の速度を上げざるをえなくなると、ルイス・ヘンペルマンをはじめとする健康管理部門の面々は大きな危惧を抱いた。トリニティ実験の日が近づくにつれ、アラモゴードでも同様の懸念が生じだした。ノーラン自身の記述によると、こうした状況の変化により、彼は「病院の仕事を離れて、アラモゴード爆撃試験場で安全対策の準備を手伝うようになった」[12]。トリニティ実験の予定地であるアラモゴード爆撃試験場は、ロスアラモスの南約三二〇キロ地点にあるホルナダ・デル・ムエルト（スペイン語で「死者の旅」の意）砂漠に位置していた。他方、ヘンペルマンは、少なくとも実験直前までは、主としてロスアラモスに残り、技術区域で高まるプルトニウムの危険の管理にあたっていた。

このように、友人同士の医師であるノーランとヘンペルマンは、同じ健康管理部門に所属するようになったあとも、いぜんとしてべつべつの任務についていた。トリニティ実験の予定地における「健康管理、安全対策、放射線の監視が……ジム・ノーランの任務だった」とヘンペルマンは述べている。「ノーランは院長の仕事を離れて、われわれの健康管理部門に移ってきた。とても有能な人材で、計画の策定を立派にやり遂げた……計画をしたのはすべてノーランだった。私自身は実験直前まで何も関与していなかった」[13]。健康管理に関して、トリニティ実験特有の懸念があった。爆発によって生じうる放射性降下物の問題である。放射線については、軍部も科学者もあまり心配していなかった。ロートブラットも述べたように、科学者の最大の原動力は、自分たちの革新的発明が実際に機能するか否かを確かめることであり、彼らの意識はそれに集中していた。他方、軍人が爆弾を手に入れたがっていたのは、戦闘のためだった。だからこのときも、ノーランが述べたように「放射線による危険は完全にあとまわしにされた[14]」

〈トリニティ〉という風変わりな実験名は、オッペンハイマーがジョン・ダンの詩にちなんでつけたものだといわれている。トリニティ実験の監督役を務めた物理学者ケネス・ベインブリッジが命名を頼んだとき、オッピーはダンの『聖なるソネット』を読んでいた。ソネット一四にはつぎのような一節がある。

私の心を叩き割って下さい、三位一体の神よ。これまで、
軽く打ち、息をかけ、照らして、私を直そうとされたが、

今度は、起き上がり立っていられるように、私を倒して、
力一杯、壊し、吹き飛ばし、焼いて、造りかえて下さい。[15]
（『対訳ジョン・ダン詩集』、湯浅信之編、岩波文庫、一九九五年）

物理学者が開発していたのは、たしかに想像を絶する力で壊し、吹き飛ばし、焼いてしまう破壊的技術であり、人類にとって何かを根源的に造りかえる兵器だった。ただし、ダンの言葉が伝える意味とはやや異なっている。

異なるどころか、一七世紀の詩が深い謙虚さを請うているのに対して、二〇世紀の物理学者の探究は、科学がもつある種の傲慢さを示しているのではないだろうか。プリンストンの物理学者フリーマン・ダイソンは、マンハッタン計画の科学者の仕事ぶりを思い起こして、「人間は自分の知性で何ができるか知ったとき、その技術的な傲慢さに呑み込まれてしまう」と述べている。[16] キリスト教神学の三位一体《トリニティ》に関する詩への言及にとどまらず、宗教的なイメージは、強力な新兵器の概念を理解するためにこのあともたびたび引き合いに出される。

ダンの詩の言葉と呼応するように、科学者の主要な関心は、爆弾による爆風と熱の効果を理解することにあった。歴史学者のショーン・マロイはつぎのように述べている。「トリニティ実験の進め方には、ロスアラモスにおける全体的な考え方の特徴がよく表れていた。目標は兵器の迅速な開発であり、その兵器の効果は、猛烈な爆風を生む爆弾と同じである、というのが主な前提だった[17]」。医師をのぞくロスアラモスの職員のなかには、爆弾から生じうる放射性降下物について懸念する者はほぼ皆

無で、こうした状況に医師はいらだった。「誰もが爆弾を作製することで頭がいっぱいで、爆発後の影響を考える余裕なんてなかった」とスタフォード・ウォレンは当時を振り返っている。医師が注意を喚起しても、科学者は「相手にしなかった」[18]。物理学者が「好奇心いっぱいの顔をしていたのは、爆発の定刻までのあいだと、爆発の瞬間だけだった」とウォレンは言ってからつづけた。「そのあと「何が起きるか」を心配していたのは、ヘンペルマンとノーラン、そしてこの私だけだった」[19]。ハイマー・フリーデルは、より簡潔な言葉でこう言い表している。「頭にあるのは、あいつを爆発させることだった」から、みんな「放射線などたいして心配」していなかった、と[20]。

軍人と科学者の大部分は放射性降下物のことを基本的に気にしていなかったが、マンハッタン計画には注目すべきふたりの例外がいた。物理学者のジョセフ・ハーシュフェルダーと物理化学者のジョン・マギーである。ウォレンによると、医師たちが一部の科学者を相手に時間をかけて対話と議論を試みた結果、「とうとうジョセフ・O・ハーシュフェルダーが真剣に耳を傾けてくれた」[21]。ハーシュフェルダーは、「話をした物理学者のなかで、ヘンペルマンとノーランの意見や要請に関心をもった唯一の人物」だったという[22]。そうして彼は、ヘンペルマンほか数名に加わって、一九四五年三月にロスアラモスで開かれたふたつの臨時会議に出席した。議題は、トリニティ実験における「職員保護に関する初期計画」であり、そこには放射性降下物の問題も含まれていた[23]。

臨時会議が終わると、ヘンペルマンとハーシュフェルダーのふたりは試算をし、原爆が爆発したあと、放射線はどんなふうに周辺地域に堆積するのか、についてなんらかの感触を得ようとした。ハーシュフェルダーは、放射性降下物の問題を詳細に検討すべきだ、と親しい同僚の科学者マギーに話し、理解を得ることに成功した。マギーは、四月のある日、ハーシュフェルダーが執務室に駆け込んできてこう叫んだのを鮮明に覚えている。「放射能をどうしよう？」[24] マギーは、友人が提起した問題の重大さを瞬時に悟り、ハーシュフェルダーや医師たちと協力して、実験に使用予定の爆弾から生じる放射性降下物の解明を進めるとともに、ほかの職員の問題意識を高めようと動きだした。職員たちに放射性降下物の危険性について注意喚起した（少なくとも、その努力をした）点で、ハーシュフェルダーとマギーの貢献は大きかった、とヘンペルマンは述べている。[25]

一九四五年四月二五日、ハーシュフェルダーはオッペンハイマーに覚書を送った。そのなかで、先のヘンペルマンの試算の正しさを保証するとともに、雷雨の場合、「爆風による被害に加えて、放射線の影響による甚大な被害が生じうる」と主張した。さらにはつぎのような警告までした。爆風による被害はせいぜい一・六キロ圏内ですむだろうが、諸条件がそろった場合、「放射性物質と核分裂生成物から生じる放射線は、一から一〇〇平方キロメートルの地域を居住不能にするほどの威力がある」と。[26] 爆発から一日たった時点で、一平方キロメートル圏内の放射線レベルは七二〇レントゲンになる、とハーシュフェルダーは見積もった。[27]

このころ、医師と科学者の混合組に加えられたのが気象学者のジャック・ハバードである。[28] グローヴス将軍に雇われた彼の任務は、気象パターンを研究し、実験時の理想的な気象条件を提言することだった。四月中旬、ハバードがロスアラモスに到着して最初に会った人物のなかに、ウォレンとハーシュフェルダーがいた。ハバードはウォレンをいたく気に入り、「ひっきりなしに煙草を吸い、くずかごを引き寄せて灰皿がわりにして」いる「すごい男」と言い表している。[29] ウォレンは開口一番に

「最大の懸念は放射性降下物だ」と告げた。ハバードいわく比較的「控えめな印象」のハーシュフェルダーも「放射性生成物の飛距離」に興味がある旨を述べた。[30]
ハバードは、ハーシュフェルダーとマギーと医師たちに有用な情報を提供し、気温、湿度、風速、風向、雨が、生じうる降下物にどう作用する可能性があるかを教えた。その一方で、グローヴス将軍からのひどいいびりに耐えていた。有名な話だが、グローヴス将軍は、もしトリニティ実験当日朝の天気予測がはずれたらこの手でしばり首にしてやる、とハバードを脅した。にもかかわらずグローヴス将軍は、ハバードの提言とはべつの実験日を選んで計画を進めた。[31]それどころか七月一六日は、「雷雨が予想されるという理由で」とくに反対した日付だった。[32]トリニティ実験の実施日が七月一六日に確定したことを知ったハバードは、日記にこう書いている。「雷雨が生じる期間のど真ん中だ……こんな決定をするやつはクソもクソだ」と。彼が聞いた決定理由は「ポツダムの会談との関係で」というものだった。[33]

## TNTを用いた予備実験

爆弾から生じる放射線の危険を詳しく調査する機会が到来した。トリニティ実験のまえに予備実験をおこなうことが決定したのだ。予備実験と本実験はそれぞれ、TR1、TR2という軍事用のコードネームでよばれた。予備実験TR1の予定日は、理想の気象条件に関するハバードの予測に基づいて、一九四五年五月七日——くしくもドイツが正式に降伏したのと同じ日——に決まった。実験内容は、六メートルの台の上に一〇〇トンのＴＮＴ（第二次世界大戦中によく使われた爆薬）を積んで爆発させる、というもの。爆発後の放射能分布を調べるために、ワシントン州ハンフォードからプルトニウムの試料を入手し、積み上げたＴＮＴにこの核分裂性物質を加えた。

前述したとおり、科学者と軍人の主な関心は、従来の兵器の場合と同じく、爆弾による爆風と熱の効果にあった。医師たちは、放射性降下物の危険性に対してもっと注意をむけるよう強く求める一方で、ＴＲ１における爆風の効果の測定にもいくらか協力した。この測定のために医師たちは、生きているネズミをバッテリークリップで針金につなぎ、ＴＮＴ一〇〇トンを積んだ場所から三〇〇メートル、六〇〇メートル、九〇〇メートルの地点に設置した。ネズミを使った実験の設営は夜遅くにおこなわれ、夜が明けるとすぐに爆発実験だったので、オッペンハイマーは、ケーブルや電線に足を引っかけて転んだらどうするんだ、と医師たちの骨折り仕事を非難した。どうやら、ネズミの実験は大いなる無駄に終わったようだ。爆風のあとで医師がネズミを回収すると、驚くに値しない結果が得られた。爆心地からいちばん近い地点のネズミは、すべて死んでいた。それより遠い地点では、爆風で針金が外れて逃げたもの、死んでいるもの、「針金のまわりをちょろちょろ回っているだけ」のものが見つかった。もっとも遠い地点のネズミは、ノーランによると、「多少よろめいていたが、ひどい外傷はなかった」。ライト・ランガムは、ネズミの旋回運動は特別な枠を組み立てて使用することで防止できると言った。彼が提案した発明品は「ライトのネズミラック」とよばれた。[34]

それはさておき、医師たちは爆風のあとに生じた雲の動きを観測した。理解ある科学者と協力して、

100トンの爆薬を用いた予備実験TR1の準備。

TR1実験から得た知見をもとに、トリニティ実験でガジェットが爆発した場合に予想される放射性降下物がどの程度かを計算した。予測結果に彼らは青ざめた。六月一五日、ベインブリッジとノーランに出くわしたハバードは、ふたりが何か深刻な問題をかかえているのを見てとった。「ベインブリッジはおろおろしていた」と、ハバードは日記に書いている。「ノーラン大尉もおろおろしていた。ふたりが恐れるような何かが起きているらしい……それが何かはわからない[35]」。不安の原因らしきものは、つぎの日になって判明する。

六月一六日、ハーシュフェルダーとマギーは、気象学者から得た気象データと、TNT一〇〇トンを用いた実験の結果から得た予測に基づいて、警告を発する報告書をベインブリッジに提出した。この報告書は、ウォレン、ヘンペルマン、ノーランら関係者にも回覧された。内容はつぎのようなものだった。「放射性物質と核分裂生成物を含む粉塵がトリニティ実験地周辺の町に降る危険性があることは確実だ。したがって、周辺住民の避難が必要である」。科学者ふたりの最大の懸念は、放射性粉塵が地上から舞い上がってきのこ雲とともに上昇し、周辺地域にばらまかれることだった。[36]

六月一六日付の報告書は、科学者組にあまり評価されなかった。ハーシュフェルダーは明らかにいらだっていた。計算に基づいてこれほど警告したにもかかわらず、「原爆から放射性降下物が生じるという自分たちの予測を、ほとんど誰も信じなかった」からだ。[37]「自分の計算に基づく……降下物などによる危険は……十分深刻に受けとめられなかった」と彼は悟った。「こうした危険に対して、政府はひどく侮った態度をとっている」とも。[38] ヘンペルマンも同意見で「政府はおそろしく不遜だった」とのちのインタビューで語っている。だがそのあとで、自分の軽率な発言を戒めるように、「こんなこと言うべきではないが」とつけたした。[39]

ハーシュフェルダーとマギーが報告書を提出した日の翌日、不安をかかえたノーランは、オークリッジにいるグローヴス将軍と面会するためにロスアラモスを出発した。秘密の報告書がはいったブリーフケースをもち、政府から支給された四五口径のリボルバーを携えていた。銃器が嫌いだったので、ロスアラモスの情報保全部長ピア・デ・シルヴァの許可を得て、リボルバーはブリーフケースに、挿弾子は服のポケットにしまっていた。ノーランの武器に対する嫌悪感と、それにともなう知識不足は、まもなくかなり滑稽な出来事を引き起こすことになる。

六月一七日早朝アルバカーキ発の飛行機が遅れたため、ノーランはシンシナティでの乗り継ぎに間に合わなかった。そこで、六月一七日の夜一一時、シンシナティ発ノックスヴィル行きの夜行列車に乗り込んだ。ようやくサイトXに到着したのは翌朝六時半だった。[40] ノーランが訪れたとき、オークリッジの巨大施設Y‐12では、一一五二台のカルトロン（カリフォルニア大学バークレー校の物理学者アーネスト・ローレンスが考案した装置）が稼働し、濃縮ウランを製造していた。[41] 一九四二年に政府が取得した二四三平方キロメートルの敷地内で働く従業員の数は二万二〇〇〇人を超えていた。リトルボーイで使用されたウラン235の大部分は、この施設Y‐12でつくられたものである。

## ノーランとグローヴス将軍、オークリッジにて

ノーランは長旅で疲れきっていたが、オークリッジに到着するとすぐに、グローヴス将軍の代理でありオークリッジサイトの責任者を務めるケネス・ニコルスと防諜および情報保全監督のジョン・ランズデールに報告書を手渡した。「グローヴス将軍が側近たちに〝お追従〟を言わせている」あいだ、執務室の外の椅子で「何時間も」待たされた。[42] 報告書には、トリニティ実験にむけて医師が策定した放射線監視計画と避難計画の詳細を記してあった。計画の目的は、「まず、職員の科学者と、近隣の町の住民および臨時雇い労働者の健康に影響する危険がある可能性を事前に認識すること。そして、こうした危険を検出する手段を設けること。それから、危険が検出された場合は、しかるべき地位の人々に通知すること」だった。必要に応じて「町やそのほか居住地域における住民避難を実施する」ことも提案してあった。[43] 報告書のなかの組織図には、計画の運用にあたる職員一九人の責務を詳述してあり、ヘンペルマンは「医療班主任」、ノーランは「トリニティ実験における主任代理」、ウォレン

とフリーデルは「顧問」と記されていた。防護服（長靴、防毒マスク、手袋など）、放射線測定器、避難用車両の使用や、具体的な監視場所についてもくまなく記載されていた。[44]

報告書の末尾には、「追加測定」に関する記載もあった。周辺地域の郵便局にフィルムバッジを送る、というものだ。「フィルムを封筒に入れて送るんだ」とヘンペルマンは説明している。「各地の小さな郵便局に郵送して、爆発のあとしばらくしたら返送するよう依頼した」[45]。ロスアラモスに送られてきた包みを開けてみると、ほとんどのフィルムは汚染されていなかったが、ビンガムとシダーヴェイルの町の郵便局から来たフィルムは無視できないレベルの放射能汚染を示していた。「ワンマンの強硬派」ウォレンはトリニティ実験に関する計画の立案と実施について自分の手柄を主張しすぎる、と思っていたヘンペルマンだが、このフィルム郵送作戦はウォレンの名案だったと認めている。

グローヴス将軍は側近と報告書の内容を検討したあと、ノーランを執務室に呼び入れて、今では有名な台詞を口にした。「なんだおまえ、ハースト気取りのプロパガンダ野郎かなんかか？」と[46]。この反応を見たノーランは、グローヴス将軍は秘密保持と情報保全のことしか頭にない、と理解した。報告書に詳述された計画を実施した場合、周辺地域の人々が秘密の軍事活動に気づく危険性がある、と恐れたのだろう。グローヴス将軍は計画の支持を嫌がっていた。「住民を避難させるために多数の憲兵とトラックを近隣の町に送り込む」ことになるし、そうすれば「情報保全が危険にさらされ、トリニティ実験の情報が新聞各紙に漏れるかもしれない」からだ。ノーランは、グローヴス将軍が「放射能汚染の可能性をもち出した自分に心底腹を立てて」いるのを見てとった[47]。

グローヴス将軍に立ちむかうノーランの姿が、トリニティ実験を題材にした、ジョン・アダムズ作曲、ピーター・セラーズ作詞のオペラ『原爆博士 *Doctor Atomic*』に胸に迫る形で描かれている。セラーズが書いた対決の場面では、ノーランはさらに踏み込んで、グローヴス将軍の情報保全に関するいきすぎた懸念を批判する。オペラのなかのノーランは、秘密保持と情報保全を心配するグローヴス将軍に、鋭くこう言う。「お言葉ですが将軍、ちゃんと目がふたつついている者なら誰でも、サンタフェから運ばれてくる缶ビールのあとを追うだけでロスアラモスを見つけたでしょう」と。この部分は、劇中の面会の舞台が実際のオークリッジからトリニティ実験の現場に変更されているのと同様に、セラーズが創作上の改変をおこなっている。たしかに実際のノーランも似たような発言をしたかもしれないが、この台詞自体は彼が発したものではない。実際の台詞の主は、ノーラン率いる避難対策チームの特殊工兵班に所属していたルイス・ジャコットで、ランシング・ラモントが『トリニティ実験の日 *Day of Trinity*』を執筆するためにインタビューしたときのものだった。[48]

ラモントの録音によると、ジャコットはつぎのように言った。「情報保全対策についていえば——ちゃんと目がふたつついている者なら誰でも、ロスアラモスの場所を見つけられただろう。サンタフェから運ばれてくる瓶ビールのあとを追うだけでね」[49]と。この発言で言及されているのは、ロスアラモスの職員のパーティ三昧な様子だけではない。科学者の共通認識として、情報保全対策の多くは的外れで完全に合理的とはいえない、という考えがあったことも示している。圧政的な措置は、明らかな油断と対になっており、むしろ自明で低級で重大な情報保全の侵害はすっかり見逃されていた。このことは、オッペンハイマーが厳しい監視の標的になっていた一方で、物理学者のクラウス・フックスとテッド・ホールや機械工のデイヴィッド・グリーングラスは、まったく気づかれることなくロシア人に機密情報を流せていた例を挙げるだけで容易に理解できるだろう。[50]

いずれにせよノーランは、グローヴス将軍が医師の問題提起に関心がない、と理解した。グローヴス将軍の反応を見て、「銃身」のごとく情報保全へ一直線であることもわかったし、それ以前に医師への敬意がないことにも気づいた。「グローヴス将軍は医療部隊を信用していなかったし、軽蔑していた」とノーランはのちに語っている。オークリッジでの不愉快な面会について考えるうち、ノーランは、逆にグローヴス将軍がロスアラモスに来るときのことを思い出した。たいてい彼は食堂を訪れ、献立をじろじろと眺めてまわる。どうやら脂っこい食事をよしとしていないようだった。皮肉なものだ、とノーランは感じていた。肥満体のグローヴス将軍は、どう見ても健康的な体の手本とはいえなかったから。グローヴス将軍が執務室の「金庫にハーシーのチョコバー」をいつも隠しもち、食べたらこまめに補充しているのは周知の事実だった。オークリッジでの面会のあともグローヴス将軍は考えを曲げない様子だったが、医師たちは諦めなかった。[51]

七月上旬になって、もう一度説得を試みようと、今度はウォレンがワシントンへ飛んだ。ノーランによれば、グローヴス将軍の主治医も務めるウォレンは、「将軍に医学関連の話ができる唯一の人物」だった。[52] ウォレンは、ハーシュフェルダーの助けを借りて、降下物の分布予測図を添えた文書をまとめた。グローヴス将軍は執務室で文書を精査したあと、ウォレンの待つ控えの間に出てきた。「まったく、おまえってやつは全部まぜっかえす気だな」とグローヴス将軍は言った。[53] そして大賛成とはいかないものの、医師に計画の実施を許可した。ただし、限られた資源しか使わせなかった。[54] とはいえ、ニューメキシコ州の知事に連絡し、住民の避難が必要とわかった場合は戒厳令を敷く可能性があると通知してくれた。

## トリニティ実験への備え

ノーランがグローヴス将軍と面会したあと、ニューメキシコで何が起きたのか。その意味を解読するのは簡単ではない。一九四五年六月二二日、つまりノーランがオークリッジからロスアラモスに戻ってきた日の翌日、ノーランとヘンペルマンは、六月一六日付のハーシュフェルダーとマギーの報告書を受けて、新たな報告書をベインブリッジに提出した。わずか二ページだったが、先の科学者の計算結果に基づいて、「汚染地域にいる職員に実際にどのような危険があるのか」を見きわめようとし、以下の結論に達している。核分裂生成物の拡散により、爆発から一四日で「累計」六八レントゲンの「外部放射線」が生じる。これは無視できる量ではないが、「放射線の被ばく歴がない人に永久的な損傷を与えるものではけっしてない[55]」

医師ふたりはこう主張している。「ハーシュフェルダーとマギーの説明どおりにきのこ雲から放射性粉塵が降った場合であっても、実際の汚染が予測の二から三倍に達しないかぎり、近隣の町の人々が深刻な被害を受ける可能性はほぼない[56]」。この主張は、以前に医師と理解ある科学者ふたりが提起した問題に対して、大幅な見直しをおこなっているように見える。前言を撤回した、とさえいえるかもしれない。しかし、この文面の一行下にはつぎの重要な、だがいくぶん曖昧なただし書きが添えられている。「本報告書は、ハーシュフェルダーとマギーが示した危険要因が重大ではなく、可能であれば回避したほうがよい程度のものだと主張していると解釈されるべきではない。実際の汚染が予測よりひどい場合に周辺地域の住民を避難させられるように、あらゆる事前の対策をとるべきである」[57]

このただし書きは、この報告書全体は何を意味しているのだろうか？　歴史学者ショーン・マロイはこの報告書に直接言及して、「トリニティ実験の安全対策の担当者は」放射性降下物の危険性を「ひどく軽視していた」と結論している。[58] これは納得しがたい結論だ。ほかの箇所の分析が緻密かつ明敏であることを考えると、いささか意外ですらある。医師が策定した包括的な監視・避難計画や、ノーランによる異例のオークリッジ出張、その後のウォレンによるワシントン出張、そして一九四五年の初夏以降医師たちが放射線被ばくに関する懸念を何度も表明してきたことを考えれば、彼らが放射性降下物の危険性を「ひどく軽視していた」と結論づけることは難しい――むしろその逆である。

実際、歴史学者フェレンツ・サースは、トリニティ実験を題材にした優れた著作のなかで、医師の働きについてかなり異なる結論に至っている。サースは「周辺地域の安全を確保するために医師がおこなった……入念な準備」を称賛し、「医療班による保健物理学的計画は、当時では考えられないほど緻密だった」とまで述べている。[59] とはいえ、六月二二日付の報告書は、放射性降下物の影響を実際より小さく見せる目的だった、と解釈する人がいても無理はない。数日まえにオークリッジのグローヴス将軍が見せた否定的な態度や、より大規模な計画のより広範な人々に作用する技術的モメンタムの影響で、医師たちは前回表明した懸念を調整せざるをえなかったのだろうか？

二週間後、すなわちトリニティ実験予定日のほんの一〇日まえのこと。放射性降下物の危険性につ

トリニティ実験、ガジェットが載置されたゼロ地点の塔。

いて関係者に警告するのに不利な出来事がもうひとつ起きた。ハーシュフェルダーとマギーが、前回の計算結果を見直した修正版をベインブリッジに提出したのだ。修正版の報告書も、ヘンペルマン、ノーラン、ウォレンら関係者に回覧された。この七月六日付の報告書で、ハーシュフェルダーとマギーはつぎのように主張している。「周辺の町に堆積する放射性物質の量は、前回の報告書に記載した推定値の二分の一から一〇分の一だと思われる」と。[60]これまた注目すべき修正である。ヘンペルマンは当時を振り返って、「ハーシュフェルダーとマギーは計算の誤りを修正した。それによって導き出された放射線レベルは、高い値だったが、前回ほど悪くはなかった」と述べている。[61]こうした「計算と推定作業のやり直しによって……推定放射線レベルは、安全と危険の境界線上、あるいはわずかに安全寄りの値となり」、いずれにせよ爆発実験の実施を正当化するに十分な結果となった。[62]この計算のやり直しは、通常の科学の自然な進展であり、科学的な真理をもっと客観的かつ正確と思われるやり方で提示しているのだろうか？　それとも、なんらかの社会的要因によって、物理学者たちは最初の計算結果を調整せざるをえなかったのだろうか？

少なくとも理由の一部は後者だったのではないかと、ヘンペルマンは示唆している。実際、研究所では相当な労力を使って、ハーシュフェルダーとマギーの最初の計算結果をくつがえそうとしていたという。ヘンペルマンははっきりとこう感じていた。六月一六日付の報告書が回覧されたあと、「研究所の労力の大部分は、報告書の結果を反証することに費やされていた」と。ハーシュフェルダーらの結論を誤りだと証明することは重要だった、と彼はいう。ハーシュフェルダーらの最初の推定が正しかった場合、「絶対に実験を実施すべきでない」という判断に至ってしまうからだ[63]。このときにはさらに、前進をつづけなければならないという重圧が明らかにあった、とヘンペルマンは記憶している。この特定の場所と時間に存在していた明確な使命と支配的な雰囲気はつぎのようなものだった。「作業を進めなければならない。トルーマン大統領がスターリンと会談する一六日までに、爆弾を完成させるだけでなく、実験によって効果を確認しておく必要がある[64]」

こうした圧力の結果、アラモゴード爆撃試験場と研究所の双方で、重大な危険が無視されるか、実際より低く見積もられるかした。研究所では職員が「高レベル」のプルトニウムを体から「排出」していた。それどころか、ヘンペルマンは「おそらく致死レベルだと考えていた」。平常時であれば「作業から引き離されていただろう[65]」。しかし、そのときの状況は平常時からはほど遠かった。ヘンペルマンは、一九八六年のインタビューで直接的な質問を受けている。もしハーシュフェルダーとマギーの計算結果が「危険の存在を示して」いたら、「トリニティ実験は中止されていたか」と。ほとん

高さ30メートルの塔に載置されたガジェット。

ど言葉をにごすことなく、ヘンペルマンはこう答えた。「いいえ」。つまり、外交上の圧力と技術的モメンタムはあまりに強く、科学者の最終的な計算結果がどうあれ、実験は実施されていただろう、ということだ。べつのインタビューでは、こう述べている。「どうしたって止められなかった」[66]

危険があると予測されていたのに、なぜ前進をつづけたのだろう? 答えは「実験を間近に控えて極度の興奮状態にあった」からだ、とヘンペルマンは説明している。「トルーマン大統領はポツダム会談までに実験結果がほしいと言っていたから、実験結果を手に入れるためなら、嵐のど真ん中でだって爆弾を爆発させただろう」[67]。ハバードほか関係者もはっきりと理解していたように、暴風雨はもっとも好ましくない条件だった。降雨は、地表にもたらす放射能のレベルを増加させるとともに、爆発時の写真撮影と各種測定を困難にするからだ。結局、ハーシュフェルダーとマギーが六月一六日付の最初の報告書で予測したことの大部分が現実となった。サースが結論づけたように、「ハーシュフェルダーとマギーの最初の計算結果は基本的に正しかったと証明された」のだ。[68]

ヘンペルマンとノーランが提出した六月二二日付の報告書には、どのような意味があったのだろうか。ふたりがおこなった見直しは、前言を撤回するためというより、なんらかの妥協点を見出すためだったと考えることもできるだろう。つまり、ハーシュフェルダーとマギーが計算結果を修正したのと同じ理屈で、医師たちは、一方では実験の実施を正当化するのに十分な情報を提供することにより、強硬な軍部のお偉方をなだめるとともに計画のモメンタムがもつ力に黙従し、同時に他方では、前回の警告事項を事実上維持したのである。べつの言い方をすれば、放射線による重大な被害の可能性を実際より低く見積もりつつも、制限つきではあるが、事前の対策は実施すべきであることと、ハーシュフェルダーとマギーが報告した危険はいぜんとして深刻に受けとめるべきであることを主張したのだ。こうした中間的な立場の報告書は、最初の予測どおりの被害が実際に生じた場合も、想定される訴訟問題から医師を含むマンハッタン計画全体を守っただろう（少なくとも、そういう意図があった）。

こうした報告書の解釈の裏付けとして、医師が法的問題の可能性をつねに念頭に置き、将来の訴訟から自分たちや軍部を守る防御策を入念に準備していたことを示唆する、相当な量の証拠がある。

## 法的・医学的懸念

実際のところ、一九四五年三月にヘンペルマンとハーシュフェルダーほか関係者が出席した、放射性降下物に関する最初の臨時会議では、三つの主な議題があり、その二番目が「こうした危険要因の法的・医学的側面」だった。[69]その一カ月後、ヘンペルマンはいぜんとして「爆発実験に関する法的・医学的問題はまだ十分に検討されていない」と懸念していた。[70]グローヴス将軍が四月にロスアラモスを訪れたときの会議で最初にした質問も、トリニティ実験の法的問題に関するものだった。会議のあとの四月一八日には、グローヴス将軍は「トリニティ実験の法的側面を検討し、対処する法律分野の人材を追加する」つもりだとベインブリッジに告げている。[71]

こうして追加された法律の専門家は、放射線監視員に対して、「将来参照するために、シェルターのなかと街中の測定結果を永久的な記録として残す」ことをとくに奨励した。[72]そうした「永久的な記録」があれば、いずれ訴訟が起きた場合に、軍部は必要な法的証拠書類を準備し、対抗できるはずだった。軍部の法律家が指示する適切な証拠文書の作成手順は詳細かつ執拗だった。たとえば、ノーラン、ヘンペルマン、トリニティ実験計画の訴訟担当将校ジョン・デイヴィス中尉をまじえた一九四五年七月七日の会議のあと、監視員はつぎのような指針を提示された。「のちの参照用に、自筆で可能なかぎり完全なメモをとり、署名後、自らの手で格納すること。このメモは、後日、より完全な形に書き直してもよいが、裁判手続きではいかなる場合も、最初のデータを提示する必要がある[73]」。さらに、各自の全記録を保持しておくこと。記録は、「将来の法的手続きにおいて証拠として用いられる。また、監視員自身は、実験現場以外の地域の汚染に関して、主要な証人となる」[74]。記録の法的有効性を保証するために、デイヴィスの部下が各監視員に同行する。軍人が現場に立ち会うことにより、「放射線測定の時間、場所、性質に関する宣誓供述書の作成が可能となる」と[75]。こうした詳細な指示があったことを考えれば、軍部が将来的な訴訟の可能性を十分に認識しており、その認識にしたがって医師および放射線監視員の監督と管理を試みていたことは明らかである。

医師が放射線の問題に頭を悩ませつつ、こうした法的問題に関して圧力を感じていたことが、ウォレンとヘンペルマン両者の回想からもうかがえる。前述したように、ノーランがトリニティ実験における安全・避難対策のかなめだったのに対して、ヘンペルマンは研究所に残り、職員の放射線被ばくレベルについて気をもみつづけていた。トリニティ実験の約一週間まえ、ノーランはテニアン島へのリトルボーイ輸送に同行してほしいと告げられた。となると、実験実施日の二日まえに現場を離れなければならない。オッペンハイマーは、このことが判明した時点で半狂乱になってヘンペルマンに電話し、できるだけ早くトリニティ実験の現場に来るよう指示をした。「そんなとこで何してるんだ？　さっさとこっちへ来い[76]」とオッピーは言った。

七月一一日か一二日あたりにトリニティ実験の現場に到着したヘンペルマンは、目のまえの光景に頭をかかえた。理由のひとつは、運用上の各対策が、健康管理と安全に関する妥当な懸念に基づくものではなく、法的訴訟から陸軍を守る目的で設定されているとわかったからだった。ヘンペルマンはつぎのように回想している。「すべてこんなふうに法的な問題を考えて設定されていたと思う。何かあった場合でも、陸軍が責任を負わないように」と述べている。[77] ハバードたちから天気予報が示す気象条件はけっして理想的ではないにもかかわらず実験計画は実施される、と聞いたときには、「恐れおののいた」。いささか皮肉に思えるが、ヘンペルマンがまっさきに考えたのも、医師が責めを負わないように法的な記録を残すことだった。「この条件下で実施された爆発実験については責任をもてない旨の覚書を書くことにほとんどの時間を費やした」という。軍部がそれまでずっと医師の警告を無視していたことを考えれば、このときのヘンペルマンの覚書に対する軍部の反応も驚きではない。「もちろん、反応はなかった」と、ヘンペルマンは語っている。「私が書いた覚書は全部くずかご行きさ」[78]

ウォレンも同じく、放射線監視測定値などの記録作成に関する陸軍の指示は、健康と安全を確保する目的ではなく、法的な防御手段であると感じた。「誰もがさっさと実験を終えたがっていた」とウォレンは述べている。「陸軍と政府のおかかえ弁護士は、法的な問題に発展することを恐れていた。なるべく早く、視界からも頭のなかからも、トリニティ実験を追い出したがっていた」[79]

## 最大耐容線量

トリニティ実験の安全対策を策定するにあたり、医師たちはかなり特異な立場に置かれた。放射線の許容線量あるいは耐容線量を決めなければならなかったのだ。ウラン235もプルトニウム239

も新しい元素だったので、危険であることははっきりしていたものの、これらの元素による放射線の影響は未解明に等しかった。とすると、医師たちはどのようにして被ばくの許容レベルを決定できたのだろうか？　前述したように、ヘンペルマンとノーランが提出した六月二二日付の不可解な報告書では、六八レントゲンの放射線は、高い値ではあるが、少なくとも被ばく歴のない人に深刻な影響を与えるものではない、と示唆されていた。〈レントゲン〉とは、一八九五年にX線を発見したヴィルヘルム・コンラート・レントゲンにちなんで名づけられた、放射線被ばく量を表す単位で、空気に生じる電離に基づいて測定される。一九三四年には、アメリカのX線・ラジウム安全性諮問委員会が、一日の許容線量を〇・一レントゲンとするよう勧告している。[80]

医師はもちろんこの基準値を知っていた。ノーランものちに「当時の基準では、線量限度、つまり耐容線量は一〇分の一レントゲンだった」と述べている。しかし、「実際に人間がどれだけの量の放射線に耐えられるのかは誰にもわからなかった」とつけ加えている。そのじつ、マンハッタン計画の科学者のなかには、〈ラドラボ〉とよばれたバークレーの放射線研究所や、〈メトラボ〉とよばれたシカゴ大学の冶金研究所のような場所で何年も放射性物質を扱ってきた研究者もいたが、彼らはもっと高い値でも耐えられると考えていた。「二五、あるいは五〇レントゲン」であっても大丈夫だと言い、ノーランによくこう尋ねた。「きみが許可してくれる線量はいくらだい？」ノーランは、おそらくいくらか皮肉をこめて、逆にききかえす。「ご希望は？」科学者とノーランは、五レントゲンを「最大線量」とすることで決着をつけた。この値は、オークリッジでノーランがグローヴス将軍に提出した避難計画案のなかで実際に特定したレベルだった。[81]しかし、これほど高いレベルを設定しても、まだ深刻に受けとめられなかった。トリニティ実験の一週間まえ、ウォレンはこんなことを言い出した。線量のピークが一〇レントゲンに達しないかぎり心配ないのではないか。二週間の累計線量が六〇から一〇〇レントゲンである場合、「追加の被ばくがないかぎり、悪影響はない」だろう、というのだ。そして住民の避難については、汚染がこのレベルに達した段階ではじめて考えればよい、と示唆した。[82]

正式に合意したとはいえ、恣意的な決め方をしたように見える、一度の被ばくにおける許容線量（五レントゲン）は、当時の公定基準の五〇倍だった。ウォレンによる修正後のレベル（最大許容線量一〇レントゲン）は、公定基準の一〇〇倍だった。この一九四〇年代半ばの公定基準さえ、しばらくすれば、高すぎるとみなされる。一九六五年にランシング・ラモントからインタビューを受けたとき、ノーランは、一九六〇年代には「安全とみなされる最大線量」は「六ミリレントゲン（一〇〇〇分の六レントゲン）」まで引き下げられていたと述べている。[83] つまり、トリニティ実験の際に「安全」な被ばくレベルとして合意した値は、ほんの二〇年後の許容値の八〇〇倍より高かったというわけだ。現在の基準はさらに低い。アイリーン・ウェルサムによると、「今の常識では、放射線はどれほどわずかでも害があるとわかっている」[84]

ヘンペルマンは、のちにこう認めている。トリニティ実験における放射線被ばくの許容レベルは、「ただ恣意的に決めたものだった……こうした決定は、ひどく恣意的だった」と。一九八〇年にバートン・ハッカーのインタビューを受けたときも、当時の作業基準はどのように決めていたかという質問に対して、「わからない。ただ恣意的に決めていた」と答えている。さらに、「自分たちが何をしているのか、まったくわかっていなかった……誰も経験のないことをしていたから……ひどく厄介な事態になりませんように、と願うばかりだった」と述べている。[85]

## ノーランの出発とウォレンの手紙

ヘンペルマンの願いに反して、厄介な事態が生じた。トリニティ実験の約一週間まえ、ノーランがピア・デ・シルヴァにニューメキシコからの離脱を言いわたされたのだ。ロスアラモスからテニアン島へのウラン爆弾輸送に同行する二名のうちのひとりに決定したという。なぜ自分が選ばれたのか、ノーランにはよくわからなかった。「情報保全部員のロバート・ファーマン少佐に加えて、科学系の人間もひとり、爆弾の輸送に同行することが決まったのだが、その詳しい経緯は覚えていない」という。だが、オッペンハイマー、ウォレン、ヘンペルマン、デ・シルヴァが決定に関与していたのは知っていた。この異例の任務について、ノーランはのちにこう述べている。「趣旨としては、医療グループのひとりがその物質の輸送に同行し、テニアン島に到着したあとも現地の研究所に残って、爆弾の組み立てや爆撃機の出発などに際して問題が生じた場合に備えるべきだ、ということだった」[86]。グローヴス将軍は、このときも医師に対する軽蔑的態度をくずさず、マンハッタン計画における海軍側の窓口であるウィリアム・パーネル提督にこう言った。「軍医が同行したって、取り乱したやつの手を握るくらいが関の山ですよ[87]」

ノーランの離脱は、トリニティ実験の現場を混乱させた。ヘンペルマンは、いくぶんげんなりした様子で当時をこう振り返る。「トリニティ実験の直前になって、現場の健康管理および安全対策……を指揮していたドクター・ノーランが、原爆のひとつをテニアン島へ船で輸送するのに同行して海外に行くことが決まった」。ヘンペルマンは、ノーランの離脱を「自分たちにとって大打撃」だと感じ、どうやって彼の穴を埋めればよいのだろうと途方に暮れた[88]。しかし、安全、監視、避難に関する手順は入念な準備がすんでいたので、それ以上とくに準備すべきことはなく、あとは手順にしたがって実施するだけでよかった。つまり、ヘンペルマンいわく、「計画の準備は完璧だったので、関係者は全員、自分が何をすべきかちゃんとわかっていた[89]」

こうしてノーランは、トリニティ実験の二日まえ、すなわち七月一四日に旅立った。実験の成功を知ったのは、テニアン島に到着したあとだった。実験のほぼ一週間後、ウォレンはノーラン宛に手紙を書いて、実験の結果を報告するとともに、日本への爆弾輸送に関係があるとおぼしき情報を提供した。この直筆の手紙は注目に値する。ウォレンの数々の記述から、トリニティ実験の内容と、死者が出る大惨事を回避できたのは間一髪のことだったという彼の見解が明らかになるからだ。

手紙には、ノーラン個人に関する内容も含まれていた。たとえば、「奥さんは無事に出発した。みんな、きみの幸運を祈っている——きみがいなくて、寂しがっている」など。ノーランの旅立ちのあと、妻のアンも子どもふたりをつれてロスアラモスを離れ、ノーランの海外赴任中、ロサンゼルスにいる姉のジェイン・レイノルズ一家のもとに身を寄せた。しかし手紙の主な内容は、ガジェットとその効果に関するものだった。ウォレンはまず、基本的な放射線監視および避難計画はうまくいったが、爆風の威力は予測を上回ったことについてつぎのように伝えている。「計画はとどこおりなく実施できたが、放出されたエネルギーの大きさは予測の三から五倍だった。きのこ雲の高さは一五から二〇キロメートルに達した」。予測値は四キロメートル弱だったにもかかわらず。ウォレンは手紙のなかで、きのこ雲についてさらにこう述べている。きのこ雲は異なる三つの方向に分散し、三時間後、「いくつもの薄い層にわかれた」。つぎのような重大な事柄も記している。放射線監視員が、「たくさんの家の近くで」三〇から四〇レントゲンもの放射線を検出し、ビンガムの町の北東にある「ひとつのホットスポットである峡谷」では「累計二三〇レントゲン」の放射線を検出した、と。[90]

このように、医師と科学者が交渉のすえに合意した「安全」レベルよりさらに高いレベルの放射線が検出されたにもかかわらず、当該地域ではひとりの避難もおこなわれなかった。さらに重要な点がある。ウォレンは、もっと悪い状況が生じた可能性を認めているのだ。「まったく、危ないところだったよ。きみが出発した時点の計画にあった予定時刻を変更せずに、絶え間なく風が吹いている環境で実施していたら、**たくさんの人が死んだ**と思う!!　ぞっとしたな」[91]（強調は原文による）。これはもちろん、爆弾から生じる放射性降下物の危険性をしっかりと認めていることになる。ビンガム近くの峡谷で検出されたレベルの放射能が、爆心地周辺のもっと人口が多い地域に堆積していたら、多数の死傷者が出ていただろう、とウォレンは述べている。

実際の爆弾の威力が予測より大きかったわりに、堆積した放射能の濃度が高くなかった理由のひとつは、きのこ雲の高度が予測より高かったことだと考えられる。[92]きのこ雲が高く上昇した結果、放射性物質がより広い範囲に分散し、その分、密度は低くなったというわけだ。もし爆心地近くの人口が多い地域に降下物がもっと集中していたら、壊滅的な被害が出ていた可能性がある。いや、より早い段階から目に見える形で、とつけ加えるべきかもしれない。手紙の終わり近くで、ウォレンは予見するようにこう記している。「ショーが見られなくて残念だったろうが、その分長く生きられるぞ！負傷者は出なかったが、危機一髪だった[93]」

ヘンペルマンも基本的に同意見だった。つまり、「危機一髪」だったし、もっと悪い事態になる可能性もあった、と考えていた。「恐ろしく幸運だった。ほんとうに信じられないくらい幸運だった。降下物が甚大な被害につながる可能性もあったからね」とのちに述べている。「ニューメキシコ州の複数の地域が膨大な量の放射線にさらされた。しかし、その地域にはたまたま、あまり人が住んでいなかったんだ[94]」。ヘンペルマンはこうも言った。「まったくほんとうに恐ろしく幸運だったよ[95]」

ウォレンは、ノーランに手紙を書いた日の前日、グローヴス将軍に宛てた覚書を作成していた。同僚の医師に宛てた手紙とはちがい、不安をかきたてる生々しい表現は見あたらない。たとえば、「**たくさんの人が死んだ**と思う!!」ということや、ある峡谷で二三〇レントゲンの放射線が検出されたことにはまったく触れていない。しかし、以下の内容をグローヴス将軍に伝えている。ウォレンの見解として、「きのこ雲の各部から放出された粉塵は、爆心地北東の幅約五〇キロ、長さ約一四〇キロの領域に深刻な被害をもたらす可能性があった」こと。今後さらなる実験をおこなう場合には、アラモゴード爆撃試験場ではなく、「少なくとも半径二四〇キロは無人」の地域での実施を勧めること。さらに、覚書を書いた時点（実験の五日後）でも、「いぜんとして膨大な量の放射性粉塵が空気中に浮遊している」ことも認めている[96]。

## トリニティ実験とその余波

トリニティ実験と、実験がマンハッタン計画の科学者におよぼした影響の大きさについては、すでに多くの記述がある。原子爆弾の爆発は、それ自体が息をのむ衝撃的なもので、その威力は、ウォレンの手紙に記載されていたように、予想をはるかに超えていた。爆発にともなう爆風の力は、TNT換算で二〇キロトン相当と推定された。ニューヨーク・タイムズ紙のジャーナリストであるウィリアム・L・ローレンスは、グローヴス将軍の指名を受けて、トリニティ実験に立ち会い最終的に記録に残す役目を務めたのだが、彼は爆発時の壮大な光景をこんな宗教めいた言葉で語っている。「ちょうどその瞬間、地の奥からこの世ならぬ光が立ち昇った。それはまるで、無数の太陽が一時に輝いたような光だった……われわれは天地創造のとき、神が『光よ輝け』と叫んだあの瞬間に居合せたような感に打たれたのだった」。とてつもない光景が目のまえに広がった約一〇〇秒後、今度は轟音《ごうおん》が響きわたった。ローレンスはこれを「新しく生まれた世界の最初の産声」と表現している[97]（『0の暁：原子爆弾の発明・製造・決戦の記録』、崎川範行訳、創元文庫、一九五一年）。

こうした表現を用いたのは、ローレンスだけではなかった。たとえばハバードによると、「核エネルギーの解放を、美しい子どもの誕生のようにとらえた者もいた」という。「無知に対して勝利したことで、神の竪琴を弾く許可を得たと感じる者もいた」らしい[98]。原子力時代の展開とともに、いわゆる核保有主義《ニュークリアリズム》を反映して、ローレンスは核の力を神格化しつづけた。原爆の力を適切に表現するためには、宗教的イメージを用いるほかないといわんばかりだった。原爆をこうした優美な言葉でとらえる一部の人の行為は、技術に対するより広範な人々の熱狂ぶりを示しているといえるだろう。つまり、原爆だけでなく技術革新全般がもたらす表面的な利点に飛びつき、熱に浮かされたようにそれらを享受する現代人の姿勢がうかがえるのだ。しかし、全員が迷いなくトリニティ実験の成功を祝福していたわけではない。

関係者の多くは、血のにじむような努力が結実したことに最初は大喜びしたが、興奮が静まるにつれ、とんでもないものを生み出してしまったという現実に気づいて恐怖した。オッペンハイマーは、爆弾がうまく機能したことにまずは安堵したが、同時に『バガヴァット・ギーター』の一節が頭に浮かんだという。「われは死なり。世界の破壊者なり」と。トリニティ実験の指揮官ケネス・ベインブリッジは、オッペンハイマーのところに歩いていくと、握手をして言った。「これで、俺たちみんなクソッタレだな」。ノーランと同じサントアパートメントの棟に住んでいた写真家ジュリアン・マックの助手は、「なんて、美しいんだ」と言い、マックは「いや、醜悪な光景だよ」と返した[99]。理論物理学部門主任ヴィクター・ワイスコフのつぎのような回想が、科学者の経験した葛藤と感情の変化を端的に表している。「最初に湧いた感情はある種の高揚感だった。しばらくして、ひどく疲れていることに気づき、それから不安に駆られた[100]」

医師と放射線監視員にとっては、仕事は始まったばかりといえた。放射線データの収集にあたった監視員は総勢約四〇名。そのうちのひとりである小児科医ヘンリー・バーネットは、トリニティ実験の際、爆心地の北九キロ地点にある観測所N-一〇〇〇〇にいた。爆発から三〇分もしないうちに、

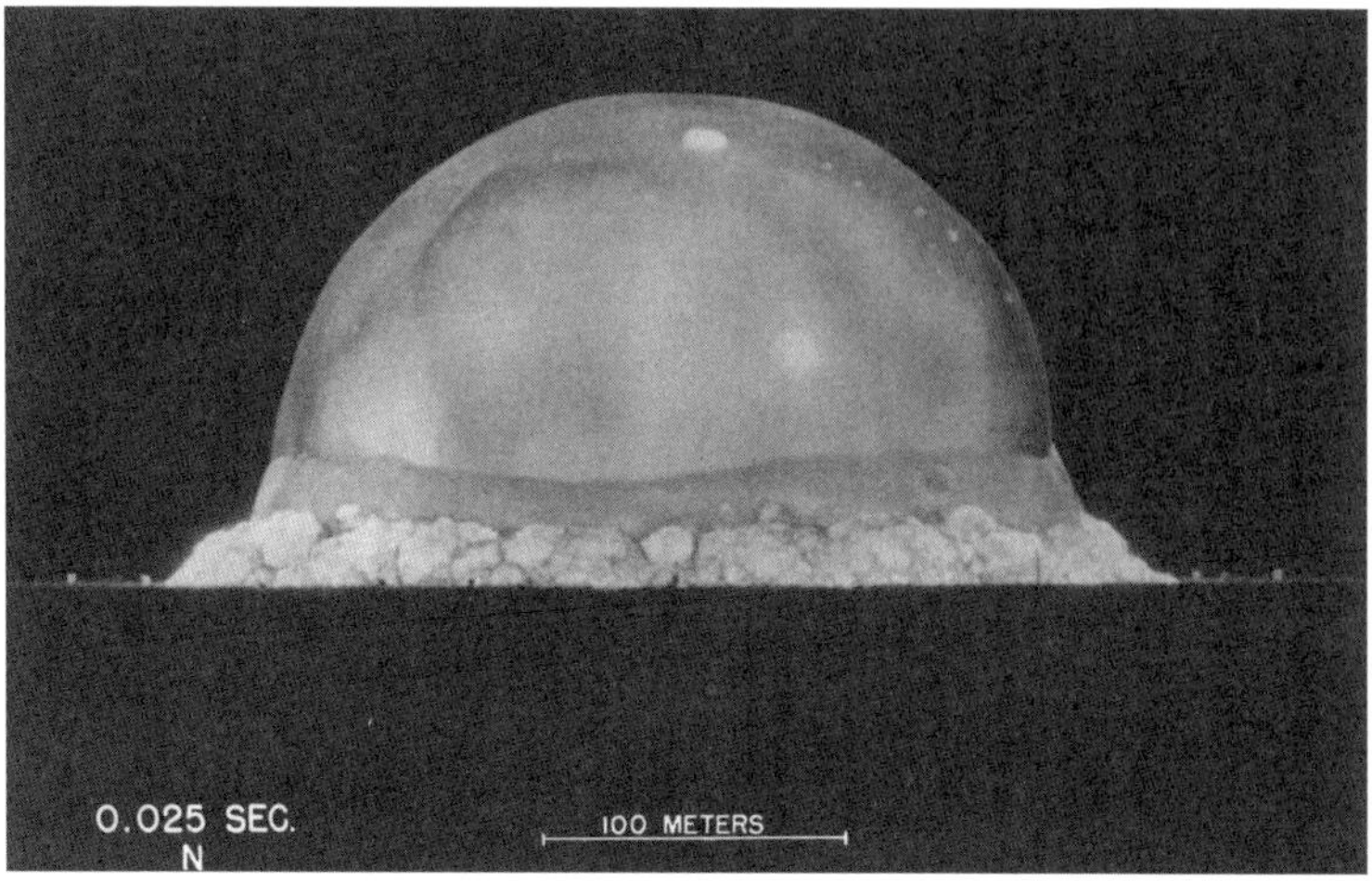


トリニティ実験、爆発から0.025秒後。

トリニティ実験、爆発から10秒後。

バーネットの手元の放射線測定器は、一〇から三五レントゲンのあいだを示すようになった。同じく観測所N・一〇〇〇〇にいた物理学者ロバート・ウィルソンらも、赤茶色の雲と、そこから「何か」が降ってくるのに気づいた。ウィルソンが撤退を命じると、男たちは車に駆け込み、ベースキャンプへ車を走らせた。[101]

ウォレンがノーランに宛てた手紙に記したとおり、爆心地の北東約三〇キロ地点にあるビンガムの町の近くの峡谷でも、高いレベルの放射線が検出された。「ホットキャニオン」とよばれたこの峡谷に最初に気づいたのは、ジョン・マギーだった。マギーが手元の放射線測定器を見ると、二〇レントゲンを示していた。ベースキャンプのヘンペルマンに無線で報告すると、再測定するよう指示された。マギーはもう一度測定をして、測定値をジョー・ホフマンにも確認してもらい、やはり二〇レントゲンの放射線が検出されたと報告した。二回目の測定後まもなく、ベースキャンプとの通信は前触れなく途絶えた。マギーは大惨事が起きたと感じ、峡谷から撤退すべきだと考えた。何年もあと、マギーはホットキャニオンを発見したときのことを、人生でいちばんどきどきした出来事として覚えていた。ベースキャンプに戻るとシャワーを浴びたが、自分の被ばく状況を確認する度胸はなかった。しかし、身に着けたフィルムバッジは五・五レントゲンを記録していた。[102]

実験翌日の七月一七日、ホットキャニオンを訪れたフリーデルとヘンペルマンは、牧場を営む二組の家族を見つけて動転した。レイトリフ一家とウィルソン一家は、マギーが測定をしていた地点から二キロも離れていない場所に住んでいたが、トリニティ実験のまえにマンハッタン計画の職員が調査したときには見つかっていなかった。フリーデルは二組の家族を発見したあと、デイヴィス中尉に連絡をして、法的問題の可能性を尋ねた。相談を受けたデイヴィスは、グローヴス将軍に連絡をした。このときのデイヴィスの言葉が、グローヴス将軍の日記に記録されている。「フリーデルの部下の坊やたちが追加調査をして、一組の家族の心配をしています。家族に接触して、体調を尋ねようとまでしているんです。電話で私［デイヴィス］に法的観点について意見を求めてきました――私にできることなどない、とつっぱねてやりましたがね[103]」

このように高いレベルの放射線に対する被ばくを認識していた場合でさえ、明らかに軍部とその共謀者である医師たちの関心は、確実に被ばくした個人の健康より法的問題のほうにあった。結局、ホットキャニオンの牧場主が避難を指示されることはなかった。トリニティ実験の爆弾のことや、医師が様子を見に再訪した理由について知らされることもなかった。八月上旬、ヘンペルマンとウォレンはホットキャニオンをふたたび訪れ、レイトリフ一家を含む地域住民と雑談を交わすとともに、放射線の追加測定をおこなった。ウォレンは、終戦後も長らくこの地域のことを心配していた。

放射能の存在を示すさらなる証拠が、ビンガムの町から約一五キロ、爆心地から五〇キロ以上離れたチュパデラ・メサ沿いで見つかった。平均高度約二キロのそのメサで飼育されていたウシが、皮膚にベータ線熱傷を負っていたのだ。放射線を受けた皮膚の毛が生えかわると、灰色または白色をしていた。白のまだら模様になったウシもいれば、雪をさっと振りかけたような姿のもいた。所有者は汚染されたウシを売ることができなかった。一〇月、政府を相手に訴訟を起こした。一一月になって、ヘンペルマンは当該地域を検証しにいった。そこでようやく、政府はウシ四頭を購入し、熱傷はたしかに放射性降下物に起因するものだと判断して、最後には多数のウシを市場価格で追加購入した。購入したウシのうち、一七頭は検査用にロスアラモスへつれていき、残りはオークリッジへ送った。[104]

こうした事実が判明したので、医師は放射線の問題について詳しい調査をおこないたいと考えた。しかし、かなりの量の放射性降下物が降り、被ばくした人もいるとわかっていたのに、実際には調査を思いとどまらざるをえなかった。ヘンペルマンはのちにこう認めている。トリニティ実験を実施した地域では、何人かの人間が「おそらく過剰被ばくをしたが、その人たちも、われわれも、それを証明することは不可能だった。だから、うまく切り抜けたのだ、と思うことにした」[105]と。ウォレンも、当該地域の放射線被ばくについて真摯な調査をおこなうことには、あまり関心が払われなかったと認めている。調査に対する関心が欠如していた理由の少なくともひとつは、法的問題への恐怖だったと考えており、「訴訟に巻き込まれることを恐れていたから、放射線被害の可能性を真剣に追究しようとする者はいなかった」と語っている。[106]

結果として、放射性降下物の広範な堆積が明らかだったにもかかわらず、トリニティ実験直後の期間に、放射性降下物の全容を把握し、文書に記録する試みはまったくなされなかった。降下物に起因する長期的な健康被害の問題は現在に至るまで何十年も尾を引いている。爆心地周辺の地域住民は、町ではがんや放射性関連の病気の罹患率が平均より高い状態が長年つづいている、と訴えている。数多い訴えのひとつとして、トリニティ実験がおこなわれたとき、爆心地から約八〇キロ地点にあるルイドソ村の山々でサマーキャンプをしていたバーバラ・ケントら一二人の少女の話がある。

七月一六日の早朝、ケントは大きな爆発音がしたのを覚えている。キャンプの参加者は小屋の二段ベッドで寝ていたのだが、上段の何人かが落っこちるほどの衝撃があった。キャンプ場の湯沸かし設備が爆発したのかもしれないと思った引率者が、全員を小屋の外に避難させた。五分もしないうちに、「すべてがぱっと明るくなった」と、ケントはいう。「闇が光に変わった」と。[107] 午後になって、キャンプの参加者は空から白いものが舞い落ちてくるのに気づいた。少女たちは「雪」で遊びたいと言い、許可を得て川のほうへ下りていった。水遊びをしながら、少女たちは空から降ってくる白い灰を手で受けてまわり、顔にこすりつけたりした。だが雪とはちがい、その白い物質は触れると温かかった。

ケントの弟ボブ・ケラーによると、一二人の少女のうち、三〇歳を超えて生きていたのはたったふたりだった。「ほかの一〇人はがんで亡くなった」という。[108] 引率者の女性と、キャンプの手伝いをしていた彼女の義理の娘もがんで亡くなった。ケントも放射性降下物で遊んだあとまもなく、ブロンドの髪の一部が白に変色し、そのあともずっと白いままだった。マンハッタン計画の職員が回収した汚染ウシと同じ類の変色症状である。ケントは現在唯一の生存者だが、彼女にしても、子宮体がんや皮膚がんなどさまざまながんに長年苦しみ、胆のうの摘出もした。[109]

近年では、ティナ・コルドヴァを長とするトゥラロサ盆地風下住民組合が、トリニティ実験における風下住民の苦しみに対してなんらかの認定と補償を求めて取り組みをしている。[110]「私たちは世界最大の科学実験における、情報・同意・補償のないモルモットです」とコルドヴァは主張する。[111] コルドヴァをはじめとする組合員は、ロビー活動をおこない、トリニティ実験の風下住民を放射線被ばく補償法の対象に含めるよう連邦議会に求めている。放射線被ばく補償法とは、一九九〇年、終戦後の期間にネバダ試験場からの放射線被ばくで苦しんだ人々に対する補償を主な目的として制定された連邦法だ。同法は二〇〇〇年と二〇〇二年に改正されたが、現在に至るまでトリニティ実験の風下住民は補償の対象に含まれていない。

## トルーマン大統領、リトルボーイの兄について知る

トリニティ実験成功の知らせは、秘密の海底電信二本によってポツダムにいるトルーマン大統領に伝えられた。一本目の電信が届いたのは、ベルリン時間七月一七日夜七時三〇分。宛先は陸軍長官ヘンリー・スティムソン、差出人は彼のよき助言者である補佐官ジョージ・ハリソン。興味深いことに、電信の文面は医学用語を使ったつぎのような暗号だった。「今朝、手術を実施。診断は未完了だが、経過良好、現時点で期待以上の成果を認めた」。執刀医の「ドクター・グローヴス」――マンハッタン計画の医師に対するグローヴス将軍の態度を思うと皮肉なおよび方かもしれない――は、手術の結果に「満足」し、ワシントンの自宅へ帰った[112]。翌日の早朝に届いた二本目の暗号電信も、ハリソンからスティムソン宛で、トリニティ実験の結果をより詳しく伝えていた。「医師、今しがたかつてないほど意気揚々と帰宅。小さな弟《リトルボーイ》、兄に劣らずたくましいと確信。兄の目の輝きはここからハイホールドまで届き、叫び声はここから私の牧場まで響きわたった」[113]。この文面を解読すると、つぎのような趣旨になる。「ドクター・グローヴス」はワシントンに戻った。現在太平洋を横断中の爆弾リトルボーイも、トリニティ実験で用いたガジェットと同じくらいの威力があると確信している。ガジェットは強力で、爆発時の光の到達距離は、ワシントンからロングアイランドにあるスティムソンの屋敷ハイ

ホールドまでの距離、すなわち四〇〇キロであり、爆発音の到達距離は、ワシントンからヴァージニア州アッパーヴィルにあるハリソンの牧場までの距離、すなわち八〇キロである。

手術の成功、満足気な執刀医、小さな弟、輝く瞳と力強い叫び声で高揚感と期待を抱かせる元気いっぱいのお兄ちゃん。こうした無害に思えるイメージを、あれほど壊滅的に人間の生を破壊するものと結びつけるのには違和感がある。軍部は暗号文のなかで医師の行為や態度を流用したわけだが、この意味深長な象徴主義は否が応でも目にとまる。こうした象徴主義は無意識のものだったとしても、医師がこの先マンハッタン計画において類のない貢献をつづけるうちに、ますます重大な意味を帯びてくる。他方、暗号化された電信において明確に意識して伝えられた内容がある。それは、人々の関心がニューメキシコの砂漠におけるガジェットの成功からテニアン島へ輸送中のウラン爆弾へ移ったということだ。

# 第3章　リトルボーイを送り届ける

**はたしてキミは正義の味方か、悪役か？**

——アリス・ブリーンからジェームズ・F・ノーランへの一筆

一九四五年七月一四日の朝。黒の有蓋トラック一台と無線機付き車両七台が、厳重な警備のもと、ロスアラモス研究所から曲がりくねった道をくだってニューメキシコ州アルバカーキへむかった。無線機付き車両のひとつに、軍の爆弾運搬人、ジェームズ・F・ノーランとロバート・ファーマンが乗っていた。ふたりの任務は、はじめて実戦で使われる原子爆弾の主要な爆発材料（ウラン235）の大部分（約六〇パーセント）を輸送すること。一行が東に荘厳なサングレ・デ・クリスト山脈を臨む狭い道路をうねうねと走っていると、突然、一台のタイヤがパンクした。武装した警備隊が神経を張りつめて一帯の安全を確保するなか、伍長がタイヤの破損を修理した。修理が完了すると、アルバカーキにあるカートランド空軍基地にむけて、一行はふたたび走りだした。目的地では、三機の軍用輸送機DC‐3が彼らの到着を待っていた。

ノーランとファーマンは数日まえに顔合わせをすませていた。アルソス調査団の任務を終えて帰国したばかりだったファーマンは、待ちに待った安らかな海辺の休暇を切り上げるよう言われた。レズリー・グローヴス将軍のもっとも信頼する側近のひとりとして、極秘の爆弾輸送に同行する警備担当将校に任命されたからだ。科学・医学担当将校に任命されたのがノーランだった。七月一一日、ファーマンがワシントンからロスアラモスにはじめてやってきたとき、ノーランは彼を自宅に招いた。その日のもっと早い時間に、ファーマンはサンタフェの町でロバート・オッペンハイマーと会っていた。〈ラ・フォンダ〉の駐車場に停めたセダンのなかで、科学監督は任務の詳細を説明してくれた。[1] 疲労でやつれたオッペンハイマーは、五日後にせまったトリニティ実験の現場へむかうところだった。オッピーはファーマンの任務がうまくいくよう幸運を祈って、そのままアラモゴード爆撃試験場へむかい、ファーマンはサンタフェからロスアラモスのメサまで五五キロの旅に出た。

　ファーマンがロスアラモスにあるノーランのアパートメントに着いたのは、夕方五時ごろだった。男ふたりが親交を深めるあいだ、ノーランの妻アンは飲み物や前菜を運んだ。ノーランは許可を得て今回の旅のことをアンに話してあったので、彼女は当然ながらひどく不安がっていた。カクテルの杯を重ねるうちに、小さなパーティは打ち解けた雰囲気になった。翌日、ファーマンとノーランは、サンタフェのブランズ病院にある軍の売店を訪れ、爆弾輸送任務で身分を偽るのに必要な装備を調達した。実際にはそれぞれ陸軍医療部隊と陸軍工兵隊に所属していたが、今回の任務ではふたりとも陸軍砲兵将校に扮することになっていた。だから、売店で購入した品物のなかには砲兵の徽章《きしょう》も含まれていた。ノーランによると、このあたりの時点でふたりは「暗澹《あんたん》たる旅の密計」を立てた。[2] 翌日、旅程の最初の部分の予行演習をした。ロスアラモスからサンタフェまでの道のりをたどり、タイミングや保安に関する事項を検討した。

七月一四日、マンハッタン計画関係者の関心はトリニティ実験にほぼ集中していたので、爆弾運搬組はあまり注意を引くことなく出発できた。ノーランによると、爆弾の輸送はいわば「極秘中の極秘」だった。[3] ノーランとファーマンは、ロスアラモスからアルバカーキまでの旅を終えると、今度はカートランド空軍基地で軍用機に乗り込み、米軍艦インディアナポリス号の待つサンフランシスコへむかった。「砲兵将校」ふたりはパラシュートを装備しており、ふたりのあいだに置かれた、大きさ四六センチ×六一センチ、重さ一三五キロの鉛製の容器も同じくパラシュートを装備していた。容器の中身は、原爆の主要な材料であるウラン２３５だった。しばらくして、三機のＤＣ‐３はカートランド飛行場の滑走路から離陸した。まえに一機、うしろに一機、まん中がノーランとファーマンとリトルボーイをのせた航空機だった。

爆弾の輸送に同行するノーランとファーマンは、あらかじめこう明言されていた。最優先事項は貴重な積み荷を守ることであり、積み荷は自身の命よりも大事だ、と。ファーマンは当時を振り返って、「要は……航空機が墜落しても、爆弾を追跡できるようにという趣旨だった。彼らは人間のことなど気にしていなかった。ウランを回収する場所さえわかればよかったんだ」と述べている。[4] 実際、グローヴス将軍はファーマンに任務の概要を説明する際、つぎのように言った。もし空輸中に何かが起きたら、「われわれはおまえを捜しはしない。捜索するのは積み荷のほうだ。おまえは積み荷を早く見つけるための手段にすぎない」と。[5] リチャード・ニューカムはこの件に関し、もっと露骨な表現を用いて、「与えられた指示は単純そのもの。飛行機に何か起こったら、人間なんか放っておいて、ウランを助けろ——であった」と記している[6]（『巡洋艦インディアナポリス撃沈』、平賀秀明訳、ヴィレッジブックス、二〇〇二年）。三機の軍用機は何事もなく飛行をつづけ、午後にサンフランシスコのハミルトン陸軍航空隊基地に着陸した。そこでは厳重警戒態勢の車両が隊をなして、積み荷と男ふたりをハミルトン飛行場から今度はハンターズポイント海軍工廠へ運ぼうと待機していた。

サンフランシスコの陸路輸送を担当する武装警備隊は、すでに複数回の予行演習をおこなっており、町を通過する際に想定される状況について、細かな点まで入念に検討してあった。万事ぬかりがないように、あらゆる経路を試した。ゴールデンゲートブリッジを何度も試走し、三番通りやエンバカデロの通りの踏切も確認した。七月一四日の午後、海軍大佐二名が同乗した三台の車両隊は、リトルボーイを積み込むと南にむかい、ゴールデンゲートブリッジをわたった。そして湾沿いの経路をマリーナ大通りに沿って進み、セルバンテス大通り、エンバカデロ大通り、三番通りを抜けてようやくハンターズポイント大通りへはいり、海軍工廠に到着した。のちに爆弾輸送に関する情報の機密扱いが解除されたとき、サンフランシスコ・クロニクル紙が輸送のサンフランシスコ部分に関する特集記事を掲載した。ノーランのもとに、友人のひとりから記事の切り抜きがを送られてきた。上の部分には、こう書いてあった。「はたしてキミは正義の味方か、悪役か？[7]」終戦後、著者の祖父はこの挑発的な問いについてじっと黙って考えていたのではないかと思う。

海軍工廠に到着したノーランとファーマンは、当時の貨幣価値で推定三億ドルの荷がはいった重たい容器を引き渡した。容器は一時的に司令官の執務室で保管された。翌日、ノーランたちは陸軍司令部に行って到着を報告し、そこで海外渡航用の予防接種と各種命令を受け、四五口径の拳銃を受け取った。武器を毛嫌いしていたノーランは、空《から》の拳銃と弾薬をべつべつのかばんに入れてもっていた。こんなことをしては、砲兵将校役としての説得力を欠いてしまうのだが。ノーランは許可を得てカメラも携帯していた。[8] 本任務の放射線担当だったので、ポケットにはいる鉛筆サイズの電離箱をいくつかと、ややかさばる大型のイオンメーター一台もたずさえていた。イオンメーターとは、ノルマンディ上陸作戦に際し、放射線が存在した場合に備えて設計された検出器だ。さらに、携帯用のガイガー＝ミュラー計数管ももっていた。イオンメーターより壊れやすいが軽量で精度が高く、ベータ粒子の計測も可能だった。

七月一五日、日曜日の早朝、米軍艦インディアナポリス号の艦長チャールズ・B・マクヴェイは、海軍司令部に出向き、最終命令を聞いた。ディーク・パーソンズ海軍大佐、ウィリアム・パーネル提督と面会し、特別な積み荷の輸送についてつぎのような指示を受けた。インディアナポリス号はその日、メア・アイランド（サンフランシスコの北東約四〇キロ地点にあるべつの海軍工廠）からハンターズポイントに移動し、極秘の荷をふたつ積み込む。そして翌日の早朝、ハンターズポイントを出航する。航海中に何かあった場合は、船と船員よりもまず、積み荷を優先して守らなければならない、と。このときのマクヴェイ艦長には、不穏な指示の重要性と真の目的については何もわからないに等しかっただろう。

最高速度で太平洋を横断するよう指示されたが、マクヴェイ艦長も一一九五名の乗組員の誰も積み荷の正体を知らされなかった。インディアナポリス号は、リトルボーイのほかに非乗組員一〇〇人を追加で乗せ、彼らを真珠湾で降ろしてからテニアン島へむかう予定になっていた。マクヴェイ艦長は、さらにこう告げられた。サンフランシスコからテニアン島への航海が短くなった日数分だけ戦争の終結が早まる、と。パーソンズ大佐らとの面会は簡潔で、全体をとおして三〇分ほどで終わった。グローヴス将軍の区分化方針――各自が特定の業務をおこなうために必要な情報より多くの情報を知るべきではない――にしたがって、マクヴェイ艦長は任務の遂行に必要な情報のみを与えられた。艦長は謎の多い指示に当然とまどうとともに、巡洋艦の状態にいくらか不安を抱いてもいた。

　インディアナポリス号は、三月下旬の沖縄戦で神風特攻隊の攻撃により損傷を受けた。やっとのことで太平洋をわたって戻ったあと、艦はメア・アイランド海軍工廠で大がかりな修理をしている最中だった。極秘の任務に選ばれたとき、修理の工程は予定より少し遅れていた。しかし、新しい任務が決まってからは、大急ぎで修理が進められた。とはいえ七月中旬の時点で、整備はなんとか完了したといえるかどうかという状態だったので、マクヴェイ艦長が修理箇所の動作を点検し、約二五〇名の新入り乗組員に仕事の流れをたたき込んで通常の船の秩序を回復するための時間はほとんどなかった。[9]予定の慌ただしさに、船の動作点検と乗組員の訓練は混乱をきたした。

　インディアナポリス号の副長であり、乗組員の訓練の監督者だったジョセフ・フリン中佐は、理想的とはいえない状況をノーランに書面でこう伝えた。「本任務が原因で、われわれが予定し必要としていた訓練期間は先延ばしになっている」。そのため、テニアン島への航海中も訓練をおこなわなければならない。したがって、乗組員が「航海中に大規模かつ集中的な」訓練をおこなっているあいだ、将校のみなさまは、訓練の妨げにならないようにしていただきたい、と。[10]出航まえ、マクヴェイ艦長は残されたごくわずかな時間を使って、修理の完了した（あるいは、ほぼ完了した）船の動作を点検した。土曜日、ノーランとファーマンがアルバカーキからサンフランシスコへ飛行機でむかっているころ、マクヴェイ艦長と乗組員はインディアナポリス号を海に出し、短時間だが試運転をおこなった。巡洋艦は、各種試験に対して適切に反応しているようだった。こうしてインディアナポリス号は、マクヴェイ艦長が最後の指示を受けたあと、日曜の朝にメア・アイランド工廠からハンターズポイント工廠へ移動した。

インディアナポリス号がドックにはいったあと、午後になって二台の陸軍トラックが埠頭の船の近くに停車した。一台から降ろされたのは、長さ約四・五メートル、高さ約一・五メートル、幅約一・五メートルの大きな荷箱だった。中身は「爆弾外装部品一式」で、ある種のおとりとなるよう意図されていた。[11] もう一台のトラックからは、海兵隊員ふたりがウラン235のはいった大きさ四六センチ×六一センチの容器を降ろした。容器は海兵隊員がもった金属製の棒にぶら下げられ、ノーランとファーマンはそのうしろをぴたりとついていった。海兵隊員のひとりであるグローヴァー・カーターによると、容器は「信じられないくらい重く」て、「もち上げるのに金てこを使った」という。[12] 大きな荷箱が人々の注意と好奇心を一身に受けていたので、小さいほうの積み荷と同行者の陸軍将校ふたりは、ほとんど気づかれずにすっと船に乗り込むことができた。しかし、海軍軍医ルイス・ヘインズはふたりの男に気づいていた。このとき彼は、船首楼甲板に立ち、謎めいた積み荷と砲兵将校に扮した男たちをじっと観察していた。いずれも知らない人物だったが、少し緊張しているように見えた。とくにノーランのほうは。[13] ウラン235がはいった容器は、船の左舷にある将官付き副官の部屋に運ばれ、床にボルトで固定された。

それからノーランは、指示されていたとおりマクヴェイ艦長のもとへ行き、自分がほんとうは砲兵将校ではなく医師であることを明かした。そして、自分たちが運搬している荷は、船と乗組員に危害をおよぼすものではないと保証した。安堵よりとまどいを覚えたマクヴェイ艦長は、「この戦争で細菌兵器を使うとは思わなかったよ」と返した。ノーランは、積み荷の中身について秘密厳守を誓わされていたので、返事はせずに無言のまま立ち去った。あるいはノーランいわく、「そういうことにしておいた[14]」。七月一六日月曜日の朝五時を少しまわったころ、インディアナポリス号は出航した。ノーランはこれを「サンフランシスコからハワイにむけて、レースでもしているのかという猛スピードで走りだした」と表現している。まさにその朝、南東約一九〇〇キロ地点に位置するトリニティ実験場ではガジェットが爆発していた。ノーランはこう回想している。「実験が成功したのかどうか知りたくてたまらなかったが、目的地に着くまでは知るすべがなかった[15]」

## 米軍艦インディアナポリス号

インディアナポリス号は、ゴールデンゲートブリッジをくぐってサンフランシスコ湾を飛び出した。橋から五〇キロ地点にあるファラロン諸島を通過するころには、三三ノットの高速だった。結局、真珠湾まで三八〇〇キロ以上の距離をわずか七四時間半で走り抜けることになる。今日に至るまで破られていない海軍記録だ[16]。七月一九日にハワイ基地に到着すると、一〇〇人の非乗組員が船を降りる

米軍艦インディアナポリス号。

あいだ、燃料がすばやく補給された。その日、正規の乗組員のなかにもインディアナポリス号を降りた者がひとりいた。軍艦の機関長であり、退役を迎えたグレン・F・デグレイヴ中佐である。

ノーランとファーマンが航海最初の三日強で少し親しくなったデグレイヴ中佐は、退役命令に不満を感じていた。過去には何度か命令をくつがえすことができた。だが、これまでは折れていた軍部も今回はゆずらず、強制的に退役確定となった。ファーマンの記憶によると、デグレイヴ中佐は「命令の理不尽さ」に「憤慨」しており、真珠湾で「船を降りるときもどすどすと足を踏み鳴らし」て「あたりを蹴り飛ばしたり叫んだり」していた。[17] ノーランも同じく、つぎのようにデグレイヴ中佐の去り際を回想している。「本人もまわりのみんなも悲しんでいるように見え、離脱はひどく不当だと考えていた」。さらに、残りの乗組員を待つ悲劇的な結末とデグレイヴ中佐の強運のことを言ったのだろう、「だが少なくとも最悪の災難はまぬがれた」と述べている。[18] ほかの乗組員は陸に上がることさえ許されず、真珠湾に到着したあと五時間もしないうちに、マクヴェイ艦長はふたたび船を海へ出した。

ノーランは、ぎくしゃくしたマクヴェイ艦長との初対面以外にも、インディアナポリス号に乗っているあいだ、何度も気まずい瞬間を耐え抜いた。欠陥品だったのか、ノーランがつけ方を知らなかっただけなのか、制服砲兵の徽章は道中ずっと逆さまだった。ファーマンのほうは、プリンストン大学で予備役将校訓練部隊を経験していたので軍の武器にも多少なじみがあったが、ノーランは大砲の初歩さえ知らなかった。だから、偽りの身分の仕事について海軍将校たちにあれこれ尋ねられると返答に窮した。ノーランはこのときを振り返って、「かなりまごついたことが何度かあった。海軍の砲術長たちに陸軍の砲術について質問をされたけれど、なんの知識もなかったから」と述べている[19]。

ある日のこと。ノーランとファーマンは、インディアナポリス号の甲板で砲撃の練習を見学していた。陸軍の爆弾運搬人ふたりのとなりには、海軍将校のドナルド・ブラムとスタン・リプスキがいた。海軍将校たちは五インチ砲からくりだされる砲火に視線をそそいでいたが、ブラムがふいにノーランのほうをむいて、いつも使っている大砲の大きさを尋ねた。武器のことにはとんとなじみがなく苦手意識もあったノーランは、しばしの沈黙ののち、両腕を上げて円をつくった。「まあ、これくらいかな」。ブラムとリプスキは声を上げて笑い、ノーランとファーマンも笑った。とはいえ、ノーランの受け答えは説得力ある演技からはほど遠かった。さらなる厄介事を回避するため、航海中はたいてい船酔い状態だったこともあり、ノーランはほとんどの時間をリトルボーイとともに将官付き副官の船室ですごして、ガイガー計数管で定期的にウラン235の放射線レベルを確認していた。

医師としてのノーランは、当然ながら船の医療施設がどんなものか興味があった。だから、マクヴェイ艦長が船内診療所の見学を手配したときには喜んだ。ヘインズ軍医は自分の診療所を誇らしく思っていた。ノーランのロスアラモス病院より大きかったかもしれない。少なくとも立ち上げ当初の数カ月の規模より大きかった。ヘインズ軍医の診療所には、約一〇の病床に加えて、手術室、X線装置、検査室、執務室があった。見学中、ノーランはあまり口をきかなかった。話せばうっかり専門用語を使うかもしれず、そうなれば医師であることがばれてしまう、と恐れたのだ。だから、おしゃべりはほとんどファーマンがした。しかし、ノーランの無口さは、ヘインズ軍医の疑念を深めるだけだった。当然の帰結として、インディアナポリス号の海軍軍医は、ノーランは砲兵将校ではなく、軍人でさえないと確信した。それどころか、FBIかもしれないと疑っていた。

ノーランは将官付き副官の船室に隠れている時間が長すぎて、ほかの同乗者と知り合う機会はほとんどなかった。だがマクヴェイ艦長、デグレイヴ中佐、ヘインズ軍医に加えて、軍艦付きの司祭を務めるトーマス・M・コンウェイ神父と会って話したことを覚えていた。ニューヨーク州バッファロー出身のこのカトリックの司祭を、著者の祖父は「とてもすばらしい若き司祭」と評している[20]。コンウェイ神父はヘインズ軍医の親しい友人だった。サンフランシスコでのこと。インディアナポリス号の修理をしているあいだ、乗組員は休暇を与えられたので、ヘインズ軍医は家族に会いにコネティカット州へ帰ろうとしたが、そんな金はなかった。ヘインズ軍医がコンウェイ神父に自分の窮状を話すと、つぎの日に神父がやってきて往復分の旅費を手渡してくれた[21]。

コンウェイ神父は、この休暇中に時間をとって自費で全国をまわり、沖縄近海で神風特攻隊の攻撃により戦死した九人の男の遺族を訪ねた。毎週日曜には船上でカトリックのミサをとりおこない、へインズ軍医に助力をあおいでプロテスタントの礼拝の進行も手伝った。敬虔《けいけん》なカトリック教徒のノーランは、七月二二日の日曜日にコンウェイ神父がとりおこなった船上のミサに出席したと思われる。これは船がテニアン島に到着する数日まえ、マーシャル諸島の北を通過する一日まえのことだ。このマーシャル諸島へ、ノーランは終戦後に舞い戻り、核の時代初期に展開する歴史の一幕にふたたび登場することになる。ノーランはインディアナポリス号の惨劇をまぬがれる運命だった一方で、コンウェイ神父とヘインズ軍医のふたりは、インディアナポリス号と乗組員の悲劇の最期において、非常に英雄的な行動をとる。

ノーランとファーマンは、積み荷の爆弾の重要さをよくわかっていたので、非常事態でも守ることができるように事前の対策をとった。マクヴェイ艦長は、サンフランシスコで最終命令を受けた際、船が沈没した場合は何を犠牲にしても積み荷を救え、と命じられていた。ノーランとファーマンも同様に、「どんな場合も、人間よりまずウラン235を救え。たとえ、船が沈んでもまず第一にウラン235を救助艇か救命いかだに乗せるのだ」と指示されていた[22]（『もはや高地なし：ヒロシマ原爆投下の秘密』、笹川正博・杉淵玲子訳、光文社、一九六〇年）。だからノーランとファーマンは、各種対策のなかでも「船を棄てる」場合を想定し、ダミーの容器を使った予行演習をした[23]。ノーランによると手順はこうだ。まず、ファーマンがダミーの円柱形容器を固定している紐を解く。つぎに、「掌帆長の部下である大男の海兵隊員ふたりが重いスチール製の棒をもってきて、運搬用の入れ物の取っ手にとおし、彼らの手で廊下から左舷側の甲板へ運ぶ」。それから、「船のブームを揺動可能な状態にし、そこへ容器を取り付ける」。このあと、船外へ荷を降ろし、そばに待機させた蒸気船のひとつに積み込めば完了となるはずだった。[24]

七月二六日、サンフランシスコを出発してから一〇日後、インディアナポリス号がテニアン島に到着すると、予行演習は無意味だったと判明する。航海中に何度か練習したのとまったく同じように、固定されていた容器が外され、甲板へ運ばれ、準備が整ったところで船外に降ろされた。しかし、荷物を運ぶ陸軍の揚陸艇がインディアナポリス号の横につけたとき、貴重な積み荷を吊るしているワイヤーの長さが足りないとわかった。「容器は艀《はしけ》の甲板から二メートルほどの高さで宙吊りになって揺れていた」[25]。現場に居合わせた大勢の陸軍将校たちは、海軍の失態に大笑いをした[26]。容器はインディアナポリス号の甲板にいったん引き上げられ、短いワイヤーはもっと長いものに交換された。爆発物ではない部品がはいった大きな木箱のほうは、こうした

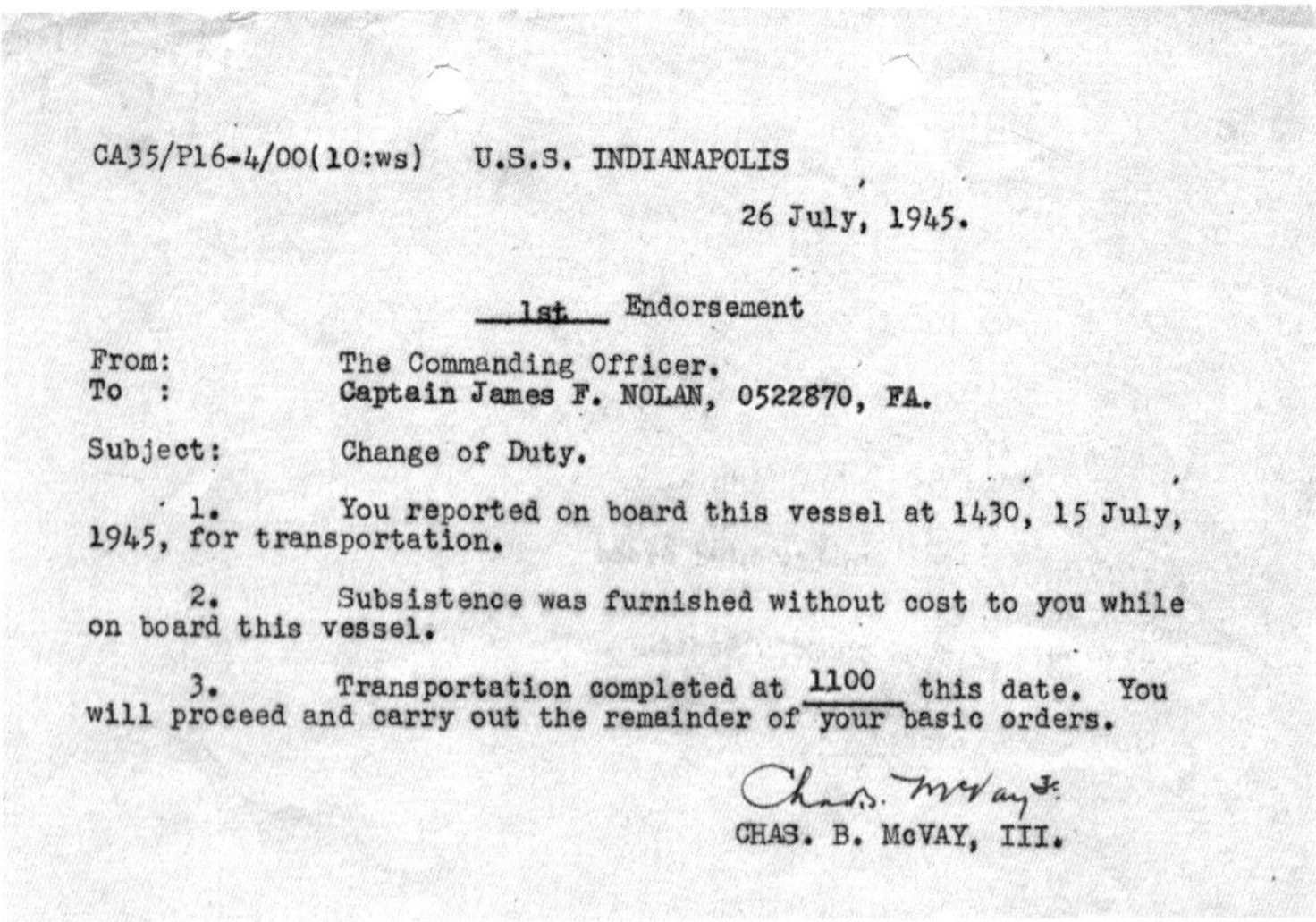

CA35/P16-4/00(10:ws)  U.S.S. INDIANAPOLIS

26 July, 1945.

1st Endorsement

From: The Commanding Officer.
To : Captain James F. NOLAN, 0522870, FA.

Subject: Change of Duty.

1. You reported on board this vessel at 1430, 15 July, 1945, for transportation.

2. Subsistence was furnished without cost to you while on board this vessel.

3. Transportation completed at 1100 this date. You will proceed and carry out the remainder of your basic orders.

Chas. B. McVay Jr.
CHAS. B. McVAY, III.

チャールズ・B・マクヴェイ艦長からジェームズ・F・ノーランへの「任務変更」命令、1945年7月26日。

珍事もなく船から降ろされた。それから木箱と容器のふたつは、迅速かつ丁重に陸揚げされ、平床式トラックに積み込まれて防水帆布をかけられたあと、島内の中間準備地域へ運ばれた。

ノーランとファーマンは、もちろん積み荷に同行した。その日にインディアナポリス号を降りたのはこのふたりだけだった。マクヴェイ艦長は下船に際してノーランに「任務変更」通報を手渡したとき、安堵したかもしれないが、困惑は解消されなかっただろう。一九四五年七月二六日の午前一一時に下されたその命令は、簡潔だったが、かなり曖昧でもあった。マクヴェイ艦長はこの時点でも、ノーランの任務が何なのか見当もつかなかった。軍医に対する指示はつぎのようなものだった。「ひきつづき基本的な命令を実行に移すこと」[27]

## 海軍の悲劇

ほかの乗組員は、テニアン島で錨を下ろしたわずか六時間後にふたたび出発した。このあとインディアナポリス号がたどる運命は、米国海軍史上もっとも悲劇的かつ屈辱的な大惨事である。インディアナポリス号は、リトルボーイとその世話係を降ろした四日後、フィリピン海をグアム島からレイテ島にむかって護衛艦なしに（マクヴェイ艦長が要請したにもかかわらず）進んでいた。同じ海域にいるほかの米国海軍艦隊と合流し、年内に予定されている日本の地上侵攻に参加することになっていた。

しかし、七月三〇日の真夜中すぎ、日本の橋本以行《もちつら》艦長を指揮官とする伊号第五八潜水艦がインディアナポリス号を発見し、魚雷六発を発射した。命中は二発。うち一発は、リトルボーイが床に固定されていた船室の真下だった。インディアナポリス号は一二分ともたずに沈没した。船が沈むまえに無線機から遭難信号が出されたが、受信されたか否かは不明である。[28]

一一九五名の乗組員のうち、八〇〇から九〇〇名が沈没まえに船を脱出したと推定されている。船のエンジンのひとつが動きつづけていたので、異なるタイミングで船を棄てた乗組員は、フィリピン海の広い範囲に散らばった。多くの乗組員は油まみれだった。救命いかだに乗っている者もいたが、大部分は救命胴衣だけで食糧も真水ももっていなかった。爆撃機ベンチュラの操縦士ウィルバー・グウィン大尉が通常の哨戒飛行に出ていて偶然に海の生存者を発見し、ようやく救助作業が開始されたのは、沈没から約四日後のことである。

海に浮かんでいるあいだ、毎日、死人が出た。沈没時の負傷が原因で死ぬ者もいれば、サメに襲われたことや太陽に晒されつづけたことや脱水が原因の者もいた。海水を飲んでしまった者、自殺した者、ありもしない島まで泳ごうとした者もいた。幻覚を見た仲間の手で殺された者もいた。この悲惨な数日間、コンウェイ神父は生存者のあいだを泳いでまわり、励まし、懺悔《ざんげ》の言葉に耳を傾け、死に瀕した者とともに祈った。そして大海での三日目の晩、とうとうコンウェイ神父自身が体力の消耗により亡くなった。最期は友であるヘインズ軍医の腕にかかえられていた。ヘインズ軍医も生存者を救うために力を尽くし、海水を飲んではいけない、脱水や空腹や痛みによる幻覚に負けてはいけない、と声をかけつづけた。

救出用の航空機や船が到着して死体を海から引き上げる作業が始まった時点で、死者は八七〇名を超えていた。救出時またはその後の数日間でさらに数名が死亡した。最終的な生存者は、乗組員一一九五名中わずか三一六名だった。このとき、太平洋をあれほど急いでわたるそもそもの原因となった秘密の任務のことは、ひとりとして知らなかった。ヘインズ軍医らがインディアナポリス号の真の任務を告げられたのは、救出の数日後、グアム島の病院で療養しているときだった。ファーマンは、生存者を見舞うためにグアム島の病院を訪ね、ヘインズ軍医を見つけた。そしてこの勇敢な医師に、原子爆弾のことや、ウラン爆弾リトルボーイの具体的な設計や、兵器の輸送においてインディアナポリス号が果たした役割について話して聞かせた。[29] ヘインズ軍医は当然ながら困惑するほかなかったが、あのとき謎の陸軍砲兵将校らに対して抱いた違和感は正しかったのだと悟った。

インディアナポリス号の悲運は、原爆投下――八月六日の広島リトルボーイ投下および八月九日の長崎ファットマン投下――と第二次世界大戦終結の知らせの陰に隠れてさほど注目されなかった。しかし、海軍は遺族に連絡をとって、大惨事が起きたわけを説明しなければならなかった。その後の展開は米国海軍の栄光の歴史からはほど遠い。端的にいうと、海軍は誰かに罪を着せる必要があり、尊きマクヴェイ艦長がこのいわれない憎まれ役に選ばれてしまったのだ。マクヴェイ艦長は、敵艦がいた場合にそれから逃れるためのジグザグ航行を指示されていた。ただし、実際におこなうかどうかは艦長の裁量に任されていた。魚雷攻撃を受けたときは、夜間であることと視界不良を理由にジグザグ航行をしていなかった。

マクヴェイ艦長は、この点で違反を犯したとして軍法会議にかけられた。インディアナポリス号の生存者は艦長を支持し、ヘインズ軍医を含む多くの乗組員が艦長を擁護する証言をした。なにがなんでも大惨事をマクヴェイ艦長の責任にしたかった海軍は、インディアナポリス号を撃沈した日本の潜水艦の指揮官、橋本をワシントンDCに呼び寄せるという前例のない動きに出た。マクヴェイ艦長に不利な証言をさせようとしたのだ。しかし、橋本の証言は真逆の効果をもつものだった。インディアナポリス号は単独航行だったので、ジグザグ航行をしているかどうかは問題ではなかった、と証言したからだ。[30] それでもなお、マクヴェイ艦長は有罪となり、海軍の比類なき惨事による犠牲者がまたひとり増えた。

マクヴェイ艦長の審理中、ノーランもワシントンにいた。生存者の乗組員と同じく、マクヴェイ艦長の状況に心を痛め、不当な措置だと感じていた。「マクヴェイ艦長は大変立派な人物で、部下の乗組員も非常に優秀だと感じた」とノーランは回想している。「調査がおこなわれた一九四五年の終わりごろ、私はたまたまワシントンにいた。艦長に心の底から同情した。船と部下を失った彼がどれほどつらいかわかるから」[31]。同じ心境だったへインズ軍医は、裁判の証言の終わりに、問われてもいないのにこう語った。「マクヴェイ艦長の指揮するインディアナポリス号はよく鍛えられ、万全の備えをした戦艦でした。もう一度マクヴェイ艦長のもとで働けるなら、そのことを光栄に、喜ばしく思うでしょう」[32]と。マクヴェイ艦長のもとには、裁判のあと長きにわたり、インディアナポリス号の沈没で死亡した乗組員の遺族から詰責の手紙が届く。そして一九六八年一一月六日、耐えきれなくなったマクヴェイ艦長は、コネティカット州にある自宅の外で海軍支給のリボルバーを手に自らの命を絶った。

その後、インディアナポリス号の生存者やマクヴェイ艦長の家族らが何十年も抗議活動をおこない、二〇〇〇年になってようやく連邦議会は、マクヴェイ艦長は艦と部下の乗組員の命の喪失に対して無罪である、との上下両院合同決議をおこなった。興味深いことに、上院の重い腰を上げさせるにあたって中心的な役割を果たしたのは橋本だった。一九九九年一一月、橋本は米国上院軍事委員会の委員長を務める上院議員ジョン・ワーナーに宛ててつぎのような手紙を書いた。「私は、インディアナポリス号の沈没を生き抜いた勇敢な男たちの多くに会いました。私も彼らと一緒になり、彼らの艦長の汚名がそそがれることをアメリカ議会に強く要望したいと存じます。日本国民とアメリカ国民は、あの悲惨な戦争とその影響について互いに許しあいました。そろそろアメリカ国内でも、マクヴェイ艦長を許し、不当な有罪判決の恥辱を取り去ってあげてもよいのではないでしょうか」[33]。連邦議会がマクヴェイ艦長を無罪とした翌年、海軍もこれに倣い、二〇〇一年七月一三日、軍法会議から約五六年たってマクヴェイ艦長の軍務記録につぎの記載を追加した。「アメリカの国民はいま、米軍艦インディアナポリス号の悲劇的な損失と同艦沈没の結果死亡した乗組員の生命についてマクヴェイ艦長に職務怠慢がなかったことを認識すべきである。マクヴェイ艦長の軍務記録は、彼が米軍艦インディアナポリス号と多くの乗組員の損失について免責されている事実を反映したものである[34]」

そもそもなぜ海軍はマクヴェイ艦長に罪をなすりつけたのだろうか？　その理由は、海軍はいくつもの過失を犯しており、それらが明るみに出れば、もっと高位の将校らに累がおよぶからということのようだ。大砲に関する質問でノーランに気まずい思いをさせた海軍将校ドナルド・ブラムはこう述べている。「軍法会議はすべて、もっと高位の将校たちによる重大な過失をなすりつけるために仕組まれたものだった[35]」と。海軍はマクヴェイ艦長からの護衛艦要請を却下しただけではなく、そのとき当該地域に敵の潜水艦が潜んでいるとの情報をつかんでいたのに、マクヴェイ艦長に知らせなかった。さらには、到着予定日の八月一日に米軍艦インディアナポリス号がレイテ島に現れなかったことの記録と報告を怠り、その結果として救助作業の著しい遅れを生じさせるという失態を犯した。

こうした過失を徹底的に調査し審議すれば、すでに存在の妥当性が疑問視されていた海軍にとって不利な情報が世に出てしまう。[36] 海軍は、原爆の投下を含む空襲の有効性を認識していたので、自分たちが軍の一部門として時代遅れと見なされることを心配しだしていた。あとの章で見るように、こうした海軍の懸念は、終戦後のマーシャル諸島における核兵器実験を推進する大きな原動力となる。各種証拠が示唆するところによると、海軍がマクヴェイ艦長に罪を着せたうえ、長年にわたって過ちの是正を拒否していた理由は、世間の批判と高額の訴訟を恐れたからのようだ。[37] すでに述べたように、軍部が核兵器の実験および実戦使用に起因する放射線被害を実際より低く見積もり、全貌を隠蔽しようとしたのも、同様の恐怖心が一因である。

## テニアン島

テニアン島で何事もなくすごしていたノーランがインディアナポリス号の話を聞いたのは、沈没のあと一週間ほどたってからだった。他方、アメリカにいる妻のアンは、軍艦の悲運を知ったものの、夫からの連絡は何も来ていなかったので、船が攻撃を受けたときに夫がまだなかにいたのかどうか判

テニアン島の第509混成部隊。下から2列目の右端がジェームズ・F・ノーラン。

断できずにいた。だから「沈没のニュースが……新聞各紙で報じられたとき、テニアン島からちらほら郵便物が届きだすまでの数日間、アンは気が気でなかったにちがいない」と、ノーランはのちに語っている。[38]

テニアン島は、ミクロネシアのマリアナ諸島に属し、日本の南約二四〇〇キロ地点に位置している。第一次世界大戦終結時から日本が占領していたが、一九四四年夏のテニアンの戦い中に米国がかわって支配するようになった。テニアンの戦いの勝利に貢献した米軍艦のなかに、レイモンド・スプルーアンス提督の指揮する海軍第五艦隊の旗艦を務めた、輝かしき時代のインディアナポリス号もいた。その後、米軍は〈ペイパシー〉（ローマカトリックの教皇の職位を表す語）という不思議な暗号でよんだこの島を世界最大級の空軍基地にした。一九四五年初夏には、テニアン島の北飛行場から、同時に四機ものB‐29が珊瑚を砕いてつくった全長数キロの滑走路を走って日本爆撃へと飛び立っていった。

図体の大きな航空機が滑走路の先で墜落することはめずらしくなかった。この事態が発生すると、ブルドーザーがつぶれた機体をさっと脇に押しやって、つぎの爆撃機が離陸できるよう道を空けた。一九四五年の夏に空からテニアン島へ下りていけば、B-29の残骸の山をぼんやりと見分けることができた。のちに「象の墓場」、「悲運の空の巨人の安息の地」とよばれたものだ[39]。爆撃任務の際は、二時間たらずのあいだに四〇〇機ものB-29が北飛行場から離陸していった[40]。

ノーランは、アルバータ計画ともよばれる第五〇九混成部隊に参加した。原子爆弾の組み立てと投下を目的としてテニアン島へ派遣された部隊である。ノーランは自分の任務をのちにこう説明している。「離陸地点であるテニアン島での私の役目は、爆弾の組み立て、積み込み、離陸時の放射線の安全管理に関するもので、事故が発生した場合に放射線による危険を確認することだった[41]」。ノーランとファーマンは、七月二六日に積み荷とともにテニアン島へ到着したあとは、ピア・デ・シルヴァの監督下で空輸されてくる予定のリトルボーイの残りの部品が届くのを待った。ロスアラモスで情報保全部長を務めていたデ・シルヴァは、テニアン島でも同じ役割を務めることになる。

テニアン島のピア・デ・シルヴァ（左）とジェームズ・F・ノーラン（右）。

ロスアラモスにいるとき、デ・シルヴァの指揮下でおこなわれる情報保全および監視活動は科学者組に心底うとまれていた。第1章で述べたように、デ・シルヴァはオッペンハイマーの行動や会話を仕事熱心がすぎるほど徹底的に調べ上げていた。[42] ノーランはもちろん、ロスアラモスにいるころから知り合いだった。デ・シルヴァ夫妻はノーラン夫妻にヒルの電話交換手エレノア・ロンシュを紹介し、定期的に両家の子守りをしてもらうよう取り計らってくれた。トリニティ実験の一週間まえ、「爆弾運搬人としてテニアン島へ行くことになったとノーランに通知」した最初の人物もデ・シルヴァだった。[43]

デ・シルヴァも、ノーランにつづいてテニアン島へ向かった。リトルボーイに使用される残りのウラン235の空輸を監督するためだ。ノーランとファーマンがテニアン島に到着して米軍艦インディアナポリス号を降りたその日、アルバカーキにあるカートランド飛行場からは三機の大型軍用貨物輸送機グリーンホーネットC‐54が飛び立った。輸送機C‐54はそれぞれ、今回運ぶ分のリトルボーイ用核分裂性物質、すなわち爆弾で使用されるウラン235の四〇パーセントを分割して積載していた。旅の第二区間でデ・シルヴァを乗せた航空機に問題が発生した。エンジンのひとつが故障したのだ。約四五分間は空にとどまっていたが、結局サンフランシスコに戻って修理するしかなかった。残りのC‐54二機はそのまま太平洋上を進んだ。七月二八日には三機すべてがテニアン島に到着し、あとはリトルボーイの最終組み立てをおこなうのみとなった。[44] 長崎に投下される爆弾ファットマン用のプルトニウムとそのほかの部品も、このあとすぐに移送されてくる。

デ・シルヴァが到着した日、ノーランは上司であるスタフォード・ウォレン医師に秘密の覚書を送り、貴重な荷の移送が無事に完了したことを報告するとともに、テニアン島での任務の内容を確認した。ノーランの任務は、「輸送および組み立て作業」の監視と、「災害発生時に現場を監視」するための「大災害用機器」の管理だった。これに加えて、自分で立案した計画も伝えた。「過照射が原因で具合の悪くなった人の治療について、現地の医療従事者に助言する」というものだ。残りのウラン235およびプルトニウムの取扱いと組み立てにも立ち会う予定だったので、それについても後日報告すると約束した。[45]

## 秘密保持とその影響

ノーランはこのころ、秘密保持が極めて重要だとあらためて念押しされる。当然ながら過去に何度も言い含められていたことだった。たとえば前述したように、ノーランが一九四三年二月にワシントンDCでオッペンハイマーとグローヴス将軍にはじめて面会したとき、話の中心は秘密保持だった。ロスアラモスに到着したときには、前回の訪問時に発行された通行許可証を焼却するよう命じられた。トリニティ実験による放射性降下物についてノーランが警告したとき、グローヴス将軍が異を唱えた理由のひとつは秘密保持だった。さらに、ノーランはファーマンとの共同任務を「極秘中の極秘」と形容している。しかし、ノーランがなんらかの理由で秘密保持の重要性を認識していない場合に備えて、一九四五年七月三〇日、ジョン・ランズデール大佐はかなり高圧的な書簡によってあらためて念押しをしている。

ランズデール大佐の書簡の趣旨は、「マンハッタン工兵管区管轄の任務に関する機密情報を保全する義務」についてノーランに確認するものだった。前置きとして、今回の念押しは、ノーランの「誠実さと思慮深さ」をなんら疑問視するものと解釈されるべきではない、と断ってある。書簡の目的は、「任務の尋常ならざる重要性」を再確認するとともに、任務の遂行中および遂行後、いかなる側面についても口外してはならないと警告することだった。ノーランはつぎのように命じられた。「マンハッタン工兵管区に関する任務を解除されたのちは、相手の地位、等級、階級によらず、過去の任務の性質について口外すること、および本管区に関するいかなる機密情報についても許可なく開示することを禁じる。違反した場合は、陸軍軍法会議法および合衆国連邦制定法に基づく罰則がある」[46]と。任務の重要性ゆえに、「情報の開示は認められず、秘密保持違反は意図的であれ過失であれ重大であるとみなされる」という警告も受けた。ノーランは書類に署名し、「違反した場合の罰則」について理解し承知することを強制された[47]。

ファーマンも秘密保持の重要性を一度ならず念押しされていたので、終戦後三〇年以上も戦時中の任務の話を誰にもしなかった。ファーマンに関するブレンダン・マクナリーの記述によると、「マンハッタン計画の極秘性ゆえに、一九七〇年代半ばまでファーマンは秘密保持の宣誓に縛られていた[48]」。関連事項の機密扱いが解除され、戦時中の任務についてそれまでより自由に話せるようになったあとも、秘匿の習慣が深く根づいていたので、ファーマンは自分の経験を語ることに対して消極的な姿勢をくずさなかった。ファーマン自身、強力な秘密主義が私生活にも多くの面で影響したと認識していた。[49]ほかにもマンハッタン計画のこうした影響について語っている人がいる。たとえば、ドイツ生まれのノーベル賞受賞物理学者ハンス・ベーテの妻であるローズ・ベーテは、「秘密保持は習慣になる」と述べている。さらに、秘密保持が夫との会話の本質に直接的な影響をおよぼしたことを、つぎのように認めている。「ハンスは仕事の話をしなくなった。わたしたち夫婦には、とにかく会話がなくなった」[50]

習慣化した秘密保持は、ノーランの人生にも影響をおよぼした。後年は戦時中の経験に関するインタビューや講演の機会もときどきあったが、自分の任務の詳細は話したくない様子が見てとれた。家族や近しい親戚でさえ、類まれな彼の旅の話をほとんど聞いたためしがなく、そのなかでも、日本で見た光景を含むいくつかの側面については何も聞いていないも同然だった。人生をすっかり変えてしまった経験を長年胸に秘めておくことでノーランが味わった苦悩や心理的負担は、想像を絶するものだろう。それでもなお、ランズデール大佐の書簡のような警告があったことを考えれば、ノーランがもっとも近しい人たちにさえ、なかなか話をする気になれなかったのも無理はない。

## エノラ・ゲイ

B‐29が北飛行場の滑走路の先で頻繁に墜落していると思うと、ディーク・パーソンズ海軍大佐たちは不安になってきた。エノラ・ゲイ号は、四トン超えの超重量級爆弾リトルボーイを輸送するにあたってどれほどの困難に直面するだろう、と。エノラ・ゲイ号に何かあれば、原子爆弾が爆発し、テニアン島の大部分が破壊されるかもしれなかった。災害発生時には、まずノーランの責任下で放射線レベルを確認し、その直後から救出作業をおこなう手はずになっていた。エノラ・ゲイ号の乗員のひとりであるパーソンズ海軍大佐は、墜落時の危険を心配して、リトルボーイの最終組み立ては離陸後に航空機の爆弾倉内でおこなうことを提案し、彼個人の責任でそれを決定した。

ノーランも同様に事故の危険性を強く懸念していたので、つぎのような文面でウォレンに追加支援を要請した。「大災害による危険は、航空機の離陸または着陸における事故の可能性と正比例するか、それ以上だ。〝有効搭載量〟が大きい機体では、つねにこういった事故の可能性があることは明らかなので、到着地に特別な訓練を積んだ者を待機させておくか、非常事態が起きた場合に対処ができるよう地元の医師のひとり（たとえば、総合病院の放射線科医）を十分訓練しておくことが望ましい」[51]

八月六日の朝、リトルボーイを積んだエノラ・ゲイ号の出発直前、ノーランは軍人の一団を滑走路の先につれていってこう指示をした。事故が起きた場合、自分が前進命令を出すまでは墜落した機体に近づかないこと、と。[52]軍人のなかには、このときはじめて爆弾の真の性質を知った者もいた。エノラ・ゲイ号の乗員のなかにさえ、自分の運搬する兵器が重要かつ破壊的なものだとは知っていても、それが原子爆弾とは広島へ飛び立つまで知らなかった者もいた。エノラ・ゲイ号の乗員は、広島からテニアン島へ帰還すると、二〇〇人もの関係者に出迎えられた。ちょっとした祝賀の時間が設けられ、ポール・ティベッツ大佐がカール・スパッツ大将から殊勲十字章を授与されたあと、乗員たちはすみやかに報告のための会議室に入れられた。そこで最初におこなわれたのはノーランによる身体検査で、薬用ウィスキーも一杯飲むことができた。[53]
翌日、ノーランは身体検査に関する報告書をウォレンに提出した。とくに懸念されるのは、防護眼鏡を忘れた乗員二名の視力だった。「両名とも閃光《せんこう》を直視してはいないが、ごく短時間、閃光の影響を受けたことを感じていた」と、ノーランは報告している。[54] ノーランは乗員の体とエノラ・ゲイ号の機体にガイガー計数管をかざしてみた。爆弾を投下した爆撃手のトーマス・フィアビーは不妊の心配を口にした。「気がかりなのは目じゃないんです、先生」とフィアビーはノーランに言った。「男性機能のほうなんですよ」。ノーランは、いくらか根拠があったようで、生殖能力は損なわれていないと請け合った。事実、フィアビーはそのあと四人の子どもの父親となる。[55]
べつの乗員は、「かすかだが妙なにおいまたは味を感じた」と自ら申告した。それを聞いたノーランは、「オメガサイトの事故が起きたあと、クッファーバーグ三等軍曹が話していた」感覚と同じだと気づいた。[56] ノーランのいう事故とは、一九四五年六月四日にロスアラモス研究所のオメガサイトで起きたもので、濃縮ウランの臨界測定実験中に多くの職員が高いレベルの放射線にさらされた。ジェス・クッファーバーグは、濃縮ウランが臨界に近づいた際に青い光を見たひとりであり、ノーランは一医師として事故後に作業員の身体検査をおこなっていた。
第五〇九混成部隊は、エノラ・ゲイ号と乗員が帰還したからといって、祝っている暇はあまりなかった。ファットマン投下の準備がすぐに始まったからだ。今度の第一標的は日本の小倉だった。だが八月九日の天気はくもりだったので、小倉の街は良好な視界を確保できなかった。三度の投下を試みたのち、ファットマンは結局、第二標的の長崎に投下された。ふたつの爆弾による推定死者数は、広島一四万人、長崎七万四〇〇〇人。その約九五パーセントが民間人だった。さらに何万人もの負傷者が出た。衰弱の症状に生涯苦しみ、短命に終わる者もいた。ノーランは一カ月ほどして現地に赴き、ふたつの破壊兵器がもたらした被害の全貌を目のあたりにする。

## 日本入りを待つ

チャールズ・スウィーニーが操縦する爆撃機ボックスカー号がファットマン投下のために離陸すると、ノーランはテニアン島にいるほかの三人と集まり、調査団の発足について密談をした。予期される日本の降伏が確定したら、現地入りして調査をおこなおうというのだ。ノーランはこのときのことをつぎのように述べている。「八月九日の晩、長崎襲撃への離陸が完了したあと、フィル・モリソン、ピア・デ・シルヴァ、ビル・ペニーと私の四人で日本降伏後いち早く現地入りする調査団の計画を練った。調査団の成員は医師、科学者、軍の情報部員として、目的は各自の独立した活動による情報収集だった」[57]。その日の夜、四人はトーマス・ファレル将軍に調査団計画の承認を求めた。三日後、グローヴス将軍はファレル将軍とウォレンを指揮官に据えて日本入りの計画を始動させた。

調査団は優先順位の高い任務だったが、アメリカ本土にいる参加者をテニアン島へ呼び寄せ、敗戦国までの移動手段を手配するのに数週間はかかった。そのあいだ、ノーランとファーマンはペイパシーで暇をもてあました。ファーマンの日記によると、「一部の人にとって、何をしてすごすか、どう

テニアン島にて。運転席がピア・デ・シルヴァ、後部座席がジェームズ・F・ノーラン。

やって時間をつぶすかが、いつまでたっても解決できない課題となった」。ファーマンは結局、物理学と日本に関する本を読んで時間をつぶし、きたるべき任務に備えた。人によってはわざわざ手洗いで洗濯をしたり、バレーボールをしたり、ジープで島を観光したりして忙しくした。ノーランとファーマンは何度かテニアン島内のビーチまで足をのばした。海は「温かく気持ちがよく」て、「澄みきった水」を泳ぐ色とりどりの魚が美しかったという。[58]

ファーマンは、この期間に一風変わったノーランのユーモアをたっぷりと浴びた。たとえば八月二八日、日本へ出発する一週間ほどまえのこと。ノーランはみんなのまえで妻の誕生日を祝った。妻へ思いをはせるノーランの愉快な姿をファーマンがこう記録している。「今日は大尉の奥さんの誕生日で、家族への並外れて熱い思いを何度も聞かされた。遠く離れて聞こえなくても、奥さんを祝う気持ちをそんなふうに表していた。だがどれほど深く愛していても、勝手に毛皮のコートを買っているかもしれないとびくびくしているのは明らかだった。実際に買っていた場合、怒るかどうかは決めかねていた」[59]。ノーランのこうした夢想は、テニアン島の男たちが「家族や恋人への思いに耽溺《たんでき》した」ことの一例にすぎない。彼らはこうやって、つぎの任務を待つあいだの「余りある」時間に対処したのだ[60]。

しばらくたったある日のこと。男たちがつれだってジープで出かけたあと、ノーランはひとり簡易ベッドに残って「自分の病気を診断し、その診断を見直すことを繰り返していた」。ノーランのこの奇妙なひとり遊びについてもファーマンは日記に記録している。「昨夜、彼［ノーラン］が自分はマラリアだと言いはじめた。知識がある者はみな、蚊が媒介するこの病気にかかる可能性はないと思っているが、彼は自分が考え出したゲームを楽しんでいて、しばらく時間を置いては病歴を振り返り、ああでもないこうでもないとやっている」[61]。ノーランが口ひげを伸ばすと決意したのもこの時期で、あとから努力の過程を解説し、またもやみんなを笑わせた。ノーランとファーマンは、今度の調査団に選ばれたほかの参加者とはちがい、新しい任務までそれほど長く待たずにすむ。ふたりは敗戦国入りする最初のグループに選ばれることになるからだ。

# 第4章　広島

調査団の日本滞在は、観光、科学的探究、広報活動が奇妙に入り交じったもののようだった。
――ダニエル・ラング
『よき道徳的見地 *A Fine Moral Point*』

アメリカでは、三つの独立したグループが場当たり的に編成され、ほぼ同時期に日本へ派遣された。日本入国の目的は複数あり、本章でのちに見るように、必ずしも中立的な情報収集を意図しているわけではなかった。三つのグループのひとつ目は、ジェームズ・F・ノーランを含むマンハッタン計画の代表者で構成されたマンハッタン計画調査団。指揮官はスタフォード・ウォレンと、短期間だがトーマス・ファレル将軍だった。ふたつ目は、アシュレー・W・オーターソン大佐の監督する陸軍調査団。三つ目は、シールズ・ウォレン（スタフォード・ウォレンとは姻戚関係なし）が率いる海軍調査団だった。三つの異なるグループは、当初は「てんでんばらばらに散らばっていた」が、やがてダグラス・マッカーサー元帥によって統合され、〈日本における原子爆弾の影響に関する合同調査委員会〉、より一般的には〈合同調査委員会〉とよばれるひとつの組織になった。[1]

三つのグループはそれぞれ独自に調査活動を思いついたようだが、組織間の競争心が動機だったという説も少なからずある。[2] マンハッタン計画調査団についていえば、組織された経緯はつぎのようなものだった。八月九日の晩にテニアン島でノーラン、ウィリアム・ペニー、フィル・モリソン、ピア・デ・シルヴァの四人が会合をもったあと、八月一二日にレズリー・グローヴス将軍がファレル将軍に宛てて調査を許可する覚書を送った。覚書には、ロバート・オッペンハイマーの提案として、「ノーラン、ペニー、［チャールズ・］ベイカー、［ロバート・］サーバー、モリソンが適任と思われる」旨も記されていた。[3] このように、当初の発案者四人のうち三人が推薦された一方で、ロスアラモスでオッペンハイマーに深く不信を抱き、容赦なく監視をした情報将校のデ・シルヴァだけがリスト入りできなかった。とはいえ、最終的にはデ・シルヴァも調査団に参加することになる。

同じ八月一二日、スタフォード・ウォレンはアラモゴード爆撃試験場にいて、トリニティ実験に起因する放射性降下物問題を調査していたところ、グローヴス将軍から連絡を受けて日本でおこなう調査活動の医学的部分を指揮してほしいと言われた。ウォレンはこう回想している。「私のところにGIが車でやってきて、将軍がお呼びだと言う。それでベースキャンプに戻って電話に出ると、グローヴス将軍がワシントンからかけてきているのだった。こんなことを頼むのは心苦しいのだが……と将軍は前置きをして、日本入国が可能になった場合に長崎と広島へ派遣する調査団を指揮する機会を与えてくれた」[4]

医学的部分の指揮官役を承諾したウォレンは、グローヴス将軍とともに、慌ただしくほかのマンハッタン計画組に声をかけた。選ばれた者のなかには、医師のハリー・ウィップル、ヘンリー・バーネット、ジョー・ハウランドのほか、情報部員、科学者がおり、彼らはテニアン島にいる面々と合流し、日本入国に備えるよう指示された。ルイス・ヘンペルマンは調査団の一員に招かれず、大いにがっかりした。こうした決定がくだされた理由のひとつは、マンハッタン計画始動時の選択にあった。ノーランやウォレンたちが入隊したのに対して、ヘンペルマンは民間人の立場を維持していた。オークリッジでウォレンの代理を務めるハイマー・フリーデルは、このときのヘンペルマンの立腹ぶりをつぎのように語っている。「軍人しか選ばれないとわかり、民間人のヘンペルマンは猛烈に悔しがっていた。そしていつまでも納得しないでいた」[5]

ただでさえ不満だったヘンペルマンだが、ニューメキシコでの彼の仕事をいっそう難しくする出来事が起きた。調査団がアメリカを出発するまえ、ウォレンの部下が急にやってきて、ロスアラモス研究所を含むマンハッタン工兵管区の研究所からガイガー計数管やほかの放射線測定機器をかき集められるだけかき集めてもっていってしまったのだ。ヘンペルマンはこう不満を述べている。ウォレンは「監視装置も、軍人も、ほぼすべて日本へもちさってしまった。だから、研究所はひどい人手不足におちいった」[6]。ヘンペルマンによると、健康管理部門の主要な人員がいなくなってしまったので、トリニティ実験場およびロスアラモス研究所双方における「健康管理計画に大きな破綻をきたした」[7]。実際、ロスアラモスでもっとも重大な放射線事故のひとつが起きたのはこの時期だった。マンハッタン計画からの合同調査委員会参加者は、医師一〇名、物理学者三名、情報将校六名を含む、合計約四〇名にのぼった[8]。

グローヴス将軍が計画を始動させた日から約二週間後、当時太平洋戦域においてマッカーサー元帥の顧問軍医を務めていたオーターソン大佐は、マンハッタン計画調査団の発足を知らないままに、独自の調査団計画を練っていた。[9] 計画の承認を得ると、オーターソン大佐は将校と下士官の人員確保を始めた。そのなかで有名なのは、アヴェリル・リーボウ中佐だ。彼が調査団の任期中に記録した日記は、有益な情報を提供してくれるうえに読み物としても面白い。[10] リーボウ中佐は、スタフォード・ウォレンとともに、多くの人に評価されたジョン・ハーシーの著書『ヒロシマ』（石川欣一・谷本清・明田川融訳、法政大学出版局、二〇一四年）で使用されたもっとも重要な資料の発掘においても中心的な役割を果たした。合同調査委員会を構成する最後の米軍グループは海軍調査団で、指揮官は海軍医療部隊の病理学者シールズ・ウォレンだった。[11] シールズ・ウォレンの調査団は、三つのグループのうち日本入国を果たした最後の組で、ようやく長崎に到着したのは九月二四日だった。

このように、合同調査委員会のうち終戦後に日本入りした最初の部隊はマンハッタン計画調査団だった。そのなかでもノーランの班がいちばん乗りだった。アメリカ人は、日本に入国するとまもなく、日本人医師団がすでに広島と長崎の双方で大規模な被ばく者調査を始めていたと知る。日本人医師団を率いる中心人物は、尊敬を集める東京帝国大学教授の外科医、都築正男だった。アメリカと日本の調査団は、誤解と不信に満ちた局面もときにありつつ、概して良好な善意ある協力関係をきずいた。それればかりか、都築率いる日本人医師団は、一〇月上旬、合同調査委員会に正式に編入する。[12] 合同調査委員会はのちに、より長期的に原爆の人体への影響を調査することを目的とした原爆傷害調査委員会（ABCC）に改組される。原爆傷害調査委員会も合同調査委員会と同じく、日米両国の医師が合同で調査にあたり、協力関係をきずいたが、緊張や誤解の生じる場面もあった。

日本側は、合同調査委員会および原爆傷害調査委員会に対して幻滅感と憤りを抱いており、その一部はもっともな理由によるものだった。アメリカ人医師は、被ばく者（広島と長崎の原爆生存者）を、治療を必要とする患者としてではなく、研究すべき科学標本として扱っているふしがあったのだ。[13] この時期のアメリカ人の行動には、ほかにも怒りを買うものがあった。たとえば、日本の撮影班が広島と長崎の様子を記録した四五〇〇メートル以上もあるフィルムを没収したり、二台のサイクロトロン（アーネスト・ローレンス考案のイオン加速器）を分解したりした。[14] 一九七五年、原爆傷害調査委員会は、放射線影響研究所（RERF）に改組された。同じく日米合同のプロジェクトだが、日本側がより主導的な立場にある。放射線影響研究所は、現在に至るまで日本における放射線影響の研究をつづけており、「非治療《ノー・トリートメント》」方針も維持している。合同調査委員会時代からの遺物である。二〇一七年六月、代表理事の丹羽太貫《にわおおつら》は、非治療方針に対する現在進行形の憤りを受けとめ、方針の変更はおこなわないものの、「大変申し訳なく思う」という言葉で遺憾の念を表した[15]（中国新聞、二〇一七年六月二〇日朝刊）。

より長期的かつ集中的な調査をおこなった原爆傷害調査委員会や放射線影響研究所の調査員とは異なり、合同調査委員会、とくにマンハッタン計画調査団の調査員は、ジャーナリストのダニエル・ラングの言葉を借りれば、「取り急ぎの調査をするだけのために派遣」されていた。[16] 実際、ノーランが日本に滞在していた期間は、九月五日から一〇月一二日までのわずか五週間ほどだった。こうした取り急ぎの調査の目的は何だったのだろう？　医師たちはどの程度、医師として行為していたのだろうか？　むしろもっと純粋に科学的な任務だったのだろうか？　医師たちは、客観的に核爆発の医学的影響を確認しようとしていたのか？　あるいは軍部があらかじめ定めた核放射線の影響に関する物語を推し進める手助けをしていただけなのか？　ラングがマンハッタン計画の物理学者フィル・モリソンのインタビューに基づいてくだした結論には鋭いものがある。調査団の日本滞在は「観光、科学的探究、広報活動が奇妙に入り交じったもの」だったというのだ。[17] グローヴス将軍が部下をいち早く日本へ送り込まねばと思った要因は、ラングが最後に挙げた、広報活動という側面だったと思われる。

## 否定的な報道とグローヴス将軍の反応

広島の原爆投下から数日がたつと、日本から現在進行中の放射線による被害に関する報道が出はじめた。グローヴス将軍は明らかに動揺していた。日本人の体への悪影響を案じたのではない。マンハッタン計画による原爆の製造および使用に対する世論の悪化を懸念したのだ。放射線は細菌兵器や化学兵器と同類とみなされる可能性があったので、グローヴス将軍は、十分に非人道的（かつ違法）な戦闘形態と考えうるものについて説明を余儀なくされる状況を恐れていた。一九四五年の夏から初秋にかけての時期、大衆は放射線に関する知識などもっていないに等しく、初期放射線と残留放射線のちがいとなればなおさらだった。

初期放射線というのは、爆発直後の被ばくに関するもので、主に中性子線とガンマ線からなる。他方、残留放射線または二次放射線というのは、爆発後しばらくのあいだ環境中に残っている放射性物質によるものである。残留放射線は、誘導放射線という形で生じる。核爆発のあと、中性子線とガンマ線が土壌や地上のほかの物質にはいり込み、その結果、新たな放射性核種がつくり出される、というのものだ。あるいは、トリニティ実験のときのように、降下物の形をとる場合もある。具体的には、放射性物質が爆弾の火球によって大気中へ上昇したのち、気象条件に応じて不均一にまき散らされたもので、最終的には、「黒い雨」のように地上まで落ちてくることもある。

日本で発生している放射線病の報道を見たグローヴス将軍は、オークリッジにいる軍医のひとりを頼って安心を得ようとした。八月二五日、グローヴス将軍は気が気でない様子でチャールズ・リー軍医に二度、電話をかけた。ミネソタ大学で研修をした医師であり、オークリッジ病院でノーランと同等の役目を果たしていた人物だ。グローヴス将軍は、リー軍医と会話するなかで、問題の記事のひとつをそのまま読み上げた。「ウランの分裂がばらまいた放射能は、次々と人命を奪い、広島の復興作業者にも多様な障害を生んでいる」[18]

リー軍医は、上官の不安をやわらげようとして、驚くべき発言をする。自分の推測では、記事で言及されている傷害は単なる「熱傷」のなごりだと言い、今必要なのは、こうした「たわ言」と「巧みなプロパガンダ」に真正面から立ち向かうことではないか、と述べたのだ。[19] グローヴス将軍はつづけた。「われわれの評判を落とすこんな記事もある――『本日、東京のラジオ局が報道したところによると、原爆投下の数日後に日本人がつぎつぎと謎の死をとげた。こうした犠牲者を出した現象について、偉大なアメリカの放射線研究所はおそらく熟知していただろう』」。読みおえたグローヴス将軍は言った。「な、大打撃だろ」[20]。記事はつまり、日本で死者が続出しているのは放射線被ばくの結果だと述べるにとどまらず、アメリカ政府はこうした影響を十分に承知していたと主張しているのだ。

核放射線の分野は研究が始まったばかりだったので、マンハッタン計画の医師も人体への影響を完全に理解してはいなかった。しかし、放射線の現象についてもっとも多くの知識と情報をもっている集団だったことは明らかである。とはいえ、トリニティ実験の際に見られたように、医師の警告と懸念は必ずしも歓迎されず、軽視されることもあった。ヘンペルマンは、一九八六年のインタビューで、広島と長崎の爆弾から放射線が出ると予期していたか、と直球の質問を受けている。「はい」。ヘンペルマンははっきり答えた。だが、こうつけ加えてもいる。「それについてはあまり検討されなかったと思う。主な目的は、爆弾の使用による戦争終結だったから」[21]。いずれにせよ、一九四五年八月下旬、グローヴス将軍の動揺を感じとったリー軍医は、医師やほかの関係者が放射線傷害を予期していたことを将軍に告げなかったばかりでなく、つぎのように勧めた。日本の「プロパガンダ」は誤りだと公式に示すとともに、「大物による反駁《はんばく》記事を新聞に掲載」すべきだ、と[22]。

グローヴス将軍は、自分の部下であるマンハッタン計画の科学者のひとりが公に見解を述べたことにも対処しなければならなかった。八月七日、広島原爆投下の翌日、三三歳のコロンビア大学の遺伝学者ハロルド・ジェイコブソンは、報道記者にこう述べた。爆弾による放射線の影響は相当なものになるだろうし、広島に堆積した放射線が完全に消滅するには七〇年かかるだろう、と。日本の人々は、今もこの発言を覚えており、引用することもある。グローヴス将軍はオッペンハイマーとスタフォード・ウォレンのふたりに連絡をとり、ジェイコブソンの主張は信用に値しない旨の声明を準備しようとした。「完全にどうかしてますね」と、電話越しにジェイコブソンの記事を読んで聞かされたオッペンハイマーは言い、さらにこうつけ加えた。「ニューメキシコでの実験に基づけば、地上の放射能は測定不可能な量であり、そのごく微量の放射能もすぐさま消滅するはずです」[23]。スタフォード・ウォレンもオッペンハイマーの見解を支持することにより、グローヴス将軍がジェイコブソンに対して公式に反駁する準備を整えてやった。

マンハッタン計画においてシカゴ大学冶金研究所の健康管理部門主任を務める放射線学者の医師ロバート・ストーンは、オッペンハイマーが放射能の影響を全面否定しているという記事を読んで仰天した。その後すぐにオークリッジにいる昔の教え子ハイマー・フリーデルに手紙を書いて自分の驚きをこう伝えた。「オッペンハイマーの発言を引用しているという新聞発表を読んだときはわが目を疑った。放射能の危険なんてまるでないみたいな書きぶりだった。すべては関連していると思うのだが[24]」と。実際には、オッペンハイマーとウォレンのふたりは、放射能が日本におよぼす被害の可能性を承知しており、グローヴス将軍とファレル将軍に警告を発してもいた。

広島・長崎原爆投下の三カ月まえ、オッペンハイマーは、ファレル将軍に宛てた機密の覚書のなかで、爆発から予期される放射能についてはっきりとこう警告している。「爆発に際して放出される放射線によって、（遮蔽物がないかぎり）半径一・六キロメートル以内の人が被害を受け、半径約一キロメートル以内の人が死亡することが予測される」と。さらに、気象条件によっては残留放射線が生じることも考えられ、爆発後に雨が降った場合はとくにその懸念が強まる、と認めてさえいる[25]。広島・長崎爆撃の約二週間まえ、同じくウォレンもグローヴス将軍宛に機密の覚書を送り（一九八一年にようやく機密扱い解除）、トリニティ実験の計算結果に基づいて、核爆発直後の街にはいる部隊が被ばくする危険性について警告している。さらに、想定被ばくレベルの表まで提示し、被ばくレベルごとに「通常の活動をおこなう部隊」に生じうる傷害の重篤度を記していた。記載された被ばくレベルは無視できるものではなく、その値は爆撃地域にとどまる時間の長さによって三〇から五〇〇レントゲンまでさまざまだった。高いほうの値の場合、隊員は「永久的な損傷」を受けるという予測までしていた。[26]

ジェイコブソンはどうなったかというと、発言を公式に訂正することを強要された。自分のオフィスで軍の対諜報部員に尋問され、投獄するぞと脅されると、もうだめだった。しかし、最終的な分析結果によると、ジェイコブソンの大げさな予測は、残留放射線に注目していたがゆえに、グローヴス将軍の目的に資するものとなった。初期放射線と残留放射線のちがいがよく理解されていない状況だったので、残留放射線の長期的影響に関するジェイコブソンの大げさな発言は信用に値しないと、公式に示すことにより、軍部はもっと全般的に放射線に対する懸念を抑え込むことができたのだ。[27]時とともに判明するように、残留放射線よりずっと危険かつ重大なのは、あとから生じるためすぐには認識されないが、初期放射線によって生じる体内の傷害だった。

合同調査委員会（とくにマンハッタン計画調査団）の重要な目的は、放射線の影響を自分たちでじかに評価することと、放射線の危険かつ広範な影響に関するプロパガンダとやらに対抗することだった。[28]グローヴス将軍とウォレンが集めた調査団の参加者のひとりに、ドナルド・コリンズ中尉がいた。コリンズは、ミシガン州立大学を卒業して物理学の学士号を取得していた。陸軍航空隊にはいってしばらくすると、シカゴ大学冶金研究所に配属になり、その後オークリッジに異動した。一九四五年八月一二日の朝のこと。まさにその朝テネシー州のアパートメントに家族と引っ越してきたばかりだったコリンズは（荷物もまだトレーラーに積んだままだった）、三人の憲兵にたたき起こされた。「一五分やるから長期出張の仕度をしろ、と憲兵たちに言われた」らしい[29]。コリンズは、測定機器をもってスタフォード・ウォレン班に合流し、新たな任務に従事するよう命令された。ほかのマンハッタン計画組と大型輸送機C‐54に乗り込みテニアン島へ向かう途中で、コリンズは戦争が終わったことを知った。

テニアン島に到着すると、ファレル将軍が医師と科学者を集めて任務の説明をした。コリンズはこう回想している。「ファレル将軍は私たちにむかってもっとはっきりこう言った。われわれの任務は、爆弾からの放射能などないと証明することだ、と[30]」。自分のことを軍人というより科学者だと考えていたコリンズは、立場をわきまえずに尋ねた。「放射能を測定するんじゃないんですか[31]」。これに対してファレル将軍は「もごもごと口ごもる」ばかりだったので、スタフォード・ウォレンが「世論を気にしている」の答えをそっとたしなめなければならなかった[32]。コリンズはファレル将軍が上官への口を見てとり、自分たちがこれからおこなう調査の結果はすでに決まっているのだと悟った。痛烈な皮肉を用いて、コリンズはこうまとめている。「日本に上陸するのをすわって待っているあいだ……手にした星条旗新聞に今からおこなう調査の結果が載っていた[33]！」

コリンズがファレル将軍の指示にとりわけ驚いたのには理由があった。テニアン島へ到着するまえにウォレンから説明があり、それに基づいて、当初はつぎのように理解していたからだ。自分たちの任務は、もっと客観的に放射線レベルを調査することであり、その調査結果は「軍医による負傷者の治療」に役立てるのが目的だ、と。つまり、任務の主な目的は医学的治療だと考えていたのだ。それどころか、「日本の犠牲者に対する人道的支援」が第一の任務だと信じていた。[34] この認識をふまえれば、ファレル将軍の指示を聞いたときの驚きが理解できるだろう。

## 日本への旅

八月一四日、マンハッタン計画調査団のうちアメリカに残っていた部隊がテニアン島に到着し、ファレル将軍による任務の概要説明がすむと、男たちは三つの主な班に分けられた。第一の班は、ファレル将軍およびジェームズ・B・ニューマンJr.将軍とともに直接東京へ。第二の班は、スタフォード・ウォレンとともに沖縄経由で長崎へ。第三の班は、フリーデルとともにグアム（それからフィリピン諸島のサンボアンガ）を経由して広島へむかうことになった。ノーランは、ピア・デ・シルヴァやロバート・ファーマンとともに第一の班にはいっていた。

この主な三つの班の目的は、原爆の生物学的および構造的被害の評価をすることだったが、テニアン島へリトルボーイを輸送する際ノーランの相棒を務めたファーマンは、いずれの班に属しているともいえなかった。彼には特別な任務があったからだ。かつてアルソス調査団として活動したときと同じように、今度は冶金学班の一員として日本における原爆製造の進み具合を突き止める責務を負っていた。この調査活動のために、ファーマンは広島にも長崎にも行かず、日本および韓国各地の工場、企業、研究系の大学、採鉱施設を訪れ、核兵器の製造に関する日本の知識と能力を見定めようとした。

まもなく、日本は核爆弾製造に必要な知識、冶金資源、施設のいずれも、まったくもっていないと判明した。事実、日本は「ドイツよりさらに遅れており、原爆製造には遠くおよばなかった」[35]。状況調査はごく短期間で終わったので、ファーマンはマンハッタン計画調査団のうちアメリカ帰国第一陣のひとりとなった[36]。

九月五日、ノーランとファーマンは、東京部隊は将軍たちに率いられて、厚木飛行場に降り立った。あたりは「どこもかしこも騒然としていた」[37]。彼らが到着したのは、日本が米軍艦ミズーリ号で正式に降伏した日のわずか三日後だった。ノーランは、この日のことをよく覚えていた。自分の三〇歳の誕生日だったからだ。きっと調査団の仲間にも知らせたのだろう。九月五日のファーマンの旅日記には、「九月のヴァージニア州みたいな気候」や「アメリカ人捕虜、帰国の途へ」といった記録に加えて、ノーランがユーモアたっぷりに繰り返し歌ったにちがいない「ハッピーバースデー・トゥ・ミー」についての記載があった[38]。

厚木飛行場に到着した先遣隊は、それから横浜へ行き、調査団の広島・長崎入りについて総司令部と交渉を始めた。このとき、マンハッタン計画調査団のほかの二班はまだ日本の本島にはいらず待機していたが、スイス赤十字社のマルセル・ジュノー博士は早くも広島に救援物資を送る許可を求めていた。最近広島入りした赤十字社の派遣員から電報を受け取り、すぐに行動を起こしたのだった。広島からの電報は、つぎのような文面で切迫した危険な状況を知らせていた。「恐ろしい状況……町の八〇パーセントが壊滅。病院はいずれも全壊または被害甚大……言語に絶する状態……死者多数……要即対応」[39]。マッカーサー元帥はジュノー博士の人道的活動を承認し、ファレル将軍はこれを利用した。つまり、ジュノー博士との合流を「広島入りする好機」ととらえたのだ。こうしてファレル将軍は、スタフォード・ウォレンをすぐさま東京に呼び寄せた。九月六日、ウォレンは自分の班を沖縄に残して東京班に合流した。この時点で、ノーランはマッカーサー元帥とともに東京にいるオーターソン大佐に連絡をとり、連携して調査団が広島にはいる手はずを整えた。[40]

翌日、一団は都築教授と面会し、日本人医師団によるそれまでの調査結果について概要説明を受けた。都築教授は英語が上手だった。当時五二歳だった彼は、二〇年まえにペンシルヴェニア大学の学生、研究員としてアメリカにいたことがあったからだ。みなが尊敬するこの日本の外科医は、アメリカ人に対しておおむね協力的だったが、辛辣に批判することもあった。たとえば、アメリカ人調査団との会議中のこと。都築教授は、一九二六年に自身がおこなった、放射線による損傷に関する動物実験の資料をフィル・モリソンに手渡した。[41] モリソンがざっと目をとおして返すと、都築教授はこのアメリカ人物理学者のひざをぱちんとたたいて言った。「ああ、でもよかったですよね。アメリ

日本滞在時のロバート・ファーマン（右）、1945年9月。

カ人には、人体実験をする余地が残っていたんですから」[42]

九月七日、ファレル将軍は、広島へむけて出発さえしていない段階で記者会見を開いた。目的は、放射線病が発生中であるというイメージを消し去ることだった。ファレル将軍は、なんらかの公式声明を出せ、というグローヴス将軍からの圧力を感じていた。グローヴス将軍は、半狂乱の覚書を送りつづけ、アメリカの新聞が報道しはじめた「日本のプロパガンダ」を追い払うのに使える報告書を出せ、と要求していた。たとえば、九月五日の覚書。グローヴス将軍は、取り乱した様子の文面でファレル将軍に尋ねた。いつになったら「われわれの部隊は広島と長崎に到着するのか」と。さらに、アメリカ国内の状況について、「こちらでは、最近広島に行ったという新聞記者の報道記事のせいで、大きな問題が生じている」と知らせた。そのうえで、「放射能に関するウォレンとフリーデルの予備報告書を海底電信で送れ、データを抜粋してこちらで使えるように」とつづけている。とりわけ気がかりな報道は、「一見無害に思われる小さな熱傷が原因で数日後に死亡する現象に関するもので、アメリカ国内の新聞で注目を集めている」らしく、「現在把握している全情報を海底電信ですぐに送れ」と命じている。[43]

グローヴス将軍はなにかしら日本の情報を得ようと必死だったので、九月上旬の調査団入国を待ちきれずにこんな提案までした。放射線測定のために、航空機にガイガー計数管をつけて広島の町を低空飛行させるのはどうか、と。ニューマン将軍はそんなことが可能なのかをモリソンに相談したあと、如才なくこう返答した。「おっしゃった条件下で任務が成功するかどうかについてもそうですが、そもそも測定機器の機械的性能が十分かどうか保証できかねます」[44]

グローヴス将軍を悩ませていた報道の類の一例として、オーストラリア出身のジャーナリスト、ウィルフレッド・バーチェットの記事がある。ファレル将軍が記者会見を開くほんの数日まえのこと。バーチェットは果敢にも電車で広島へ潜入した。そのあと、モールス信号を使ってこっそりと原稿を送り、これは九月六日付で英国のデイリー・エクスプレス紙に掲載された。バーチェットはその記事のなかで、爆弾による日本人犠牲者がつぎつぎと謎の死をとげる現象を「原爆の疫病」とよんだ。バーチェットは、広島の取材からどうにか東京に戻ると、九月七日のファレル将軍による会見に出席した。死者続出の原因を単に爆弾の爆風と熱線の影響だと主張するファレル将軍に、髪や衣服も乱れたままのバーチェットは食ってかかった。実際に広島へ行ったのか、と。もちろん、ファレル将軍は行っていなかった。調査団は翌日出発予定だったのだから。それから、バーチェットはたった今広島で見てきたばかりの、放射線に関連する死や負傷の実態の一部を語った。原爆の影響を受けた川の下流に魚がはいって汚染により死ぬのを自分の目で見た話もした。ファレル将軍は、数週間まえにコリンズに反論されたときと同じように、挑戦的なバーチェットを「いらだった表情」で見返した。そして、「残念ながら、あなたも日本のプロパガンダにやられてしまったようですね」と言い捨てると、会見を締めくくって着席した。[45]

バーチェットは、あとで病院に運ばれ、白血球数が低いとわかった。[46] このときはひざの感染症が原因だろうと言われて抗生物質を処方されたが、のちに自分で放射線病が原因だったと結論づけた。退院すると、自分のカメラで撮影した写真が没収され、取材認可が取り消されていることを知った。バーチェットは総司令部によって日本から追放され、その後の報道を禁止された。[47] 一週間後、マッカーサー元帥は日本からの情報持ち出しの一時停止を決めた。九月一九日発行のこの検閲命令は、医学的傷害に関する情報を含め、原爆被害の報道を固く禁じるものだった。[48]

記者会見の日の翌日、九月八日の朝、ウォレン、オーターソン、ノーラン、ジュノー博士、都築教授を含む一団は、ファレル将軍、ニューマン将軍、R・C・ウィルソン大佐とともに複数の軍用機に分乗した。広島への医療物資一五トンもいっしょに積み込んだ。この一日か二日まえ、ノーランとウォレンを含む部隊は航空機で広島上空を飛び、町の様子を空から下見するとともに、航空写真を撮影した。航空機DC‐4が広島上空を通過する際、カート・カズナーと思われる撮影班のひとりが「床に寝そべって貨物の積み降ろし口からカメラを外に突き出したがった」。この大変危険な行為をやりやすくするために、ノーランとウォレンは「彼の足の上にすわらなければならず」、医師ふたりはずいぶんはらはらした。「嫌だった」と、ウォレンはこのときのことを語っている。「飛行機が片翼側に少し傾いて旋回していたのに、私たちはみんな開いたハッチからまっすぐ地面を見下ろしていたのだから」。少しでも飛行機の動きに急な変化があったら、「するりと外に投げ出されるかもしれない」と思って怖かったという。[49]

それはともかく、九月八日のほうの旅では、航空機はもっと大人数の一団を乗せて広島県外の飛行場に着陸した。滑走路が瓦礫《がれき》、くぼみ、爆弾による穴などでぼこぼこだったことを考えると、危なっかしい試みだった。[50] アメリカ人部隊は、三時間の飛行を経て広島上空を何度か通ったあと、正午ごろに山口県の岩国空港に降り立った。出迎えにきた日本の代表者たちは、ちょっとした歓迎式典の準備をしていてくれた。椅子が並び、お茶や何ケース分ものビールが用意されていた。[51] アメリカ側は、一

赤十字社のマルセル・ジュノー博士（中央）ら、1945年9月8日、岩国空港にて。奥にバスが待機している。

刻も早く調査を開始したい気持ちと、繊細な測定機器を天気の影響から守る必要があったので、長くかかりそうなもてなしを辞退し、早々にバスに乗り込んで広島へ出発した。だが、旅路は厄介なものだった。老朽化した木炭バスは、二〇分ごとに停車して燃料補給をしなければならなかったから、遅々として進まなかったのだ。その結果、広島市外にある中国地方軍司令部まで、二五キロの道のりを行くのに五時間近くかかった。ここで時間をくってしまったうえ、爆撃を受けた都市では交通手段が限られていたので、その日のうちに広島市内にはいることはできなかった。

そのかわりに、アメリカ人の一行は案内されるまま連絡船に乗って、広島湾に浮かぶ宮島という小さな島にたどりついた。古い歴史をもつ厳島神社の所在地であるとともに、ロマンチックな観光名所でもある。宮島は空港と広島市の

宮島、厳島神社の鳥居。

ほぼ中間に位置し、リトルボーイの投下地点からは十分な距離があったので、原爆の直接的な被害をほとんど受けていなかった。ウォレンは「ひとけのないコニーアイランド」と評し、モリソンは「享楽の極致」、「昔のカップルが新婚旅行で訪れたような」場所と形容した。[52] 一行は「とても有名なレストラン兼ホテルに宿泊する」ことになり、「小川脇の杉林にある新婚さん用コテージ」に落ち着いた。[53] 二〇キロほどの距離をへだてて、このロマンチックな景勝地と、腐臭と塵と瓦礫しかない広島の町の残骸とが（激烈な対照をなして）並置されている奇妙なさまは、たやすく思い描けるものではない。

　こうして、日本滞在の観光部分がやや滑稽な雰囲気のなか始まった。リゾートホテルに到着したあとは、医師、GI、将校ら約二〇名の軍人旅行団のために入浴の準備がなされた。軍人もそれぞれ、ゲタとキモノを身に着けて風呂に行く仕度をした。アメリカ人将校たちは慣れないゲタとキモノで砂利道を浴場へむかった。背が高めの将校のなかには、キモノが腿《もも》のなかばまでしか届かない者もいた。入浴の手伝いをするために、ホテルで働く日本人のメイドが面白がっている様子で風呂場へついてきたので、事態はいっそう気まずくなった。観光の島にある日本式の「トイレ」にもなかなか適応できなかった。しゃがんだ姿勢をとり、ベンジョとよばれる鉢形の陶器に排泄しなければならなかった。床に蚊だらけの小さな穴があいていて、その真下に陶器が置いてあった。リゾートホテルのベンジョの内容物は毎日回収され、中央の集積所に運ばれる。そこへ地元の農家が来て取り分をもらい、農作物用の肥料として使うのだった。[54] 一部のアメリカ人将校は、降伏の知らせがまだ日本に行き渡っていないかもしれないと恐れ、四五口径のリボルバーを枕の下につっこんで、不安のなかで眠りについた。

## 広島入り

翌九月九日の朝、ノーランとウォレンを含む一行は、広島へむけて出発した。厳島神社を象徴する鳥居の大きな柱に上げ潮の波がうち寄せるなか、一行は小さな汽船に乗り、宮島を出て湾をわたった。対岸に到着すると、待機していた車に分かれて乗り込み、広島へと最後の移動を開始した。市の中心へ進んでいくと、爆心地までまだ六キロ以上あるにもかかわらず、爆弾がもたらした壊滅的状況を目にしはじめた。爆心地まで五キロ、多くの屋根が落ち、倒壊した家の壁がつぶれて梁がつき出ているのを見た。爆心地まで四キロ、すべての建物は焼けて跡形もなかった。にぎやかな港町だったと示す唯一のものは、いくらか残った家の土台と黒く焦げてぼろぼろになった鉄骨の残骸だけだった。爆心地まで一・五キロを切ったところで、文字どおり、目に見えるものは何ひとつなくなった。

奇妙な静けさのなか、現地でリトルボーイの直接的影響を見るアメリカ人最初の公式部隊は、車を降りて町の中心地へと歩きだした。一羽の鳥も、ほかのどんな動物も、鳴き声も聞こえなければ姿も見えなかった。静寂と静止を破るものは、都築教授の言葉と身振りだけだった。案内役を務める教授は、活気に満ちた病院や銀行やそのほかの施設があった場所を指さした。物理学者が各種の測定をするあいだ（爆発の地点と高度を特定するため）、都築教授は医師たちを市の郊外にある仮設病院へつれていった。ジュノー博士によると、「すべてにまさる悲惨な光景が待っていた」[55]。医師たちが目にしたのは戦慄《せんりつ》の現場だった。「地面に何千もの体がころがって、どうすることもできずに苦しんでいた。何千もの腫れた黒焦げの顔があり、潰瘍のできた背中があり、化膿して体を覆う布に触れないようにもち上げられた腕があった」[56]

今でも毎日約一〇〇人の日本人が死んでいる、と医師たちは聞かされた[57]。都築教授による周囲の状況や犠牲者の容体の説明は、直接的でごまかしのない言葉であることもあった。たとえば、半分意識不明で、熱傷を負い急性放射線病の徴候を示している女性をさして、「血液の感染症ですよ」と、都築教授は言った。「白血球がほぼ完全に破壊されている。ガンマ線ですね。なすすべなし。今晩か明日には死ぬでしょう。それが原爆ってものですよ」。べつの場所では、最近の剖検でとり出した脳を見せて、自分が以前におこなった放射線の影響に関する動物実験に言及しつつ、ぼそっとこう言った。「昨日はウサギ、今日は日本人」[58]

アメリカ人調査団は、病院を訪れるだけでなく、ファレル将軍の指示にしたがってガイガー計数管

広島、1945年9月。

広島、1945年9月。

左から順に、ジェームズ・F・ノーラン、本橋均、スタフォード・ウォレン。陸軍病院宇品分院にてスライドを調べている。1945年9月9日または10日。

を手に瓦礫と化した町をあちこちまわった。ジュノー博士は、アメリカ人の確信に満ちた様子に驚いた。「アメリカ調査団の専門家たちは、いつまでもぼんやりしてはいなかった」と、のちに述べている。「瓦礫のほぼありとあらゆる場所に検出器をかざしていた。彼らは頑として譲らなかった。原爆投下から一カ月が経過した今、この場所は完璧に安全で、人間に対する放射能の危険はもはやひとつもない、と[59]」。ジュノー博士自身は、広島赤十字病院へむかった。広島市内の病院のなかでもっとも被害の少なかった施設だ。ジュノー博士は、比較的長く病院にとどまり、それから広島の公衆衛生の責任者と面会して医療物資を配給する手はずを整えた[60]。

都築教授が調査班の調べた多種多様な犠牲者の状態を説明するなか、日本人はアメリカ人医師の態度とジュノー博士の態度のちがい

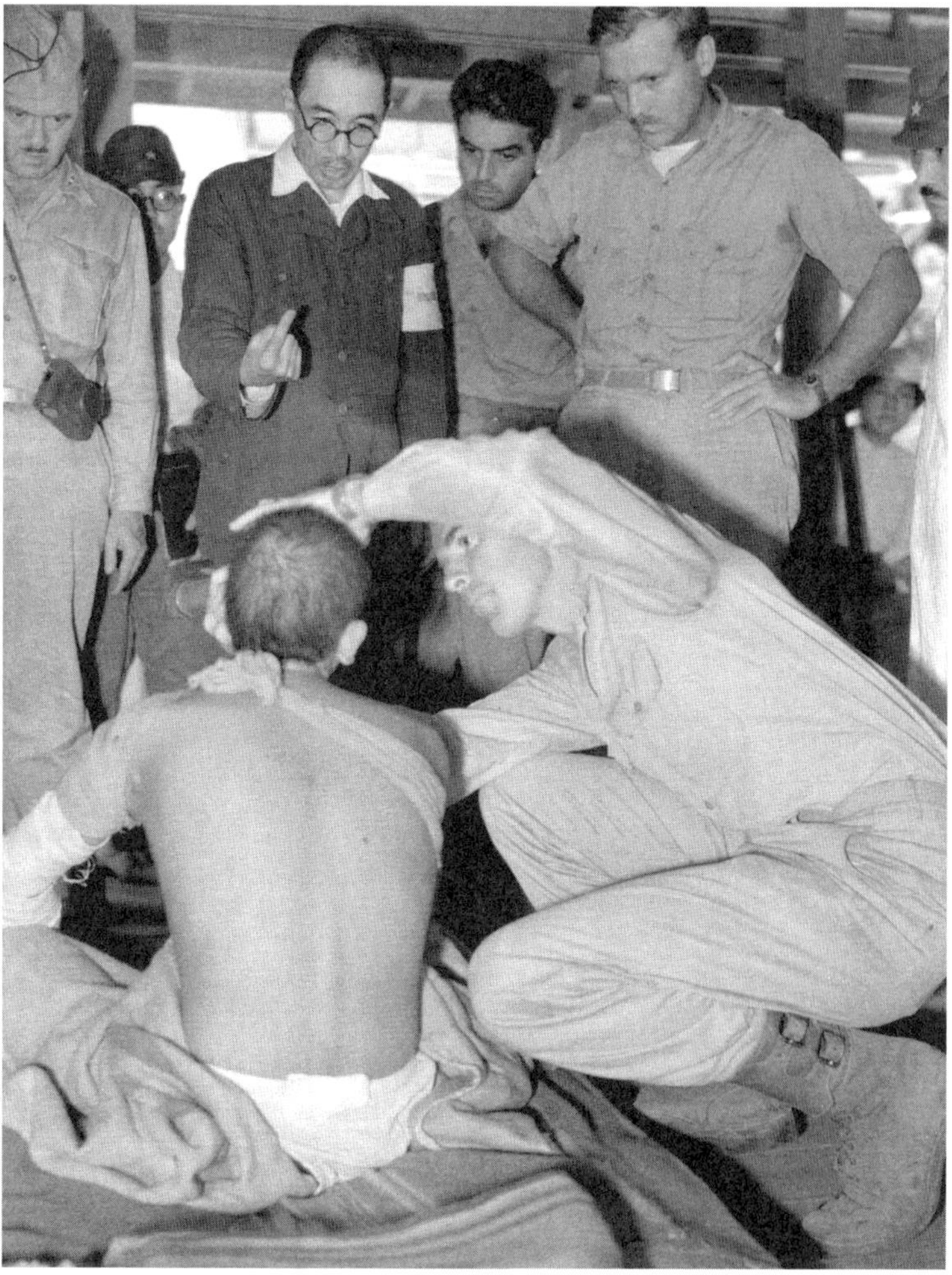

立っている人物は左から順に、アシュレー・W・オーターソン、都築正男、カート・カズナー、ジェームズ・F・ノーラン。診察をしているのは眼科医ジョン・J・フリック。1945年9月10日、大野陸軍病院にて。

に気がついた。アメリカ人医師が科学者の「冷静で落ち着いた態度」で傍観しているのに対して、ジュノー博士は目のまえに何列にも横たえられた「形容できないほど悲痛な人々」に早く薬を行き渡らせなければならないと強く主張した。[61]「原爆の犠牲となった多くの市民」の治療を含むジュノー博士の医療支援は、現在でも広島の人々の心に深く刻まれている。[62]

アメリカ人医師が持参した測定機器は、雨と湿気のせいでいくらか反応が悪かったのかもしれない。それでもノーランとウォレンは、調査の初期段階でさえ、「ガンマ線による放射線傷害の発生は疑いようがない」ことと、「地上にごく微量の放射能」が存在すること、つまり、初期放射線と残留放射線があったことを確認できた。[63]ウォレンはこう回想している。「われわれのガイガー計数管は濡れてちゃんと機能していなかった。放射能があることはわかったが、その量を測定することはできなかった。どうやら存在するらしい、ということはわかった」。[64]マンハッタン計画の医師ふたりは、都築教授と本橋均《もとはしひとし》少佐（日本人の医師兼通訳者）の助けを

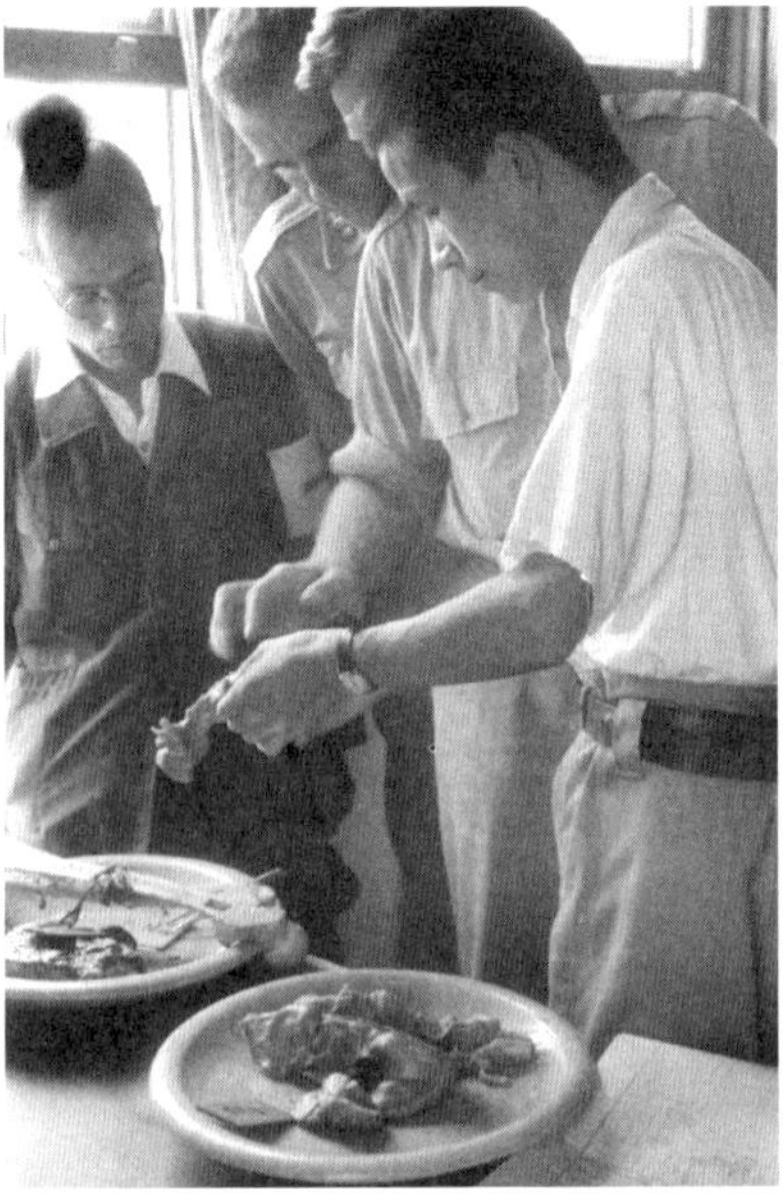

大野陸軍病院にて剖検標本を調べるジョン・J・フリック、ジェームズ・F・ノーラン、京都大学の医師ふたり。1945年9月10日。

借りて、このようなことを数日間つづけた。[65]ウォレンによると、「一日を半分に分けた。午前中は負傷者を見てまわった。午後になると、破壊の跡や瓦礫をまわり、測定によって爆心地の位置と風下の汚染分布を調べようと試みた」[66]。こうして巡回するあいまに、日本人医師が集めた剖検標本、血液試料、そのほかのデータを調べることもした。

他方、ファレル将軍はほかの予定のために広島を出発し、さっと長崎に立ち寄ってから東京に戻った。九月一〇日、ファレル将軍はグローヴス将軍に宛ててひそかに通信文を送り、グローヴス将軍が待ちに待ったカウンタープロパガンダを提供した。ファレル将軍は「ウォレンの予備報告書」なるものに言及してつぎのように伝えた。「放射線による死者数・負傷者数は不明。だが予備調査によると、負傷して生き残った者の割合はごく小さいと思われる」。ファレル将軍はさらにつづけた。「爆心地、そのほかの地点、道路、灰、そのほかの物質を対象とした予備測定において、ウォレンは測定可能な量の放射能を検出しなかった」[67]と。しかし、これは明らかにウォレンとノーランの実際の調査結果と食いちがっている。わずかだが、彼らは測定可能な量の放射能を地上でたしかに検出していた。完璧には機能していなかったと主張する測定機器を使用してさえ、「いくらかは放射能があることがわかった」のだ。さらにいえば、ウォレンは全負傷者中、負傷の原因が放射線である者の割合はごく小さいようだと報告したかもしれないが、この時点で結論を出すのはあまりに時期尚早である。実際、予備調査の推定値は、実態とはかけ離れていたことがのちに判明する。

ファレル将軍は通信文の締めくくりでグローヴス将軍につぎのような報告をしている。ファレル将軍自身は翌日から何日か長崎へ行く予定だが、「ウォレン、ノーラン、オーターソン、フリックはあ

9月17日の台風襲来後の大野陸軍病院。

と二日残ってさらなる調査をする」と。[68] このさらなる調査というのは、結局二日より多くの日数を要した。そのなかでノーランらは広島市の南に位置する大野陸軍病院を訪問した。以前は結核の療養所だったこの病院で、オーターソン率いる陸軍調査団の一員、眼科医のジョン・フリックは犠牲者の診察をした。病院にいる患者のなかには「瀕死状態の日本人兵士がふたりいて、血性下痢、歯茎からの出血、全身におよぶ溢血点《いっけつてん》が認められた」。いずれも「放射線病」の典型的な症状である。[69] 九月一七日、調査団の訪問から一週間もしないうちに、広島を枕崎台風が襲い、大野陸軍病院はその結果生じた危険な川の氾濫や土石流のうちのひとつに破壊され、患者、病院職員、研究者を含む一五〇名以上が死亡した。死亡者のなかには、150ページの写真に写っている京都大学の医師ふたりも含まれていた。

ファレル将軍はごく短期間の広島滞在のあと、

九月一二日に東京で記者会見を開き、「[爆弾が原因で]町の瓦礫に危険な残留放射能が生じたことと、爆発時に一種の毒ガスが生じたことを全面的に否定した」。ウォレンが記憶している調査結果とは逆に、ファレル将軍はこう述べた。調査団が「調査を開始した九月九日の時点で、爆撃地域に放射能が継続して存在している証拠は発見されなかった」と。さらに、権威ある「医学部長」（ウォレンのこと）を引き合いに出し、負傷の最多原因は爆弾の爆風とその後の火事であると主張した。この言明において、医師たちは、軍が放射線の影響に関して根拠のない（よくいって、ひどく不十分な）偽りの言説を流布するにあたり、その一助となるよう利用されたといえるだろう。記者会見でファレル将軍は生存者のなかには「生命維持に必要な白血球が著しく減少し、そのために死に瀕している者もいる」と日本人医師団が発見したことを認めている。だが、その直接的原因が放射線被ばくであるとは明言していない。[70]

ファレル将軍がこの会見で放射線の影響を根本的に否定したことは、グローヴス将軍が自分にとって都合のよい既定の言説を流布する一助になっただけではない。意図的ではなかっただろうが、結果として、日本の公式機関が原爆の生存者に対する医療支援を控えることにつながった。放射線被ばくに起因する現在進行中の被害がないことを前提とすると、日本政府がアメリカの占領方針にしたがうことを希望する（あるいは、その必要がある）立場にある場合、日本政府主導で放射線被ばくの犠牲者に対する医療提供をおこなうことは問題視されかねない。日本の学者であり被ばく者でもある山田拓民《ひろたみ》が主張したように、ファレル将軍が九月一二日に放射線の有害な影響を公式に否定した結果、日本政府が「原爆の被害者に対する救済」活動を放棄する事態が生じたのだ。[71]

こうした既定の言説に関して、のちにウォレン自身が明かした話によると、彼は法的、そのほかもろもろの圧力を受けており、日本とニューメキシコの砂漠の両方で、放射線の影響を実際より低く見積もらざるをえなかったという。終戦後、ウォレンがトリニティ実験場周辺にある、ギャリナス峰方向の一帯を再訪して放射性降下物の危険性を調査しようとしたときのこと。「何か行動を起こすことに弁護士もみな反対しているという理由で」、ウォレンは調査を諦めるように説得された。ウォレンによると、このとき軍部が追加調査に反対した根拠は、日本に残留放射能がないとわかった今、追加調査をする意味がないということだった。「は？　馬鹿か。日本にも何もなかったじゃないか」と、ウォレンは言われた。だがウォレンの意見は異なっていた。「そう言われても、あったものはあった。純粋な学術的関心からおこなったことだったが、私たちは発見したんだ[72]」

事実、フリーデル班は九月二六日にようやく広島に到着すると、爆心地から西へ相当な距離にわたって、検出可能な量の放射性降下物の痕跡を発見し、それを調査した。汚染の跡をたどっていくと、市の端に近い丘の頂上にたどりついた。その先は道がなく、「進入不可能な竹林」が出現したので調査を中断したが、そうした阻害要因さえなければもっと先まで調査をつづけられた[73]。フリーデルが列車で広島から東京に到着するとまもなく、ウォレンはグローヴス将軍に宛てて機密の通信文を送り、フリーデルの測定結果についてつぎのように報告した。「フリーデルが広島で検出した放射線は、爆心地直下でバックグラウンド放射線（測定対象以外からの放射線）の八から一〇倍、そのほかの地域でバックグラウンド放射線の二から四倍だった。日本人物理学者が南西三キロ地点でバックグラウンド放射線の二から三倍を発見したことも確認[74]」。このように、残留放射線を出す降下物が検出されたことは明らかである。だがウォレンの慎重なつけたしによると、検出された降下物は「ごく微量で、危険ではなく、測定器の感度の下限値とほぼ同等だった」という。[75]

一九六〇年代後半、ウォレンは自分の班が日本でおこなった調査の結果をまとめた。いぜんとして調査結果を実際より低く見せる試みや、微妙な含意をつけくわえる試みが認められるが、降下物と各種誘導放射線を含む残留放射線の存在を否定してはいない。ウォレンはこう述べている。「われわれはまず、追跡可能な降下物がいくらかあることを発見した」。つぎに、「対象地域周辺において、放射性物質の中性子放射化が認められる」ことを発見した、と。[76]

## トリニティ実験場の撮影会

グローヴス将軍は、九月一二日のファレル将軍による記者会見を待つことさえせず、独自の広報活動を開始した。九月九日の日曜日、ノーランやウォレンらが重い足取りで広島の町にはいったのと同じ日、グローヴス将軍とオッペンハイマーは、新聞記者とカメラマン総勢三一名をトリニティ実験がおこなわれた現場に集めた。その場には、少人数の科学者、医師（ヘンペルマンを含む）、一〇名ほどの軍人も立ち会っていた。記者を集めた目的のひとつは、憂慮すべき日本からの報道――すなわち、「アメリカ人は卑怯な手段で戦争に勝利した……という日本のプロパガンダ」――に反駁することだった。[77] 集まった新聞記者はこう告げられた。「今はもう有害な放射能はないとジャップも認めている」。[78]

レズリー・グローヴス将軍(中央)、ロバート・オッペンハイマー(膝に手をついている)、そのほか関係者。1945年9月9日、トリニティ実験場の塔の脚付近にて。

本書でのちに見るように、多くの日本人医師の記載を参照すれば、彼らがこうした結論に達していなかったことは明らかである。[79]

この取材中、グローヴス将軍とオッペンハイマーは、初期放射線と残留放射線のちがいに関する知識をはっきりとは伝えなかった。アメリカ政府が放射線の危険な影響を完全否定できたのも、このおかげだった。グローヴス将軍とオッペンハイマーはその一方で、つぎのことを報道陣に対して主張した。トリニティ実験場におけるガジェットの爆発高度は、地上わずか三〇メートルだったが、広島と長崎の原爆の爆発高度は、もっとずっと高く(広島で約六〇〇メートル、長崎で約五〇〇メートル)、残留放射線が地上に堆積するのを回避するためにそうしたのだ、と。オッペンハイマーは報道陣にこう述べた。「日本における爆発高度を設定した際の条件は、放射性物質による土壌汚染に起因する間接的化学兵器を発生させないことと、ほかの大爆発でなじみのある恐怖以外の恐怖を与えないことだった」と。[80]

この説明はつぎの二点で事実に反する印象を与えるものだった。第一に、日本において放射線による恐怖は回避されていない。第二に、高高度で爆発させた真の目的は、爆風による被害を最大化することだった。歴史学者ショーン・マロイは、この議論をよぶ問題に関する近年の緻密な調査の要約で、説得力たっぷりにこう結論している。「爆発高度の設定にあたり、放射線被ばくを抑制するという観点が考慮されたことを示す証拠はいっさいない」[81]と。グローヴス将軍は、初期放射線の影響に関して、放射能が原因で死亡した日本人もいくらかいるかもしれないと認めつつも、「現在手元にある情報によると、そうした死者の数は比較的少ない」と主張している。[82]ここで強調したいのは、グローヴス将軍がこの発言をしたのは、調査団の第一陣がようやく広島に到着したのと同じ日だということである。つまり、調査団の取り急ぎの調査が始まったばかりの段階だった。

トリニティ実験場での広報イベントは、それ自体が逆効果の感もあった。ニューメキシコの砂漠でゼロ地点に立ちながら広島と長崎の爆発高度を議論する理由のひとつは、地表からわずか三〇メートルの高さで原爆が爆発した場所――したがって、地上の放射能汚染が広島・長崎よりずっとひどいと推定される場所――でさえ、安全に歩き回ることができると証明するためだった。しかし、右ページの写真に見られるように、トリニティ実験場の撮影会に参加した人は、防護用の白いブーツの着用を勧められた。一九四五年六月にノーランが提出し、グローヴス将軍があまりよい顔をしなかった報告書のなかで推奨されている安全対策だ。

この撮影つき説明会がおこなわれる二週間まえのこと。グローヴス将軍はヘンペルマンに、トリニティ実験場に新聞記者をつれていっても安全か、と尋ねた。「あまり安全ではありません」とヘンペルマンは答えた上で、つぎのように理由を説明した。「初期の強度は相当大きく、地上で約二五〇［レントゲン］でした。最初のうちは急速に減少しましたが、現在の減少速度はそれほど速くありません」[83]。グローヴス将軍は、ヘンペルマンの警告を無視し、結局は説明会を強行した。説明会がおこなわれているあいだ、ヘンペルマンは、コーネル大学で鍛えられた物理学者であり、保健物理学分野の仕事に従事していたジョー・ホフマンとふたりで、監視機器を手に現場に立ち会っていた。そしてしだいに説明会自体に不安を覚えはじめた。ヘンペルマンはのちにこう語っている。「ジョー・ホフマンと私は測定器をもって現場に立ち会い、問題が起きないように気をつけていた。すると、オッピーが塔の脚元でちょっとした取材の場を設けようとした。まさしくアリの群れみたいに、人がうじゃうじゃしていた。私とジョーは追跡を試みたが、とうてい無理だった」[84]。ヘンペルマンは、手元の測定器が毎時一五レントゲンの放射線レベルを示していることに気づくと、おそるおそるオッペンハイマーに近づいた。「それで、私はロバートのところへ行き……こう言った。〝話をするなら、場所を変えたほうがいいですよ〟。すると彼［オッペンハイマー］が〝どの程度だ？〟と尋ねたので、〝一五です〟と答えた」[85]。近くの記者にやりとりを聞かれたのではないか、とヘンペルマンは心配になった。

## 広島からの出発

ノーランとウォレンは、何日間か宮島と広島市近辺を行き来したあと、岩国に戻って東京へむかう飛行機を待った。宮島ですごす最後の朝、アメリカ人一行は、都築教授のはからいで厳島神社の儀式に参加した。六世紀末に建立された厳島神社は、一九九六年に世界文化遺産に登録され、今でも人気の高い観光名所となっている。アメリカ人医師たちは荘厳な建物のなかにはいって靴を脱ぐと、「内側の神社に通された」。都築教授と全身白の服を着た神主が偶像のまえで儀式をした。さらに、同じく白い服を着た男ふたりが現れて、「悪霊」を祓《はら》うために「ひらひらしたものの束を激しく振った」。儀式用の食事と日本酒が運ばれてきて、オーターソンとウォレンのアメリカ人指揮官ふたりは、ひと言ずつ挨拶を求められた。オーターソンは、「自分たちを大変丁重に扱って世話をしてくれた地元の人々に敬意をはらった[86]」

儀式の体験に感動したウォレンは、「将来すべての国のあいだに平和が結ばれ、二度と戦争が起きないことを願って乾杯」をし、彼の気持ちのこもった言葉に「神主は大いに驚いた」。儀式の厳粛さと善意に満ちた雰囲気に心を動かされたアメリカ人と日本人は、互いへの先入観をいくらか捨て去ることができたようだった。たとえばウォレンは、この神社は神風特攻隊が出陣まえに清めの儀式をおこなった場所だと聞いていたが、その話は忘れることにした。そして神主は、オーターソンとウォレンの温かい言葉を喜ぶだけでなく、アメリカ人が滞在中に「地元で強姦も略奪もおこなわなかった」

と知って感謝した[87]。マンハッタン計画調査団のほかの調査員によると、「日本のプロパガンダは、アメリカ人が来たら最悪の事態が起こる、と彼らに覚悟させていた」ようだ[88]。

一行が最後に広島湾をわたって岩国に到着したところで、東京に戻る計画は二つの要因に阻まれた。第一に、天気が味方をしなかったので、でこぼこした岩国空港の滑走路から飛行機が飛び立つことは不可能だった。第二に、ウォレンとノーランがひどい下痢をした。合同調査委員会の医師たちが初期段階で気づいたように、下痢は放射線病のもっとも典型的な症状のひとつだった。しかし、ウォレンは日本の食事のせいにしてこう述べた。「魚か何かのせいで、三日間、班員のほとんどが差し込むような激しい下痢をした……班全員の体重が落ちた[89]」。ノーランのほうは、「この期間、私とウォレンは下痢をして、数日間は堅パンとポートワインで生きのびた」と述べている[90]。

いつもは忙しい調査活動の中休みとなったこの期間、マンハッタン計画の医師ふたりは、都築教授、本橋少佐、オーターソン、フリック、カズナー（陸軍のカメラマン。終戦後に俳優となり、ブロードウェイや映画でかなりの成功を収めた）とともに、空港近くにある海軍兵学校岩国分校に宿泊した。ノーランが旅の途中で集めた土産物のなかには、日本式の扇子もあった。妻アンへのよい贈り物になると思ったのだ。岩国を出発する前日、ノーランは、妻にあげる扇子にサインしてほしい、と調査班の日本人とアメリカ人に頼んだ。これは土産のほんの一例で、ほかにも手彫りの小さなカエルの木像、人形、ライフル銃、日本画のカード、侍の刀などがあった。いずれもアメリカ人部隊が、調査活動のあいまに、あるいはラングがいうところの「観光、科学的探究、広報活動」が奇妙に入り交じった旅のあいまに集めたものだった。ノーランとウォレンは、海軍兵学校岩国分校で何日かすごしたあと、結局は飛行機を諦め、乗客が多く息苦しい列車の切符を入手して東京へ戻ることにした。

# 第5章 東京と長崎

**此世の地獄とは全く此様なのを云うのであろう。**

——調来助、「原爆被災復興日誌」

ジェームズ・F・ノーランとスタフォード・ウォレンは、広島から東京まで六五〇キロ以上の距離を列車で横断し、美しい田園風景にさしはさまれる「爆撃で破壊された都市をひとつ、またひとつと」通り抜けた。「旧式の客車」の状態が悪かったので、この不調和な景色にじっくり見入るのは難しかった。背もたれがまっすぐの座席はぼろぼろなうえに「不潔で汚れて」いたし、車内に設けられた、台にのぼる様式のベンジョからはつんと鼻をつく「香水」のにおいがただよってきた。九月一五日、マンハッタン計画の医師ふたりは、この「つらい」旅を経てようやく東京に戻ることができた。だがそこで、「気が短い上官たちはすでに長崎入りした」と聞かされた。[1] 九日まえにウォレン大佐が沖縄に残してきた自分の班の班員たちが無事に長崎にはいったこともまもなく判明した。そこでノーランとウォレンは、自分たちだけで長崎へ行く段取りをつけはじめ、九月一九日朝の飛行機を確保することに成功した。ウォレン班の部下が長崎に到着した日の二日後の便だった。

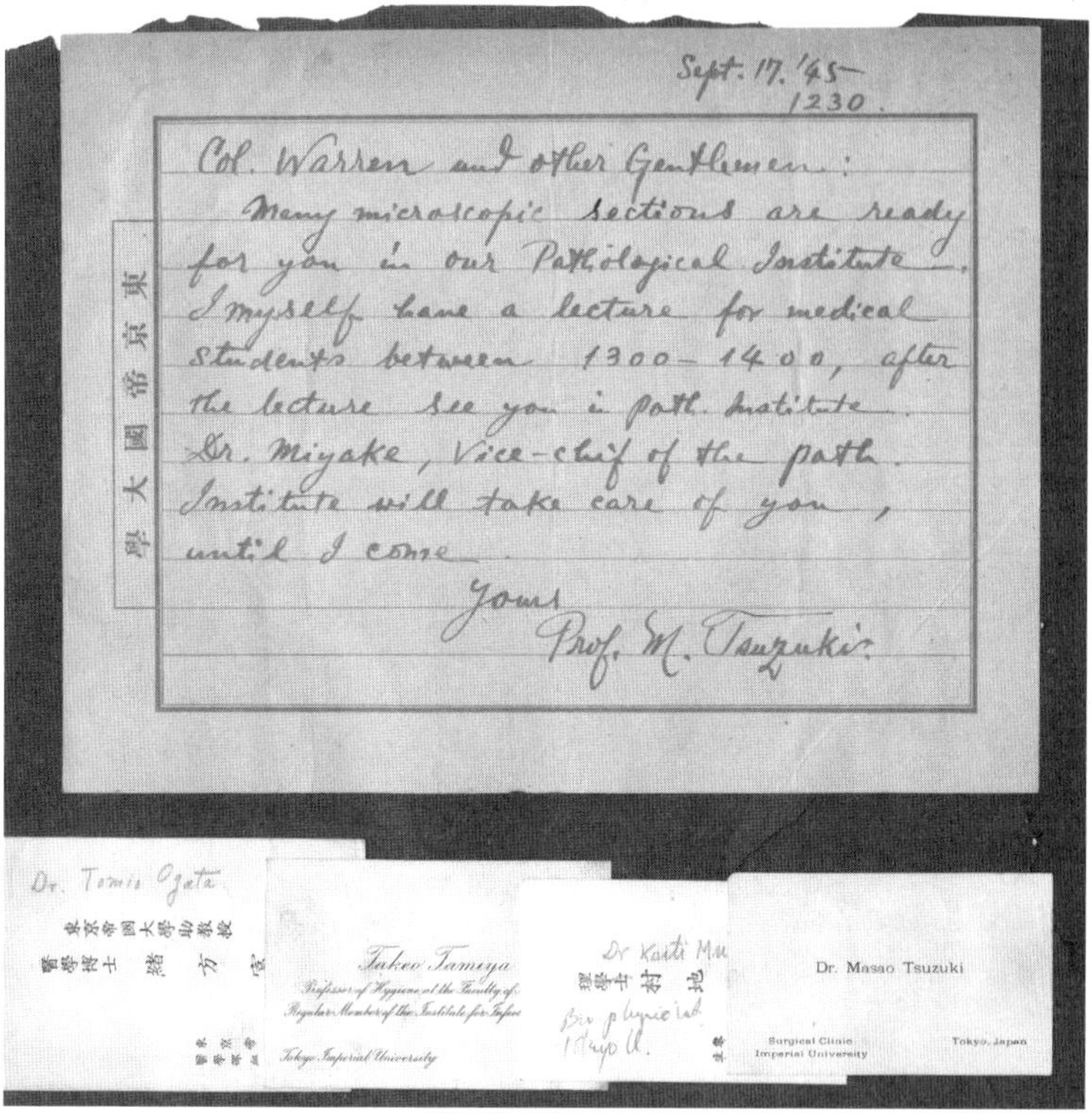

Sept. 17. '45
1230.

東京帝國大學

Col. Warren and other Gentlemen:

Many microscopic sections are ready for you in our Pathological Institute. I myself have a lecture for medical students between 1300–1400, after the lecture see you in path. Institute. Dr. Miyake, Vice-chief of the path. Institute will take care of you, until I come.

Yours

Prof. M. Tsuzuki.



都築正男教授から合同調査委員会の医師へのメモ。病理学教室での待ち合わせについて。1945年9月17日。

長崎に到着して町の被害状況を手短に見てまわったあと、ウォレンは「調査活動にはっぱをかけるために」部下と長崎に残ったが、ノーランは「フリーデルが指揮する第二班の到着を推し進めるために」翌日には東京へ戻った。[2] ハイマー・フリーデルの班は、いまだにサンボアンガにいて、いくつかの台風のせいで足止めをくっていた。ようやく広島に到着したのは九月二六日だったので、フリーデル班の日本滞在は、ほかの班とくらべて短くなり、合計で一〇日ほどだった。[3] ノーランがアヴェリル・リーボウにはじめて会ったのは、東京に滞在していた、長崎へ戻るまえのこの時期だった。リーボウは、ジョン・フリックと同じく、アシュレー・W・オーターソン率いる陸軍調査団の一員だった。九月二一日に東京でこの陸軍の医師ふたりが会ったときの状況が、リーボウの日記に詳しく記載されている。「マンハッタン工兵管区のノーラン大尉は背が高くとても気さくな若者で……予備知識として広島の詳細を教えてくれた」。興味深いことに、このときのノーランはウォレンと同じく、自分たちの調査結果を実際より控えめに、そしていくらか曖昧に報告したのだが、それでもやはり一週間まえにファレル将軍が提示した説明とは根本的に異なる内容だった。ノーランの報告はつぎのようなものだった。「ガイガー計数管やほかの検出器は……重大な量の残留放射線を検出しなかった」。しかし、ノーランはリーボウたちに対して、「惨事のあとに雨が二度降った」ことと、「大勢の」日本人犠牲者に「多数の点状出血と腸の損傷が見られた」ことを告げている。[4] 前者は、ロバート・オッペンハイマーが認めたように、放射性降下物の危険を増大させる可能性のある要因であり、後者は、放射線被ばくの直接的な影響を示す症状である。

著者の知るかぎり、祖父ジェームズ・ノーランは、原爆の使用に関する支配的な言説を生涯にわたり心の底から信じていた。つまり、この破壊的兵器は戦争終結のために必要だったのであり、原爆の使用によって多数のアメリカ人の命が（そして日本人の命さえも）救われた、と信じていた。[5]興味深いことに、ノーランを含む合同調査委員会のマンハッタン計画調査団は、間接的ではあったが、この公式見解とは反対の言説の流布において重大な役割を果たした。そうした反対の言説とは、日本における現在進行形の放射線による恐ろしい影響やそのほかの傷害にもっと目を向け、原爆の使用について重要な倫理的問いを発するものだった。

ノーランを含む合同調査委員会の医師は、東京滞在中に東京帝国大学の病理学教室を何度か訪ね、都築正男教授が用意してくれた標本の「顕微鏡切片」を調べた。医師たちはこの標本の多くをさらなる研究のためだと言って最後にはアメリカへもち帰ってしまい、一部の日本人医師を困惑させた。[6]合同調査委員会の医師は、病理学教室を訪れた際、生体標本を調べるにとどまらず、「ゲイシャガールをつれて駆逐艦に逃げ込んだ」ことも一度あった[7]（これも土産話となる観光行為のひとつだ）。

東京滞在中、ノーランら合同調査委員会の医師は「ジーメス神父から詳しく話を聞いた」[8]。ドイツ出身のイエズス会司祭ヨハネス・ジーメス神父は、広島市の中心から約四・五キロ離れた長束《ながつか》の丘に建つ修練院で暮らしており、八月六日の朝に原爆が投下されたときもそこにいた。ジーメス神父は、そのあと数週間にわたって、原爆による惨状やイエズス会の英雄的な救援活動について真に迫った記録を残している。長束の修練院は一〇〇名以上の負傷者を保護し、医学の心得があるペドロ・アルペ神父らの手で救護をおこなった。アルペ神父は、同修練院の一員であり、のちにイエズス会総長となった人物である。

1945年8月7日にペドロ・アルペ神父がミサをおこなった長束修練院の部屋。神父のまえには負傷者が100名以上いた。左側の窓ガラスが爆弾の威力で砕け散っていた。

爆弾投下の翌八月七日、ペドロ・アルペ神父は、負傷者であふれる修練院の一室でミサをとりおこなった。「ひどく傷つき苦痛に悶えている彼等は、ぎゅうぎゅう詰めの状態で床に横たわっていた」。祭壇（第二バチカン公会議以前の形式）に体をむけていたアルペ神父は、ミサの終わりに振り返り、目のまえの光景に圧倒されたという。「私は、彼等の方を向き祭壇からその光景を見た時に経験した恐ろしいほどの感覚を、決して忘れることはできない。動くことさえもできなかった。私は、麻痺したように両腕を広げてそこにじっとしていた。そして、科学や技術の進歩が人類を破滅するために使われたというその悲劇を、じっと考えていた。彼等は皆、祭壇から何らかの慰めがもたらされるのを待っているかのように、苦痛と絶望の眼差しで私を凝視していた。何という恐ろしい光景なのだろうか！」（『ペドロ・アルペSJ伝：第28代イエズス会総長：広島の原爆を見た一イエズス会士の生涯』、緒形隆之訳、宇品印刷授産場、二〇一二年）イエズス会の司祭のうち、ウィルヘルム・クラインゾルゲ神父を含む四人は、広島市の中心に住んでおり、原爆投下の朝も、爆心地から八区画ほど離れた場所にある教区の主要教会の司祭館にいた。

ジーメス神父は、東京でマンハッタン計画調査団と面会したあと、自身がドイツ語で書いた文章の写しをウォレンにわたした。ウォレンはその原稿をドイツ語のできるリーボウにわたし、英訳を頼んだ。ジーメス神父の記録文書は、ジョン・ハーシーのベストセラー『ヒロシマ』でも重要な資料として用いられている。ハーシーは、一九四六年四月に広島を訪れるまえに、ジーメス神父が書いた文章のリーボウ訳を読んでいた。[10] それゆえ、ハーシーが「到着して最初にとった行動は、広島のイエズス会に連絡を取ることだった」[11]。そこでクラインゾルゲ神父に会ったハーシーは、神父を含む六名の証言を中心にリトルボーイの影響を受けた人々の生の声を文章にし、人々の心をとらえた。多くのアメリカ人は、一九四六年八月下旬のニューヨーカー誌掲載の長文記事をまとめた彼の著作によってはじめて、原爆が人間にもたらした壊滅的結果を生々しく思い描くことができた。

リーボウは、ジーメス神父の「卓越した文章」を読んで翻訳したとき、その「心を打つ、美しくもつつましやかな描写」に「魅了されるとともに震え上がった」[12]。東京滞在中、リーボウはウォレン班に同行していた軍曹のひとりのまえで英訳を読み上げ、軍曹は読み上げられた文章をさっとタイプして記録文書を作成した。ジーメス神父の記述に心を動かされた合同調査委員会の医師たちは、体調を崩して東京の聖路加国際病院に入院していたクラインゾルゲ神父のもとを訪ねた。クラインゾルゲ神父は、「頭がよく、思いやりのある人物だったが、やせ細って顔色も悪かった」と、リーボウは記している。[13]ハーシーの著書『ヒロシマ』のなかにも、その後入退院を繰り返したクラインゾルゲ神父が白血球減少といった放射線病の典型的徴候を数多く示していたこの最初の入院期間中に、「アメリカの軍医が十数人ずつも、どやどやいっしょにやってきて観察」した、という記載がある。[14]まだ広島と長崎のいずれも訪れていなかったリーボウにとって、クラインゾルゲ神父訪問が原爆患者と直接関わる最初の経験だった。[15]リーボウは、ジーメス神父の文章の英訳を仕上げると、それをウォレンに提出した。一〇月二日、東京の第一ホテルでレストランの席が空くのをノーランと待っていたとき、ウォレンはリーボウに「翻訳されたジーメス神父の文章はすばらしかった」と伝えた。[16]

ウォレンが肯定的な反応を示したことは、いくつかの理由で興味深い。まず、原爆による放射線の影響に関するジーメス神父の議論は、ファレル将軍の公式見解に完全に沿うものではない。たとえば、ジーメス神父の文章には、「充分に回復の見込みありと思われていた」犠牲者であっても、「突然死亡する」場合があると記載されている。残留放射線は重大な影響をおよぼすという説に対してはやや懐疑的だったが、「爆発から放射されたガンマ線が、ちょうどレントゲン線を過大に浴びたのと同じように身体の組織をおかし」、その結果、同僚の司祭クラインゾルゲの身に起きたように、「白血球が減少」すると考えていた[17](『聖心の使徒』より「原爆!」、出崎澄男訳、祈禱の使徒会本部、一九七〇年)。

こうした放射線被ばくの影響に関する見解に加えて、原爆の倫理性についても考えを巡らせている。八月六日以降、何日間も何週間も修練院の仲間とこれについて深く考えていたようだ。「我々は幾度となく、原子爆弾を投下することの倫理性について議論をたたかわした」と、ジーメス神父は記載している。

私たちのうちの一部の者は、本爆弾を毒ガスと同じものと考え、これを非戦闘員に対して使用することに反対の意見であります。また一部の者は、日本でおこなわれたような総力戦においては、民間人と軍人との間になんらの差別もなく、したがって、降服によって全面的な破壊を避けることを警告し、流血を終熄《しゅうそく》せしめるのに多くの効果があった、と考えております。総力戦を原則として支持する者は、民間人に対する戦争行為にも苦情を申し込むべきでないとみるのが、論理的に妥当ではないでしょうか。たとえ正当な目的の達成に役立つ場合においても、現在の様式の総力戦というものが、はたして正当なりや否やというところに、この問題の難点があります。総力戦の結果は、要するに物質的、精神的悪であって、それによって生ずるいかなる善よりも、はるかに大きな悪ではないでしょうか。われわれのモラリストたちが、この疑問に対して明白な解答をあたえる日は、いつのことでありましょうか？[18]

右のジーメス神父による文章は、英訳がそっくりそのままハーシーの著書『ヒロシマ』で引用されている。興味深いことに、ウォレンはアメリカに帰国したあと、英訳の写しをレズリー・グローヴス将軍にわたしている。グローヴス将軍はその後、一九四五年一一月に議会で証言をする際、ジーメス神父の文章から一部を抜粋して引用している。

ウォレンとノーランはジーメス神父の考察をどう受けとめたのだろうか？　ジーメス神父たちと同じく、原爆の威力がもたらした直接的な結果といつまでも死者を出している状況を目撃して、原爆の倫理性をふたりも疑問視したのだろうか？　科学技術の進歩を通じて人間が生み出した破壊能力に、ふたりも困惑したのだろうか？　ジーメス神父とは異なる結論に達したようだが、どうやらウォレンとノーランにもこうした問題についてじっくり考える機会があったらしい。東京へ戻るために待機しているあいだのこと。岩国空港で足止めをくっていた合同調査委員会のアメリカ人と日本人調査員は、ある晩、「原爆の倫理性」について話しはじめ、その議論は「夜遅くまで」長時間つづいた。ウォレンによると、全体として「つぎのような議論がなされた」という（ただし、この際の日本人は、アメリカ人とくらべて口が重かったとウォレンは認めている[19]）。

ウォレンによると、議論の参加者は、第一につぎの点で同意見だった。原爆投下まえの時点ですでに、日本人は敗北を悟っていた。だがそれでも日本人は、予期したとおり地上戦が開始された場合、その後数カ月は戦う覚悟でいた。しかし、原爆によってそれ以上ないほど壊滅的な被害を受けたので、さらなる抵抗は不可能になった。この結果、日本人は原爆投下がなければ期待されていただろう腹切りをすることなく、面目を保つとともに降伏することができた。第二に、地上戦をおこなっていた場合、「数百万人の日本人」と「五〇万人のアメリカ人青年」が「死亡していたと思われた」。以上のことをふまえて、議論の参加者はつぎのような結論に至ったといわれている。「局所的な攻撃によって、ふたつの都市を瞬時に消滅させ、突如として事態を終結させることは、最終的にはより多くの命を救う結果となったので、よりよい選択だったのではないか？[20]」

彼らのこうした議論が支配的な言説の典型であることは明らかだ。つまり、一九四五年夏の時点で、日本人に降伏の意思はなく、原爆投下に代わる唯一の有効な手段は、アメリカ人と日本人双方何十万の命を奪う血みどろの地上侵攻だった、という考え方である。何年もあとになって、ウォレンはこの見解について詳しく述べ、ジーメス神父と同様に、原爆投下と東京のような場所を舞台にした「総力戦」の攻撃とを比較している。しかし、ジーメス神父が総力戦自体の倫理性を疑問視したのに対し、ウォレンは迅速かつ「局所的な」性質をもつ核兵器は、総力戦にくらべて「慈悲深い」手段だったと結論している。ウォレンの理屈はつぎのようなものだった。「ほとんどの人が認識していないが、実際には、日本の——東京と横浜における——火炎爆弾による死者の数のほうが、広島と長崎に投下されたふたつの原子爆弾による死者の数より多い。両者の相違点は、火炎爆弾を用いた前者の場合、攻撃期間は一週間以上にわたり、人々は攻撃と火事の恐怖にさらされたということだ。殺害手段の種類によって慈悲深さに差があるとすれば、原子爆弾のほうが慈悲深い手段といえる」[21]

こうした見解を見ると、ウォレンをはじめとするマンハッタン計画の医師たちが、公式の言説に対する忠誠心を維持していたにもかかわらず、実際には、アメリカ政府を狼狽《ろうばい》させた「反対の言説」群を支える重要な記述の生成に寄与するのは皮肉なことである。たとえば、ファレル将軍は、ハーシーの記事にひどく動揺して、掲載からほんの数日後には、当時国連原子力委員会の代表を務めていたバーナード・バルークに手紙を書き、ニューヨーカー誌に同じくらい説得力のある、日本での戦争捕虜虐待記事を書いて掲載するよう迫った。[22] ハーシーの記事を読んだジャーナリストのノーマン・カズンズがそれに応えて、すぐさまサタデー・レビュー誌に執筆すると、アメリカ政府の不安はいっそう強まった。カズンズは、ハーシーの記事に影響を受けた一連の問いを投げかけることによって、反対の言説の中心的信条を明確に提示した。「われわれはわかっているのか？　たとえば原爆から放出された放射能が原因でこれから数年間、日本では何千、何万、何十万という人間ががんで死ぬことを。われわれはわかっているのか？　原爆は実際には死の光線であり、放射線攻撃によって人体組織が受ける損傷にくらべれば、爆風と火事による損傷は軽いものかもしれないということを。われわれはアメリカ国民として、広島と長崎の犯罪になんの責任も感じないのか？」[23]カズンズはさらに、原爆投下のデモ実験をすればよいという物理学者の提案がなぜ無視されたのかを問い、アメリカ政府や、原爆の使用は「多数のアメリカ人の命」を救ったという、たびたび主張される公式見解に対して異議を唱えた。[24]

ハーシーの記事とそれに応答するカズンズの記事は、こうしてアメリカ政府を動揺させた。だがアメリカの指導者は、ジャーナリストの報道だけでなく、自らが設置した米国戦略爆撃調査団が一九四六年七月上旬に発行した調査報告書にも対処しなければならなかった。民間人が主導し、軍人と民間人合わせて一〇〇〇名以上の調査員を擁する調査団は、「日本の武官、文官、および産業人七〇〇名以上に対して詳しい質問を行った」[25]（『米国戦略爆撃調査報告書』、バイリンガル・グループ訳、東海敬監修、長崎国際文化会館、一九九六年）。一九四五年秋から始めた徹底的な調査活動と、日本人指導者から集めた証言に基づいて、調査団はつぎのように結論した。「本調査団の見解としては、原爆を投下しなかった場合、ロシアが参戦しなかった場合、侵攻が計画または検討されなかった場合のいずれにおいても、日本は、一九四五年一二月三一日よりまえに降伏していたことが確実であり、一九四五年一一月一日よりまえに降伏していた可能性もかなり高い、と考える[26]」

一九四六年夏にこうした反対の言説に関するさまざまな記事や報告書が発表されたあと、支配的な言説を明確かつ説得力ある形で打ち出すための一致協力した取り組みが開始された。その集大成が、一九四七年二月にハーパーズ誌に掲載された「原爆使用の決断」という有名な記事である。ハーパーズ誌の記事は、戦略上、尊敬を集める元陸軍長官ヘンリー・スティムソンの名を冠して発表されたが、実際にはグローヴス将軍を含む多くの人々によって構成、執筆されていた。記事は「原爆に関してこれまでに発表されたなかでもっとも影響力のある記事」として受けとめられ、公式の言説を説得力ある形で提示したことにより、反対の言説に傾いていた世論の流れを効果的に食い止めることができた。[27] ここで重要なのは、スティムソン元陸軍長官の記事は、残留放射線であれなんであれ、放射線と名のつくものの影響については言及していないということである。

ハーパーズ誌の記事は、ハーシーの『ヒロシマ』をきっかけに生じた、反対の言説の大衆的な力を弱めることには成功したが、こうした初期の記事に見られる議論は今もけっして鎮まってはいない。このことは、一九九五年にスミソニアン航空宇宙博物館が提案した〈エノラ・ゲイ展〉にまつわる論争の白熱ぶりを見ればよくわかる。展示が当初の計画どおりに実施されていた場合、そこには日本における原爆の影響に関する映像などの各種資料が含まれるはずだった。しかし、退役軍人協会を中心に強い抗議の声が上がった結果、そうした「修正主義者の歴史」は放棄された。スティムソン元陸軍長官の記事が発表されてから一年ほどたつと、原爆の妥当性に対する倫理的懸念は「日本とアメリカの双方で落ち着いた」とウォレン自身は感じた。だがウォレンは、身内をかばうようにこう嘆きもした。「仲間たちは、ある種の神経症的な自虐としてその話題をよく口にしている」と。[28]

## 長崎

ノーランの二回目の長崎滞在は、ほんとうはもう少し長い期間を予定していたのだが、いくぶん短くせざるをえなかった（九月二九日から一〇月二日まで）。ノーランによると、「われわれは長崎に戻った最初のグループだったが、飛行機に乗ろうとしたら、また台風がやってきて、三時間の空の旅を三日間遅らせた」という事情があったようだ[29]。九月二九日、ようやく長崎に到着したノーランは、ウォレンたちと合流するため、長崎の北約三五キロにある大村海軍病院へむかった。病院には、生き残った多くの負傷者が（ウォレン班の医師たちとともに）ほかの場所から移動してきていた。現地でアメリカ人と共同で事態に対処していた日本人医師のなかに、長崎医科大学から来た外科医の調来助《しらべらいすけ》がいた。

破壊された浦上天主堂。1945年9月。

八月九日の朝、調が長崎医科大学の執務室で学生の論文を見ていたとき、戦争で使われるふたつ目の原爆が投下された。チャールズ・スウィーニー少佐の操縦する爆撃機Ｂ‐29ボックスカー号は、当初は第一標的の小倉に投下を試みていたが、変更が生じて、第二標的の長崎へ投下することになった。長崎の町も小倉と同じく雲に覆われていたので、良好な視界は確保できなかった。ボックスカー号が北側から長崎へ近づいていくと、短いあいだだが雲に切れ間が生じたので、そこでプルトニウム爆弾ファットマンを放った。標的の長崎市中心ではなく、その約二・五キロ北にある浦上の町の上空だった。投下時刻は午前一一時二分、爆発地点は長崎医科大学から約五〇〇メートル、長く迫害された日本のキリスト教徒の中心として何世紀もの歴史をもつ浦上天主堂から約六〇〇メートルの場所だった。当時、浦上に暮らしていたキリスト教徒約一万二〇〇〇人のうち、八五〇〇人

浦上天主堂の瓦礫。1945年9月。

再建された浦上天主堂近くの小川にある、吹き飛ばされた鐘楼の残骸。

が殺された。そのなかには、数十人の教区民と、その日の朝に聖堂で告解を聞いていたカトリックの司祭ふたりも含まれていた。

マンハッタン計画調査団の調査員は、九月に長崎の破壊状況を調査しはじめるとすぐ、著者の祖父のファイルにも大判の写真がある、倒壊した聖堂の存在に気づいた。[30] 実際には、九月一七日の長崎到着以前に、ウォレン班が貨物輸送機C‐54で町の上空をぐるりとまわったとき、すでに聖堂の瓦礫を発見し、それについて話していた。[31] 現場に立ったドナルド・コリンズは、破壊された鐘楼の片方を見て衝撃を受け、「爆風の強大な威力を劇的に示すもの」だったと述べている。コリンズは、オークリッジの土木技師である同僚のウォルター・ヤング大尉といっしょに、五〇トンの鐘楼が吹き飛ばされて「教会から五〇メートル離れた」あたりの小川にはまり込んでいるのを見つけた。[32] 吹き飛んだ鐘楼は現在も、再建された天主堂からさほど離れていない場所にある、同じ小川に残されている。

浦上天主堂が破壊されたことと長崎のキリスト教徒から

多数の死者が出たことは、いくつかの理由で皮肉である。当初の標的候補リストには、八月九日原爆ファットマン投下の第一標的に定められた小倉だけでなく、京都の名前もあった。それどころか、京都はグローヴス将軍が推した標的候補のひとつだった。だがグローヴス将軍とスティムソン陸軍長官のあいだでいくぶん緊迫した応酬があったあと、京都は最後には候補リストからはずされた。一九二〇年代に京都を訪れたことのあるスティムソン陸軍長官が、都市の宗教的、文化的重要性を理由として、京都を標的とすることに強く反対したからだ。しかし奇妙な運命のねじれにより、京都と同じく宗教的重要性の高い地である長崎――事実、何世紀にもわたり日本のキリスト教の中心だった――がプルトニウム爆弾の最終的な標的になった。浦上天主堂は、迫害された「潜伏キリシタン」が何年間もひどい拷問を受けた場所をわざわざ選んで建てられていた。キリスト教徒は、一九世紀後半に日本政府が信仰の自由に対する制限を緩和すると、二世紀以上つづいた信仰を隠す生活をやめてついに真の姿を現した。こうした進展は、まさしく西洋の影響を受けた結果である。浦上天主堂は、爆撃当時、アジア太平洋地域における最大のキリスト教建築だった。

このことからもわかるように、有名なオペラ『蝶々夫人』の舞台である長崎は、長年にわたり西洋の影響を受け入れてきた港町だった。にもかかわらず西洋がつくり出した大量破壊兵器の標的にされたという悲惨な矛盾は、今も日本人の意識に残っている。長崎原爆資料館に足を踏み入れてまっさきに目にはいるつぎの説明文は、この矛盾を浮き彫りにしている。「一五七一年、ポルトガル船の来航により、歴史の幕をあけた『長崎』。一六四一年から一八五九年までのあいだ、オランダ、中国を通じて海外に開かれた唯一の窓口となった『長崎』。日本各地の学生が西洋の知識の長所を学ぼうと集まってきた『長崎』。一九世紀後半には洋館が建ちならび、居留地貿易で賑《にぎ》わった『長崎』。……三方を山に囲まれ、三七四年の歴史を刻んだ坂の街『長崎』に、一九四五年八月九日、夏の一日が訪れた」(長崎原爆資料館常設展示室パネル)

フランスの影響を受けたネオロマネスク様式の聖堂として、一八九五年に着工し、一九二五年に完成した浦上天主堂は、資料館の説明文で言及されていた長崎に建ちならぶ西洋建築のなかでもっとも人目を引く有名な建物のひとつだった。天主堂の瓦礫の写真は、資料館などの場所でよく目立つように展示されており、これまでずっと(そして現在も)長崎の破壊の象徴として周知され、多くの人にそう認識されてきた。広島の原爆ドームとくらべられることも多い天主堂の瓦礫のイメージはあまりに強く心に残るので、教会の崩れゆく瓦礫を撤去して同じ場所に天主堂を再建する計画に対して多数の長崎市民が反対した。市の役人は、八月九日原爆投下という歴史的な重大事を忘れないために、(広島の原爆ドームと同様に)瓦礫をそのまま保存することを希望した。しかし教会側は、天主堂の再建を切に望み、しかも彼らにとって歴史的意味のあるその場所に再建したいと願っていた。最終的には浦上教会側の意見がとおり、一九五九年、もとの建物そっくりの新しい天主堂が完成した。[33]

## 初期の救護活動

キリスト教会の重要人物であるとともに、浦上天主堂の教区民であった永井隆は、調の長崎医科大学の同僚だった。放射線科の主任を務める永井は、大人になってカトリックに改宗した。結婚相手の森山緑は、浦上の「潜伏キリシタン」の最後の帳方（最高責任者）を務めた人物のひ孫だった。わが子の誠一《まこと》と茅乃は少しまえから田舎に疎開していたので助かったが、妻の緑は爆風で死んだ。永井自身は、放射線科の医師という職務のために、爆撃以前から白血病を患っていた。放射線被ばくに対する防護手段がほとんどない戦時下の状況でも、患者のためにX線を用いることをいとわなかった。

八月九日の朝、永井は放射線科で講義の準備をしていた。爆弾が爆発すると、部屋の窓が砕け散り、永井も三メートル吹き飛んだ。爆発からの放射線を浴びただけでなく、ガラスの破片で右こめかみの動脈を切った。医科大学の建物が炎に呑み込まれるなか、爆風から一五分もしないうちに、永井、看護師ふたり、そのほか放射線科で生き残っている職員は、まわりにいる多数の負傷者の治療を始めた。永井の頭の傷もとうとう処置せずに

永井隆（右下、頭に包帯）とほかの三ツ山救護班の班員。

はいられなくなった。同じ班の者が何度か処置を試みたが血が止まらなかったので、調が助けに呼ばれた。使えるものはなんでも使い、永井の傷のなかにタンポンを置いて、その上から縫合すると、ようやく出血は止まった。[34] それから永井班は、驚くほど落ち着いた様子で丘を下り、露営の準備をすると、負傷したが生き残ったほかの人々とともに仕事をつづけた。

調と永井は、医科大学で爆撃を生き延びたわずか一二人の教授、助教授のうちのふたりだった。八月九日のあとの数週間、ふたりは放射線病に苦しむのだが、爆発のあとまもなく、構内の原爆犠牲者の捜索と治療に着手した。病院は鉄筋コンクリートの壁だったので、ほかの建物より頑丈で爆弾の威力に対する耐性も高かったが、それでも大部分が破壊され、職員と患者の八〇パーセントが死亡した。それゆえ長崎で負傷者の治療をするのにふさわしい場所とはいえなかった。

医科大学がもはや患者の治療に適した場所でなくなったことは、病院に関するウォレン大佐の記述からも明らかだ。ウォレンは、アメリカ調査団の長崎滞在中に病院を見つけたときのことをつぎのように述べている。「私はけっして忘れないだろう。原爆投下の約五週間後、長崎の医科大学に足を踏み入れたときのことを。そして二階に上がって、一部が焦げた若い女性の死体をまたいだことを。廊下を歩いていくと……つぎの部屋にもそのつぎの部屋にも……死体を見つけたことを。一部が黒焦げのもの、窓枠にからまったもの、長椅子の下でねじれているもの……建物の外に出ると、火葬した死体の骨の山ができていた。遺骨の山は高さ九〇センチ、直径一五メートルほどだった[35]」

調は、原爆後の日々を詳細に記録した日記のなかで、ウォレンが約五週間後に訪れたのと同じ病院の、原爆投下直後の様子をこうつづっている。「火傷で全身が焼けただれているものもあり、全身鮮血で色どられて居るものも居る。力なく横わって居るもの、よろよろとよろめき歩くもの、友を助けて励ましながら登るもの、など目を覆わずには居られない様な悲惨な光景が、其処にも此処にも展開されて居る。此世の地獄とは全く此様なのを云うのであろう」[36]。永井も調とおなじくらい生々しく胸に迫る言葉で爆発後に医科大学病院周辺で目撃した光景を描いている。

余等は今尚酸鼻の極を呈したこの一刻の光景を眼底より払い去ることが出来ない。しかも又之をよく筆に尽すことも出来ない。古く言伝えられた世の終りの姿と云うべき将又地獄の形相とでも云おうか。火を逃れて山に這い登る人々の群のむごたらしさよ。傷つける者また瀕死の友を引きずり、子は死せる親を背負い親は冷き子の屍を抱き締め必死に山を這い上る。皮膚は裂け鮮血にまみれ誰も誰も真裸だ。追い迫る焔をかえり見、かえり見、何辺か助かる空地はないか。[37]（「原子爆弾救護報告書」、永井隆）

病院の状態が状態だったので、調と永井は最初に助けられる者を助けたあと、長崎市内のべつの場所に救護班を開設せざるをえなかった。永井の救護班は、爆心地の北約五キロの三ツ山地区に開設され、調の救護班は最初は滑石《なめし》付近（爆心地から約四キロ）に開設されて最終的には大村海軍病院へ移動した。調はそこでハリー・ウィプル、バーチャード・ブランデージ、ジョー・ハウランドを含むマンハッタン計画調査団のアメリカ人医師と出会い、いっしょに活動をした。調がもっともよく交流したアメリカ人医師は、ヘンリー・バーネットだった。セントルイスを拠点とした小児科医で、医学校時代の同級生であるノーランとルイス・ヘンペルマンに引き抜かれてロスアラモスで多くの新生児の面倒を見た人物だ。調とバーネットがきずいた友好的な協力関係は、この時期にアメリカ人医師と日本人医師がおこなったあまたの共同作業の象徴である。

## 放射線病を理解する

調は、合同調査委員会のアメリカ人と密に関わったこの時期に、マンハッタン計画の医師と、残留放射線の問題を含む幅広い事柄について多くの興味深い会話を交わしている。たとえば、物理学者ロバート・サーバーとの議論は示唆的である。調はこのアメリカ人物理学者に、「空襲後に田舎から［爆心地に］出かけて行ったものが同じ病気［原爆症］にかかった」と述べた。これを聞いたサーバーは驚いて、爆心地における「原子作用は瞬間的である」と主張した。納得しきれなかった調は、爆心地に長くいた者と、比較的すぐに離れた者とで原爆症の性質と程度に明確なちがいがあることを記している。[38]

日本人医師は、九月下旬にアメリカ人が大村海軍病院に到着するまえに、自分たちの救護している犠牲者が初期放射線と残留放射線の影響で死亡するのを目のあたりにしていた。大部分の医師が過去にほぼ経験のない類の病気だった。大村海軍病院に移送されてきたときには比較的軽傷だった患者が、脱毛、下痢、溢血点（皮膚上に生じる紫色の小さな出血）、発熱、倦怠感、歯茎からの出血といった放射線病の症状を示しはじめた。たとえば、八月一一日。医師の塩月正雄は、大村海軍病院の病床にいる、けっして重傷ではない女性患者のもとへ行った。女性患者は、髪をくしでとくとこんなふうにごっそり抜けるのだ、という。塩月は患者を安心させようとして、火傷をすると髪が抜ける場合があるので、何日かすれば治まるのではないかと伝えた。しかし患者は、翌日の真夜中には死亡した。[39]

これはめずらしい事例ではなかった。大村海軍病院の負傷者の多くが、「軽症で、快方に向かっていた人たち」でさえ、「突然の死」を迎えるようになった。一見して無傷であっても、長崎市内から犠牲者の移送を手伝った病院の救護者のなかには、同様の症状を示しはじめる者がいた。「むざむざと」彼らも死んでいった[40]（『初仕事は〝安楽殺〟だった』、塩月正雄著、光文社、一九七八年）。長崎のほかの地域の救護基地でも同じ現象が起きていた。たとえば、爆心地の北東一・五キロ弱の浦上第一病院で働いていた結核治療の専門家である秋月辰一郎医師は、つぎのように述べている。「一夜にして髪の毛が抜け、鼻や口から血を吐き、出血多量の下痢をする者が多くなった……自分は奇跡的に助かった、無傷だったと思い込んでいたひとびとも、その後に起こった放射線による全身障害で、次から次と死んでいった」[41]（『「原爆」と三十年』、秋月辰一郎著、朝日新聞社、一九七五年）。大村海軍病院では、こんな報告もあった。ある医師が、八月九日には長崎市内におらず、原爆投下後も一度も長崎市内に行っていないのに、「高いレベルの放射能にさらされた犠牲者と継続的かつ直接的な接触をもっていたこと」が原因で、一時的に放射線病の症状を示している、というものだ。[42]

長崎にいるあまたの医師のなかで、放射線科の医師である永井隆は原爆とその作用を理解できた数少ない存在だった。永井の経歴は、グローヴス将軍の掲げる区分化方針とは真逆の姿勢を示している。

彼の生き方と仕事ぶりを見ると、科学者、医師、人道主義者という役割が継ぎ目なく統合されているのがわかる。それゆえ、永井という医師にとって、原爆の影響を研究することと負傷者の治療を提供することとのあいだに本来的な矛盾はなかった。永井は原爆以前から核物理学の研究班に属しており、エンリコ・フェルミ、ニールス・ボーア、アルベルト・アインシュタイン、アーサー・コンプトンらの革新的な発見に関する知識を含め、同分野によく通じていた。[43] アメリカの飛行機が落とした、原爆投下を知らせるとともに即時降伏をすすめるビラを研究員のひとりが拾い上げたとき、永井らは足を止め、最近の核物理学における発見を思い返し、アメリカ人が見事な偉業を成し遂げたことについてじっと考えた。さらに、放射線科医だった永井は、放射線の影響について知りすぎるほどよく知っていた。彼自身も白血病を患っていたし、放射線の人体への影響について自分で論文を書いたり、都築教授のウサギの実験研究など、ほかの人の論文を読んだりしていた。[44]

永井は、初期放射線と残留放射線の作用を理解していたので、周囲の人たちが示すさまざまな症状を目のあたりにしても、ほかの人ほど驚かなかった。一〇月八日に永井が三ツ山の救護基地をついに離れて、爆心地近くに戻った理由のひとつは、残留放射線の影響を調べるためだった。彼の考えでは、環境中に残存している放射能は、誘導放射線と、自身がその目で見た黒い雨の形態を含む放射性降下物とによるものだった。永井によると、原爆投下直後の残留放射線はとても強く、爆発後三週間以内に爆心地付近に戻って暮らしはじめた人は、「重い宿酔《ふつかよい》状態が起り……また重い下痢に罹《かか》って苦しんだ」。瓦礫を掘り起こした人々は、愛する人の亡骸を捜した者も、焼け落ちた自宅から思い入れのある品を見つけだそうとした者も、もっと重い症状に苦しみ、これは爆発時に顕著な被ばくをした者と大差なかった。「被爆後十日間ぐらいは浦上を通過しただけで下痢を起す」人さえいた[45]（『長崎の鐘』、永井隆著、平和文庫、二〇一〇年）。

時間がたつにつれて、放射線が減弱し、危険が減ったことを永井は見てとった。しかし、爆撃の一カ月後に市内で居住を始めた人にも、宿酔、下痢、白血球の減少、虫の刺痕や小さい切り傷の化膿といった症状がいぜんとしてあるらしかった。三カ月後からは症状は比較的目立たなくなったが、「極《ごく》微量の放射能」は残っており、それは永井いわく「爆撃当時米国から注意された通り」だった[46]。永井はジェイコブソンの「七十五年理論」を「嘘」とみなす一方で、八月九日から一年がたっても、かなり減ったとはいえ地上の放射能はまだ存在すると考え、つぎのように記している。「しかし一年後の現在でも少量は依然残留して微弱ながら放射線の放出を続けている」[47]と。永井やほかの日本人医師の見解は、九月九日にトリニティ実験場でグローヴス将軍が主張した、「今はもう有害な放射能はないとジャップも認めている」という内容とは真逆だった[48]。ここまで見てきた数多くの記述から明らかなように、日本人医師は放射能がないと認めてなどいない。むしろ竹前栄治が主張したように、グローヴス将軍が発言した時点で、「日本人医師は強力な反証となる記録を残している[49]」

さらに言えば、こうした日本人医師の見解は、ファレル将軍が一九四五年九月上旬の長崎の調査を終えたあとグローヴス将軍に報告した内容とまったく同じである。ファレル将軍は、広島をさっと回って長崎に短期滞在したあと、九月一四日にグローヴス将軍に宛ててまた通信文を送り、そのなかで「日本の役人の報告によると、原爆投下後に爆風がおよんだ地域に外からはいった人がみな病気になっている」と認めている。ファレル将軍いわく、日本人の医師からもこんな報告があった。「当初は負傷していなかったと思われる者が九月一日までに多数死亡し」、現在も毎日約二〇人の負傷者が死に瀕している、というものだ。この際、ノーランとウォレンがまだ広島にいたので、ファレル将軍は、ウォレンら医師からこうした日本人の報告に反駁するための表面的な承認さえ得られていなかった。ファレル将軍は、「ウォレンとノーランはまだ広島から戻っていない」と記しつつ、報告書は「ウォレンの詳細調査が終わりしだい、すぐに送る」と、グローヴス将軍に請け合っている。[50]

ウォレンは「詳細調査」をするなかで、負傷者の多くが「救援列車」で長崎から運び出された事実を知った。「救援列車」とは、驚くべきことに、原爆投下のほんの数時間後から始まった救出活動である。八月九日、四本の「救援列車」が燃え盛る町と長崎市の北側郊外地域のあいだで約三五〇〇名の負傷者を収容し、大村へむかった。犠牲者はイワシのように詰めこまれ、列車を降りるまえから多数の人が死亡した。[51] この救出活動の話を聞いたウォレンは、死亡の「原因は衝撃と高線量のガンマ放射線の組み合わせ」だという意見に同意した。被ばく線量が比較的少なかった者でさえ、最終的には死亡し、そうした死亡例の多くはアメリカ人医師が現地に到着したころに発生した。「あとから、致死線量未満の被ばくをした人が死亡した。まず血性下痢を起こし、それから小腸がぼろぼろになった。四から六週間後、骨髄が破壊されて、出血と蒼白が認められた」。ウォレンによると、後日死亡した事例は「自分たちが到着したころ」に生じたという。[52]

このように、長崎の負傷者に重大な放射線の影響を認めたのは日本人医師だけではなかった。またべつのマンハッタン計画の医師バーチャード・ブランデージは長崎滞在中に、傷害には三種類あると気づいた。ひとつ目は飛んできた何かの破片や倒壊した建物が原因の傷害、ふたつ目は皮膚の熱傷、

長崎滞在中の合同調査委員会の調査員。スタフォード・ウォレンが人形をもっている。

三つ目は外傷の形跡がまったくない、またはほとんどない場合における体内の傷害である。うしろのふたつ、とくに三つ目は放射線被ばくが原因といえるだろう。ブランデージによると、こうした傷害を負った多くの患者が「死亡し、剖検をしないまま火葬せざるをえなかった」[53]。

このように、多くの犠牲者が、いかなる公式の医学的評価によっても死因を特定されずに火葬されたので、放射線傷害の全貌が解明されることはもはやないだろう。つまり、アメリカ人が現場に到着するまえに、多くの人が死亡し、火葬されてしまっていたのだ。ウォレンが長崎医科大学病院の外でうず高い遺骨の山（高さ九〇センチ、幅一五メートル）を見つけたことからわかるように、火葬された死体は多数にのぼった。

ウォレン班は、自分たちが到着したあとも、長崎のほかの場所で放射線による死者の火葬がひきつづきおこなわれているのを目にした。アメリカ人医師は、日本人医師が町の各地で開設したさまざまな救護団のもとを毎日訪れた。そうした場所のひとつに、小さな建物で医科大学の医師一名と看護師二名で患者を受け入れているところがあった。九メートル×一二メートルの広さの建物のなかで、負傷者は非常に狭い間隔で床に並べられていた。ウォレンと部下たちは、毎日この場所を訪れ、多数の患者が放射線病に苦しむのを見た。

外には、前日に火葬した遺体の灰の山があった。これは来る日も来る日もつづいた。われわれは到着すると、そこにいる患者を調べた。多くの患者は紫斑、または直径約三ミリの小さな斑状出血を身体各部に生じていた。大部分は顔、胸、腕だった。少しでも打撲傷のある箇所には出血が見られた。患者たちは病気で黄色味を帯びていた。われわれはいくつか白血球数の検査をし、普通なら五〇〇〇であるところ、五〇という結果を得た。翌日同じ場所に行くと、昨日の患者たちはいなくなり、べつの患者たちに置き換えられている。昨日の患者の体はもう火葬されたのだ。[54]

調は、九月二九日にノーランたちが東京から大村に到着したときのことを覚えていた。その晩、調はウォレンに紹介され、ウォレンから合同調査委員会の活動に関する全般的な指示を受けた。ウォレンは活動の協同性を強調し、日本人医師に研究をつづけるよう説いた。ウォレンのいう研究には、犠牲者の所在を記録することや、爆風にさらされるのを部分的にでも防いだ建造物を示すことが含まれ

長崎医科大学の医師、調来助と北村包彦。

ていた。[55] 調はアメリカ人医師たち、とくにヘンリー・バーネットとの共同作業を好んだ。ある晩、調とバーネットは、調の同僚である長崎医科大学の皮膚科医北村包彦《かねひこ》をまじえて、原爆の仕組みやファットマンに起因する残留放射線の見込みについて議論した。バーネットは放射性降下物が生じた可能性を認めつつ、「塵埃等についたγ《ガンマ》線」は、爆発後に雲となって「長崎では爆心地から東の方に」移動したかもしれないと述べた。調は「爆発直後には、風が西から吹いて居た」ことはたしかだと認め、この件はさらなる調査が必要だという意見でまとまった。[56]

この会話がおこなわれていたころ、測定機器の仕組みに大変詳しいドナルド・コリンズは、長崎の放射性降下物の調査をしていた。コリンズは、バーネット、調、北村の三人が議論していた放射性降下物の分布と一致する形で放射能を発見した。どうやら、コリンズはテニアン島でファレル将軍が明言した任務の目的に対して抵抗をつづけていたらしい。ファレル将軍の指示どおりに放射線は皆無だと証明するどころか、コリンズは「爆心地から海まで一方向に約五〇キロにわたって降下物を」たどることができてしまった。検出された残留放射線は、初期放射線の危険な影響と比較すればとるに足りないが、コリンズによると、「当該地点における平常時のバックグラウンド放射線の約三倍」だった[57]。さらに、長崎の仮設研究所でも、コリンズは「原爆からの塵の降下、および原爆から放出された中性子によって生じた放射線が原因で、平常時の日本と比較すると無視できないほど高いレベルの放射線」を検出した[58]。

長崎医科大学の医師である調、北村、永井は、三人ともものちに合同調査委員会の一員となるが、なかでも調と北村は大村海軍病院にいたので、より直接的かつ正式な形で関わった[59]。一〇月上旬、マンハッタン計画調査団の医師が帰国の準備にはいったので、大村海軍病院での活動は、陸軍調査団と海軍調査団の医師が引き継ぐことになった。そこには、海軍調査団のシールズ・ウォレンと陸軍調査団のアルバート・デコーシーもいた。個人の次元で対立する言説の興味深い例として、つぎのようなものがある。シールズ・ウォレンは、永井との出会いをこう回想している。彼は、永井が八月九日の原爆投下以前から白血病を患っていると知った。その原因については、永井が「ほかの人が命を犠牲にしているときに、予防措置を講じて「X線を用いた」作業の進行を遅らせることは愛国心がない者のすることだと感じたがゆえに、自分自身を防護しなかった」からだ、と正しく認識していた。しかし信じられないことに、シールズ・ウォレンはなぜかこう結論する。永井は「実際には原爆に助けられた」と。八月九日の爆発によって永井が受けた推定三〇〇レントゲンの放射線は、脾臓の縮小や白血球の減少といったよい効果をもたらしたというのだ[60]。

当然ながら、永井とまわりの人物は、永井の驚くべき回復についてかなり異なる説明をしている。

アメリカの調査団がはじめて広島にはいろうとしていた九月八日ごろ、永井は重い放射線病の症状を示しはじめていた。原爆から受けた放射線によって「慢性の放射線病」は抑制されたのではなく「増大した」と、永井は的確に理解していた。[61]彼の体温は四〇度まで上がり、一週間そのままだった。顔が腫れ、こめかみの傷が開いてまた出血しはじめた。長崎の医師三人が、もうじき死ぬと判断した。永井は死の準備として、総告解をおこない、カトリックの司祭から終油の秘跡を受けた。日本の慣習にしたがって、伝統的な辞世の句も詠じた。それからすぐに、半分意識のない状態におちいった。[62]

このとき義母が、永井の妻の緑が定期的に祈りに行っていた、長崎南部にある本河内修道院のルルドの洞窟の水をもってきた。義母がルルドの水を永井の唇につけると、ほぼ意識のない状態の永井が、ポーランド出身のフランシスコ修道会司祭で、本河内修道院の創設者であるマキシミリアノ・コルベ神父への祈りを口にした。永井は、コルベ神父が長崎で司祭の職にあるときに知り合い、結核のX線検査もしていた。永井は知らなかったが、祖国ポーランドに戻ったコルベ神父は、四年まえにアウシュヴィッツ強制収容所で亡くなっていた。よく知られているように、高徳の人であるコルベ神父は、死刑に選ばれた家族ある囚人の身代わりとして自らの命を差し出したのだ。永井の唇にルルドの水がつけられたあと、ほとんど間を置かず出血が止まり、三七歳の日本人放射線科医は回復した。

多くの人の予想を超えて、永井はここから六年近く生き、医学校、病院、聖堂、町の再建に尽力するとともに、平和と許しのメッセージを広めた。この期間に、永井は多数の本を執筆した。そのなかの一冊である『長崎の鐘』は、原爆に関する初期の記述のうちダグラス・マッカーサー元帥の検閲を通過した数少ないもののひとつである。だが、これにしてもなかなか出版されず、日本軍がフィリピン諸島でおこなった残虐行為に関する文章を付録につけることに永井が同意してようやく出版に至った。ハーシーの『ヒロシマ』と比較されることも多い『長崎の鐘』は、国民的ベストセラーとなり、のちに映画化されて多くの観客を集めた[63]。永井は、シールズ・ウォレンとは異なり、自分の奇跡的な回復を原爆によるものではなく、神の采配とコルベ神父によるとりなしの祈りのおかげだと考えた[64]。永井の孫である永井徳三郎に長崎でインタビューをしたとき、著者は永井隆の回復に関するシールズ・ウォレンの奇妙な説明のことを尋ねた。すると彼は笑って、その説明は自分も聞いたことがあるが、「信じられない」と答えた。それから鋭く真剣な調子で付け加えた。「原爆が祖父を助けたとは思いません[65]」

原爆の利点に関して対立する言説の、この個人レベルの事例は、「ニュークリアリズム」を想起させる。原爆にはほぼ人智を超えた性質があると考え、原爆を熱狂的に受け入れる姿勢だ。こうした宗教的な言及の仕方はこれまでの章でも見てきた。たとえば、アラモゴード爆撃試験場でおこなった実験の名前に〝三位一体《トリニティ》〟という言葉を使ったことや、トリニティ実験を目撃したオッペンハイマーがバガヴァット・ギーターの一節を引用したこと、テニアン島の暗号に教皇の職位を表す〝ペイパシー〟という語を使ったことなどだ。どういうわけか原爆という新技術がもつ恐るべき力をとらえるに足るものは、宗教的な概念やイメージだけだったのだ。

こうしたニュークリアリズムをもっともわかりやすく表しているのは、ニューヨーク・タイムズ紙のジャーナリストであり、トリニティ実験に立ち会うとともに長崎の原爆投下を航空機から見たウィリアム・L・ローレンスと彼の修辞だろう[66]。トリニティ実験を神格化する彼の記述を覚えているだろうか。ファットマン投下の際、計測器を積んだ飛行機のひとつに乗っていたローレンスは、このときも人智を超えた感覚を生じた。第一標的の小倉にむかう飛行機のなかで、ローレンスは、原爆投下を目撃するという、自分に与えられた唯一無二の機会をつぎのように称賛した。「そしてここに私がいる。私は運命だ……しょせん死を免れない、新聞記者を職業とするただの人間が、突然、そのことを知らされたという感じがした。神の感覚とでもよぶべきものだろう」[67]と。そして運命が「長崎を最後の目標に選んだ」とき、ローレンスはボックスカー号に随伴する計測用の飛行機からきのこ雲を見て、こう表現した。「それは生物だった。新しい種類の生物がわれわれの疑い深い眼前で正に出現したのである」[68]と。

シールズ・ウォレンは、ニュークリアリズムや原爆の人智を超えた性質をつぎの段階に進めたといえるだろう。原爆は生き物に似るにとどまらず、命を与えるものとなり、治癒の力をもった。これに対して、永井本人は自分の回復の理由を異なる源泉の治癒力に求めた。自分を犠牲にしても、平和と核兵器の全廃を推進する不断の活動へと彼を駆り立てた力である。永井の影響は今も長崎の人々の心に深く残っている。

## 治療するか否か

合同調査委員会や、それにつづく共同調査団体（原爆傷害調査委員会と放射線影響研究所）に関して議論の多い問題のひとつは、医師の振る舞いである。医師は科学的な目的のために患者と関わったが、医療を提供することはなかった。アイリーン・ウェルサムが簡潔に表現したように、「ウォレンの任務は病人の世話をすることではなく、ふたつの原爆が放射能を残したか否かを調査することだった」[69]。この方針を正当化するために、長年にわたって数多くの根拠が主張された。たとえば、アメリカ人医師が治療をおこなうと、日本人医師の仕事を奪ってしまうというもの。あるいは、アメリカ人医師が日本で合法的に治療をおこなうための医師免許を取得するのは困難だったというもの。あるいは、原爆傷害調査委員会と放射線影響研究所は、科学的試みにより特化した団体であるから、直接的な医療提供は適切でないというものなど。しかし、スーザン・リンディは、原爆傷害調査委員会に関する包括的かつ啓発的な分析をおこない、つぎのように主張している。非治療方針が決定されたもっと根本的な理由は、償いの問題だったと。つまり、アメリカ人医師が原爆の犠牲者に医療を提供するとした場合、広島・長崎両市の被ばく者の惨状に対して倫理的責任を認めることになる、というのだ。公式の言説を支持するならば、これはアメリカ人が認めてよいものではなかった。[70]

しかし、実際には公式の非治療方針が必ずしも遵守されていたわけではないことも、リンディは述べている。原爆傷害調査委員会に協力した日本人医師とアメリカ人医師はいずれもが医療をおこなう場合があり、役人も見て見ぬふりをしていた。[71]さらには、原爆傷害調査委員会による診断行為は、それ自体が治療過程全体の重要な一部であったという議論もある。被ばく者の体の状態を的確に評価することで、彼らはより正確な情報に基づく、より適切な医療を求めやすくなったのだ。さらに、原爆傷害調査委員会と放射線影響研究所の医師は、患者を医療提供可能なほかの機関の日本人医師に自由に紹介することができた。

合同調査委員会の場合でさえ、アメリカ人医師が非治療方針を無視した事例が見つかる。たとえば、シールズ・ウォレンは、この点に関してつぎのように回想している。「取り決めにより、われわれ自身はいかなる日本人の治療も許可されていなかった。これは日本人医師の仕事として残してあった。だが、われわれは日本人医師に何をすべきか助言することは可能だった。当然ながら、これは遅かれ早かれ破綻して、われわれも日本人とまったく同じように治療をするようになった。しかし、取り決めにしたがえば、理論上われわれにできるのは調査と助言だけだった[72]」

アヴェリル・リーボウは、アメリカ人医師が日本人の患者にビタミン剤を与えたときのことを記録している。これは、必要な医療行為というより、慣行にしたがうとともに日本人患者からの期待に応える手段だったが[73]、広島の被ばく者で、爆撃当時一三歳だったウェスト森本富子は、「効いたかどうかはわからなかった」が、アメリカ人医師が「なんらかの錠剤」をくれたことを覚えている[74]。また、アメリカ人医師たちは、宮島に滞在しているあいだ、爆撃による負傷者の一部が島へ移送されてきたと知った。スタフォード・ウォレンによると、理由は不明だが、この犠牲者たちはアメリカ人の診察を嫌がった。それでもなお、ウォレンは助けになろうとして、手持ちのペニシリンと血漿の提供を申し出るなどした[75]。

面白いことに、アメリカ人医師は日本人犠牲者に対して医療をおこなってはいけなかったが、アメリカ人医師が日本人医師の治療に助けられた機会は少なくとも一度あった。調査団の長崎滞在も終わろうとしていた時期の大村海軍病院で、スタフォード・ウォレンは脚の感染症の治療を求めた。「少し心配だった」と、ウォレンはそのときのことを振り返っている。「膿《うみ》が白かったから、白色ブドウ球菌感染症になったと思った」。永井も述べているように、下痢――ウォレンは広島の瓦礫のなかを数日間うろうろしたあとで経験した――と同じく、膿疱《のうほう》の発生も残留放射線による症状であり、ウォレンが爆撃を受けた町にいた期間を考えてもつじつまの合う種類の症状だった。ウォレンが大村海軍病院の責任者である細菌学専門の日本人医師のもとへ行くと、日本人医師は丁寧かつ適切な処置をしてくれた。ウォレンは親身な治療をありがたく思った。[76]

## 占領軍到着と帰国準備

九月下旬、マンハッタン計画調査団が長崎での活動を徐々に縮小していたころ、アメリカ占領軍の大部隊が長崎市内にやってきた。占領軍の到着は、町の動き全体に変化をもたらすこととなった。アメリカ人はその時点まで、地元の日本人とおおむね友好的かつ協力的な関係をきずけていたが、その関係性が変わってしまうこともあった。海兵隊が港から上陸して市内に進行しだすと、地元の人々は目に見えて引いていった。「敵」の領域に進入した占領軍は、どんな出来事に遭遇するかよくわかっていなかったが、ウォレンいわく「もめごとを予期し、もめごとの発生を望んでいた」[77]。このときに長崎入りした海兵隊員のひとりは、戦闘から占領へ気持ちを切り替えることの難しさを認め、つぎのように述べている。「目のまえの人たちは、これまでずっと戦ってきた相手だった。スイッチをぱちんと押して闘争本能を完全に切ることなどできなかった。憎しみはとても根深く、とてもはっきりしていた[78]」

占領軍の幹部は、直轄の組織ではない合同調査委員会をどう扱えばよいかわからなかった。自分たちが到着する数週間まえからマンハッタン計画調査団が市内にいた事実も気にくわないようだった。コリンズは、海兵隊の司令官に「敵と協力した」ことを責められさえした[79]。マンハッタン計画調査団の長崎滞在が終わりに近づくと、知事がちょっとした送別会を開こうと地元の茶屋に招待してくれた。会場にむかう途中、最近設置された米国海兵隊の防塞に行きあたった。海兵隊は、階級や管轄権についてごちゃごちゃ言ったあと、マンハッタン計画調査団の医師と科学者の通行を拒否した。ウォレンやコリンズたちは、禁止命令をあっさりと無視して送別会へむかった。その晩の会合では、日本滞在中ずっとそうだったように、互いの差異や階級はほとんど気にしなかった。そもそもマンハッタン計画調査団のほとんどは本来的な軍人ではなかったのだ。したがって、茶屋の宴会ではアメリカ人と日本人、軍人と民間人、下士官と将校が多彩に入り交じり、全員いっしょに食事と酒と余興を楽しんでいた。

そこへ海兵隊の一団が、自分たちの権威に対する甚だしい侮蔑に気を悪くしたのだろう、「武器を振りまわしながら」怒鳴り込んできて、アメリカ人を逮捕した。最終的に告訴されたのはウォレンだけだったが。ウォレン大佐は「封鎖命令違反、将校にふさわしくない振る舞い、下士官との親交、敵との親交、売春宿での酩酊を罪に問われた」。コリンズをはじめとしてその場に同席していた者たちは、ウォレンを擁護する証言をし、彼が「絶対に酩酊していなかった」ことと、自分たちが知るかぎり「茶屋は合法的な店であり、売春宿ではない」ことを海兵隊に保証した。告訴は取り下げられたが、ウォレンは行動を言葉で非難され、羞恥を覚えた様子だった。[80] しかし、マンハッタン計画調査団が到着したばかりの占領軍に驚かされたのは、このときばかりではなかった。

もっと深刻な事例として、コリンズが、長崎のアメリカ軍に大変な汚辱をもたらした、占領下の出来事を記している。この一件を見るかぎり、厳島神社の神主がアメリカ人に対して抱いていた先入観は必ずしも的外れではなかった。占領軍は振る舞いに関して厳命を受けていたが、そうした指示はつねに尊重されていたわけではなかったようだ。[81] 占領下のある日、「上陸許可を得た水兵が暴挙に出た。報告によると、個人宅に侵入し、住人である年かさの男性を銃で撃って、そのあと男性の妻と娘を強姦した」。合同調査委員会の面々は、加害者のアメリカ人水夫は「即刻、軍法会議にかけられて死刑になった」と聞かされた。[82]

占領軍との対立をいくつか見ても、マンハッタン計画調査団の調査員は、長崎滞在が終わることを残念に感じてはいなかったと思われる。活動の引継ぎを開始したシールズ・ウォレンをはじめとする合同調査委員会の陸軍調査団と海軍調査団は、スタフォード・ウォレン班から放射線とその影響に関してもっと多くの知識を得られるだろうと期待していた。しかし、マンハッタン計画調査団の医師は、放射線について知っていることをあますところなく教えようという雰囲気ではなかった。話さない姿勢を正当化するために提示した理由のひとつは、またもや秘密保持の問題だった。トリニティ実験の健康管理および安全対策を却下しようとした際に、グローヴス将軍が使ったのと同じ常套句だった。ロバート・ノリスは、高く評価されたグローヴス将軍の伝記のなかで、彼が戦後の放射線に関する言説を統制するために、どんなふうに秘密保持をもち出しつづけたかを浮き彫りにしている。[83]
マンハッタン計画調査団の指揮官らが、合同調査委員会のほかの調査員から核放射線とその影響に関するもっと詳しい深い知識を請われたときに、この基本戦略を採用した証拠も見つかる。たとえば、ハイマー・フリーデルの一件。フリーデルは、日本人医師の見解に反して、放出された中性子の威力を実際より低く見積もっていた。オーターソン班と議論をしていたとき、フリーデルは誘導放射線は「主要な危険」ではないと主張し、放射性降下物の有害性、というより有害性のなさについても同様の主張をした。主張の裏付けとなる「具体的な情報」の提供を求められると、フリーデルは「機密扱い」であることを理由に断った。[84] また、べつの折。アヴェリル・リーボウはマンハッタン計画調査団とくらべて、合同調査委員会のほかの調査員は知識不足だという認識のもと、原爆の開発により密接に携わった人たちから放射線についてもっと多くを学びたいと思っていた。とくに「放射線源におけるスペクトルと強度」の知識を深めることに関心があった。しかしリーボウが質問すると、スタフォード・ウォレンは「まだ極秘扱いだから」と言って回答を先延ばしにした。リーボウの記録によると、ウォレンは「透過力の強いガンマ線と弱いガンマ線のゆるやかな混合が存在した」こと以外は「何も教えてくれず」、助けにならなかった。[85]
オーターソンとシールズ・ウォレンがそれぞれ率いる合同調査委員会の陸軍調査団と海軍調査団は、放射線に関する理解を深められなかったにもかかわらず、その後数カ月にわたって日本での調査を継続した。他方、「取り急ぎの調査」が完了間近となったマンハッタン計画調査団は、帰国の準備を始めた。この時点で、スタフォード・ウォレンをはじめとするマンハッタン計画調査団は、九月一四日にファレル将軍がグローヴス将軍に約束した、さらなる「詳細調査」を提出する用意ができていた。ファレル将軍はすでに帰国していたので、マンハッタン計画調査団による長崎の調査結果を報告するのは、ジェームズ・B・ニューマンJr.将軍の役目になった。

一〇月五日のニューマン将軍の通信文は解釈が難しい。一方では、アメリカ人医師と日本人医師の双方による多くの調査結果を認めている。グローヴス将軍が好ましく思わないと予想される情報だ。たとえば、市の東側の一帯で放射線が検出され、その量はバックグラウンド放射線の二から六倍、いくつかの地点では一〇から五〇倍だったことを報告している。さらに、「放射能の存在は、爆心地近くで中性子が放出され、つづいてその中性子が熱柱とともに町から上昇した塵芥によってまき散らされた結果として説明できる」というウォレンの見解にも言及した。ニューマン将軍は、爆心地付近でおこなった特定の物質の測定は「強い中性子衝撃」を示唆していた、というウォレンの調査結果も報告している。[86]

ニューマン将軍はさらにこう報告している。「最近の重大なガンマ線傷害事例の多くは、二〇〇〇メートル以内で発見された。比較的重大でない傷害事例は二五〇〇メートル以内である」。負傷者推定四万人のうち、「ガンマ線により負傷し、そのほかには重大な傷害が見られない」人の数は約五〇〇〇人、と見当をつけてもいる。こうした情報をすべて勘案すると、全五ページの覚書の三ページ目に記載されたつぎの一行は理解に苦しむ。「長崎市およびその周辺のいかなる場所にも危険な量の放射線が存在したことはけっしてない、とウォレンはなんのただし書きもなく述べている」。グローヴス将軍は、ほかのデータがあるにもかかわらず、この一行を気に入って利用するだろうことは想像にかたくない。ニューマン将軍は、陸軍調査団のオーターソンと海軍調査団のシールズ・ウォレンが、このあとも日本に滞在して研究をつづけるとともに、マンハッタン計画調査団が始めた案件についても追跡調査をする予定だ、とグローヴス将軍に報告して覚書を締めくくった。[87]

## 友好的な別れ

翌一〇月六日、マンハッタン計画調査団は大村を出発し、帰国の途についた。調は、出発まえのヘンリー・バーネットやジョー・ハウランドらアメリカ人医師と会い、贈り物の交換をした。調は日本画の色紙と扇子を贈り、バーネットは調と北村に煙草の大きな包みをわたした。アメリカ人医師たちは「本国へ帰ることが大変嬉しそうで大はしゃぎだった」という。調は、両国の医師による共同作業は成功だったと考え、「これで日米親善の役目を果たした様にも思う」と述べている。とくに、バーネットのことは、早くから自分の名を覚えてくれた「親しみのある男」として記憶に残った。[88]

日米の医師を取り巻く状況にはまちがいなく緊張が潜んでおり、アメリカ側の特定の行為――たとえば、剖検標本のもち逃げ、日本のサイクロトロンの破壊、非治療方針など――はいくらか日本側の怒りを買ったが、調とバーネットのような友好関係は、合同調査委員会で協力しあったほかの多くの調査員のあいだにも見られた。たとえば、スタフォード・ウォレンは、帰国直前の東京滞在中に、都築教授と本橋均から昔の日本刀を贈られたとのちに語っている。日本人とのあいだになんらかの敵意が存在したかと問われ、「いいえ、少しも……われわれの班はこの日本人将校ふたりを迎えて六週間近くいっしょに過ごしたが、互いを好ましく思っていた」と答えた。[89]

広島の逓信病院に勤務していた四二歳の日本人病理学者蜂谷道彦は、オーターソン班の医師であるS・フィリップ・ロージ大尉と働いたなごやかな時間を覚えていた。「ロージ先生は一カ月間一日も欠かさず我々の病院に通った若い軍医だ。閑さえあれば患者の診療を手伝ってくれた人だ」と、蜂谷は自身の著書『ヒロシマ日記』（平和文庫、二〇一〇年）のあとがきに記している。「言葉は通じないが先生の思いやりが自ずと行動に現われ、患者や職員から親しまれた」。このように共同作業がうまくいった場合の利点を概括し、蜂谷は「人の情は無限であった」と結論している。[90]

蜂谷がロージを好ましく思ったように、リーボウは日本人病理学者石井善一郎のなかに「信頼できる有能な友人」を見出した。リーボウは、石井といっしょに働いて各地をまわったことを、日本での任務における「もっとも大事な思い出」のひとつだと述べている。[91] 石井のほうは、リーボウの日本滞在が終わりに近づいたころ、ふたりの友情のしるしとして、単なる土産とは思えないような青と赤の帯を贈った。家で待つ新婦に、ということだった。リーボウはこの帯をとても大切にした。彼の見識と彩りに満ちた日記には、石井本人への好意的な言及と、日本でともに働いた時間に対する感謝の念があふれている。

石井と働いたことに関する心温まる回想にとどまらず、リーボウは日記の終わりになって、日本での四カ月にわたる経験や、バーネット、オーターソン、ほか三名と取り組んだ合同調査委員会最終調査報告書全六巻の編集作業に基づいて、原爆の意味を熟考しはじめている。原爆とその影響について考察し、書き記す経験は「自分たちを嫌悪感でいっぱいにした」という。[92] 日記の最後に記されたリーボウの深い思索は、ウォレンが提供した、あるいはスティムソンが公式見解を擁護するなかで提示した正当化の言説よりも、ジーメス神父の文章、ジョン・ハーシーの著作、ノーマン・カズンズの短い論説で表現された感情にずっと近い。

たとえばリーボウは、ハーシーやカズンズと同様に、アメリカ人は「人類に対する犯罪に加担してきた」のではないかと考えをめぐらせている。さらに、つぎのような疑問も抱いていた。レオ・シラードをはじめとするマンハッタン計画の物理学者が提案した方針にしたがって、原爆のデモ実験をおこなうことがよりよい選択だったのではないか。たとえひとつ目の都市への原爆投下が「必要」だったとしても、「ふたつ目の都市の破壊を正当化する」ことができるのだろうか、と。リーボウは、日本で目撃したものに心を揺さぶられ、「哀れにも障害を負った」原爆犠牲者を目のあたりにして「罪悪感と羞恥」を覚えたと認めている。また、注目すべき点だが、彼は放射線の影響を実際より低く見積もるどころか、「人体における放射線傷害の性質と程度」に関して自分が見た状況に強い不安を覚え、「人類がいまだかつて集団でさらされたことのなかったこの力は、今後確実に人類がかかえる問題となり、さらには人類を支配することとなるだろう」と述べている。[93]

さらに、合同調査委員会の設立はばたばたとして無秩序だったと認め、事前にもっとよく準備をし、もっと統率のとれた組織にすることができたはずだと述べている。いっしょに働いた石井をはじめとする日本人医師への尊敬と感謝の念から、合同調査委員会が何かを成し遂げたとしたら、それは「日本人の仲間の専門知識、創意工夫、発案、たゆまぬ努力」のおかげだと述べている。日記の最後は、このように締めくくられている。合同調査委員会の報告書の最終章は書きおわったかもしれないが、マンハッタン計画が始動させたものの最終章は「まだ終わっていない」。むしろ、「忘れられない記憶としてつづいていく。そのなかで語られる悪が二度と戻ってこないことを願う！」と。[94]

合同調査委員会の最終章について。マンハッタン計画調査団の大部分は一〇月一二日に東京を出発した。出発まえの最後の数日間、ノーランは「さほど重要でない任務だったが、物見遊山的に京都へ行き、広島から運び込まれた［病理学的］試料を調べた」。京都では、「同じく無駄な仕事をしている者たちに出くわし、そのなかには第五〇九混成部隊のテニアン島組もいた」。ウォレンは、日本滞在の最後に、恐怖の空の旅を経験した。都築教授や本橋といっしょに飛行機で広島へ行き、フリーデル班を乗せて戻ろうと試みたが失敗した。ウォレンが人生でもっとも恐ろしい体験だったというその空の旅は、悪天候と視界不良のために途中で切り上げざるをえなかった。ノーランいわく、ウォレンは「トウキョウローズ号に乗って命からがら東京へ戻ってきた」[95]。これにくらべると、帰国の飛行機は大事なく、硫黄島、テニアン島、ホノルルを経由して一〇月一四日にサンフランシスコに着陸した。ウォレンはサンフランシスコからオークリッジへ戻り、ノーランは一週間の休暇をとってロサンゼルスにいる家族のもとを訪れた。マンハッタン計画調査団がアメリカの地に降り立った日は、ノーランとファーマンがリトルボーイをつれてロスアラモスを出発してからちょうど三カ月後だった。

# 第6章　放射線とその言説の管理

放射能の危険ははじめから、曖昧で、楽観主義的で、完全な惑わしの公式発表の慌ただしさのなかで、どうしようもなくうやむやにされた。

——ポール・ボイヤー
『爆弾のはじめの光により *By the Bomb's Early Light*』

ジェームズ・F・ノーランは、サンフランシスコのハミルトン陸軍航空隊基地で飛行機を降りると、夜行列車に乗ってロサンゼルスへむかった。そこで三カ月以上も離ればなれだった妻とふたりのわが子と再会を果たした。ノーラン一家は、ロサンゼルスでロスアラモスへ戻る旅の準備をした。レイノルズ家に一週間滞在し、そのあと車でロスアラモスへ帰った。一〇月末に陸軍支給のサントアパートメントの自宅に落ち着くと、そのあとの数カ月間は、ノーランにとって多忙な混乱の日々となる。戦争が終わった今、これまで秘密の存在だったサイトYでは、多くのことがめまぐるしく変化していた。ノーランは、ルイス・ヘンペルマンに代わってロスアラモス研究所の健康管理部門主任を務めるよう言われた。一九四五年二月から海外赴任をするまでの期間はヘンペルマンの代理を務め、トリニティ実験場における安全および避難対策の策定を主な任務としていた。

ノーランは、前任者のヘンペルマンがそうだったように、民間人として健康管理部門の新主任を務めることにした。そのため、日本から帰国すると、どうしても実現したかったらしい陸軍除隊を取り付けようと手続きを始めた。ノーランは、軍への貢献を高く評価されていた――一九四五年秋には、勲功章と従軍青銅星章を授与された――にもかかわらず、除隊を切望していた。[1] 娘であるリンの回想によると、「早く陸軍を抜けたくてたまらない様子だった」という。[2]

それからノーランは、スタフォード・ウォレンと協同して、レズリー・グローヴス将軍のために調査結果の報告書をまとめにかかる。将軍は翌月に連邦議会での証言を控えていた。ノーランは、ロスアラモスに落ち着いてから三週間もたたないうちに、ふたたび列車に乗ってオークリッジへむかった。五カ月ぶりのオークリッジだった。前回の訪問は、トリニティ実験で生じうる放射性降下物についてグローヴス将軍に警告するためだった。今回は、日本で調査した放射性降下物と原爆のそのほかの影響に関する報告書を準備するためだった。そうしてテネシー州で一週間をすごしたあと、ノーランはニューヨークに立ち寄って、最終的にはワシントンDCへむかった。ノーランとウォレンは、グローヴス将軍が原子力特別委員会で証言をする二日間（一一月二八日と二九日）、いっしょにワシントンにいた。証言初日の前日、ウォレンはグローヴス将軍に完成した予備調査報告書を提出した。

## 合同調査委員会の調査結果を提示する

グローヴス将軍は、証言の準備として、ウォレンから受け取った予備報告書を読んだ。ウォレンが「参考資料としての重要性と物語の興味深さ」を理由に添付したヨハネス・ジーメス神父による記録文書の英訳草稿にも目をとおした。[3] 証言当日、グローヴス将軍が冒頭で自身の見解――爆弾に起因する構造物の損害が主な内容だった――を述べていると、ヴァーモント州の上院議員ウォレン・オースティンが話を遮ってこう質問した。広島または長崎に放射能を有する残存物があるかどうか報告できますか、と。グローヴス将軍は、少しも言葉を濁すことなく答えた。「はい、できます。皆無です。相当な確信をもって〝皆無〟と言えます」[4]

数分後、今度はジョージア州の上院議員リチャード・ラッセルが、同じ点についてもっと詳しい説明を求めた。これに対してグローヴス将軍は、つぎのように回答した。「爆発時を除いて、いかなる人間にも放射能による損傷は生じておりません。そして爆発時の損傷というのは、瞬時に生じたものです」と。換言すると、残留放射線はなく（「皆無」）、放射線による傷害はすべて爆発時に生じたものである、ということだ。「そうした負傷者の数は比較的少ない」とも述べている。さらに、つぎのような証言をした。ただでさえ放射能が原因の負傷は非常にめずらしい限定的な事例なので、「原爆の有効範囲内にいる人、平均的な人間が、放射能の影響により死亡するのは、事故にあうようなもの」であり、まれに（あるいは偶発的に）放射線が唯一の原因で死亡する場合であっても、「医師の話によれば」、「過度に苦しむことなく」死亡した、と。それからグローヴス将軍は、部下である医師たちの専門知識という権威らしきものを引き合いに出し、衝撃的にもこうつけ加えた。「それどころか、彼ら［医師たちのこと］の話によると、非常に安らかな死に方だということです」[5]

アイリーン・ウェルサムは、このときのグローヴス将軍の証言を「真っ赤な嘘」と評しているが、これは誇張ではない[6]。事実、トーマス・ファレル将軍が二カ月まえの東京でそうしたように、グローヴス将軍もマンハッタン計画の医師の権威を引き合いに出したが、グローヴス将軍の陳述は、ウォレンが提供した報告書との整合性さえなかった。この報告書にしても、グローヴス将軍が好む言説に可能なかぎり有利に働くよう構成されたと思われる。とはいえ、報告書を注意深く読めば、マンハッタン計画の医師による予備調査結果は事実上、グローヴス将軍の証言の根拠になっていないとわかる。

たとえば、報告書には、残留放射線がないという記載はない。それどころか、「放射線の強度は相当弱い」ものの、「非常に高感度の機器を使用すれば測定可能」だと示している。ウォレンは、許容線量を「わずかに超える」場合もあると認めさえしていた。放射性降下物に関しては、「長崎では四キロ地点の患者にも放射線の影響が認められた証拠」となる日本人のデータを引用し、反論も付していない。さらに、グローヴス将軍は、放射線による負傷者の数は「比較的少ない」と証言したが、ウォレンの報告書にあるのは、「入院患者数は約四〇〇〇人。そのうちの一三〇〇人、すなわち三三パーセントに放射線の影響が認められ、さらにこの約半数が死亡した」という記載だ[7]。

ウォレンは、報告書のなかで、調査団の測定機器の限界をいま一度強調している。結局、自分の調査班が測定したのは、ガンマ線の影響だけだったと認めている。アルファ粒子とベータ粒子の測定を試みたが、「技術的な困難と、目盛りの評価の不正確さ」が原因で、較正ができなかった。もっとも注目すべき点は、中性子放射能の測定がおこなわれなかった（あるいは、報告されなかった）ことである。「こうした症状を引き起こすにあたり、中性子が追加で果たしたかもしれない役割は、データからは評価することができない」と、ウォレンは記している。[8] これは重大な脱落である。なぜなら、戦後のマーシャル諸島でウォレンやノーランと働いた医師、デイヴィッド・ブラッドリーによると、「とくに広島と長崎における被害の大部分は中性子が原因である可能性が高い」からだ。[9] 戦後のインタビューで、ウォレンはこの脱落の重大さを認め、「中性子の作用はよくわからなかったが、破壊的であることはわかっていた。測定に苦労した」と語っている。[10]

これまでの章で見たとおり、一九四五年に医師が認めた最大許容線量は、後年の基準に照らせばあまりに高いものだった。当時、医師たちは一〇分の一レントゲンを安全な最大耐容線量と考えていたが、ノーランは「実際に人間がどれだけの量の放射線に耐えられるのかは誰にもわからなかった」と認めている。また、トリニティ実験の計画中、ロスアラモスの科学者は、最大線量の基準をもっと高くしてほしいとノーランに掛け合っていた。最終的には、五レントゲンで決着がついたが、この値は、二〇年もしないうちに許容基準の八〇〇倍と見なされる。[11]

グローヴス将軍は、上院小委員会で証言をした際、ジーメス神父の手記の一部を厳選して戦略的に利用し、放射線の影響に関する自分の主張を補強することもした。彼が読み上げた抜粋部分は以下である。「世間では、広島市の廃墟には今もなお致死量の放射能が残っていて、市内の焼け跡の整理に出動させられた人々が次々と死亡しており、旧市街区域には今後もながいあいだ人間が住むことはできないのだという噂がながれている。しかし、私にはこの噂が真実だと思えない。私をはじめ、被爆直後に市内の焼け跡に行った者が、誰ひとりそのような爆弾の後遺障害を自覚しないからである」[12]。しかし、グローヴス将軍は、自分が構築した物語に対して、直接的な反証にはならないとしても、かなり不利に働くおそれのある箇所は読みとばした。ジーメス神父はたしかに残留放射線の影響についてはいくぶん懐疑的だったかもしれないが、初期放射線の重大な影響は認めていた。たとえば、「外傷のない人があとになって死亡する」事例をいくつか知っていた。さらに、「放射線に血液を破壊する作用があるという発表にも、一面の真理が含まれているようである」と述べている。具体的には、熱傷を負っていない同僚のウィルヘルム・クラインゾルゲ神父が、ひどい虚弱状態から回復せず、当時の主治医に白血球減少症と診断された。

ジーメス神父は、一九四五年の夏および初秋の段階で、同僚司祭の体調不良の原因は「全般的な虚弱および栄養不良状態」にあるのではないかと考えていた。しかし、ジョン・ハーシーがもっと長期的な取材をしてのちの『ヒロシマ』の増補版に記したところによると、白血球減少症を含むクラインゾルゲ神父の健康問題は何年もつづいたという。つねに病をかかえるクラインゾルゲ神父は、治療のために定期的に病院に戻り、長期入院をする場合もあった。そして、生涯にわたって放射線病の典型症状の多くに苦しんだ。

ウォレンの報告書についても注意したい。グローヴス将軍は、放射線傷害を負って死に至った者は「過度に苦しむこと」のない「非常に安らか」な死に方をしたと主張したが、ウォレンの報告書は、この主張に関して経験に基づく根拠をなんら提示していない。それどころか、放射線が引き起こす不快な症状への言及であふれている。具体的には、発熱、吐き気、嘔吐、食欲不振、下痢、溢血点、「脱毛、口腔および咽喉の重大な潰瘍性病変、……急速かつ極度のるい痩、……骨髄およびリンパの破壊、結腸および直腸の潰瘍性病変」などだ。[13]

証言のあいだ、上院議員たちは、グローヴス将軍側が明らかな防御態勢をとっているのを見てとった。放射線被ばくの有害性を繰り返し否定していたからだ。グローヴス将軍が、放射線による少数の負傷が生じたのは爆発時だけである、と偽りの主張をしたあと、委員長を務めるコネティカット州の上院議員ブライエン・マクマホンが口をはさんだ。「将軍、あなたはその結果、つまりそうしたことが起こらなかったという事実を、あえて喜んでみせているわけではないですよね？　仮に放射能があったとしても、それに関して倫理的に悪いことは何もないということでしたものね？」マクマホン議員は、グローヴス将軍やほかの軍高官が日本における放射線被害の少なさをあまりに頻繁に主張するので、こうした質問がしたくなったのだ。「そうして何度も何度も主張することが」と、マクマホン議員は言った。「もし［重大な放射線被害が］あった場合、何か倫理的な過ちを犯したことになる、と陸軍省側が感じていることの証拠だとわたしには思えるのです[14]」

グローヴス将軍は、日本が放射線の毒に侵されているという報道が出はじめた八月中旬から、早くも不安な様子を見せていた。マクマホン議員はその様子を見て、グローヴス将軍側が明らかな防御態勢をとっていることにちゃんと気づいていた。マクマホン議員の質問に対する回答として、グローヴス将軍は、日本における現在進行形の放射能被害は回避されている、と再度主張した。それから、漠然とした虚構の二者択一としか思えないものを提起した。「もし、少数の、あるいは何千もの日本人が放射能にさらされるか、それともその一〇倍ものアメリカ人の命を救うか、という選択を迫られたとしたら、私は躊躇《ちゅうちょ》なくアメリカ人としての生き方を選びます……先ほども申し上げたとおり、この戦争を一日でも早く終結させられるなら、その手段を選ぶことについて、私の側にはなんの感情もなかったはずです」[15]と。しかし、証言をしたとき、グローヴス将軍は放射能の有害性をはっきりと認識しており、放射能の影響が「少数の」、あるいは「何千もの日本人」ではすまないこともわかっていた。つまり、「アメリカ人としての生き方」を選ぶということには、アメリカ人を選ぶということが含まれていたのだ。

## オメガサイトの青い光

ウォレンの報告書に放射線病の苦痛な症状に関する記載があったことに加えて、グローヴス将軍は、部下の科学者のひとりが苦しんでいたこともはっきりと認識していた。グローヴス将軍が上院で証言したわずか一〇週間まえ、ロスアラモス研究所で起きた事故による放射線被ばくが原因で、その科学者は死亡した。八月下旬、ウォレン、ヘンリー・バーネット、ハリー・O・ウィプルを含むマンハッタン計画の医師たちが日本へむかっていたころ、人員不足におちいったヘンペルマンは、ロスアラモス研究所における安全基準の維持に苦戦していた。この期間、パデュー大学で素粒子物理学を研究してきた若き科学者ハリー・ダリアンは、「竜の尻尾をくすぐる」という表現でよく知られた実験をお

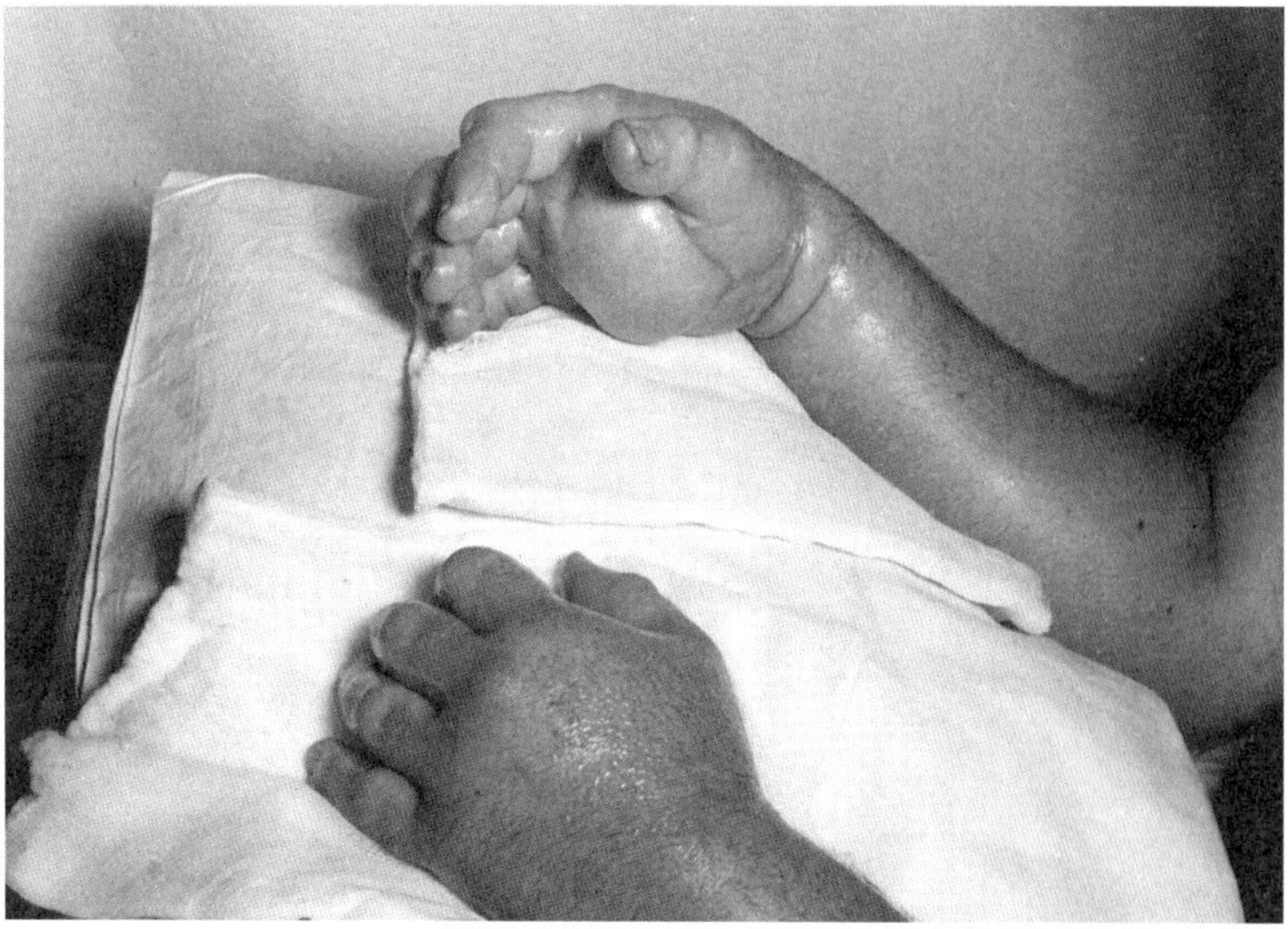

ハリー・ダリアンの腫れた両手。オメガサイト事故発生の約3日後。

こなっていた。

この危険な実験は、ロスアラモス研究所の本部から約五キロ離れた場所にある渓谷のオメガサイトでおこなわれた。実験内容は、ニッケルでめっきされた六・一九キログラムのプルトニウムの球体を用いて臨界に関する測定をする、というものだった。一九四五年八月二一日の晩、ダリアンはひとりで作業をしていた。ただし、実験室には彼のほかにロバート・ヘマリーという名の軍の警備員がいて、実験装置の臨界集合体に背をむけた姿勢で新聞を読んでいた。二四歳のダリアンは、臨界未満のつるりとしたプルトニウムの球のまわりに炭化タングステンのブロックを何層にも積み上げていた。ブロックはタンパーとして使われ、プルトニウムから放出された中性子を反射してプルトニウムに戻す働きをしていた。若き物理学者が試みていたのは、臨界到達に必要なタンパーの正確な量を測定することだった。ダリアンが最後の層である五層目の最後のブロックを載せようとしていたとき、監視装置が中性子放射能の顕著な上昇を知らせた。ダリアンがブロックを引っ込めようとすると、手がすべってブロックが臨界集合体の真ん中に落ちた。その瞬間、不気味な青い閃光が部屋いっぱいに広がり、ヘマリーの読んでいた新聞の紙面までぱっと明るく照らした。

ダリアンは臨界集合体からブロックの一部を、手からすべり落ちたブロックも含めて取り除いた。事故そのものと炭化タングステンの層の解体を試みたことの結果、ダリアンは有害な量の中性子線とガンマ線を浴びた。ダリアンは病院へ運ばれ、ヘンペルマンを含むロスアラモスの医療スタッフが検査と治療をおこなった。事故発生から約三〇分後、「ダリアンは腫れあがった両手がしびれてチクチクすると訴えた」[16]。その後、日を追うごとに容体は悪化し、苦痛は増した。ダリアンが経験した症状には、激しい嘔吐とひどい下痢のほか、皮膚上の水疱や皮膚の剝離があり、とくに重度の被ばくをした両手で顕著だった。実際、ダリアンの両手と両前腕の皮膚は最終的に失われ、指の「乾性壊疽《えそ》」が生じるほどに症状が進行した。こうした経過はすべて臨床的に観察され、写真とともに記録された[17]。ダリアンは、広島と長崎の犠牲者と同じ症状を数多く示し、事故の二五日後に死亡した。

事故発生時、臨界集合体から三、四メートル離れた場所にいたヘマリーが浴びた放射線の量は比較的少なかった。彼は病院で二晩すごしたあと、退院した。比較的軽度の症状を示していたが、数カ月後にはその症状からも回復したように見えた。しかし、後年になって急性骨髄芽球性白血病と診断される。一年以上治療をつづけたがよくならず、六二歳で死亡した。一九七九年に事故の追跡調査がおこなわれた際、ヘンペルマンは、オメガサイトの事故による放射線被ばくがヘマリーの死の原因となった可能性が高いと認めている。[18]

ロスアラモスの実験室で青い光が観察されたのは、これが最初ではなかった。ダリアンの事故が起きる約二カ月半まえの一九四五年六月四日、オメガサイトでべつの事故が起き、ハロルド・ハメル、ジェス・クッファーバーグ、ジェームズ・ビストラインを含む数名が大量の放射線を浴びた。第３章で簡単に触れたが、このときの実験は、濃縮ウランを入れたタンクに少しずつ水を加えるというものだった。実験中、水を追加する速度が速すぎたため、ダリアンの事故の場合と同様に、監視機器が中性子放射能の急激かつ危険な上昇を示した。クッファーバーグとビストラインはそれに反応して、水の投入を止めるとともに、タンクから水の過剰分を放出した。この作業をおこなった短い時間に、タンクのまわりにはっきりと青い光が見えた。それだけでなく、タンクのいちばん近くにいたクッファーバーグらは、「体内の深いところがチクチクするのを感じた」[19]

六月四日の事故が起きたときロスアラモスにいたノーランは、テニアン島に滞在しているあいだに、同じ症状の訴えをべつの者から聞くことになった。広島原爆投下の翌日、ノーランは、スタフォード・ウォレン宛に送った覚書のなかで、エノラ・ゲイ号の乗員のひとりがクッファーバーグらと同様の感覚を経験した、と記録している。エノラ・ゲイ号の乗員の身体検査に関する概要報告でも伝えた内容だが、ノーランは覚書にもつぎのように記載した。「ある乗員が一一キロのところでかすかだが妙なにおいまたは味を感じた。これは、完全に本人が自ら話しだした内容であり、こちらからほのめかしたわけではない。この乗員の感覚は、オメガサイトの事故が起きたあと、クッファーバーグ三等軍曹が話していた感覚と同じである」[20]

六月四日の事故で被ばくした者たちに話を戻そう。事故発生時に実験室にいた全員が血液試料を採取された。タンクの近くにいた四人は、病院に運ばれて詳細な検査を受けた。事故の一カ月後に作成された報告書のなかで、ヘンペルマンは、「いかなる種類の悪い症状も認められなかった」と述べている。しかし、入院した職員四人全員に血圧低下が見られた。それだけでなく、ビストラインは食欲不振を訴えるとともに白血球数の減少を示していたし、ハメルは「初回の血球計算では……白血球がいくぶん増加し、リンパ球が相対的に減少していた」。入院した職員四人は、これ以上の放射線被ばくを避けるとともに日光を浴びないように指示された。この事故の結果、オメガ班を対象とした「臨界集合体の扱いに関する」規則の厳重化が実施された(あるいは、実施が試みられた)[21]。

こうした事故が起きたことを十分に認識していたノーランは、終戦後の研究所がめまぐるしい移行の時期にあるなかで、つぎつぎに退所していく職員から——多くの者は十分に協力的とはいえなかった——データを収集するという困難な任務に直面した。さらに、研究所に残った職員に対する防護の向上を目的として、安全対策の厳重化と慣行化を徹底することもした。戦争が終わった今、放射性物質を扱う職員の安全防護に無頓着な態度をとってよい理由はもはや存在しなかった[22]。ノーランは、プルトニウムを扱う職員の態度が変化したことに気がついた。「情報保全が緩和されるとともに、戦争による圧力がなくなったので、研究所の従業員は特別な危険に関してさまざまな不安を抱くようになった」という[23]。たとえば、トリニティ実験のころに職員から検出されていたような高レベルのプルトニウムの排出を許容する者は今やひとりもいなかった。

多くの職員が「平時の研究に戻るため」にロスアラモスを去っていくなか、健康管理部門はそうした退所者から血液試料と尿試料を含むデータを可能なかぎり系統的に収集し記録しようと決意していた。「まもなく除隊となる個人の側はほとんど協力してくれなかった」ので、健康管理部門にとってこの作業は「膨大な負担」、「大きな頭痛の種」となった。それでもなお、「大変苦労して」データの収集をおこない、ライト・ランガムが「まもなく退所するプルトニウム関係者の尿の分析結果」を手に入れる任務を負った。医師たちは「牛乳配達経路」なるものまで設定し、個人の自宅をまわって試料を集めた。相手に協力する姿勢がなかったので、こうでもしなければ試料を得ることができなかったのだ。[24]

健康管理部門は、退所者用の手順を定めるだけでなく、ノーラン主導のもと、研究所で仕事をつづけている職員の安全防護を向上させる取り組みをした。あるいは、少なくとも以前より職員の健康に注意をはらっていると印象づける取り組みをした。こうした新しい対策措置の実施は思うように進まなかった。マンハッタン計画の医師にはほかにも仕事があったからだ。たとえば、ひきつづきおこなっていたトリニティ実験の追跡調査に関する任務（被ばくしたウシの監視など）があり、一九四六年夏にマーシャル諸島でさらなる原爆実験をおこなう新計画、すなわちクロスロード作戦の準備があった。マンハッタン計画の主要な医師三人であるノーラン、ウォレン、ヘンペルマンはみなクロスロード作戦の放射線安全（ラドセイフ）部に参加する予定だったので、この新たな冒険的計画の準備にいくらか時間を割かざるをえなかった。

このようにやるべきことはたくさんあったが、つぎの大事業が始まるまでのあいだ（一九四五年一一月から一九四六年五月）に新たな安全監視措置を講じた。辺鄙《へんぴ》な場所にある実験室の一部については応急処置室に看護師を派遣し、研究所本部の技術区域では看護師を増員した。ジョー・ホフマンは、研究所周辺地域のさまざまな地点で放射線を測定するために、もっと包括的なフィルムバッジの配布と回収をおこなう任務を負った。さらに、ノーランは先の事故を考慮して、臨界集合体部門に対する監督の強化をはかった。カナダ生まれの物理学者ルイス・スローティンは、医師との会議がおこなわれたあと、この目的に資するために、臨界集合体に携わる自分の班から担当者を決めて放射線の監視状況を健康管理部門に報告することに同意した。[25]

これはひどく皮肉な選択だった。ダリアンの同僚であり、親しい友人でもあった三五歳のスローティンはまもなく、ロスアラモスで起きたもっとも有名な放射線事故に巻き込まれることになるからだ。一九四六年五月二一日、ダリアンの事故の日からちょうど九カ月後、スローティンは、マーシャル諸島のビキニ環礁で予定されている核実験で使うプルトニウム材料の実験をしていた。彼は実際にクロスロード作戦に参加することも決まっていた。渓谷にあるオメガサイトの実験室で、スローティンは六人の科学者を集めて「竜の尻尾をくすぐる」実験の工程を実演して見せていた。ダリアンのときと同じく、実験室には警備員もひとりいた。

今回の実験は、中心に据えたプルトニウムの球の上に半球形のベリリウムをゆっくりと下ろしていくというものだった。スローティンはこの実験を過去に四〇回以上おこなった経験があったので、慣れきって作業をなおざりにしているところが少しあった。イタリアの著名な物理学者エンリコ・フェルミが、「そんなやり方で実験をつづけていると、一年以内に死ぬぞ」と彼に警告したこともあった。[26]

五月二一日の午後、スローティンは、近くに置いたガイガー計数管のカチカチという音を聞きながら、

ルイス・スローティンの死につながった「竜の尻尾をくすぐる」実験の再現。

スクリュードライバーを使ってベリリウム製のタンパーをゆっくりと下ろし、プルトニウムの球に近づけていった。ふいに手がすべってスクリュードライバーがはずれたため、半球形のタンパーがプルトニウムに直接接触した。スローティンは咄《とっ》嗟《さ》に素手でふたつを引き離した。この行動のおかげで実験室にいたほかの者たちの命は助かったようだが、スローティン自身は危険な、最終的には死に至る量の放射線を浴びてしまった。

　このときもまた、独特の青い光が放射性物質から射出された。警備員のパトリック・クリアリーはこう語っている。「実験装置から球体がはずれるのが見えた。それから、球体のまわりに均一な青い光が出ているのが見えた。光輪のようだった」[27]。組織のすみずみまで浸透した区分化方針にしたがって、クリアリーは、同じ部屋にいた科学者とはちがい、その物質の正体や、その日の午後にオメガサイトでおこなわれていた実験の内容に関してなんの知識ももちあわせていなかった。クリアリーは、こう述べている。「そのときは目のまえの物質というか球体が何なのか、まったく知らなかった。それについて何も知らなかった[28]」

スローティンと、オメガサイトにいて彼より少ない量だが放射線を浴びた職員は、ロスアラモス病院へ救急搬送された。立ち会った医師のなかにはヘンペルマンとノーランもいた。事故の報告を受けたウォレンも、サンフランシスコ（クロスロード作戦の準備をしていた）からアルバカーキに飛行機で駆けつけた。全国各地からほかの専門医もロスアラモスに集まってきた。トリアージ方式でおこなわれたその後の処置は、医学と科学両方の側面を有していた。後者の側面についていうと、八人がさまざまな量の放射線被ばくをした今回の事態は、放射線被ばくが人体におよぼす影響を科学的に調査する絶好の機会を提供した。日本の場合とは異なり、放射線傷害から差し引くべき爆風と熱線が原因の傷害はなかった。つまり、今回の負傷はすべて放射線が原因ということだ。科学的な分析が即座に始まった。ロバート・オッペンハイマーの後任としてロスアラモス研究所長を務めるノリス・ブラッドベリー、それからフィル・モリソン、健康管理部門の面々などが事故の現場に集結すると、「測定や試料の収集を始め」て、「夜を徹して硬貨、バッジ、血液試料、尿試料の集計をし、線量の程度を突き止めようとした[29]」

マンハッタン計画の高官は、こうした医学的および科学的取り組みに加えて、事故の広報的側面についてどう対処すべきか頭を悩ませていた。事故の二日後、ブラッドベリー所長は会議を招集し、ノーラン、ヘンペルマン、ポール・ハーグマン（あとから病院に赴任してきた軍医）も出席のもと、

「負傷者に関して即座に対処すべき多数の事項の調整」をはかった。検討を要する「事項」というのは主に、研究所側の事故に関する広報管理についてだった。医師と科学者を集めた五月二三日の会議で検討された事項六点に含まれていたのは、プレスリリースを出すべきか、公式発表をする場合は誰がするか、「ただちに連絡をすべき近親者は何人か」などだった。慌ただしく開催された会議では、ロスアラモスの医師四人も出席していたのに、検討事項六点のうち、負傷者の治療に言及するものはひとつもなかった。[30]

だからといって、医療行為がまったくおこなわれなかったわけではない。ブラッドベリー所長は、とくにスローティンの容体の深刻さに言及し、医師たちが患者の治療にあたっていることを認めて、「ノーランとヘンペルマンのふたりがここにおりますし、ノーランは必要なだけ残る予定です。ウォレン大佐も駆けつけました……できることはすべてしたと感じています」との報告を上げている。[31]とはいえ、医師にできることはほとんどなかった。スローティンの容体は、ダリアンの場合よりさらに急速に悪化した。そして今回もまた、広島と長崎の原爆犠牲者が経験したおぞましい放射線の影響に似た症状を呈した。五月三〇日、事故のわずか九日後にスローティンは死亡した。苦痛に満ちた死に方で、医師の投与するモルヒネだけがわずかにそれをやわらげた。科学的観察のため、スローティンは（前回のダリアンと同様に）、傷の測定、検査、写真撮影をこころよく受け入れ、腐敗しゆく裸体の全身写真まで撮影させた。

この事故の影響によりビキニ環礁の実験準備が遅れることはない、とブラッドベリー所長は上官に請け合った。今回もヘンペルマンが研究所に残って危機管理にあたるよう指示を受け、ノーランとウオレンがマーシャル諸島へ出発した。[32] 実際のところ、ウォレンとノーランはスローティンが死亡する数日まえにロスアラモスを去っていた。他方のヘンペルマンは、ロスアラモスに残って事故のその後に対処した。そのなかにはスローティンの両親への対応も含まれていた。アレグザンダー・スローティンとソニアがロスアラモスに到着すると、ヘンペルマンは彼らを迎え、五月三一日、息子の亡骸《なきがら》を入れた棺とともにウィニペグの町まで送っていた。陸軍はすばやく動き、スローティンの家族と示談をした。補償金一万ドルを提示し、その一方で陸軍の事故に対するあらゆる責任を否定する免責書類に署名するようスローティンの母親に要求した。陸軍は、スローティンの両親がロスアラモスを往復するのにかかった交通費、宿泊費、食事代も全額負担した。

事故のとき実験室にいたほかの者についていうと、スローティンのつぎに放射線被ばくの量が多かったのは、物理学者アルヴィン・グレイヴスと推定された。グレイヴスは、事故のあと、高熱と嘔吐など放射線病の急性症状をいくつか示した。つづいて髪のほとんどが抜け落ち、一時的に生殖不能になり、数カ月のあいだ消耗性疲労に苦しんだ。[33] グレイヴス本人と妻のエリザベス(通称ディズ)はふたりとも、トリニティ実験のとき、ノーランのもとで監視員を務めていた。ディズはそのとき妊娠七カ月で、それゆえノーランの担当患者でもあったのだが、「トリニティ実験に参加させろ」とノーランに「食ってかかった」。グレイヴス夫妻は最終的に、実験によって生じる降下物を監視する班に参加して、「カリゾゾの町のモーテルにいることを許可」された。ノーランは当時を振り返って、のちにこう告白している。もしオメガサイトの事故が起きるとわかっていたら、ふたりのトリニティ実験参加を絶対に許可しなかった、なぜなら一九四六年五月二一日の事故は夫妻をそれ以上子どもを望めない状態にし、一九四五年六月にお腹にいた赤ん坊が「グレイヴス家の最後の赤ん坊」になったかもしれないからだ、と。[34] 事故から二〇年後の一九六六年、グレイヴスはスキーの際中に心臓発作を起こし、五四歳で死亡した。グレイヴスの心臓の状態が悪かったのは、「放射線被ばくの結果と考えられる」と、のちにヘンペルマンが認めている。[35]

スローティンとグレイヴスのつぎに放射線被ばくの量が多かったのは、アラン・クラインで、推定一〇〇レントゲンだった。[36] 事故の四日後、ブラッドベリー所長はクラインの母親であるジューン・クラインに書簡を送った。そのなかで、ご子息が「不慮の放射線被ばくによって受けた影響は重大ではありません」と、述べている。さらに、ハーグマンの医学的報告書をそのままつぎのように引用した。「S・アラン・クラインが示している症状はごく軽度で、放射線病の客観的証拠は認められない。臨床検査値は境界域。ひきつづき要観察。予後良好」[37]。アラン・クラインは事故のあと、マンハッタン計画から退き、シカゴに戻った。そして、その後何年も放射線被ばくの影響に苦しむことになった。髪が抜け落ち、長時間日光にあたることを避けなければならず、深刻な疲労と闘い（一日の睡眠時間は一六時間だった）、一年間は生殖不能だった。

シカゴに住んでいるあいだも、ニューヨークに引っ越したあとも、クラインはまずアメリカ原子力委員会（AEC）とつながりのある医師から医療を受けようとした。アメリカ原子力委員会とは、一九四七年一月一日からマンハッタン計画の業務を引き継いだ、民間人主導の団体である。しかし、クラインはとうとう悟った。自分が実際に受けているのは、医療ではなく、日本で合同調査委員会と原爆傷害調査委員会の研究対象だった犠牲者が受けていたのと同じ、科学的データの収集を目的とした検査だ、と。事故の約三年後、クラインはつぎのように記している。「私はこの期間ずっと、事実上モルモットとして利用されており、私の回復を意図した投薬や治療はおこなわれず、助言もなかった。どの医師もみな、私の体の状態を確認し、きわめて長時間におよぶ不快な検査を受けさせるだけだった。あげくの果てに、そうして得られた検査結果は、アメリカ政府の所有物になり、私本人には入手不能となった[38]」

クラインは、最終的にアメリカ原子力委員会の医師に協力するのをやめて、代わりに個人の医師を頼った。何年にもわたり、ロスアラモス研究所から自分の医療記録を取り戻そうとし、また、自分の負傷に関してなんらかの和解条件を確保しようとしたが、いずれもうまくいかなかった。事故から約五年後の一九五一年三月になってもまだ、クラインはアメリカ原子力委員会から医療情報を取り戻そうと試みていた。そうした医療情報には、血液試料、尿試料、胸骨穿刺《せんし》、血液凝固のデータのほか、硬貨や腕時計やベルトのバックルなど、事故後ロスアラモス病院に入院しているあいだに回収された彼の私物に関する放射線測定結果が含まれていた[39]。クラインが得た回答はつぎのようなものだった。「貴殿が身に着けていた物体から射出された放射線の計算結果などのデータに関する請求があったが、これらはどうやら存在しないらしく、こうした物体の計測がおこなわれたとしたら、主に好奇心からおこなわれたことであり、記録に残されなかったと推測するほかない[40]」

この回答は真っ赤な嘘であることが、一九八〇年代に議論の余地なく明らかになった。クラインの症例に関する「隠されたファイル」がテネシー大学の書庫から研究者クリフォード・ホニカーによって偶然発見されたのだ[41]。発見されたファイルには、実験室にいた八人全員を対象とした放射線被ばくの「相対的強度」に関する記録文書が含まれていた。この「相対的強度」が根拠としていた測定値は、血清、フィルムバッジ、硬貨などに関するものだった。こうした物品の回収については、ブラッドベリー所長の覚書にもはっきりと記載されている。C・W・ベッツ大佐も同様に、事故の六日後に作成したグローヴス将軍宛の覚書で、これらのものを回収し、分析したことをつぎのように認めている。「八人全員が即座に入院し、観察下に置かれた。ほかの専門家はその日、夜どおし事故の犠牲者の所有物に含まれていた金属製の物品を対象として放射能を測定するとともに、血液および尿の放射能検査をおこなった」[42]と。クラインがそれまで入手不能だったこのデータによって、事故による放射線被ばくの量は、スローティンとグレイヴスのつぎにクラインが多く、その量は一九四六年当時の基準と比較しても最大許容線量を大きく上回る値だったことが判明した。[43]

なぜ、こうした医学的データはクラインから隠されたのだろうか？　どうやら、ロスアラモスの医師は、訴訟に関する懸念を理由として、クラインに協力しないようはっきりと指示されていたようだ。シカゴを拠点とする医師J・J・ニクソンから「詳しい医学的研究」のためにクラインを入院させたい旨の要望があったとき、これに対する返答として、事故から約七カ月後の一九四六年一二月一〇日にヘンペルマンが記した書簡は示唆的である。ヘンペルマンは書簡のなかで、「本事例はもっとも特殊な扱いになっており」、自分自身は「クラインと直接連絡をとることも、この事案にいかなる方法で関与することもないように」指示されている、と認めている。また、このように協力できない背景として、「法的訴訟の可能性が、ひどくぴりぴりした状況を生じさせている」ことを認めている。[44]

クラインの件をきっかけとして、ウォレンは月が変わらないうちに、将来的な訴訟からアメリカ原子力委員会を守るための政策措置の導入を勧告した。こうした政策の「明確化」をはかった理由もまた、「医療訴訟によって政府に生じうる厄介な問題を回避する」ためであるのは明らかだった。[45]ウォレンとヘンペルマンのかかえる問題のひとつは、クラインがマンハッタン計画やアメリカ原子力委員会の医師が今後おこなういかなる医学的検査についても参加を拒否していることだった。クラインが参加を拒否する理由は、自分が受けているのは医学的治療ではなく、科学的調査だと感じるからであり、これはもっともなことだった。ウォレンが提案した政策の趣旨は、将来的な訴訟を回避するために、今後同様の事故が起きた場合は、職員の検査を促進すべきであるということだった。ここでもまた、ウォレンの動機はクラインの健康に対する心配ではなく、「好ましい世論」を維持したいという欲求であることはまちがいなかった。「好ましい世論」は、ウォレンが政策案のなかで三度も言及した問題である。[46]

オメガサイトのふたつの事故、なかでもクラインの一件は、警告・包摂・共謀という、これまで見てきた核の時代の黎明期のさまざまな出来事において医師がたどったパターンのまたべつの一例である。医師はまず、臨界集合体実験について警告を発した。この警告は無視、あるいは軽視された。実際に事故が起きると、医師は科学的データの入手に利用され、その後またもや訴訟の懸念を理由として証拠隠しの共犯になった。これらの事例はさらに、性急な評価の不十分さと、長期的な影響の可能性に対する関心の欠如を表している。ヘンペルマンは一九七九年に事故の追跡調査をおこない、オメガサイトの事故の影響が、ダリアンとスローティンの不幸な死にとどまらず、もっと広範におよぶことを示している。ヘンペルマンは、一九七九年のまえに一九五二年にも追跡調査をおこなっており、それには八名の生存者のうち六名が参加に同意した。参加しなかったふたりは、いずれもスローティンの事故の関係者だった。ひとりはクラインであり、もはや理由の説明は不要だろう。もうひとりはクリアリーで、当時朝鮮戦争へ出兵していたことが理由だった。クリアリーは、出兵先での戦闘中に二七歳で死亡する。

一九五二年の調査にクラインが参加しなかったことは、明らかにヘンペルマンを苛立たせた。このヘンペルマンの反応を見ると、科学的思考体系が医学的思考体系にまさったのだとわかる。クラインが自分の医療記録を取り戻そうとし、また、アメリカ原子力委員会となんらかの合意に至ろうと試みていた時期、ヘンペルマンたちはクラインに対して、まずはもうひとつ検査を受けるよう要求していた。当時彼らが取り組んでいた一九五二年の追跡調査を完成させるためだった。たとえば、ヘンペルマンによる一九四九年一二月の書簡にはつぎのように記載されている。「クラインの症例に対する私の関心は、迅速かつ公平な和解に至りたいという動機に限りません。それだけでなく、クラインが検査に応じ、彼の症例をわれわれの放射線病研究に含めてよいと許可してくれることを希望しているのです」[47]と。クラインは当然この要請を拒否したので、一九五二年と一九七九年のいずれの追跡調査にも「症例5」は含まれておらず、その欠落が目についてしまう。一九八〇年のインタビューのとき、ヘンペルマンは同調査からクラインの症例が抜け落ちている理由の説明を試みて、つぎのように述べた。クラインは、「この経験に大変動揺し……弁護士になって、それからたぶんアメリカ原子力委員会か何かだと思うが、これを訴えた。おそらく法廷外で示談をしたか、何かそのようなことをしたと思う。そういう事情で、彼は追跡調査に協力しなかったのだ」[48]と。

一九七九年の追跡調査のときには、一九五二年の追跡調査で再検査をした六名のうち四名が死亡していた。二名（ヘマリーを含む）の死因は白血病、ほかの二名（グレイヴスを含む）の死因は心臓の異常であり、いずれも放射線被ばくに由来すると考えるのが妥当そうだった。一九七九年、ヘンペルマンは条件つきながら、つぎのように認めている。「白血病による死亡例二件は、放射線被ばくの遅発効果である可能性が高い……残りの死亡例二件は、被ばくと関連があると考えられる」[49]。今回のオメガサイトの事故の場合も、日本でおこなった調査の場合と同じで、初期段階の短期的な調査だけでは、事故に起因する放射線傷害の全容をとらえることはできなかったのだ。

## 日本における放射線の影響に関するその後の研究

日本でおこなわれたより長期的な調査を見ると、マンハッタン計画調査団による取り急ぎの調査が不十分だったことが同じくわかるが、それだけでなく、グローヴス将軍の証言はもとより、ウォレンの調査結果自体がよくいって誤解を招くものだったことが明らかになる。グローヴス将軍が上院小委員会で証言した数カ月後、ウォレンも同小委員会で証言をし、日本の全負傷者のうち、放射線の影響が原因といえる症例はわずか五から七パーセントだった、と主張した。さらに、一〇月上旬にウォレン班が長崎を出発した時点で、「各病院の症例数を平均すると、熱傷症例数に対するガンマ線傷害症例数の割合は二〇対一だった」と述べている。[50] この主張は、一〇月五日にジェームズ・B・ニューマン Jr.将軍が報告した内容と一致していない。ニューマン将軍の報告によると、長崎における「熱傷症例数に対するガンマ線傷害症例数は、約三対一」の割合である。[51] さらに、おおよそ同じ時期に長崎一帯で最大級の病院のひとつ（病床約五〇の棟が五つあり、おそらく大村海軍病院だと思われる）で患者の調査をした、アシュレー・W・オーターソン班のジョン・フリックの知見とも一致しない。フリックによると、「ほぼすべてが被ばくの症例」だった。[52]

米国戦略爆撃調査団もウォレンの推定に異議を唱えていた。同調査団のある班は、広島と長崎で原爆の人体に対する影響を調査した。一一〇名以上の調査員からなるこの班は、一九四五年一〇月から一二月にかけて一〇週間日本に滞在し、合同調査委員会のうち日本に残っていた部隊と協力して調査にあたった。米国戦略爆撃調査団は、一九四六年六月の報告書のなかで、ウォレンの推定は「控え目すぎる」と主張している。自分たちの見解としては、「被爆地域で調査を行った医学調査員の大部分は……死亡者の一五から二〇％は放射線によるものであるというのが一般的な感触だった」と述べている。[53]

合同調査委員会のマンハッタン計画調査団をのぞくふたつの調査団の指揮官シールズ・ウォレンとオーターソンは、一九五六年に「日本における原爆の医学的影響 *Medical Effects of the Atomic Bomb in Japan*」と題した包括的な調査報告書を発表した。分析のなかには、広島と長崎における傷害例九二九二例で認められた、異なる種類の傷害に関する調査が含まれている。調査対象は、原爆投下二〇日後時点の生存者である。この九二九二例のうち、四二六二例、すなわち四六パーセントでなんらかの放射線傷害が認められた。ただし、爆風または熱線による傷害との組み合わせも含まれている。[54] こうしたデータを勘案すると、シールズ・ウォレンとルパート・ドレーガー海軍大佐がのちに出した結論は驚くにあたらない。彼らは、「電離放射線を含む爆風の影響、ガンマ線、および中性子に起因する傷害例の数は」、全傷害例のごくわずかな割合などではなく、「原爆の爆発に起因するほかのどの種類の傷害例の数よりおそらく多い」と結論している。[55]

残留放射能による危険が存在する可能性について、シールズ・ウォレンとドレーガーは、ファレル将軍とグローヴス将軍のようにその存在を完全否定するのではなく、現実の可能性としてつぎのように認めた。「原爆の核分裂生成物による地域汚染が原因で残留放射能が生じることは考えうる事態である」[56]と。事実、合同調査委員会の調査団に参加していたネロ・ペイスとロバート・スミスが作成した機密扱いの報告書によると、広島および長崎の爆心地周辺とその風下区域の両方で測定可能な量の残留放射線が検出された。ペイスとスミスは、誘導放射線に関しても、中性子の透過によって生じた爆心地の誘導放射能はガンマ線より重大であった、と報告している。さらに、中性子による同位体の生成は、ガンマ線による同位体の生成より「数段階」まさっていた、とまで述べている[57]（「広島および長崎の原子爆弾被爆地域における残留放射能の強さの測定」、N・ペイス、R・E・スミス、一九五九年）。前述したように、スタフォード・ウォレンがグローヴス将軍に提出した上院証言用の予備報告書には、ガンマ線の影響しか記載されていなかった。

この海軍の医師たちはさらに、広島・長崎両方の原爆から風下区域における放射性降下物を発見した。とくに、プルトニウム爆弾において顕著だった。プルトニウム爆弾の場合には、東および北東からの風が長崎の西約三キロにある小さな集落、西山地区に降下物をまき散らした。この知見は、第5

章で検討した、バーネットも議論し、コリンズの測定によっても示された、長崎医科大学調来助医師の観察結果とも一致している。ペイスとスミスによると、西山地区の住民が受けた放射性降下物は「最大許容線量……に近い」。また、住民が受けた放射線量は推定約五六レントゲンであり、この放射線量は「測定可能の生理的変化を生じ得る」[58]という。

同じ地域を調査していた日本人科学者も、西山地区で測定可能な量の降下物を検出した。一九四七年には、九州帝国大学の研究班が、西山地区の住民の半数以上において白血球数の増加を、約三分の一において高色素性貧血（赤血球の減少）を発見した。一九七五年になってもなお、西山地区の住民から検出された放射性核種セシウム137の濃度は非被ばく者集団より高い、という報告がなされている[59]。この放射性核種は、第7章で見るように、マーシャル諸島でおこなわれた戦後の核兵器実験のあと、ビキニ環礁の住民がもとの居住地に戻ることを不可能にしたのと同じものだ。

広島と長崎の爆心地における残留放射線については、原爆投下の数週間から数カ月後に一方または両方の都市にはいった日本人救護者およびアメリカの軍人がさまざまな放射線病の症状を呈した、と多数の報告が示唆している。その症状とは、下痢、吐き気、高熱、脱毛などだった。各種のがん、不妊、白内障、肝障害といったもっと重大な病気も、二次被ばくが原因とされている[60]。こうしたより重大な病気の場合は、死に至ることもあった。

たとえば、ジョン・ハーシーが対話を重ねた相手のひとりである谷本清は、広島において、「原爆投下時は市内にいなかったが、あとから入市した者が死亡した」という多数の事例を直接目にした。一九四五年九月一〇日の日記には、つぎのような内容が記録されていた。「K・オキニシという女性が、一〇キロ離れた古市《ふるいち》から、自宅で死亡した娘の骨を拾いにやってきた。娘の家は、寺町の仏教寺院の近くで、爆心地から一キロの場所だった」。結果として、彼女は「数日後に死亡した」。ほかにも、I・ニシモトという名の男の事例がある。彼は原爆投下後に広島を訪れ、こちらも「爆心地から一キロ」ほどの地点にある三川町《みかわまち》の娘の家を探した。娘は結婚したばかりで、三川町で鮮魚店を営んでいた。ニシモトは瓦礫と化した亡き娘の家を訪れてから、前述の女性と同じく「数日後に死亡した」。「オオグロのお母さん」という女性の事例もある。彼女は原爆投下時、約三〇キロ離れた大竹に住んでいた。「ジュンの骨」を探し求めて何度か広島を訪れたあと、彼女はとうとう「原爆病」にかかり、「高熱」を出して「最後には死亡した」。谷本によると、「似たような事例がたくさんあった[61]」

占領軍の一員として戦後の日本に滞在したアメリカの軍人による報告も、残留放射線の重大な影響を示唆している。たとえば、一一月一日に長崎入りした海兵隊員ビル・グリフィンは、長崎で被ばくした結果、歯と髪が抜け、皮膚がはがれ落ちた、と報告している[62]。長崎に駐屯したべつの海兵隊員サム・サイオンによると、彼やほかの占領軍の兵士は何度も爆心地に足を運んだにもかかわらず、「放射線についても、放射線がおよぼす可能性のある影響についても、何ひとつ」聞かされなかったという。サイオンは、日本に一年間駐屯して帰国したあと、「髪が抜けはじめ、全身の痛みに襲われた」。彼はその後何年間も放射線に関連する多数の病気に苦しんだ[63]。

さらにべつの海兵隊員、占領期間中に長崎に駐屯していたデイヴィッド・C・ミラムも、自分や同僚の軍人に放射線の影響を認めた。長崎滞在中に目にした放射線の最初の兆候のひとつとして、一部の同僚に脱毛が見られた。「ごっそり抜け落ちた」とミラムは記憶している。つぎに、歯のぐらつき、ひどい頭痛、さらには白血病まで現れた。友人のひとりが倦怠感を覚えるようになり、最後には船の医務室に申し出たものの、数週間後に死亡した。ミラムが「血液のがん」とよぶ症状を患う者もいた。ミラム自身は、戦後何年もたってから、長崎の残留放射線が原因で生殖不能になったと知った。[64]最近の複数の研究は、原爆投下後一週間以内に入市した者は「大量の放射線」を浴びたと示している[65]（スーザン・サザード、『ナガサキ：核戦争後の人生』、宇治川康江訳、みすず書房、二〇一九年）。こうした知見は、放射線科医の永井隆ら日本人医師が原爆投下直後の数週間に救護活動をするなかで観察した、広島と長崎における残留放射線の影響と一致している。

こうした結果は、グローヴス将軍にとって驚きではなかったはずだ。ウォレンの警告によって、核爆発後の地域に進入する場合、軍隊は重大な危険に直面する可能性があると知っていたのだから。[66]しかしグローヴス将軍は、この警告に関するデータも、上院証言用にウォレンが準備した予備報告書と同じやり方で扱った。つまり、第三者に伝達する際、徹底的に情報をねじ曲げて嘘をついた。一九四五年七月下旬、ウォレンの警告を受けたほんの数日後、グローヴス将軍は陸軍参謀長ジョージ・C・マーシャルに覚書を送り、そのなかでこう述べている。「地上において放射性物質による有害な影響はないと予想されます……当該地域に即座に軍隊を進行させることが可能であり、車両の使用が好ましいものの、要望に応じて徒歩も可能と考えます」と。[67]歴史学者ショーン・マロイは、アメリカ軍の安全に直接的な影響がある警告を無視することもいとわなかったグローヴス将軍の姿勢を、「全物語のなかでもっとも衝撃的な側面のひとつ」と述べている。さらに、グローヴス将軍がこのような姿勢をとったのは、彼が自分の定めた区分化方針を自分の精神にも適用し、その結果、ある意味では自分自身をもだます形で「自己」の「区分化」をおこなったからではないかと考えた。[68]

この情報伝達に見られる、グローヴス将軍とウォレンの複雑な関係が生み出すダイナミクスは、戦後も継続して存在した。たとえば、一九五七年四月、ウォレンがカリフォルニア大学ロサンゼルス校医科大学院の長を務めていたとき、ニューヨーク・デイリーニューズ紙が、放射線の影響で生まれたふたつ頭のサケの話はデマだ、と暴く記事を掲載した。そもそものふたつ頭のサケの話というのは、ワシントンにあるハンフォードの工場周辺の水質汚染を問題としているらしかった。記事は、放射線の遺伝的影響なるものについて、マーシャル諸島の核実験継続阻止を狙う共産主義者のプロパガンダにすぎない、と断じて片付けた。そして、このサケなどの話に懐疑的な権威として、「尊敬を集めるドクター・スタフォード・ウォレン」に言及している。記事によると、ウォレンは「放射線が生殖の過程または結果になんらかの影響をおよぼすという……決定的証拠はない」と述べたようだ。さらに、「実験期間中に実験区域内で放射性降下物による被害を受けた者は皆無だ」と述べたとさえ書かれている。[69]

この記事を読んだグローヴスは大喜びした。戦後一二年がたってもなお、放射線に関する言説の統制を試みていたらしく、グローヴスはウォレンに手紙を書いて、サケに対する放射線被ばくの遺伝的影響を否定するにあたって参照した関連資料があれば送ってほしい、と頼んだ。この手紙のなかでグローヴスは、放射線傷害について主張をつづける人たちをばかにしてつぎのように記している。「貴殿も同意してくれると思うが、ほかの多くの人と同じように、私も多かれ少なかれキテレツな何人かの人間と接した経験があり、彼らは全員、一九四五年七月一五日［トリニティ実験の前日］よりまえに生まれている。論理的に考えれば、彼らのキテレツさの原因が原爆の放射線であるはずがない」[70]

ウォレンは、グローヴスの機嫌を損ねない返答をしつつ、事実関係をはっきりさせるために、添え状をつけて文書を送った。「われわれのなかにはたしかに一定数の奇人変人がおります」と、ウォレンは添え状で譲歩している。「生まれつきと思われる人もいれば、注目を集めるためにその役を演じている人もいます」。他方、同封の文書では、太平洋で継続中の核実験を擁護してはいるものの、「放射線が突然変異を引き起こす可能性があることは……疑いの余地がなく」、そうした突然変異のほとんどが「ある程度は有害です」と、認めている。この文書を見ると、デイリーニューズ紙の記事がウォレンの発言として記載した内容を、ウォレン本人がどうとらえていたかがはっきりする。つまりウォレンは、自分の見解や放射線の遺伝的影響に関する科学的データが、本来の文脈から切り離され、誤った形で使われている、と考えていた。このグローヴスとウォレンのやりとりは、過去のふたりの思惑のあり方を示している。グローヴス側は、ウォレンの専門性を利用しようとし、ウォレン側は、知識人として高潔さのかけらを保つと同時に上司の機嫌をとろうとしていた。[71] 今回の一件について、ウォレンの文書の内容を考慮すると、どうすれば彼の返答がグローヴスの取り組みに役立つのかはわからないが、この点は、過去にウォレン大佐がグローヴス将軍に送った覚書についても同様だろう。

アメリカはいぜんとして、広島と長崎の爆心地周辺における残留放射線はごくわずかで、それゆえ有害ではないという立場をとっていた。しかし、日本の高官から見ると、二次放射線による負傷の証拠は十分に説得力があったので、日本政府は最終的に医療手当支給の対象範囲を、原爆投下時から二週間以内にいずれかの都市の爆心地から二キロ以内にはいった者に拡大した。[72]

残留放射線の影響については、現在も議論がつづいており、科学的に実証するのも困難である一方、初期放射線の長期的影響は反論の余地がない。たとえば、放射線影響研究所の概要報告によると、原爆投下時に爆心地から半径二・五キロ以内にいた被ばく生存者の白血病死亡リスクは、非被ばく者集団と比較して二倍、半径一・二キロ以内では六倍である。[73] さらに、被ばく者個人の年齢が低いほど、将来の白血病罹患リスクが高かった。たとえば、爆心地から半径一・六キロ以内で被ばくした一〇歳未満の子どもは、白血病と診断される割合が一般集団の一八倍だった。各種研究によると、白血病だけでなく、被ばく生存者においては、胃がん、肺がん、結腸がん、乳がんの罹患リスクも高い。興味深いことに、被ばく生存者における白血病による死亡のピークが原爆投下後五から一〇年のあいだであるのに対して、ほかの各種がんの長期的影響がピークをむかえるには約二〇年かかっている。

長期的研究の結果によると、被ばく生存者においては、心臓病、脳卒中、腎臓病、甲状腺の良性腫瘍、肝臓病、白内障といったがん以外の病気や異常のリスク上昇も示唆されている。[74] たとえば、放射線に起因する白内障は、被ばく後三カ月から一〇年の潜伏期があって発症する。[75] さらに、胎内被ばく者は「放射線被曝」によって「悪影響」を受けたことも判明している。たとえば、受胎後週齢八から一五週で被ばくした場合、「重度の知的障害または学業成績と知能指数（ＩＱ）の低下」につながり、また、「てんかん発作が多く発生する」[76]（公益財団法人放射線影響研究所「要覧」、二〇一七年）。胎内被ばくの結果、小頭囲、つまり著しく頭が小さく生まれる子どももおり、受胎後一六週未満で被ばくした人で比較的頻度が高かった。[77] 近年、長崎の被ばく者数人の人生を追った著書を発表したスーザン・サザードは、被ばく生存者が相当な社会的影響と心理的緊張に耐えていたことを明らかにしている。被ばく者は、様変わりした外見や、放射線傷害が子どもに遺伝するかもしれないという恐れが原因で、人から避けられたり、人に見られるのが嫌になったり、結婚相手を探すのに苦労したりした。[78]

以上からわかるように、五週間の広島および長崎の被害調査においてマンハッタン計画の医師たちがどれほど入念かつ正確に調査をしたとしても、そうした取り急ぎの調査なるものでは、けっして十分な結果は得られなかった。この破壊的な新技術の全容は、もっと長期的な視点に立たなければ理解できなかったからだ。しかし、マンハッタン計画の医師たちはこの事実を必ずしも見過ごしていたわけではない。彼らは、のちに原爆傷害調査委員会や放射線影響研究所による研究の際におこなわれたような、長期的な調査をするよう一度ならず勧告していた。

## プルトニウム注射

放射線被ばくの長期的影響を理解しようとする医師の取り組みは、ごく初期にロスアラモス研究所で起きた事故のひとつを境に、かなり暗い展開を見せる。この事故が発生したのは、オメガサイトで最初の臨界集合体事故が起きる約一年まえ、一九四四年八月一日のこと。場所はロスアラモス研究所本部Ｄ棟だった。当時、サイトＹには、きわめて微量のプルトニウムしか供給されていなかった。こうした微量のプルトニウム試料は非常に貴重で、捜索専用の特別班が結成されたほどだった。絨毯《じゅうたん》に吸収されたのか、床に落ちたのか、とにかく失われたプルトニウムを回収することが彼らの任務であり、「必要があれば、床を引き剝がしてでもプルトニウムをとり出す覚悟だった」。ヘンペルマンによると、「捜索隊」は「自転車を溶解することもいとわない構えで……残らず回収するためならなんでもやった」[79]

八月一日の朝、ドン・マスティックはD棟で実験をしていた。カリフォルニア大学バークレー校から来たこの二三歳の化学者は、オッペンハイマーの誘いを受けてメサの秘密計画に参加していた。手にもった小さなバイアル（試料瓶）には、一〇ミリグラムのプルトニウムがはいっていた。ふいにバイアルの首がポキンと折れたかと思うと、中身の液体がこぼれ、一部がはね飛んでまえの壁にあたり、そのはね返りが口にはいった。マスティックは折れたバイアルをそっと木製のホルダーに戻すと、ヘンペルマンの執務室へ行って事故の報告をした。ヘンペルマンは、スタフォード・ウォレンの勧めた混合溶液で何度も口をゆすがせたあと、胃洗浄をほどこした。そのあとの彼の行動を見れば、こうした微量のプルトニウム試料が当時いかに貴重だったか、よくわかるだろう。マスティックの胃洗浄を終えたヘンペルマンは、この若き化学者に本人の吐しゃ物のはいった四リットルの容器をわたし、プルトニウムを化学的に抽出せよ、と指示をした。[80]

研究所にはもっと全般的なプルトニウムの毒性作用の問題がそもそもあったので、この事故をきっかけとして、職員のあいだにどっと不安が広がった。事故の二週間後、ヘンペルマンはオッペンハイマーに覚書を送り、問題点を説明するとともに、放射性物質が人体におよぼす影響について理解を深める研究を始めるよう迫った。[81] ヘンペルマンをはじめとする健康管理部門の医師は、マスティックの体がはからずも摂取してしまったプルトニウムに対してどんな反応をするか、まったく見当がつかなかった。たとえば、体から排出されるプルトニウムの割合はどれくらいか？　排出にかかる時間は？　体内に残る量は？　有害である場合、どんな害が生じうるのか？　こうした問いの答えを得るために、科学者はバークレーの研究所でラットを使った実験をいくつか実施した。しかし、その知見がどの程度人間に適用できるのかは結局よくわからなかった。

ヘンペルマンの覚書に対する返答として、オッペンハイマーは、「人体実験も」なされるかもしれないと認識しつつ、「排泄物中のプルトニウムを検出する方法の開発」をおこなう権限を付与した。[82]二週間後、ヘンペルマンは、実験の一環として、「一日に排出されるプルトニウムの割合を特定するための、人間を対象としたトレーサー実験」の実施計画を承認した。[83]オッペンハイマーは、この計画を全面的に支持し、署名によって許可した。ただし、理由は判然としないが、ロスアラモス以外の場所での実施を要望した。そして一九四五年三月、化学部門と健康管理部門の代表者は、ハイマー・フリーデル、スタフォード・ウォレンらと会議を開き、新計画の実施について議論した。このあと、ヘンペルマンは覚書を作成し、「ロチェスターまたはシカゴの病院の入院患者から対象者を選んで、一から一〇マイクログラムを注射し、回収した排泄物をこの「ロスアラモス」研究所に送る」という手順を提案した。[84]

数日後、最初のプルトニウム注射に適当と思われる被験者候補が見つかった。ただし、彼はロチェスターでもシカゴでもなく、オークリッジにいた。実験のために選ばれた最初の「患者」は、五五歳の「有色人男性」で、エブ・ケイドという名だった。オークリッジサイトでセメント工をしていたケイドは、一九四五年三月二四日の早朝、出勤途中に自動車事故にあった。その結果、あちこちを負傷した。脚一本と腕一本を骨折し、脚のほうは手術が必要だった。事故の怪我をのぞけばおおむね健康だったケイドは、HP‐12（人体製品《ヒューマン・プロダクト》12）というコードネームをつけられ、四月一〇日に四・七マイクログラムのプルトニウムを注射された。当時、プルトニウム摂取に関して最大許容身体負荷量と考えられていた量の五倍近かった。急性の症状が出るには至らない量だったが、当時でさえ、最終的にはがんを発症するに十分だとわかっていた。

約四カ月後には合同調査委員会の一員として長崎にむかうことになるジョー・ハウランドは、ケイドに注射を打つよう指示された。最初は実験への抵抗感をあらわにし、注射の役目を拒否した。しかし、ハウランドによると、上司のフリーデルが注射を打つよう書面で軍事命令を出したので、したがわざるをえなかった。ケイドに対しては処置に関する意思確認もなく、体内に注射する物質の説明もなかったという。折れた脚の整復手術がおこなわれたのは、四月一五日になってからだった。注射の五日後で、事故発生からは三週間近くがたっていた。手術の日程を注射よりあとにまわすことで、医師は骨に堆積したプルトニウムの量を測定することが可能になった。処置の際、医師はケイドの脚から骨の試料二点を採取した。さらに、歯一五本を抜き、こちらも最終的にはプルトニウムを調べるための試料にした。オークリッジ病院の医師によると、ケイドはひどい「虫歯と歯肉炎」があったというが、歯を抜いたいちばんの目的が医学的検査だったのか科学的検査だったのかは判然としない。[85] 処置の翌日、フリーデルは「尿および便の試料二一点、骨の試料二点、血液試料一点を入れた」箱を「ドクター・ライト・ランガムの分析用」としてロスアラモスへ送った。[86]

ケイドは、整復した骨がよくなると退院し、最終的にはノースカロライナ州のグリーンズボロに引っ越した。医師たちは彼の居所がわからなくなったので、追跡調査はおこなわなかった。注射の八年後、ケイドは六三歳のときに心臓発作で死亡した。アイリーン・ウェルサムによると、ケイドは遺伝的に長生きの家系で、姉は一〇〇歳を超えて生きていた。[87] ケイドは、マンハッタン計画の医師によって秘密裡にプルトニウム注射をされた患者一八人のうちのひとり目だが、オークリッジで注射を受けたのは彼だけだった。ほか一七人の内訳は、シカゴ大学三人、カリフォルニア大学三人、ロチェスター大学一一人だった。シカゴ大学の患者三人のうち、少なくとも二人はビリングス病院で注射を受けた。アラン・クラインがマンハッタン計画やアメリカ原子力委員会の医師に協力するのをやめるまで「治療」を受けていた病院だ。

カリフォルニア大学の患者のひとりは、オーストラリア人の四歳の少年だった。希少疾病を患っていた彼は、特別な治療を受けるためにオーストラリアから渡米してカリフォルニア大学に入院していた。理想をいえば、注射の対象者は末期患者が望ましかった。想定しうる注射の長期的影響が実際に現れることがないからだ。しかし、ケイドの事例のように、末期患者ではない場合もあり、重症との判断が誤診だった者もいた。たとえば、ロチェスター大学の患者だった四九歳の女性は、末期疾患と誤診された。医師は、この女性は「暫定診断に誤りがあったので、当初の予測より長く生きる可能性がある」と認めた。[88] プルトニウム注射に加えて、六人の患者がウラニウム注射を受け、五人がポロニウム注射を受けた。ウラニウムとポロニウムの注射が実施されたのは、すべてロチェスター大学だった。ウラニウム注射の場合は、注射によって急性の影響が出るおそれがあることもわかっていた。全患者のうち、同意したと思われるのはひとりだけで、この場合も医師は体内に入れる物質の正体を明らかにしなかった。患者の誰ひとりとして、放射性物質を注射されるとは知らされなかった。注射の理由も知らされなかった。注射から期待される治療効果もなかった。それどころか、害をおよぼす可能性があるとわかっていた。

シールズ・ウォレンは、一九四七年秋、創設されたばかりのアメリカ原子力委員会で生物医学部門の長に就任すると、すぐにこの秘密計画の存在を知り、内容をよしとしなかった。そして、以降は同様の措置を禁止する政策を導入し、当事者の理解と同意を得ることと、いかなる処置にも治療効果があることを実験実施の要件とした。しかし、新基準が設定されても、注射済みの患者に対する追跡調査（遺体の掘り起こしや再検査を含む）は止まらず、少なくともカリフォルニア大学ではひきつづき新たな実験がおこなわれた。結局は追跡調査のときも、患者は自分が受ける「医学的」検査の真の目的を知らされなかった。

一九四九年、一九五〇年になってもまだ、ロバート・ストーンとジェームズ・クーニー将軍は、終身刑の囚人を対象とした新たな全身照射実験の実施を強く要求していた。たとえばストーンは、健康な囚人を対象に、本人の意思に基づいて、二五、五〇、多い場合には一五〇レントゲンの放射線を全身照射する実験を提案した。目的は、核放射線が人体におよぼす影響への理解を深めることだった。当時、軍は原子力を駆動源とする航空機の開発に関心を寄せており、さらに一九五〇年に朝鮮戦争が始まると、戦闘で核兵器を使用するおそれが生じた。軍の高官は、核兵器が使用された地域への進行がアメリカ軍の隊員にどのような影響をおよぼすのかを知りたがった。しかしこのときは、シールズ・ウォレンとジョセフ・ハミルトンを含む一部の医師が強い懸念を表明した。

ハミルトンは、ニュルンベルク裁判の強烈な印象がまだ国民の記憶に生々しく残っていることをふまえて、そうした全身照射実験は「少しばかりブーヘンワルト強制収容所のやり口を思わせる」と懸念していた。[89] 彼は、カリフォルニア大学の患者を対象としたプルトニウム注射実験に参加した経験があり、自身も五〇歳の誕生日を待たずに白血病で死亡した。放射線研究所で核物質を用いた広範な業務に携わったことが原因と思われる。シールズ・ウォレンは、もっとあからさまにナチスに言及した。「つい最近、まったく同じことをしたドイツ人を裁きおえたばかりですよ」。合同調査委員会の一員だったウォレンはさらに、日本で集めたデータの量を考えれば、これ以上の実験は不要だと主張した。「実際、すさまじい規模の実験の結果がわれわれにはあるんです。長崎と広島の二〇万人以上を巻き込んだ実験があり、その結果は真正だと思う。私は現地にいて、人々が病気になるのをこの目で見たんです」[90]と。合同調査委員会と原爆傷害調査委員会の医師のもとでモルモット気分を味わったと不服を言った被ばく者なら、ウォレンが原爆とその後の研究を「すさまじい規模の実験」と表現したことにきっと大きくうなずいただろう。

シールズ・ウォレンは、このように強い抵抗感を示したにもかかわらず、プルトニウム注射の事実を知ったあとも、実験データの機密扱いを維持すると決めた。ここでもまた、実験の秘匿を決定した動機は、世論と訴訟問題に関する懸念だった。のちに放射線人体実験諮問委員会（ＡＣＨＲＥ）はつぎのように結論している。「この［実験を秘匿しておくという］決定の根本にあるのは、法的責任と世論の批判に関する懸念であり、国家の安全保障ではないと思われる」[91]と。プルトニウム実験の事実が公になったのは、ようやく一九九〇年代になってからだった。これはピュリッツァー賞を受賞したジャーナリスト、アイリーン・ウェルサムの調査によるところが大きい。ウェルサムによる報道は、ビル・クリントン政権下でエネルギー省長官ヘイゼル・オレアリーが指揮する政府の調査に拍車をかけた。

一九九五年一〇月三日、放射線人体実験諮問委員会による包括的かつ詳細な調査ののち、クリントン大統領とオレアリー長官は記者会見を開いて調査結果を公表した。クリントン大統領は、核の時代初期に医師がおこなった実験の一部は「今日の基準だけでなく、実験を実施した当時の基準に照らしても、倫理にもとるものでした」と述べた。この文脈において、クリントン大統領は一八回のプルトニウム注射にはっきりと言及し、さらにこう認めた。実験は「まさに政府の助けをもっとも頼みにしている国民、つまり貧困者や重病患者を対象に実施されました……インフォームド・コンセントは得ていませんでした。アメリカ国民はずっと、彼らに対しておこなわれたことの影響を知らされていませんでした……これらの実験は秘密にされてきたのです[92]」と。

放射線人体実験諮問委員会の最終報告書は、一九四四年から一九七四年のあいだに実施されたプルトニウム注射実験と、放射線を用いた関連の人体実験についてあますところなく説明している。諮問委員会の報告書が公開された数年後、ウェルサムは自身の著書『プルトニウムファイル：いま明かされる放射能人体実験の全貌』を発表し、このぞっとするような実験の立案・実施・隠蔽の過程をもっと物語に近い形式で語った。ウェルサムによると、放射線人体実験諮問委員会のおそろしい調査結果がそれほど大きな騒ぎを引き起こさなかった理由のひとつは、報告書が公開されたタイミングにあるかもしれないという。一九九五年一〇月三日は、O・J・シンプソンの殺人容疑の評決が出た日でもある。どの報道機関もこぞって「世紀の裁判」の評決を取り上げたことが原因で、諮問委員会の重大な調査結果が十分に周知されなかったのはまずまちがいないだろう。[93]

## ぼやけていく医学的理念

核の時代黎明期をひもとけばわかるように、プルトニウム注射実験は、トリニティ実験、ロスアラモス研究所の事故、日本における戦後の調査といったマンハッタン計画の医師が関わった多数の重大局面で見られる、もっと一般的なパターンのごく極端な発露にすぎない。医師たちはまず、放射線の危険に関するわずかな知識を総動員して警告を発した。警告はしばしば無視されるか、軽視されるか、誤った形で提示された。そして、いざ警告の内容がいくらかでも現実のものになると、しばしば訴訟問題と世論に関する懸念から、医師たちは軍を守らざるをえない立場に置かれた。

情報保全、秘密保持、スピードという軍事的特権が、健康、回復、患者の治療という医学的特権を押しのけてその座を奪った。ロスアラモス研究所の事故やプルトニウム注射における隠蔽と秘密保持を見ると、軍事的懸念が最優先された結果、医師はヒポクラテスの誓いにおける中心的信条のひとつを本質的に破らざるをえなかったようだ。「何よりも、害を与えてはならない」。事実、プルトニウム注射の場合、そもそもの動機は放射性物質を扱う職員のために適切な安全措置をとりたいという願いだったかもしれないし、オッペンハイマーの明瞭な支持と指令があり、軍事目的に規定された計画のなかでおこなったことかもしれないが、それでもやはり、実際に実験を始動させ、実施したのは医師たちだった。

この出来事のなかで、医師は実験精神や知の探究といった科学的理念が、もっと純粋な医学的理念を曖昧にすることを許した。その結果、医師は病人を患者ではなく、単なる対象や物として扱った。たしかに当時の環境（戦時下の心理）と状況構造（階層的な軍事官僚制）が決断を形づくり、特定の振る舞いを規定したかもしれないが、だからといって行為する個人の主体性が果たす役割を否定することにはならない。たとえば、ノーランとヘンペルマンは、プルトニウム注射の是非について互いに異なる見解をもっていたように思える。そしてその結果、異なる形で参加したのではないだろうか。

ノーランは、実験に関わっていたとしても、ごくわずかな関わりしかなかったようだ。しかし、実験の存在を認識していたことはたしかだし、公に反対した証拠を著者は発見していない。事実、オークリッジ病院から最初の標本が送られたとき、荷物の宛先は、当時ロスアラモス病院の院長を務めていたノーランだった。ただし、分析のためにライト・ランガムにわたすよう指示が添えられていた。ノーランは、放射線人体実験諮問委員会の報告書で一度も言及されていないし、ウェルサムの調査でも実験関係者として連座させられているわけではない。アトミック・ヘリテージ財団が作成したプルトニウム注射の記載に実験の参加者として名前が挙がっているマンハッタン計画の医師八人のなかにもいない。一九四四年と一九四五年に開かれた、実験計画始動のための会議にも出席していない。なぜノーランは、当時協力する機会の多かったウォレンやヘンペルマンのように、もっと深く実験に関わらなかったのだろうか？　考えられる理由のひとつは、計画が構想されて実施されだした当初、ノーランはまだロスアラモス病院に所属していたため、その運営で手いっぱいだった、というものだ。つまり、現場の医師の仕事に忙殺されていたから、単純にほかの仕事をする余裕がなかった。

しかし、ノーランが参加しなかった理由は、こうした状況以外にも考えられる。つまり、ヘンペルマンとはちがって、ノーランは原則的に医師の役割を好み、医師としての職務から明らかに逸脱すると思われる事柄に対して抵抗感を覚えていたのかもしれない。娘のリンによると、ノーランは実際この点においてヘンペルマンと自分のちがいを感じていたらしい。冗談まじりに自分を「臨床医」、ヘンペルマンを「理論医」という造語でよぶこともあった。ヘンペルマンは「頭のおかしい科学者の典型……純粋な科学者」に近い、という意味だ。この親しい友人について、「人の治療をまったくしない」と評したこともあったという。さらに、リンはプルトニウム実験に言及して、自分の理解をこう語っている。「パパはあの全部から、人間を使い捨てにすることの全部から、抜け出したがっていた」[94]と。

著者の父ローリーも、彼の父であるノーランが第一の役目は医師だと考えていたことを覚えている。「彼はなによりもまず医師であり、最大の関心事は患者の健康だった」と。ローリーは、ノーランが一定の緊張と重圧にさらされていたことを考慮しつつ、両親がロスアラモスを離れたがっているのを当時はっきり感じていた、と述べている。「両親は、故郷セントルイスへ家族で戻ることを切望していた。父親は地元で医師や医学校教授という仕事を再開したがっていた。ふたりはヒルを離れたくてたまらない様子だった[95]」

人間の利用や使い捨てと見なされる行為は、放射線人体実験諮問委員会による倫理的批判のなかでも中心的な問題だった。諮問委員会の最終報告書は、つぎのように指摘している。「これらの実験が実施された際、ふたつの倫理的原則——当人以外の人の目的を達成するための単なる手段として人を利用してはならない、人を欺いてはならない——が破られており、そうした行為を正当化する、倫理的に許容可能ないかなる理由もない」[96]と。プルトニウム実験における人間の利用の実態を理解する際、たいていの人の頭に浮かぶのはモルモットのそれだった。たとえば、プルトニウム注射を受けた一八人目にして最後の患者であり、カリフォルニア大学で実験に組み込まれた三人目の患者であるエルマー・アレン（またはＣＡＬ‐３）の身に起きたことについて、友人ジョー・スピードが語っている。アレンは、脚に末期の骨肉腫を患っていると思われていた。注射の三日後、脚を切断された。この出来事に対するアレンの理解を、スピードはこう語った。「そいつらが自分の足に、がんのもとを入れたと言ってた。モルモットにしたんだと。あいつが治るかどうかはどうでもよかったらしい。もう絶対に治らないと言ってたね」[97]

多くの日本人も、戦後の体験を同じイメージで語っている。たとえば、日本の新聞は、一九四五年九月前半の合同調査委員会による広島調査を報道する際、記事の冒頭でつぎのように述べている。「ついに、自然科学は原子力時代という新世紀に突入した。残酷なことだが不運にも、わが国は妥当性が顧みられることなく使用された爆弾のモルモットにされてしまった」[98]。日本における原爆傷害調査委員会への批判のなかでも、被ばく者をモルモットになぞらえている。非治療方針についてはとりわけそうだ。先に述べたように、アラン・クラインも、一九四六年五月二一日のオメガサイトの事故のあと、マンハッタン計画とアメリカ原子力委員会の医師による処置を拒否する際、同じ言葉を使っていた。さらにはティナ・コルドヴァも、トリニティ実験における風下被害の住民を訴える際に、同じイメージを喚起している。[99]

核の時代における黎明期のつぎの章に目をむけてみよう。ここでもまたマンハッタン計画の医師たちが中心的な役割を担うのだが、人類史上四番目と五番目に使用された原爆の人体への影響を研究する目的で、実際のモルモット――正確には六〇匹のモルモットと二〇〇匹のマウスが使用された。クーニー将軍が、全身照射実験と動物実験について議論していたときのこと。部下の将官のひとりが、自分の部隊に核放射線の影響がおよぶ可能性を不安視してこう言った。「われわれは何ですか――マウスですか、人間ですか？」と。もう一度太平洋に目をむけると、じつに予見的な問いといえるだろう。マウスと人間（とモルモット）がいずれも高いレベルの核放射線にさらされるからだ。そして、医師たちはまた、被ばくに対する理解と管理を試みるという難しい立場に追い込まれる。

放射線人体実験諮問委員会は、つぎのような認識を示している。マンハッタン計画の医師は、「ほとんど前例のないやり方で、癒やしと戦争の技術を結びつける」という矛盾する役目を担うにあたり、精神的負担を負い、そのなかで「放射線が軍隊におよぼす危険について軍部に助言することと……戦争関連の原子力実験を統制する規則の必要性を議論することを……まったく同時におこなってい た」[100]と。職業間で対立する目的や重圧をはらむこうした状況にあってもなお、医師には自分の行為に対する倫理的責任があるのだろうか？　放射線人体実験諮問委員会は、少なくともプルトニウム実験に関して、あまりただし書きを付すこともなく、こう結論している。「注射の責任者である医師は、その結果生じた倫理的悪に対して責任がある」[101]

# 第7章 ビキニとエニウェトク

ビキニ住民たち――彼らは食い止めようのない原子爆弾のために家を失って貧困にさらされた最初の人間でもないし、最後の人間でもないだろう。彼らには選択の余地がなく、状況に対する理解もほとんどない。しかしこの点では、ひょっとするとわれわれも彼らと大差ないかもしれない。

――デイヴィッド・ブラッドリー『隠るべき所なし *No Place to Hide*』

エニウェトクの人々は、原子力時代と冷戦のさらなる被害者となった。自分たちには制御不能な状況と自分たちの理解を超えた力の犠牲になり、無力感にうちひしがれた。

――ジャック・アデア・トビン
「エニウェトクの人々の再定住 *The Resettlement of the Enewetak People*」

一九四六年二月一〇日、ビキニ環礁の住民が日曜朝の礼拝を終えたばかりのところに、アメリカの海軍准将ベン・H・ワイアットを乗せた水上飛行機がクェゼリン環礁から到着した。当時、ワイアッ

個人用の小型カヌーで漁をするビキニ住民。

トは、第二次世界大戦で日本が敗北したのちにアメリカの占領地となったマーシャル諸島の統治長官を務めていた。アメリカ軍は核兵器実験の継続を決め、二九の環礁と五つの島からなるマーシャル諸島の一部であるビキニ環礁を理想的な実験地に選定した。ワイアットは、こうした目的のために、ビキニ住民に対して生まれ育った土地から退避するよう「お願い」するという嫌な役回りを与えられていた。

本人によると、ワイアットは、キリスト教徒であるビキニ住民の信仰心に訴えかける言葉を使って、あなたたちは、「主が敵から守り約束の地へ導いたイスラエルの子孫」のようなものだと言った。さらに、「人類の利益のため、すべての世界大戦を終わらせるために」アメリカ人は核兵器の実験をしたいのだと説明した。[1] ビキニ住民はワイアットの要望を検討し、よく話し合ったあと、離島に同意した。伝えられたところによれば、アメリカの報道でキング・ジュダとよばれるビキニ住民の指導者は、ワイアットにこう回答した。「合衆国政府と世界の科学者がさらなる発展のためにわれわれの島と環礁を使いたいというならば、われわれは喜んでどこかほかの場所へ移ろう。神の恵みがあれば、全人類に思いやりと利益がもたらされるだろう」[2]と。この発言が、当時のビキニ住民の気持ちを十分かつ正確に表現していたかは疑わしい。しかしたしかなのは、ビキニ住民が、環礁を離れている期間はアメリカ人が自分たちの面倒を見てくれるし、離島はごく一時的なものだ、と理解していたことだ。

三月七日、ワイアットとの出会いから一カ月もしないうちに、当時島で暮らしていたビキニ住民一六七人の最後の組が海軍の戦車揚陸艦に乗り込み、ビキニ環礁の南東約二〇〇キロにあるロンゲリック環礁へ運ばれた。悲しみと将来への不安をかかえたまま、彼らは愛する環礁の、自給自足に近い牧歌的な生活に別れを告げた。調和と知恵と協力によってまわりの自然環境と共存する生活だった。ビキニ住民は、浮きがついた手作りの大型カヌーや、もっと小さな個人用のカヌーを使ってたくみに海に漕ぎ出し魚を獲っていた。ビキニの礁湖は、共同体を養うにあまりある量の魚を与えた。ココヤシ、タコノキ、パンノキの実もたっぷりあった。それ以外の食糧として、自分たちでブタ、アヒル、ニワトリの飼育もおこなっていた。[3]

## クロスロード作戦

　こうした暮らしは、アメリカのクロスロード作戦の開始により、重大かつ修復不能なやり方で破壊された。クロスロード作戦とは、一九四六年にマーシャル諸島でおこなわれた軍の核実験である。この作戦の目的は何だったのだろう？　もう戦争は終わっていた。アメリカ軍は日本のふたつの都市を消滅させ、原爆の破壊力をたっぷりと見せつけた。それなのになぜ、さらなる核兵器実験が必要だったのだろう？　答えは複雑だ。そもそも、みんながみんなクロスロード作戦を支持したわけではなかった。たとえば、ロバート・オッペンハイマーは、まったくもって不要と考えていた。彼は、ハリー・S・トルーマン大統領に宛てた一九四六年五月三日付の率直な手紙のなかで、はっきりと入念に反対を表明し、自分の懸念は科学界で広く共有されていると主張した。第一に、アメリカを含む世界の国々が核兵器開発の国際管理を確立しようと動きだした今、あえてこうした実験をおこなうのは賢明な選択なのかと疑問を呈した。つぎに、推定される費用（約一億ドル）を考えれば、擁護の余地はなく、所望の結果は実験室での実験によってもっと安価かつ正確に得ることができると論じた。

　最後に、海軍艦艇に対する原爆の効果を調べることの有用性を疑問視した。「原爆を船に十分近づければ、沈没するに決まっている」と述べたうえで、この点をさらに詳しく論じた。「海軍艦艇への適用に関する実験は重要でないと考える。提案どおりの実験をおこなったとしても、海軍艦艇への適用に関して意味のある測定になるとは思えない。さらに、提案の測定は、そもそも適切な測定とは考えられない」[4]と。トルーマン大統領は、国務次官のディーン・アチソンにこの手紙を転送した。添付のメモでは、オッペンハイマーのことを、六カ月まえに執務室にやってきて、「不安そうな様子で、原子力を発見した自分の手は血まみれだと言った泣き虫赤ちゃん科学者」と断じた。[5]

オッペンハイマーが「海軍艦艇への適用」を論じたことは、クロスロード作戦を推進する重大な理由を指し示している。そこには、陸軍と海軍による組織間の競争があった。海軍は、核兵器の開発と使用によって、自分たちの艦艇が時代遅れとみなされることを心配していた。たとえば、一九四五年一二月に開かれた連邦議会の聴聞会では、上院議員エドウィン・ジョンソンが海軍大将ウィリアム・H・P・ブランディにむかって、「私にはどうしても、原子力が艦艇を海上から締め出したと感じられる。艦艇が原爆に耐えられるとは思えない」と言った。[6]当時、空軍は軍の独立した部門ではなく、陸軍に属していた。陸軍と海軍はいずれも航空作戦を脅威に感じ、それゆえその支配権をめぐって競合していた。さらに海軍は、航空母艦を含む自分たちの艦艇がけっして時代遅れではなく、核攻撃にも耐えうると示したがっていた。

オッペンハイマーの宿敵であり、のちにアメリカ原子力委員会の長を務めるルイス・L・ストローズは、もっと以前に、海軍長官ジェームズ・フォレスタルに宛てて手紙を書き、ジョンソン議員が表明した類の意見を一掃するためには実験が必要だと説いている。「そうした実験でもしなければ、新兵器のまえに艦隊なんて時代遅れだというういい加減な話が出てきて」、将来的には海軍の予算が脅かされるぞ、と。[7]この論理こそ、科学界のほかの人々が実験の真の動機とみなしたものだ。たとえば、シカゴ大学の物理学者アルバート・S・カーンは、当時つぎのように主張した。「これは原子力の実験ではない。海軍が力を誇示するためにおこなう見世物だ。派手な演出をして、連邦議会に有望そうなところを見せ、海軍の予算増額と勢力拡大を図ろうとしている」[8]と。トルーマン大統領は、躊躇を示し、クロスロード作戦の開始を延期さえしたが、結局は連邦議会と同じく実験を承認した。最終的には混成部隊（第一統合任務部隊）が結成され、海軍大将ブランディが指揮をとった。せっかくの陸海合同任務だったが、組織間の緊張関係を覆い隠す効果も、緩和する効果もほとんどなかった。

核攻撃の効果を調べるための計画は以下のようなものだった。標的は、ドイツと日本から接収した艦艇と、アメリカ海軍の老朽艦。戦艦五隻、航空母艦二隻、潜水艦八隻、駆逐艦一二隻（悲運の米軍艦インディアナポリス号の生存者三一六人の救護活動に参加したラルフ・タルボット号を含む）など、合計九四隻の標的艦が使われた。当初は、広さ六三〇平方キロメートルの礁湖のさまざまな場所に艦艇を配置し、三つの核実験をおこなう予定だった。ひとつ目は空中投下、ふたつ目は水深二七メートルで爆発させ、三つ目は水中の深いところで爆発させる。使用する兵器は、長崎のプルトニウム爆弾に似た設計で、それぞれエイブル、ベイカー、チャーリーという軍事上のコードネームがつけられた。第一統合任務部隊は、艦艇に加えて、各種の動物に対する爆弾と核放射線の影響も測定する。使われた動物は、ラット五〇〇〇匹、ヤギ二〇四頭、ブタ二〇〇匹、マウス二〇〇匹、モルモット六〇匹などで、ビキニの礁湖に散在する船に配された。[9]

## 放射線安全部

第一統合任務部隊を構成する部門のひとつに、スタフォード・ウォレン率いる放射線安全（ラドセイフ）部があった。ウォレンは、必要な数の放射線監視員をそろえるという骨折り仕事に直面した。クロスロード作戦は、最終的な関係者が軍人と民間人あわせて四万二〇〇〇人にのぼったうえ、報道陣や連邦議会の議員も参加し、さらにソ連の代表を含む世界中のお偉方も招待していたからだ。第二次世界大戦の終結から一年もたっていなかったので、軍人も民間人もめぼしい人員はもはや家を離れて遠くへ赴任する気にはなれないようだった。ウォレンは当時を振り返って、「戦争が終わって、はじめて家族旅行でもしようと誰もが決めた時期だった」と述べている。[10] トルーマン大統領が、さまざまな理由から作戦の六週間延期を決定すると、ウォレンの人員調達活動はますます難しくなった。

ノーランは、ウォレンがはじめに声をかけたうちのひとりで、すでに除隊していたが、民間人の立場で参加することになっていた。ウォレンは、作戦の延期によってノーランが参加できなくなることを恐れ、一九四六年四月一九日にかなり切迫した様子の手紙を送った。「新聞の報道を読んだと思うが、数週間まえ、大統領の命令でクロスロード作戦は延期になった。それに伴い、予定の変更が生じている」と、ウォレンは記した。新しい予定を説明したあと、ウォレンはノーランに懇願した。「きみが放射線監視員として参加してくれないと非常に困る。いくらかでもいいから、上記の予定、とくに一番目の実験に関する部分に合わせて再調整を願う。片方、あるいは両方の実験に参加してくれると考えていいだろうか?」[11]

ノーランは、第一と第二の実験への参加を承諾し、ベイカー実験のわずか数日後には現場を離れることになるものの、クロスロード作戦放射線安全部の任務に従事した。五月二五日、スローティンの事故からたった四日後、ノーランはつぎのような指示を受けた。サンタフェからサンフランシスコへ行き、五月二九日までに米軍艦へイヴン号の指揮官に到着を報告せよ、と。二日後、ノーランはロスアラモスを出発し、五月二七日サンフランシスコに到着した。それから、カリフォルニア州バークレーにあり、ウォレンが五月上旬から家族で滞在しているデュランホテルにチェックインした。翌日、ノーランはへイヴン号に乗り込んだ。作戦の医療、検査、安全を担うために特別に改造された病院船だ。

まえに同じ港で軍艦に乗り込んでから、一年とたっていなかった。その船は三週間もせずフィリピン海の底に沈んだが。今回は、乗船したほか放射線監視員約一三〇人とともに、ビキニ環礁へむかった。ルイス・ヘンペルマンは、スローティンの事故対応を任されていたのでロスアラモスに残っていた。あとから追加の放射線監視員と飛行機でマーシャル諸島へ来る予定だった。エイブル実験が実施されるときには、三〇〇人を超える放射線監視員がビキニ環礁に集まっていた。

へイヴン号に乗って太平洋をわたる二週間、放射線監視員は、放射線に関連する事柄について講義を受けた。内容は、ウォレンとノーランらが広島と長崎で直接目にしたことや、放射線病、放射線の種類によるちがい(アルファ粒子、ベータ粒子、ガンマ線、中性子)、電離と量子の概念、核分裂の過程、ガイガー計数管といった監視機器の使い方など、多岐にわたった。[12] ウォレンはこう回想している。「毎日一二時間くらい授業を受けて、みんな習った内容を必死で頭に叩き込んでいた」[13]。ウォレンは、放射線安全部の面々が過去に経験し、マーシャル諸島到着後も遭遇することになるものに、ヘイヴン号のなかでも直面した。何かというと、将校たちの懐疑的かつ非協力的な振る舞いだ。ウォレンが原爆の威力と放射線被ばくの危険について警告すると、鼻で笑う者もいた。ウォレンはとくにふたりの将校の態度についてこう語っている。「あっちのおふたりさんは、おっしゃるとおりの専門家で、こっちは田舎の医者にすぎなかった。私の言葉など信じなくて当然さ[14]」

ヘイヴン号は、ハワイに少し立ち寄ったあと、六月一二日にビキニ島

ベイカー実験、1946年7月25日。

に到着した。軍部は、六月の残りを使って核実験の準備をした。エイブル実験の実施は七月一日、ベイカー実験は七月二五日だった。実験予定日が近づくにつれ、太平洋で実験に参加する者も、アメリカ本国で爆発の知らせを待つ者も、どんどん不安をつのらせた。エイブル実験当日のラジオ放送では、米軍艦マウント・マッキンリー号に乗った特派員が、「赤ん坊の誕生を待つ父親みたいに」船上をそわそわと歩き回るブランディ大将の様子を伝えた。ロングアイランドで放送を聴いていた女性は、この表現に反感を覚えた。「赤ん坊を待つ父親ですって？」とつぶやいた。「お粗末な比喩のなかでもよりによって……私たちは死を見とどけるのよ。産科病棟じゃないんだから[15]」

これまでの章で見たように、原爆の爆発が赤ん坊の誕生にたとえられるのは、これが最初ではなかった。エイブル爆弾は、事前宣伝と期待が大きかったものの、少なくとも当初は、規模も破壊力も予想を下回ったように見えた。とはいえ、爆発によって、駆逐艦二隻を含む艦艇五隻が沈没し、六隻が移動不能になった。さらに、それ以外の標的艦二三隻で火の手が上がった[16]。一方、水深二七メートルで起爆したベイカー実験は、ジョナサン・ワイズガルが「最初の核事故」と表現した結果に至った[17]。爆風により、二〇〇万トンの海水が空中一・六キロを超える高さまで吹き上げられた。放射性物質のきのこ雲は、幅約五キロの範囲に広がって全標的艦に降り注いだ。爆発によって、九隻が沈没し、ほかの多くの船も重大な損傷を受けた[18]。

放射線安全部の警告にもかかわらず、将校たちは原爆が自分たちの艦艇におよぼした影響を確認したがった。実験がおこなわれるまえ、ウォレンは軍部にはっきりと警告していた。ベイカー実験による放射線の危険は非常に重大であるとともに、エイブル実験よりずっと広い範囲に放射性物質がまき散らされる、その範囲は「一〇〇倍にもなるかもしれない」と。[19] さらに、こんな警告もした。実際そうなったように、爆発後に礁湖から上がる「柱」が三キロに満たなかった場合、「水柱に含まれる海水、水柱から生じる水煙、それらが礁湖の水面に落ちることで生じる水煙と水沫は、放射性核分裂生成物によってひどく汚染されることになる」。したがって、汚染された標的艦は「危険であり、その状態がどれくらいの期間つづくかは確定できない」と。[20] こうした警告の言葉は無視された。[21] ふたつの実験が実施されたあと、軍部はなんとしてでも船の状態を確認しようとし、働き詰めの放射線監視員たちが彼らを押しとどめることは難しかった。

## スケート号

七月一日のエイブル実験後、最初に調査をした艦艇のひとつが、海軍潜水艦スケート号だった。すでに述べたとおり、海軍は存在意義を証明しようと躍起になっており、ブランディ大将たちは、海軍の船が核爆発に耐えられることを何がなんでも示そうとした。当時、ブランディ大将はこう豪語していた。「最先端の潜水艦は、ものすごい圧力にも耐えられる。なぜなら、必然的にどんな水上艦より分厚い船殻をしているからだ」。ブランディ大将のこうした態度を考えれば、ノーランがエイブル実験後の放射線を測定するよう指示を受けたときの出来事も理解できるかもしれない。七月二日、ノーランはブランディ大将とフォレスタル海軍長官とともに海軍の旗艦マウント・マッキンリー号に乗って礁湖にはいった。ノーランは監視機器を積んだ小型の警備艇に乗せられ、放射線レベルを評価するよう命じられた。最初のほうに調べた船のなかにスケート号があった。

七月三日、ニューヨーク・タイムズ紙はこう報じた。「ニューメキシコ州ロスアラモス研究所の放射線科医、セントルイスのジェームズ・ノーランは、目盛りとイヤホンによって放射能を測定するガイガー計数管を携帯していた。警備艇がスケート号の周囲をぐるりと回って近くに停まると、ノーランは計数管の〝目盛りが振り切れた〟ほど強い放射線だと報告した。つまり、高感度の機器が測定可能なレベルを超える放射能が存在したということだ」[22]。このときのブランディ大将の反応は、海軍全体の姿勢をよく表していた。なんとしてでも海軍艦隊の無敵さを証明したかったブランディ大将は、損害の性質と規模をなるべく目立たせたくなかった。だから、スケート号の表面付近で高いレベルの放射線が検出されたことは、歓迎しがたい情報だった。ブランディ大将は、ノーラ

エイブル実験直後の潜水艦スケート号。

エイブル実験から3日後、潜水艦スケート号に立つ水兵たち。

ンの調査結果は大したことではないと印象づけようとした。彼はフォレスタル海軍長官のほうをむくと、ガッハッハと笑い、「ノーランの測定器の繊細さを強調して、〝私の蛍光文字盤の腕時計でだって目盛りが振り切れちゃうんですよ〟」と説明をした。[23]

放射線監視員がこぞって警告したにもかかわらず（前ページの写真のように、潜水艦の甲板に〝危険、近づくな！ 放射能高し〟と標識もぶら下げた）、エイブル実験からわずか三日後、スケート号の全乗組員がぼろぼろの船に乗り込み、旗艦が近くをとおりかかると、胸を張ってブランディ大将に敬礼をした。ロスアラモス研究所臨界集合体部門のロバート・ヘンダーソンは、こう回想している。「あの潜水艦の放射能はとてつもなく高かった……だけど海軍のやつらときたら、すっかりやる気満々で、水兵をずらりと並べて無敵なところを示そうとした」[24]

1946年7月2日、調査隊がはいるまえに米戦艦ニューヨーク号に乗り込んだノーラン。

## 米軍艦ニューヨーク号

米軍艦ニューヨーク号の物語も、クロスロード作戦を取り巻くもっと大きなドラマを象徴している。エイブル実験の前日、ニューヨーク号の艦長ロウ・H・ビビーは、だらりと垂れた船尾のアメリカ国旗を下ろし、いまや空っぽの艦に別れを告げた。それからチョークで砲塔に書きなぐった。「老水兵は不滅なり」と。海軍の傲慢（かつ防衛的）な姿勢をよく表す行為である。エイブル実験の翌日、ノーランは第一陣にまじって米軍艦ニューヨーク号に乗り込み、放射線レベルを評価した。艦は、目に見える損傷があったが、放射線の観点からは安全と判断された。

そうしてフォレスタル海軍長官とブランディ大将をはじめとする将校たちはニューヨーク号に乗り込み、老水兵の不滅を謳《うた》ったビビー艦長のメッセージの下でポーズを決めて写真撮影までした。ブランディ大将は、この機に乗じて、海軍の強靭さについて長広舌をふるった。「甲板に置いた陸軍のものはやられたが、〝艦自体の肝心な「つまり、海軍の」部分はへっちゃら〟だ」とまで言ってのけた。さらに、フォレスタル海軍長官に対して、「海軍は、老艦ニューヨーク号が実験を生き延びたら、ニューヨーク州に聖堂として艦を寄贈するとデューイ知事に約束した」ことを念押しし、まだベイカー実験が控えていると知りつつも、「ニューヨーク号はきっと自力で帰国する」と予想した。[25]

　ニューヨーク号は、エイブル実験後もビキニの礁湖に停泊していたほ

プリンツ・オイゲン号の甲板で無意味な除染作業をする海軍下士官。

ぼ全標的艦がそうだったように、ベイカー実験では大健闘とはいかなかった。事実、ニューヨーク号とスケート号はいずれも、最後には引揚不能と判断され、太平洋の海深くに沈められた。ベイカー実験のその後についていうと、ニューヨーク号は、海軍が無意味な除染を試みた最初の被ばく艦となった。水兵たちはまず、ホースを使って海水で洗い流してみた。それから、石鹼、洗剤、灰汁《あく》、コーンスターチ、炭、アルカリ、しまいにはコーヒーの出し殻まで使って船の表面をごしごし洗った。どれも効果なしだった。船は、少なくともその一部に危険なレベルの汚染を残していた。

ベイカー実験から二週間以上がたったころ、ノーランの同僚の放射線監視員デイヴィッド・ブラッドリーがふたたびニューヨーク号を調べた。いろいろな部分にガイガー計数管を走らせると、幅広いレベルの放射線が検出された。とくに、小さな穴の多い木材、錆《さび》、石炭、ロープ、かしめ部分で核分裂生成物が顕著だった。ブラッドリーによると、ビビー艦長と乗組員は、放射線がいぜんとして問題であることを信じようとしなかった。ブラッドリーによると、艦長は「全く弱り切って」いたという。甲板は落ちた食べ物を食べても問題ないほどきれいに見えたので、「この忌々しい放射能とは一体何ものなのだろう？」というわけだ[26]（『隠るべき所なし：ビキニ環礁原爆実験記録』、佐藤亮一訳、大日本雄弁会講談社、一九四九年）。

軍部の反発とは無関係に、放射線安全部は放射能への不安をつのらせた。ヘイヴン号をはじめとする、標的ではない艦艇からも放射能が検出されはじめたからだ。放射線監視員は、礁湖内にある船への立ち入り制限を試みた。しかし、クロスロード作戦の関係者には放射線のにおいも手触りも味も感じられなかったので、将校たちは放射線安全部の警告を拒否した。たとえば、放射線安全部のジョージ・M・ライオンは、ある将校が「目に見えない危険をあなどって、マッチョなやり方をとおそうとし、その姿勢がもっと若い将校に伝染して、放射線安全計画に悪影響をおよぼした」と不満を述べた。[27]

## ソルバーグ少将と放射線安全部の対立

ヘンペルマンは、ロスアラモスでスローティンの事故の余波に対処する必要があったので、ビキニに来たのは遅かった。ようやく環礁に到着すると、海軍少将トーバル・A・ソルバーグのタグボートに配属された。ソルバーグ少将は、損傷を受けた船の回収と修理の責任者だった。ヘンペルマンが少将とすごした時間はもめごとだらけだった。たとえば、エイブル実験のあと、ソルバーグ少将は一刻も早く標的艦に近づきたがった。しかし、規則により、スタフォード・ウォレンが具体的な指示を出すまで、第一統合任務部隊のボートは標的艦に接近することができなかった。ソルバーグ少将はウォレンに何度も接近許可を要求したが、ひと言も返事がなかったので、「それ以上待てなくなり」、勝手に標的艦に近づくと決めた。[28]

ここで、ソルバーグ少将はヘンペルマンのほうをむいて言った。「ルイス、あっちの海にはいっても、われわれの安全を守ってくれるよな？」あっけにとられたヘンペルマンは、「ソルバーグ少将、それは許可できません」と返事をした。すると、ソルバーグ少将はもっとはっきりとこう言った。「おまえの許可を求めているのではない。われわれの安全を確保しろと言ってるんだ」。こうしてソルバーグ少将のタグボートは、承認を得ないまま前進し、標的艦のあいだを縫って回った。無許可の視察を終えると、ソルバーグ少将はタグボートに乗ったまま、大勢の将校が集まって夕食をとっている米軍艦マウント・マッキンリー号へと一直線にむかった。食事中、ソルバーグ少将は今見てきたことをつぶさに語り、海軍艦艇はほぼ無傷だったと得意満面に話して聞かせた。そして、居心地の悪そうな部下の放射線監視員をちょくちょく振りむいては同意を求めた。「ルイス、私の話は嘘じゃないよな？」ヘンペルマンにしてみれば、無許可の視察とわかっていたので、「できることなら柱の陰にでも隠れたかった」。ヘンペルマンはこのときのばつの悪さを思い返して、「いやはや……人生で最低の出来事の部類だった」と語っている。[29]

ベイカー実験が終わると、ソルバーグ少将はまた自分を抑えられなくなった。海軍艦艇のひとつ、サラトガ号が片側に傾いているのに気づき、近くまで行って錨を切り離せば艦を回収できるかもしれない、と思いついたのだ。双眼鏡をのぞいていたウォレンは、ソルバーグ少将の「タグボートが船首に大きな波を立ててぐんぐんサラトガ号に近づいていく」のを見つけてぎょっとした。ヘンペルマンは、ガイガー計数管をもってボートの先に立っていたのだが、手元の測定器はあっというまに危険なレベルの放射能を記録した。今度ばかりはソルバーグ少将もヘンペルマンの警告を聞き入れた。ウォレンは双眼鏡で、少将のボートが「はたと……速度を落とし、止まったかと思うと、猛スピードで戻っていった」のを見とどけた。[30]

ウォレン自身も海軍の抵抗にあっていた。あるとき、宿泊船に集まった一〇〇〇人以上の将校と下士官を相手に緊迫の説明会をおこなった。「会場にはいったとたん、敵意の壁みたいなものを感じた」と、ウォレンは対面の瞬間をのちに語っている。「怖いくらいぴりぴりしていた」。ブランディ大

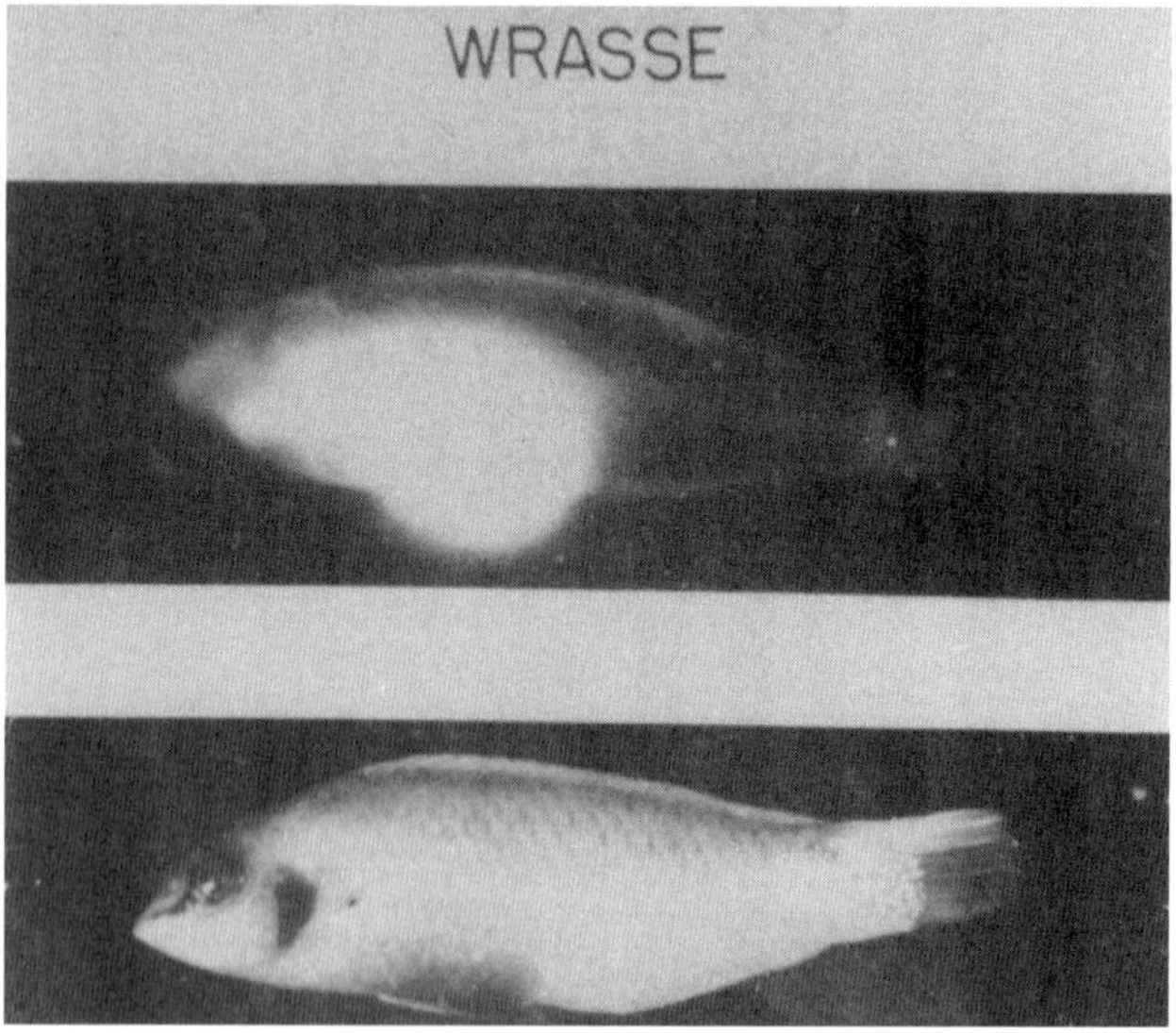


ビキニの礁湖の被ばくした魚のX線フィルム。

将がウォレンにマイクを手渡し、艦への立ち入り制限をおこなう理由を出席者の将校たちに説明するよう促した。ウォレンは、うんざりしながらも、放射線による危険の性質と程度を伝えようとした。「それで、一時間ほど熱心に言葉を尽くして説明をした。われながら上出来だったが、話しおえると汗でびっしょりだった」という。意見交換後も険悪な雰囲気はほとんど緩和されなかったが、最後にはブランディ大将がウォレンの意見にしたがう姿勢を見せた。「まあ、そういうわけですから」と彼は言った。「これまでどおりということで[31]」

しかし、ウォレンら放射線安全部は、これまでどおりでさえだめだと結論し、全計画を中止してチャーリー実験を捨て去るべきだと主張した。ソルバーグ少将は、あいかわらず最強の敵のひとりで、損害を受けた艦艇は除染をすればもとどおりになると言いつづけた。興味深いことに、とうとうブランディ大将の説得に成功したのは、ビキニの礁湖の魚が被ばくしたという証拠だった。礁湖は徹底的に汚染されていたので、魚が食べる藻などの有機物も毒を含んでいた。ヘイヴン号の仮設研究所で仕事をしていた放射線安全部は、X線フィルムを使って魚を調べはじめた。写真乾板は魚から射出されるアルファ粒子に反応し、見事にフィルムへはっきりとした痕跡を残す。そうした写真によって、放射線が魚の全身に散らばっていることだけでなく、とりわけ汚染のひどい物質が腹部にたまっていることが一目瞭然になった。[32]

ウォレンは、ディーク・パーソンズ海軍大佐に付き添われ、フィルムの一枚を手にブランディ大将のもとへむかった。このフィルムがようやく、ブランディ大将に自分たちの直面している危険をわからせた。「これが事実なら」とブランディ大将は言った。「全面中止の命令を出す」。安堵したウォレンは家で待つ妻に手紙を書いた。「魚のX線写真が……うまくやってくれた」[33]と。ウォレンは、その後何年もクロスロードの惨事について心配しつづける。広島と長崎で放射線被ばくの影響をその目で見ていた彼は、ビキニ環礁にいたアメリカ軍人にどんな害が出るかとたびたび悪夢にうなされた。クロスロード作戦の参加者アンソニー・グアリスコが一九八五年の上院小委員会で証言したところによると、ウォレンは「いくつも眠れない夜をすごし……退役したクロスロード作戦の原子力関係者がこの核実験に参加したせいで苦しみ、死んでいっていることに悩みつづけていた[34]」

## ビキニの人々とロンゲリック環礁

放射線安全部には、ノーランのようにベイカー実験が終わるとすぐに帰国する者もいたが、現地に残って、軍部の無意味な除染作業や破損した標的艦の移動を手伝う者もいた。ブラッドリーは、マーシャル諸島に実験後も八週間残ったうちのひとりだった。海軍がついに艦隊の除染を断念すると、ブラッドリーを含む五人の放射線監視員は、ちょっとした釣り旅行に出かけてひと息入れることを許された。五人は、ジョージ・クランシー大佐の乗組員といっしょに全長三〇メートルの掃海艇に乗って海に出た。周辺の環礁における魚の放射線レベルを測定するという名目だった。出発から二日目、一行はロンゲリック環礁沖へ行ってみることにした。小さな島の岸の近くをとおったとき、数人の人影が手を振っているのに気がついた。クランシー大佐が、めぼしい島に船を寄せ、乗組員の一部をつれて陸地にあがってみると、手招きしていたのは島を移った元ビキニ住民だったことがわかった。

ブラッドリーが「温和で親しめる人たち」と感じたビキニの人々は、移住から六カ月がたった今、順調な生活をしているとはいえなかった。この訪問は、クランシー大佐とキング・ジュダによる会談めいたものに発展した。いくらか英語ができるフィリップという名の男を通訳に立て、元ビキニ住民の多くが見守るなかで話し合いは始まった。ビキニの人々のメッセージは明快かつ率直だった。「私たち……とても空腹です」と、フィリップが通訳した。「私たちは……食べるものが何もありません、……そうです。私はこの島についてお話しします。ここは……非常に貧乏な島です。われわれは、……

十分な椰子《やし》の実もありません。……私たちには……ないのです。もう長いこと私たちは魚ばかり食べています」[35]。ロンゲリック環礁の面積はビキニ環礁の約四分の一しかなく、ココヤシの実もタコノキの実も話に聞いて期待していた収穫量にはほど遠かった。しかも、ビキニの礁湖の約五分の一の広さであるロンゲリックの礁湖で獲った魚の多くは、食べた人を病気にした。窮状を理解したクランシー大佐は、船から物資を運び出すよう命令した。小麦粉、砂糖、煙草、釣り針などの荷を与えられたビキニの人々は大喜びし、アメリカ人への返礼として手作りの品をどっさりもたせた。

島を離れるまえ、クランシー大佐たちは最後にもうひとつ質問を受けた。キング・ジュダの言葉をフィリップが通訳してこう説明した。「ユダ王とその家来たる土民たちが、いつビキニに帰れるか知りたがっている」と。難しい質問だったが、クランシー大佐は甘い夢を見せるような回答はしなかった。島の集落と木々の多くは破壊され、環礁と礁湖の水や食べ物は安全ではない、数年とはいわずとも、数カ月はこの状態がつづくだろう、と説明した。ブラッドリーは、フィリップの悲し

ロンゲリック環礁の島で暮らすビキニの人々、1946年9月。

く慎ましやかな返答をよく覚えている。「そうですか。それは非常に残念なことです」[36]

ビキニの人々は、島を追い出されてから七〇年以上がたった今も、故郷で暮らすことができずにいる。いぜんとして、住むには毒が多すぎるからだ。土壌からは追跡可能な高いレベルの誘導放射性核種セシウム137が確認されており、それゆえ環礁の果物や野生動物の一部が汚染されている。ビキニの人々の窮状は、ほんとうに悲しい話である。ロンゲリック環礁では、魚釣り中のクランシー大佐と放射線安全部が訪れたあと、十分な食糧の確保がますます困難になった。一九四七年の火事が問題を悪化させたのだ。そもそもロンゲリック環礁の木々から得られる食糧は故郷ビキニ環礁より少なかったのに、火事によって島のココヤシとタコノキの三分の一近くが燃えてしまった。一九四八年前半、ハワイ大学の人類学者レナード・メイソンがロンゲリック環礁を訪れたとき、ビキニの人々はなかば飢餓状態にあった。この危機的状況を知ったメイソンは、すぐさま食糧と医療の供給を要請するとともに、べつの場所へ再移住させるよう働きかけた。ロンゲリック環礁への強制移住から約二年後、ビキニの人々は再度の移住をさせられた。今度の移住先は、米軍基地のあるクェゼリン環礁だった。ビキニの人々は滑走路脇のテントを住居として与えられ、つぎの移住先が決まるまで八カ月近くもそこで暮らした。

検討を重ねて候補地を何度か視察したあと、ビキニの人々の新たな移住先はキリ島に最終決定した。キリ島は、マーシャル諸島南部にある小さな島で、ビキニ環礁の南約六八〇キロに位置している。環礁ではなく島なので、礁湖がなく、伝統的な方法で漁をすることができなかった。それゆえ、ビキニの人々は外部から支給される食糧に依存せざるをえず、その結果、「施され心理」とよばれるものが移住を余儀なくされた島民のあいだに広がった。[37] 移住後、アメリカ人はビキニの人々に全長一二メートルほどの改造ホエールボートも与えた。帆とエンジンを備えた船で、マーシャル諸島にあるほかの集落への行き来が容易になるだろうという意図だった。悲痛なほどの皮肉だが、船はクロスロード号と名づけられた。そもそもビキニの人々に移住を要請した軍事作戦と同じ名だ。ビキニの人々はモーター付きの船の経験がなかったので、クロスロード号の操縦に苦戦した。使いはじめてから一年もせず、船はキリ島の岩礁に激突し、そのまま捨て置かれた。[38]

## 医学法律委員会

トリニティ実験やロスアラモスの核事故の場合と同じく、クロスロード作戦の実施中も、医師は、将来的な訴訟の可能性から自分たちを守るために、放射線の記録手順を定めた。医学法律委員会まで設置した。ジョナサン・ワイズガルによると、委員会の主な目的のひとつは、「将来、アメリカ政府に対してクロスロード作戦を理由とした法的請求があった場合を想定し、請求を拒むための下準備として文書記録をおこなう」ことだった。[39] ベイカー実験の数週間後、当初はノーランとヘンペルマンも参加していた医学法律委員会のロバート・ニューウェル委員長は、委員会設立の目的は、「ウォレン大佐に対して、放射線安全部の策定した安全措置は正当な理由をもって批判できるものではないと請け合うことと、クロスロード作戦による放射線の危険を理由とした訴訟の成功はありえないと可能な範囲で保証してやること」だったと認めている。[40]

このようにして、警告・包摂・共謀のパターンは繰り返された。医師は、クロスロード作戦における有害な放射線について再三警告を発した。しかし、多くの場面でこうした警告は軍部に無視された。そこでウォレンは、予期した放射線傷害が実際に生じた場合に、「怠慢との誹《そし》り」をいかなる形でも受けないよう、選りすぐりの人員による医学法律委員会を設けて援護射撃をさせた。ソルバーグ少将のヘンペルマンに対する指示は、こうした複雑な状況をわかりやすく表している。ソルバーグ少将は放射線安全部からの指示にしたがう気は毛頭なく、ヘンペルマンに自分の安全確保だけを求めていた。この出来事は、医師がほぼ実現不可能な役目を求められる立場に置かれたことと、彼らがどんなふうに包摂されたか瞬間を典型的に表している。ほかの場合と同様に、今回も医師たちは最終的に共謀者となった。具体的にいえば、放射線が第一統合任務部隊におよぼす有害な影響を実際より小さく見せようとした。

信じがたいことに、ニューウェルは医学法律委員会の概要報告書で、「クロスロード作戦、すなわちエイブル実験とベイカー実験は、最後までいかなる人員に対しても放射線傷害を生じさせなかった」と結論した。[41] こうした結論は、日本における「取り急ぎの調査」の報告書の場合と同じく、あとから時期尚早だったと判明する。時とともに第一統合任務部隊の多数の参加者が、がんを含む疾患の原因をビキニ環礁滞在中の被ばくだと考えはじめるからだ。[42] そのなかのひとりにジョン・スミザーマンがいる。彼は海軍の水兵で、エイブル実験後に出火した標的艦の消火活動を手伝っていた。ベイカー実験の数週間後、スミザーマンは両脚に赤い斑点を見つけた。彼がビキニ環礁で作業をしていたときの服装は、短パン、テニスシューズ、Tシャツ程度だった。ほかの水兵も似たような装備だったと思われる（264ページの写真参照）。スミザーマンは「悪性リンパ腫」と診断され、だんだんと両脚が腫れてきた。最後には、両脚と腕一本の切断を余儀なくされた。一九八三年、彼は五四歳で死亡した。傷害に対する補償もなかったし、疾患の原因がビキニ環礁の実験で生じた放射線だと政府が認めることもなかった。[43]

## エニウェトク

マーシャル諸島での核実験は、エイブル実験とベイカー実験で終わりではなかった――それどころか、まだまだつづいた。クロスロード作戦から二年たらずのうちに、アメリカは新しい原爆の実験を始めた。今度の実験地は、ビキニ環礁の西約三五〇キロに位置するエニウェトク環礁だった。エニウェトク環礁には、ビキニ環礁と同様に、土着の共同体が存在した。実際には、エニウェトクとエンジェビというふたつの共同体があり、環礁を半分ずつ占めていた。エニウェトク環礁は、二〇世紀初頭から日本の支配下にあったものの、第二次世界大戦が始まるまでは、環礁も住民もほとんど放置されていた。エニウェトクの人々は、ビキニの人々と同じような自給自足の生活をしていた。

戦争が始まると、日本人は、太平洋の北西部というエニウェトク環礁の位置に注目し、戦略上の要地とみなすようになった。そして、環礁内のエンジェビ島に大きな飛行場つきの軍事基地を建設した。

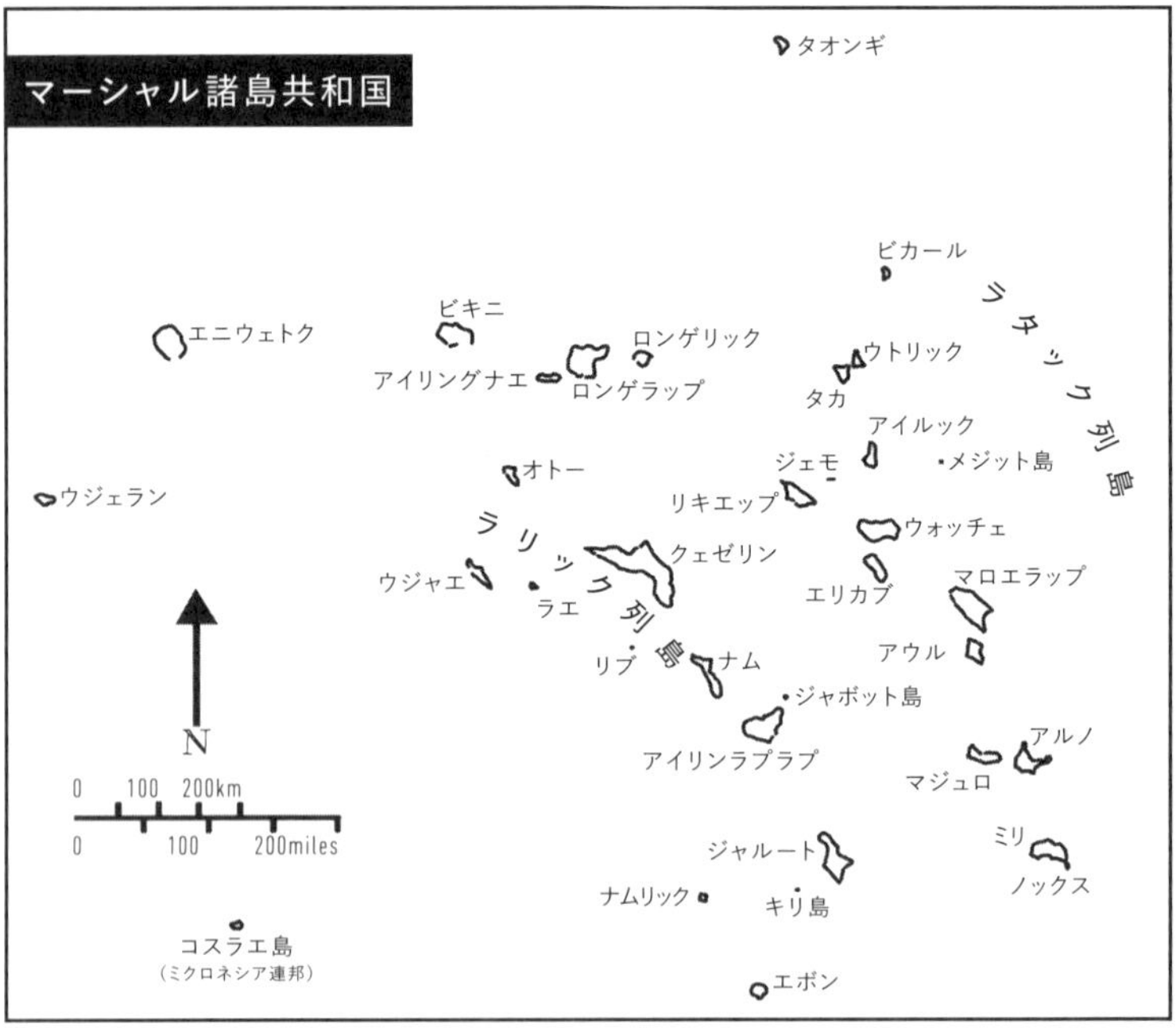


しかし一九四三年末には、すでにマーシャル諸島のなかで比較的大きなクェゼリン環礁とマジュロ環礁を征服していたアメリカ軍が、日本本土への中継地としてエニウェトク環礁に目をつける。一九四四年二月には、エニウェトク環礁をめぐって、日本軍三四〇〇人、アメリカ軍三四八人の死者を出す五日間の激戦が繰り広げられた[44]。エニウェトク環礁を確保したアメリカ軍は、マーシャル諸島のほかの環礁から日本軍の基地で働くためにつれてこられた労働者をもとの居住地に返した。戦闘中には多数のマーシャル諸島民が殺されており、環礁を支配下においたアメリカ軍は、エニウェトクの人々を食糧や住居の面で支援した。それから、日本軍占領時に敷かれたインフラの一部を

利用して、太平洋で進行中の戦争にとって重要な前進基地をつくり上げた。

戦後の核実験が始まると、すでに飛行場と基地が整備されているエニウェトク環礁は、魅力的な実験候補地となった。マーシャル諸島の北西のはずれという位置も好都合だった。東からの優勢な貿易風が、放射性物質を有人の環礁や島が多い東や南東の方角ではなく、無人の海が広がる西へ運ぶと予想されたからだ。さらに、軍部はエニウェトク環礁の地形であれば、三つの核実験を陸地でおこなうことができると判断した。[45] ビキニ環礁の場合と同じように、エニウェトク環礁にも人が住んでおり、住民であるエニウェトクとエンジェビの人々合計一四二人は強制移住させられることになった。

エニウェトクとエンジェビの人々の理想的な新天地として、エニウェトク環礁の南西約一九〇キロに位置するウジェラン環礁が選定された。ウジェラン環礁は、短いあいだだが、ビキニの人々を移住させる候補地としても検討されていた。一九四七年後半、ビキニの人々がロンゲリック環礁で生き延びようと奮闘していたとき、彼らの移住先にする目的で、ウジェラン環礁における建設作業がはじまった。しかし、一九四七年一二月、エニウェトク環礁が今後の恒久的な核実験場に決定すると、アメリカ軍は、無人のウジェラン環礁をビキニの人々ではなくエニウェトクの人々に与えることにした。

いくつかの理由で、ビキニの人々の不幸な流浪の旅やたどり着いた先での生活にくらべると、エニウェトクの人々の移住は順調だったといえる。理由のひとつは、ウジェラン環礁はその名のとおり環礁であり、キリ島のような孤島ではなかったことだ。ふたつ目の理由は、ウジェラン環礁の気候と生態がエニウェトクのそれに類似していたこと。三つ目の理由は、エニウェトクの人々と、ウジェラン環礁にその昔住んでいた人々のあいだには、いくらか共通の祖先がいたことだ。それどころか、エニウェトクの人々のなかには、居住者がいたころのウジェラン環礁にしばらく住んだことがあり、その場所の地理や自然資源に通じている者もいた。

とはいえ、エニウェトクの人々は生まれ育った地を離れるのであり、新たな環礁への適応は簡単ではなかった。ビキニの人々と同じく、もとの環礁を恋しがり、いつかは戻りたいと思っていた。エニウェトクの人々の移住先は、ビキニの人々が最初にロンゲリック環礁へ移された場合と同様に、もとの環礁よりずっと小さかった。陸地面積は五・八五平方キロメートルから一・七四平方キロメートルに減少し、礁湖の大きさも一〇〇二・三平方キロメートルから六五・八平方キロメートルに減った。[46] それゆえ、利用可能な自然の資源もぐっと少なくなった。結果として、ビキニの人々ほどではないにせよ、エニウェトクの人々も外部から配給される物資への依存度を高めた。[47] 人類学者ジャック・トビンは、エニウェトクの人々の再定住に関する包括的な研究論文のなかで、ウジェラン環礁における生活の利点や、ビキニの人々と比較して移住の過程が円滑だったことを認めつつも、つぎのように結論している。エニウェトク環礁からの強制移住者は「原子力時代と冷戦のさらなる被害者となった。自分たちには制御不能な状況と自分たちの理解を超えた力の犠牲になり、無力感にうちひしがれた[48]」と。

## サンドストーン作戦

エニウェトク環礁の人々の移住を余儀なくした軍事作戦は、サンドストーン作戦という名だった。

アメリカでは、軍部と科学者の政治的な対決の末、原子力の問題は、民間人の管理下に置くことが決まり、一九四七年一月にアメリカ原子力委員会が新設された。こうしたわけで、サンドストーン作戦は、民間人が主導し（第七統合任務部隊）、軍部は補佐役にまわった。クロスロード作戦の当初の計画と同じく、エニウェトク環礁でも三つの実験をおこなうことになった。コードネームをエックスレイ、ヨーク、ゼブラといい、それぞれ一九四八年の四月一五日、五月一日、五月一五日に実施する予定だった。方法としては、トリニティ実験と同じ塔上の爆発を選択し、今回は高さ六〇メートルの塔を、エニウェトク環礁の三つの島（エンジェビ島、アオモン島、ルニット島）にそれぞれ建てた。クロスロード作戦が、核兵器の海軍艦艇に対する影響を調べる軍事実験だった一方、サンドストーン作戦は、新設計の核兵器の有効性を試験、あるいは証明するための科学実験だった――それゆえ、一連の実験がおこなわれた場所は、太平洋証明実験場《パシフィック・プルーヴィング・グラウンド》とよばれた。

　サンドストーン作戦がクロスロード作戦と異なる点はほかにもあった。もっと規模が小さく（関係者は四万二〇〇〇人から約一万人に減った）、より管理がいきとどいていて、報道陣に対する見世物である度合いがぐっと低くなった。サンドストーン作戦の目的は新設計の原爆を試験することだったので、物事の進め方はマンハッタン計画の典型的なやり方に戻った――つまり厳しい秘密保持が敷かれた。だが、この方針はまたもや興味深い結果を生むことになった。クロスロード作戦の惨事から得た教訓が生かされた部分もあった。たとえば、放射線安全部は前回より中心的かつ重要な地位を与えられた。放射線安全部の指揮官には、ジェームズ・クーニー大佐が着任した。前任者のウォレンと同じく、軍に所属する放射線科の医師だった。ウォレンはというと、このときすでにカリフォルニア大学ロサンゼルス校医科大学院の長を務めていたので、第七統合任務部隊に参加することはできなかった。放射線安全部は、以前より重要視されたとはいえ、クロスロード作戦のときと同様に反発を受けた。ただし、今回反発したのは、軍人より科学者だった。

サンドストーン作戦でも、一日あたりの最大許容線量は〇・一レントゲンに設定された。しかし、トリニティ実験のときと同じく科学者は、場合によってはもっと高い線量を認めるよう交渉する余地があった――具体的には、「承認を得た特定の任務においては、三レントゲンを最大許容線量に」することができた。[49] 他方、放射線安全部の責任者であるクーニーは、「職員の安全性より科学的データ回収の緊急性が優先されることはないと保証する」役目をになっていた。[50] 最終的に、科学者と放射線安全部はある種の妥協点を見出し、「特殊な状況下においては、科学部門の監督者と放射線安全部の責任者が合計で最大三レントゲンの被ばくを許可する場合がある」とした。クーニーは、ここでいう特殊な状況が抜け穴となり、科学者が「実験結果を得るためなら、何をしても許される」と考える事態を懸念した。[51]

ノーランとヘンペルマンのふたりもサンドストーン作戦への参加が決まった。しかし、広島の原爆投下や日本での合同調査委員会の場合と同様に、ノーランは海外の任務につき、ヘンペルマンは本国に残ってロスアラモス研究所で問題に対処した。サンドストーン作戦において、ノーランは、民間人の立場で三人からなる顧問団の主任を務めた。顧問団にはほかに、ロスアラモスの健康管理部門に所属していた医師で、ノーランと日本へわたったハリー・ウィプルがいた。[52] 顧問団の任務は、「クーニー大佐に対して、放射線の安全管理と医学的法律問題について助言すること」だった。[53]

となると、ここでもまた、医師は法的な訴訟の可能性で頭がいっぱいになった。事実、「わずかな放射線から長期的影響が生じた場合と……政府またはアメリカ原子力委員会を巻き込む訴訟問題が将来生じた場合」に備えようとした。クロスロード作戦やトリニティ実験のときと同じような戦略にしたがい、必要な予防措置として、放射線被ばく量を文書記録に残すことが決定された。この結果、放射線安全部は「被ばくした全民間人職員の永久的な記録をアメリカ原子力委員会に転送し、全軍人職員の永久的な記録を軍医総監に転送すると決定した」[54]

実験が開始されるまえ、ノーランは、顧問団の主任として、クーニーやほかの将校医師と三度の会議に出席し、放射線に関する問題点を議論した。会議中、医師は日本の被ばく者の傷害を記録したスライドを見せ、これは参加者から「特段の関心」を集めた。[55]入手可能な軍事記録によると、ノーランは、顧問役を務めるだけでなく、実際の監視活動にもいくらか参加した可能性がある。たとえば、エックスレイ実験とヨーク実験のあいだの期間にエンジェビ島へ行き、島の「放射線安全対策を監督」したかもしれない。[56]だがたいていは、米軍艦マウント・マッキンリー号または米軍艦バイロコ号に開設された放射線安全センターにいて、クーニーやほかの将校に放射線の安全管理に関する助言をしていたと思われる。[57]サンドストーン作戦が終わったあと、海軍の指揮官フランク・ワイナントは、ノーランの「顧問」ぶりを称賛し、「われわれが責任を負う人々の命と健康に深く関わる決断をする際、非常に有益だった」と述べている。[58]

サンドストーン作戦では、以前より入念な安全対策をとっていたので、クロスロード作戦のときのような危険はいくらか避けられた。それでもなお、二次的な放射性降下物は「低線量だが広範囲に」

広がり、エニウェトク環礁だけでなく、遠くはクェゼリン環礁までばらまかれた。[59] さらに、想定外の場面でアメリカ軍の隊員に比較的急性の放射線傷害が生じる出来事もあった。サンドストーン作戦では、各実験で爆弾を爆発させたあと、きのこ雲のなかに無人の航空機を飛ばした。航空機が地上に戻ると、放射化学部の隊員が航空機からすばやくフィルターを回収し、容器に入れて、それをロスアラモス研究所に送って分析する手はずになっていた。回収作業にあたる隊員は、トングを使ってフィルターを回収し、容器に収納する決まりになっていた。しかし、島には風があり、回収作業は急いでおこなう必要があったので、隊員はトングを使わずに手袋だけの手で作業をしていた。

ヨーク実験でひとり、ゼブラ実験で三人の隊員が、汚染されたフィルターを回収する際、手に重大なベータ線熱傷を負った。ベータ線熱傷によるひどい水ぶくれが急激に深刻化したのは、数週間がたってからだった。ゼブラ実験の事例では、三人の隊員がそれぞれ三・八、五・六、一七・〇レントゲンの被ばくをした。いずれも、「特殊な状況下」の許容線量さえ超えている。[60] 被ばくした四人は全員、最終的にはロスアラモス研究所へ送り返された。フィルターから採取したデータ試料と同じように。

ヨーク実験で被ばくした放射化学部の隊員は当初、手の傷害はただの打撲だと誤診された。そのため、「エニウェトク環礁で採用されている手順では過度の被ばくをするおそれがある、という事実が現場に伝わらないまま、つぎのゼブラ実験が実施された」[61]。ヘンペルマンは、ロバート・ストーンに宛てた一九四八年六月二八日付の書簡のなかで、目立って科学的な用語を使い、犠牲者の診察結果を報告している。彼の言葉遣いは、オメガサイトの核事故が起きたとき、アラン・クラインをはじめとする犠牲者の「治療」で見られた類の姿勢を思わせる。つまり、事故が起きたことで、医師たちは放射線の人体に対する影響を研究する絶好の機会を得たわけだ。ヘンペルマンはストーンに対して、サンドストーンの事例をつぎのように報告している。「われわれが撮影したすばらしいカラー写真をひと足お先にご覧いれたく存じます。今回の事例を調査して、いくつかのことがわかりました。もっとも興味深いのは、ベータ線熱傷は打撲傷そっくりに見える場合があることです。第一の事例の傷は、放射線熱傷が生じうると想定していない箇所だったので、完全に誤診してしまいました。血球計算値の推移と日ごとに進行する傷の外見の変化を関係づけるのは面白い経験でした」[62]。オメガサイトの事故の場合と同じく、ヘンペルマンとシールズ・ウォレンは、サンドストーン作戦の負傷事例における人体への影響について論文を発表することに意欲を示した。ヘンペルマンは、ストーンへの書簡のなかでこう述べている。「最近シールズ・ウォレンが来たのですが、六カ月の追跡調査をおこなったのちに、この事例を発表してほしいと言っていました」[63]

追跡調査全体は、六カ月では終わらなかった。負傷した隊員は、ロスアラモス病院に何カ月も留め置かれたあと、最終的にセントルイス病院へ移送され、手の皮膚移植を受けた。ゼブラ実験の負傷者三人全員が皮膚移植を受け、最後の移植が完了したときにはすでに一〇年がたった。[64]

## ビキニとエニウェトクの遺物

エイブル、ベイカー、エックスレイ、ヨーク、ゼブラのいずれの爆弾も、ビキニ環礁やエニウェトク環礁で試験された最後の兵器にはならなかった。それどころか、一九四六年から一九五八年のあいだに、マーシャル諸島全体で合計六七発の原爆が試験された。そのうち二三発はビキニ環礁、四四発はエニウェトク環礁でのものだった。総核出力は、TNT換算で一〇八メガトン相当、リトルボーイの七〇〇〇倍を超えていた。[65] 実験期間中で最大の爆弾は、キャッスル作戦のブラボー実験で使用されたものだった。水素爆弾または熱核爆弾とよばれる種類で、一九五四年三月一日にビキニ環礁で爆発させた。威力は一発で一五メガトンにもなり、予測の二倍近かった。リトルボーイの一〇〇〇倍も強力なこの爆弾は、ビキニ環礁の島三つを蒸発させ、直径一九八〇メートル、深さ七五メートルのクレーターを残した。

それだけでなく、ブラボー爆弾は、放射性降下物を二〇〇キロ以上遠くまでまき散らした。しかも、北へむかうとの予測が外れて東へ流れ、ロンゲラップ環礁、ウトリック環礁、アイリングナエ環礁に、汚染されたサンゴ礁の粉塵が降った。島々は危険なレベルの放射能にさらされていたにもかかわらず、ロンゲラップ住民、ウトリック住民、アイリングナエ環礁でキャンプをしていたマーシャル諸島民一八人の合計二三九人が退避を完了したときには、爆発からすでに三日が経過していた。ビキニの人々と同じく、ロンゲラップの人々も、今なおもとの環礁での生活を取り戻せていない。ブラボー実験のあと、マーシャル諸島民、とりわけもっとも汚染のひどかったロンゲラップ環礁の住民六四人は、急性放射線症やほかの症状に苦しんだ。各種の甲状腺腫瘍など、何年もあとにならなければわからない病気もあった。[66]

ブラボー実験は、日本の漁船にも放射性の灰を降らせた。漁船の名は第五福竜丸といい、皮肉にも

「幸運な竜」を意味していた。第五福竜丸では乗組員二三人全員が放射性降下物の影響を受けた。ひとりは事故のあとまもなく死亡し、ほかの乗組員は何年も放射線病のさまざまな症状に苦しんだ。事故は日本の怒りを再燃させ、アメリカにとどまらず国際的な反核運動の波を引き起こした。負傷した乗員を診察した日本人医師のなかに、都築正男がいた。一九四五年の合同調査委員会でノーランやスタフォード・ウォレンと調査にあたった日本の軍医である。

一九七〇年代後半になると、アメリカ政府は、サンドストーン作戦のゼブラ実験をおこなったエニウェトク環礁にあるルニット島の一区画に、八万八〇〇〇立方メートルの放射性廃棄物をもち込んだ。積み上げた廃棄物を覆うようにコンクリート製のドーム（厚さ四六センチ、幅一〇〇メートル）を設け、放射性物質を格納した。仮の処置であるはずだったが、四〇年以上たった今もそのまま残されている。この〈ルニット・ドーム〉には、すでに目に見えるひびが生じており、海面の上昇によって劣化が進むことで、大量の放射性廃棄物が周囲の環境に漏れ出すのではないか、との懸念が強まっている。[67] エニウェトク環礁が受けた被害は、四四回の原爆実験にとどまらなかった。最近になって、こんなことが判明した。一九五八年、アメリカは、マーシャル諸島民の知らないうちに、ネバダ実験場から一三〇トンの砂をエニウェトク環礁に運び込んでいた。さらに、一〇年後には、環礁で生物兵器を試験していた。「敵の軍隊を倒すためのバクテリアが詰まった爆弾やミサイル」[68]だ。

核の時代の影響として、マーシャル諸島の現地住民と自然生態系は何十年も苦しんできた。では、ほかの場所には、エニウェトクとビキニのどんな遺物があるだろうか？　クロスロード作戦がおこなわれた夏、フランスの服飾デザイナーであるルイ・レアールは、自分がつくった新しい水着を一九四六年七月五日にパリでお披露目する予定だった。発表まであと四日というとき、エイブル実験がおこなわれ、世界中の新聞が一面で報じた。レアールは、この報道に乗じて、新作水着に爆弾が投下された島にちなんだ名前をつけた。わずか一九〇平方センチの布地でできた新型のビキニ水着は、「世界最小の水着よりまだ小さい」と謳われた。露出度の高さゆえに、公の場でビキニを着てもいいというプロのモデルは見つからなかった。レアールはしかたなく、パリでストリッパーをしていたミシュリーヌ・ベルナルディーニをモデルに雇い、ピシーヌ・モリトールのプールで新型のビキニを披露させた。このデザインは、当時は物議をかもしたが（複数のヨーロッパ諸国がはじめは法律で禁止した）、最後には世界的な成功を収めた。

ブランディ大将はというと、クロスロード作戦のあとワシントンDCに戻り、一九四六年一一月一日には正式に第一統合任務部隊を解散した。一一月七日、ロンゲリック環礁でビキニの人々が生存をかけた食糧確保に必死だったちょうどそのとき、ワシントンDCにあるアメリカ陸軍戦略大学の将校会館では、クロスロード作戦完遂の祝賀式典がとりおこなわれていた。会場のまん中にはケーキが用意され、土台の部分には〈OPERATION CROSSROADS（クロスロード作戦）〉の文字があった。その上には核爆発時のきのこ雲を模した飾りつけがされており、ブランディ大将の妻はそれに合わせたらしいデザインの帽子をかぶっている。式典の様子は写真に収められ、翌日のワシントン・ポスト紙の社会面に掲載された。写真は、ロシアを含め各地に広まり、当然ながらあまたの批判を噴出させた。

この写真が原爆に対する軍部の姿勢や核の時代の黎明期について雄弁に語っているのは疑問の余地がない。マーシャル諸島民の窮状にあまり関心がないこともはっきりと伝わってくる。故郷の島を追い出され、原爆によって文化と生活様式を修復不能なまでに破壊された人々もいるというのに。マーシャル諸島民は、ジョナサン・ワイズガルやビキニ自治体の前渉外役ジャック・ニーデンタールらの支援を受けて、ようやく苦しみに対する金銭的な補償を獲得した。しかし、そうした賠償金は、たしかに助けになったものの、マーシャル諸島の人々、とりわけビキニ環礁とロンゲラップ環礁の人々のいちばんの望み、つまり愛する故郷への帰島を実現することはできなかった。こうした土着の住民に対してアメリカ政府が長年示した類の無関心は、ヘンリー・キッシンジャーの発言に集約されている

左から順にH・P・ブランディ大将、その妻、ジョージ・M・ローリー准将。1946年11月7日、ワシントンDC、アメリカ陸軍戦略大学、クロスロード作戦の終幕を祝う式典にて。

かもしれない。一九六九年に内務長官ウォルター・ヒッケルと議論していたときのこと。ヒッケルは、ミクロネシアの視察から戻ったばかりで、現地におけるアメリカ政府の方針や、住民の窮状に懸念を示した。「住民といっても、九万人ぽっちじゃないか」と、キッシンジャーは応じた。「どうでもいいだろ？」[69]

太平洋証明実験場でおこなわれた核実験の被害者はマーシャル諸島民だけではない。ジョン・スミザーマンのように、多くのアメリカの軍人も、自分たちが負った傷害に対するなんらかの補償を求めて長いあいだ闘った。アメリカ退役軍人省は、がんやほかの医学的疾患が実験期間中の放射線被ばくに起因すると証明されていないことを理由に、何十年も補償の請求を退けていた。被害者の軍人たちは、入手可能な証拠文書をかき集めても、核実験が疾患の原因だと証明できなかった。これはつまり、ウォレンの医学法律委員会が、将来の訴訟を防ぐという設立当初の目的を見事に達成したということだろう。

一九八五年になってようやく、放射線監視員デイヴィッド・ブラッドリーが、上院退役軍人問題委員会で証言をする際、退役軍人省による補償拒否の公平性に強い疑問を呈した。ブラッドリーは、この点についていくつか重要な主張をした。第一に、「意志を曲げない知性的な軍のお偉方」が、「艦艇と実験を放棄する」ことに、ベイカー実験から一六日たってようやくしぶしぶながら同意したのは、ウォレンが何度も放射線の危険な影響について警告した結果にすぎない、と認めた。[70] 第二に、礁湖の艦艇は相当な放射線を浴びており、ベイカー実験のあとはとりわけひどかった、と主張した。第三に、日本における調査の場合と同じく、放射線測定機器の有効性には限界があった、と述べている。アルファ粒子とベータ粒子はあまりよく測定できなかったし、フィルムバッジの一部は最大二レントゲンしか記録できなかった。ガンマ線用の測定器は、マーシャル諸島の熱気と湿気で機能しないことも多かった。したがって、軍人ひとりひとりの正確な被ばくレベルを証明することは不可能であり、多くの軍人がフィルムバッジさえ身につけていなかった状況を考えればなおさらそうである、と結論した。

ブラッドリーはさらに、血液検査は精度の観点から「無意味」かつ「無駄」であり、尿検査の測定値は「無意味かそれ以下」だったと断じた。[71] ブラッドリーによると、尿検査における問題のひとつは、放射線監視員が十分な情報を与えられなかったために、意味のある試料の分析ができなかったことだった。ブラッドリーは、ベイカー実験が終わってノーランたちが帰国したあとも、現地に残ってさまざまな任務をこなした。そのひとつとして、ヘイヴン号内の調査研究所で保管されていた尿試料バケツ三〇〇〇杯分の分析があった。この任務を与えられたブラッドリーは、尿試料を系統立てて解釈するために、「なんらかのガイドラインや基準を示すような記録簿」を参照したいと申し出た。だが、それは許可できないと断られた。「見せられないんだ。機密扱いだから」と。[72]

前の章で述べたように、日本における合同調査委員会の活動時にも同じような出来事があった。マンハッタン計画調査団の医師は、ほかの調査団の医師が核爆発の性質について詳しく話を聞きたがったとき、まさにその影響を調査するのが建前だったにもかかわらず、秘密保持を理由に情報の提供を拒んだ。こうしたわけで、クロスロード作戦に関して研究所の資料室にあるものは、ブラッドリーがノートに書きなぐった、尿試料に関する行きあたりばったりのメモがせいぜいだった。「なんてすばらしい、なんて科学的なやり方でしょう」と、ブラッドリーは痛烈な皮肉を込めて述べている。尿試料から得たデータを「無意味かそれ以下」と断じたのも無理からぬ話だ。[73]

ノーランについていうと、彼が核兵器の製造と実験に直接関わるのは、サンドストーン作戦が最後となった。彼は、医師としての仕事に戻りたいと強く望んでいた。サンドストーン作戦後もつづく核実験には批判的だったが、それでもなお、新しい放射線技術を婦人科患者の治療に使うことには熱心に取り組んだ。

# 第8章　医師ノーランとテクニックの葛藤

われわれは、原爆第一号をつくり出したことと、その結果として生じた軍拡競争から教訓を得ておくべきだった。あのとき、われわれはうまくやれなかった。そして厄介なことに、現在の状況は当時に酷似している。

――ビル・ジョイ
「未来にわれわれが必要とされない訳 *Why the Future Doesn't Need Us*」

一九四六年の夏、クロスロード作戦が終わると、ジェームズ・F・ノーランは、家族をつれてセントルイスの町へ戻り、ワシントン大学産婦人科助教授の職についた。フルタイムの教職員として働いたこの短い期間にノーランは、ラジウムだけでなくほかの放射性核種もがん治療に利用できないか、と模索しだした。たとえば、ラジウムの安価な代替物として、コバルトの同位体（コバルト60）を使うことを提案した。さらに、アメリカ原子力委員会から九八〇〇ドルの助成金を受けて、金の放射性核種（金198）ががん性腫瘍の治療に有効か否かの実験をした。だが、一九四八年七月一日、サンドストーン作戦が終わった直後、ノーランはワシントン大学の職を辞し、ロサンゼルス腫瘍研究所に移籍する。一年後には、カリフォルニア病院医療センターの一部門である南カリフォルニアがんセンターの婦人科腫瘍学者四人とチームを組むとともに、南カリフォルニア大学産婦人科の臨床教授を務めた。一九七二年には、がんセンターの長に就任した。

カリフォルニアへの引っ越しには、二重の理由があったようだ。ひとつには、戦争が終わって、軍からがん患者の治療用に希少なコバルト照射装置の提供を受けたことがきっかけだった。装置を使用するにあたり、ワシントン大学のバーンズ病院が間接費の四〇パーセントを要求したらしいのに対して、ロサンゼルス腫瘍研究所は、間接費なしで装置の設置を許可してくれた。[1] アン・ノーランの家族がロサンゼルス周辺に住んでいたことも、カリフォルニアに引っ越す動機となったようだ。アンの父ローラ・ローリーをはじめとして、きょうだいのビル・ローリーとジェイン・レイノルズ（ノーランの海外赴任中にアンと子どもたちが身を寄せた）がロサンゼルスのあたりに住んでいた。そういうわけで、一九四八年、ワシントン大学を辞したノーランは、妻、一〇歳になった息子のローリー、五歳の娘リンとロサンゼルスに腰を据えた。

核技術の軍事的側面から離れ、放射線を人の役に立つ医療分野に活かしたい。戦後のノーランはこう強く望んでいたと娘のリンは記憶している。さらに、「軍事的な部分から離れるのは」早ければ「早いほどいい」と思っているふしがあったようだ。そのかわりにノーランは「核技術が平和的に利用され、エネルギーを得る目的だけでなく、病気の治療をする目的で使われるところ」を見たいと考えていた。[2] 息子のローリーも、同じようなノーランの姿勢を覚えている。二〇〇六年一月、ホーリークロス大学で講演をおこなったローリーは、父親についてつぎのように語った。ノーランは、一刻も早く軍事から遠ざかり、医療の領域を中心としたよい目的のために核技術を使える場所にたどり着きたい、と願っていた。「放射線をとりわけ医療分野で平和的に利用すれば、よりよい未来がやってくる、と確信していた」。そして、「残りの職業人生のすべてをささげて、がん細胞を特定し、死滅させる、命を救う放射性核種を見つけ出し、その利用法を考え、現場に適用」した。さらには、「放射線を送り込んでがんを破壊する」装置の設計と製作もおこなった、と。[3]

マーシャル諸島とネバダ州でつづく核実験に対して、私的な場でのノーランは批判的だった。ネバダ核実験場で実施された大気圏内核実験と地下核実験の記事を読んで非難の色を示すノーランをリンは覚えている。「パパはよく首を振ってこう言った。〝あいつらは自分たちが何をしてるかわかってないんだ〟って」。広島と長崎に原爆が投下されたあと、現地の被ばく者の苦しみと死をその目で見た男の言葉だった。想像するしかないが、核爆発直後のネバダ砂漠で海兵隊員がまっすぐ爆心地へ行進する軍事実験を見て、ノーランは何を思っただろう。ある報告書で、軍部が婉曲的に「攻撃目標に対する空地協同機動」とよんだものだ。[4] 驚くにはあたらないが、マーシャル諸島の軍人や現地住民と同じく、ネバダ核実験場で任務に従事した兵士たちは、その後何年も放射線関連の傷害や疾患に苦しむことになる。[5]

## 医師ノーランと道具主義的視点

核の時代において進行中の軍事的側面に直接関与することのなくなったノーランは、ロサンゼルスで、医師とがん研究者という自分の職務に全身全霊で打ち込み、放射線技術を使って、がん患者を治療した。核技術は医療分野の有益な目的のために使うことができる、という信念を体現してみせたのだ。ノーランの考え方は、哲学者アルバート・ボーグマンがいうところの、技術に対する道具主義的見方にぴったりとあてはまる実例だ。ボーグマンは、技術を文化的な力とみなす議論のなかで、現代社会においては、この道具主義的見方が、技術の役割に対する公式の、あるいはもっとも一般的なとらえ方であると述べている。技術は「善でも悪でもなく……それがよい使われ方をするか、悪い使われ方をするかは、われわれ自身とその価値観しだいである」と考えるのだ。[6]

ボーグマンは、道具主義的見方には重大な制約があると指摘しつつも、「いくらか利点があることは明白」であり、「一般に認識されている程度には正しいことも疑いようがない」と認めている。[7] ノーランが放射線治療によって実現した特筆すべき善についていえば、これは相当なものである。ロサンゼルスに移ってからの三十数年間、ノーランは、医学研究者としても臨床医としても立派な功績を残した。医学生に産婦人科の治療法を教えるとともに、ラジウムを中心としたさまざまな放射性核種を用いて数種類の婦人科がんに対する新しい治療法を開発した。ホーリークロス大学の講演で息子ローリーが語ったように、生検用の装置やがん患者に放射線治療を施すための装置も開発した。ラジウ

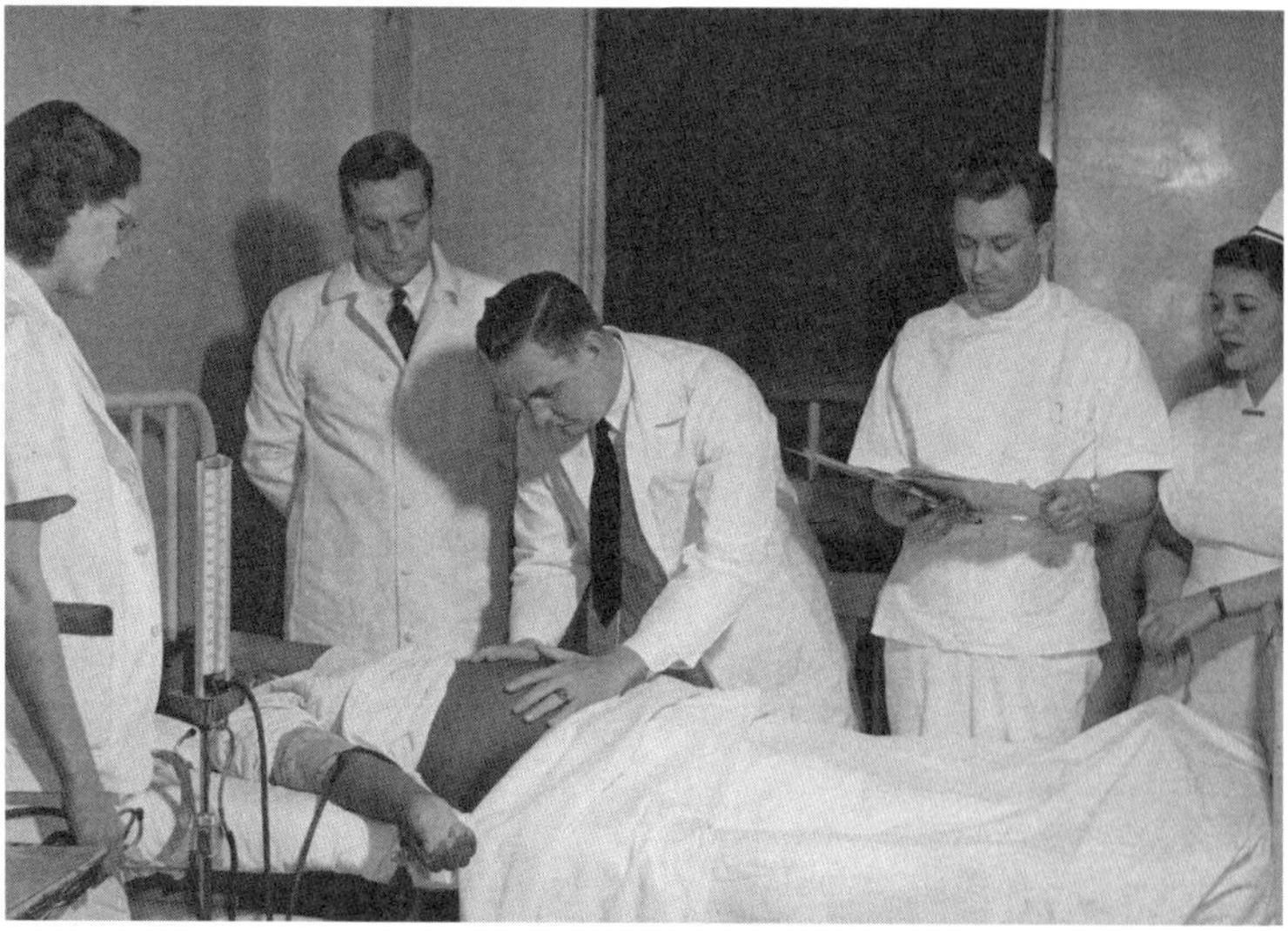

産科患者の診察を監督するノーラン、1948年。

ムを使った子宮頸がん患者用の革新的なタンデム器具は、〈ノーラン・アプリケーター〉としてその分野で知られるようになった。[8]

四〇年にわたって発表されたノーランの医学論文を見ると、明敏かつ実践的な視点から、より効果的にがん細胞（がん腫）を死滅させつつ、まわりの健康的な組織に害を与えないための放射線治療を開発していたことがよくわかる。各種の治療戦略を検討する際、主に課題としていたのは、異なる種類の婦人科がん患者に対して最善の治療を施すための適正照射量（線量、時間、種類など）を特定することだった。

ノーランの医学論文で検討されている治療法としては、たとえば、外部照射および膣内照射によるX線治療、がん性腫瘍に隣接して戦略的にラジウムシードを放置する治療、形態異常の子宮に対する多数のラジウムカプセルの適用、「子宮のがん腫」の治療を目的としたコロイド状（ゲル状）の放射性金の使用などが挙げられる。論文ではさらに、複数の治療法を柔軟に組み合わせた適用例の分析、生検用・放射線治療用の新型装置の革新的な使用法、異なる種類のがん性病変を切除する具体的な手術法の有効性などについて論じている。[9] こうした論文からは、長崎における戦後の永井隆の仕事にも見られたような、科学的研究と患者の治療を継ぎ目なく統合しようという職業観が垣間見られる。

一九七一年、ノーランはアメリカラジウム学会の会長に選出された。現役時代に長を務めた四つの医学会のひとつだ。その年の三月、同学会の年次集会がメキシコのメキシコシティで開催され、新会長として講演をした。このときのノーランの言葉は、彼の頭のなかをのぞくことができる貴重な窓である。放射線の分野で仕事をした数十年間で自分や同僚の医師がさらされた、放射線の危険について考えをめぐらせているからだ。講演は、ノーランの独特かつ卓越したユーモアのセンスにしたがって、あえて皮肉っぽい語り口で進められた。過去の会長講演がデータに基づくもっと学術的な話だったのに対して、ノーランは、「科学的アプローチの通常の規定をはずれてしまうが」と断りつつ、個人に焦点をあて、自分自身を講演の題材にした。[10]

ノーランはまず、アメリカラジウム学会の集会にはじめて参加したときのことから語りだした。一九四二年、家族でロスアラモスに引っ越した年の前年に、アトランティックシティで開催された集会だ。多くの参加者の手に指がない、とノーランは気がついた。業界の先駆者たちは、英雄的な自己犠牲によって新しい医療機器を生み出してきたのだ。つぎに、ノーラン自身がさらされた放射線リスクに話題を移した。話の中心は、医療に携わった戦後の約二五年間だった。軍人時代に叩き込まれた秘密保持の理念にしたがって、戦時中の経験については、漠然と言及するにとどめ、その期間の「個人的な放射線被ばくはごくわずかだったし、実際の被ばく線量を特定することは難しい」と主張した。[11]

これに対して、そのあとの二五年近い臨床医時代については、「相当な量」の放射線被ばくをしたはずだ、と述べている。ノーランの推定によると、一九五〇年から一九七〇年のあいだにおこなったラジウム照射の回数は、合計二〇二九回、一年あたり八〇回から一五〇回、平均して約一〇〇回におよんだ。計算してみると、「その二〇年間における……全身照射線量は合計五〇レム、一年あたり二・五レム」ほどで、両手に浴びた放射線の線量はこの約四から五倍になる。[12] とはいえ、臨床医時代の被ばく量についても、戦時中と同様に、実際よりかなり低く見積もっていた可能性は大いにある。[13]

こうした被ばくによる生理学的な影響については、講演の時点では認められていない、と述べている。[14]

しかし、赤血球数が「一貫して正常範囲を超えている」ことは認めた。「この対象」を調べた病理学者は、赤血球の多い状態は「生体の代償機構」が引き起こしたのかもしれない、と述べた。そして、「呼吸器に対する一般的な慢性の刺激が、細気管支の痙攣《けいれん》を引き起こしている」と指摘したうえで、「そうした刺激物の使用を中止するよう強く勧めた」。[15] わかりやすくいうと、病理学者は、ヘビースモーカーだった著者の祖父（フィルターなしのキャメルを吸っていた）に対して禁煙を勧めた、ということだ。祖父は助言を気にもとめなかったが。

ノーランはさらに、放射線被ばくの結果、不妊症になった可能性があることを言外に認めた。ノーランは自分を被験者に設定するとともに、同じ年齢で同じ経験を有するが放射線被ばくをしていない同僚のひとりを対照被験者に採用した。五六歳というノーランの当時の年齢を考慮し、生殖機能の検査はおこなわないことにした。ノーランは講演中に理由をこう説明した。「精巣生検はおこないませんでした。対照被験者が、生検をしても得られる情報にはあまり意味がない、と考えたからです。実際、被験者のF1世代が生まれたのは、それなりの量の放射線を体内に蓄積する以前でしたし、F2世代の繁殖も順調ですからね」[16]と。換言すると、ノーランがふたりの子どもを授かったのはロスアラモス研究所に移籍するまえであるし、一九七一年の時点ですでに五人の孫がいた（本書の著者を含む）、ということだ。こうした理由から、自分が不妊症であるか否かを知ることは重要でないと判断した。

しかしノーラン夫妻に戦後は子どもが生まれなかったのは事実である。四人もの子どもを望んでいたのに、ノーランはよく冗談まじりに、うちはひとりっ子ならぬ「ふたりっ子」だ、と言っていた。[17]広島でスタフォード・ウォレンと放射線病の典型的な症状である下痢を日本の食事のせいにしたように、ノーランは自分の不妊のいちばんの原因は、放射線被ばくではなく、「大人の気分高揚剤」の使用だろうと推測した。これは飲酒の婉曲表現だ。[18]しかし、リンと義理の娘カレン・ノーランによると、ノーランは、これだけ放射線を浴びて、目立った影響もなく今まで生きてこられたのは驚異的だ、と言っていたらしい。

一九七一年の講演のなかで、ノーランは、放射線にさらされることとは無関係なリスクとして、医師の身に降りかかりうる危険についても語っている。興味深いことに、そうした危険には、弁護士の存在や訴訟のおそれが含まれていた。たとえば、医療過誤訴訟に「さらされる」ことは、「大変な心痛を生じうる危険の一種」だと述べている。「利益を生むかぎり、弁護士への成功報酬、過失推定則、インフォームド・コンセントの理屈を頼って医師を訴訟にさらそうとする人もいる」と、ノーランは嘆いた[19]。マンハッタン計画の医師がプルトニウム注射に関与していたことを考えると、ノーランがインフォームド・コンセントの「理屈」を軽視するような発言をしたことには胸騒ぎを覚える。もっと全般的な訴訟に対する医師の不安を語ったことは、核の時代の初期にマンハッタン計画の医師が一貫して訴訟に対する不安をかかえ、保身の取り組みをしていたことを考えれば、驚くにはあたらない。こうした法律面の危険が被験者におよぼした影響については、「今のところ心電図をとっても、特段の欠陥は見つかっていない」とのことだった[20]。

講演の終わりにノーランは、医師が放射線被ばくのリスクを負ってもよいと考える理由について思案をめぐらせた。いくつか可能性のある動機をまずは提示し、あとからそれを否定してみせた。たとえば、金銭的報酬は動機になりうるだろうか？　「危険業務特別手当がラジウム照射と関連づけられたことは一度もありません……したがって、この種の報酬はとくに関係がないでしょう」。ひょっとすると、患者に感謝されるからでは？　「二〇〇〇年近くまえ、一〇人のハンセン病患者が清められ、礼拝堂に戻って感謝しなさいと言われましたが、実際にそうしたのはたったひとりでした。現代においても感謝を示す患者の割合はほぼ同じです[21]」。あるいは、革新的な医療処置を施すことで、英雄的な気分にひたれるからだろうか？　「処置には威張れるような側面はありません」。では、「自分がやらねば誰がやる」という心意気だろうか？　「この分野がそこまでの人材不足に陥ったこともありません[22]」

こうした理由でないとしたら、何が動機なのか？　ノーランの答えは単純明快だった。医師がリスクを負うのは、何よりも「患者のため」である。この目的を追求するなかで、ノーランは放射線医療分野において数々の開発をおこなった。もっと有効で、もっと安全な、新しい医療技術の利用を進めてきた。ノーランは「戯れ」の「自己流」分析の被験者として自分を提示しつつも、こう主張した。放射線医療における発展は、たしかに医師に対する安全性を向上させているが、その狙いは「医師をよりよく守る」ことではない。そうではなく、「患者をよりよく治療する」ことを目指しているのだ、と。[23]

放射線医療分野の医師たちがリスクを引き受ける理由は、自分の指を失ってでも患者の治療をした先駆者の時代から変わらず、「高品質な医療の提供」を最優先させたいからである。ノーランの生徒であり、のちに同僚としてロサンゼルスで何年もいっしょに働いたロバート・フトランによると、ふたりは日常的に相当な量の被ばくをしていることを重々承知していたという。それでもなお、「今やっていることをやめたくない」と思ったのだ。フトランはのちにリンパ腫と診断された。治療は成功したものの、病気の原因は放射線被ばくだと考えている。[24]

最後に、ノーランは被験者である自分に話を戻し、健康状態に関して、かなり不吉な長期的評価と見通しを述べた。「寿命は短縮されるのか、終末期に何が起きるのか、そういったデータは、今のところ入手できていない」[25]

## 楽観的技術決定論

ボーグマンは、ノーランの医師としての仕事がわかりやすい実例となる道具主義的見方に加えて、決定論的見方にも言及し、これを道具主義ほど広く知られてはいないが、同じく技術を文化的な力とみなす、注目すべき考え方だと述べている。決定論的見方には、楽観的なものと悲観的なものの二種類がある。楽観的決定論者は、新しい技術の開発と適用は不可避であり、究極的には社会にとってよいものだと考える。ボーグマンはつぎのように述べている。「あなたが楽観的決定論者である場合、技術の問題と恩恵を歓迎し、批判する人や反対する人に対して、技術は止めることができない、と警告するでしょう[26]」

ニューヨーク・タイムズ紙のジャーナリスト、ウィリアム・L・ローレンスの考え方は、楽観的技術決定論者の典型例だ。第5章で論じたように、ローレンスは原爆や核の時代の到来に対して宗教的といえるほどの信念を示している。ローレンスは、深く根づいた決定論的見方によって、核兵器の破壊的影響に関して何か疑念を抱いたとしても、それを正当化することができた。「当時を振り返るとこう思う」と、ローレンスはあるインタビューで語っている。「そうしたものを正当化してしまうんだ。すっかり取り込まれているから。そして自分にこう言いきかせる。歴史上、不可避の出来事のひとつなんだ。事態を変えるために自分ができることなど何もない。どうしたって起きてしまうんだから。歴史のなかで動きだした力があり、人間はなぜか自動機械のような存在になり下がってしまう。

人間は自分の役目を演じるけれど、その役目は何か外部の力が人間用にこしらえたもので、人間はただ演じているだけなんだ、と」[27]。ローレンスは同じインタビューで、日本の原爆被害者に対してなんらかの同情を覚えたとしても、つぎのように言い聞かせればその気持ちを抑え込むことができた、とあとから認めている。「おまえはなんにも関係ない。これは決定であり、宿命であり、人間ごときの決断ではとうてい生み出すことができず、影響をおよぼすこともできないほどの大きな力によって昔から決められていたことなのだ」[28]と。

核の時代初期における楽観的決定論者は、技術革新に関連する諸問題を軽視するわけではない。ただ、技術の進歩は概してよいものをもたらすと考える。負の結果が生じた場合も、さらに新しい技術による解決策、いわゆる技術的修正によって改善することができる。だが、ここで押さえておきたいのは、楽観的決定論者は技術の進歩は不可避だと考える点である。どんな抵抗も、究極的には無駄なのだ。

核の時代初期における楽観的決定論者の一例がローレンスであるなら、もっと最近の一例はグーグルの技術部門長レイ・カーツワイルだ。カーツワイルは、技術は今まさに自己決定の道を速度を上げて突き進んでいると確信し、二〇四五年（広島と長崎の原爆投下からちょうど一世紀後）には、技術的特異《シンギュラリティ》点という転換期を迎えると予想している。つまり、われわれの進化の過程において、人工《ＡＩ》知能が人間の知能を超えるときが来るというのだ。「楽観的未来学者」である彼は、来るべきＡＩ時代を、恐れおののくのではなく、諸手を挙げて祝福すべきものだと考える。ＡＩはすばらしいことをやってのけ、われわれがかかえる環境や医学やそのほかの諸問題をすべて解決してくれるはずだという。

このすばらしい新世界の加速度的発展は、コンピュータやロボットの知能拡大に限らない、とカーツワイルはいう。それだけでなく、新しい超知能機械と人間が融合し、その結果、人間は生物学的な身体や脳の限界を超えた超人間《トランスヒューマン》、すなわち人間より優れた存在になる。カーツワイルの議論によると、人間は機械とひとつになることで、大いに向上した新しい情報技術や遺伝子工学の恩恵を受けられる。たとえば、数十億の微小なナノボットを人間の脳に送り込めば、「人間の知能を大幅に高める」[29]ことができる（『ポスト・ヒューマン誕生：コンピュータが人類の知性を超えるとき』、井上健監訳、小野木明恵・野中香方子・福田実共訳、日本放送出版協会、二〇〇七年）。ナノボットを脳の毛細血管に入れることで、脳はクラウドに接続できるようになるからだ。これは人間を賢くするにとどまらない、とカーツワイルはいう。「われわれはもっと楽しい人になり、もっと音楽が上手になる。もっと魅力的になるのだ[30]」

カーツワイルやほかの楽観的決定論者によると、ヴァーチャルとリアルの統合は、人間の自己表現と創造力に新たな道を切り開きもする。「ヴァーチャル環境での経験」を重ねるほど、人間はヴァーチャルリアリティと「本当の現実」の区別がつかなくなる。そうして、ひとりひとりが創造的な自己表現をするための新しく多様な可能性を手にする。たとえば、「身体的にも感情面でも違う人間になる」という選択が可能になるだろう。そうなれば、ありがたいことに、恋人が「あなたが自分のために選ぶ身体とは違う身体を、あなたのために選ぶこともできる（その逆もあり）[31]」

情報理論学者ニール・ポストマンはかつて、新技術が現れるたびにこう問いかけるべきだと主張した。「この技術が解決策となる問題は何か？[32]」この挑戦的な問いが浮き彫りにしようとしているのは、問題とよばれるものの多くは、技術が発明されたあとに「発見される」ということだ。原爆の例を見てみよう。マンハッタン計画を始動させた物理学者が当初問題としていたのは、ドイツ人が先に原爆を手にする可能性だった。しかし、この問題が消失しても、計画の勢《モメンタム》いに押し流された物理学者は原爆の開発をつづけた。そのときはじめて、原子力技術が解決策となる問題として、日本の存在や、甚大な損害が予想される地上侵攻、戦争終結の必要性などが急浮上したのだ。

ポストマンにしたがえば、こんな問いを発することができるだろう。生体工学、ナノテクノロジー、高知能コンピュータ、ロボット工学の発展が解決策となる問題は何か？　カーツワイルの議論を追うと、根本的な問題は人間そのものだ、という印象を強く受ける。人間の知性、身体、感情、さらには精神までもがあまりにのろまで、多くの制限や制約を有し、創造力と想像力の双方を欠いている。しかし、カーツワイルら楽観的決定論者は何に照らして人間の有限性を非難しているのだろう。その物差し自体が、技術そのものや独特な技術的世界観、倫理観に規定された価値と規範に基づいている。このような理念の範囲内で活動する場合にのみ、そのうえさらに新技術が入手可能である場合にのみ、人間が問題とみなされるのだ。

## 悲観的技術決定論

悲観的決定論者も楽観派と同様に、技術を「包括的かつ圧倒的な力」と理解する。しかし、ボーグマンによると、悲観的決定論者は「技術に対してもっと暗い見解」をもち、技術は「文化と環境を破壊する力」だと考える。そして、技術について「深刻な問題を明らかにする」も、その問題から「目を背けることが多い」[33]。悲観的決定論の例は、物理学者ロバート・ウィルソンとフランク・オッペンハイマーが示した考え方だ。ふたりは一九四五年春にドイツが降伏したあとも原爆の開発をつづけた科学者の揺るぎない情熱を振り返るなかで、科学者がなんの疑問も抱かず意欲的に計画を前進させた理由がよくわからなかった。ウィルソンとオッペンハイマーは、ローレンスと同じような言葉を使ってこう述べている。自分たちは、外側の力に無理やり動かされているかのような状態で、知性も倫理的関心ももたない自動機械のごとき存在になりはてていた、と[34]。

ロバート・オッペンハイマーも、より大きな文化的視点から技術決定論めいた話をしていた。彼の考えがもっとも顕著に表れているのは、親しい友人であり、バークレー校時代の同僚であるハーコン・シュヴァリエに宛てた手紙で、これは注目に値する。シュヴァリエとは共産主義のしがらみを共有していたため、複雑で厄介な関係にあった。一九五四年の手厳しい裁きの場で、焦点となったのはシュヴァリエとの関係や会話の内容だった。広島原爆投下の翌日、シュヴァリエはオッピーに宛ててぬくもりのこもった手紙を書き、友の胸中を慮《おもんぱか》った。「愛の人」であるきみが、このような「破壊をもたらす悪魔的行為」に加担してしまって、どれほど後悔しているだろう、と[35]。

一九四五年八月二七日、長崎原爆投下のわずか一八日後、オッペンハイマーはシュヴァリエに返事をしたため、「不安に押しつぶされそう」になりながらも、行為に参加した理由の説明を試みた。「なされなければならなかったんだよ、ハーコン」と、オッペンハイマーはすがるように書いている。「世界中の人が平和をかつてないほど渇望し、生存と思考の方法としての技術と、人はひとりでは生きられないという考えにかつてないほど傾倒していたそのときに、みんなに見える形で結実させなければならなかったんだ」[36]。この記述からはオッペンハイマーの社会に対する洞察が垣間見える。あの歴史の瞬間、人々は「生存と思考の方法としての技術……にかつてないほど傾倒していた」というのだ。この考えは、フランスの社会学者ジャック・エリュールが現代社会における技術の役割に関して重要な批判をするなかでテクニックとよぶものを鋭く的確に言い表している。

## エリュールの〈テクニック〉

技術の決定論的性質に関するエリュールの主張は、ウィルソンとオッペンハイマー兄弟の考察に似ている。つまり、技術はひとたび始動すると勝手に増大し、抵抗は困難になる、ということだ。エリュールによると、「テクニックは、人間が存在することを迫られる、新しい特定の環境《ミリュー》となった」。とすると、テクニックを定義づける特質は何だろうか。それは「自律的」であり、「人間のあらゆる介入から独立して」行為することだといえる[37]。まるでフランケンシュタインのように、テクニックは命を獲得するのだ。

ここで重要な点を押さえておこう。技術に対してノーと言うことが難しい理由は何だろうか。ひとつは、社会のあらゆる部分に技術的な思考体系が存在しているからだ。テクニックというのは、機械や装置に限られない。すべてを包含する心的諸傾向《ハビトゥス》の体系であり、「すべてを抱き込む意識」である[38]。

テクニックが推し進める世界観は、社会のすみずみまで浸透しており、技術的存在論によって社会の信念を規定するとまではいかずとも、それに対して大きな影響を与えている。[39] エリュールはこう述べている。「現代人の心の状態は、技術的価値観にすっかり支配されている」。エリュールは、ローレンスの「ニュークリアリズム」と同じように、現代人は「神聖な性格を帯びつつあるもの」として技術にアプローチしている、と考えている。つまり、テクニックは「単なる物質的要素の集合体ではなく、生に意味と価値を与えるもの」なのだ。[40]

エリュールはさらに、道具主義的見方に対しても真っ向から強く異議を唱える。道具主義的観点から技術について考えることがほぼ普遍的である現状を認めつつ、それでもなお反対し、こう述べている。「技術は、プラスの、建設的な、豊かにする方向へ向けることができ、マイナスの、破壊的な、貧しくするものは除去できる、という見解もある」。人間は自分が技術を「悪の方向」ではなく「善の方向」に使うことができると思っている、と[41]（『エリュール著作集1 技術社会上』、島尾永康・竹岡敬温訳、すぐ書房、一九七五年）。エリュールは、こうした道具主義的見方はあまりに無邪気で見当はずれだと考える。技術革新とその適用の善悪は、そんなふうに境界線を引いてはっきり区分けできるものではない。

エリュールは、実例としてとりわけ核技術に目をむけている。それどころか、一九四五年を重大な分岐点とみなし、この年にテクニックが完全な勝利を収めたと考える。[42] エリュールいわく、核技術はひとつのパッケージとして受けとめられた。軍事、医療、エネルギー生産における核技術の利用と、意図的か否かを問わずそのすべての帰結は、全体でひとつである。互いに区別することも、ばらばらに用いることもできない。たとえば、核エネルギーによる恩恵を、チェルノブイリ、福島、スリーマイル島の原発事故から切り離すことはできないし、毎年何千トンも生じる危険な核廃棄物の貯蔵問題からも切り離せない。そうした区別は、エリュールによると、「全く不当であり、そういうことをする人は、技術現象を理解しなかったことを示すだけである。技術の諸部分は、存在論的に結合しており、技術において用途はその存在と不可分である[43]」

この議論に関しては、オッペンハイマーの言葉が思い出される。彼は、爆弾の使用が「マンハッタン計画では、暗黙の了解として」確定していた、と述べていた[44]。また、アルソス調査団の任務中、ファーマンはサムエル・ハウトスミットに「もちろん君にはわかるだろう、サム。われわれがそのような兵器を手に入れれば、われわれはそれを使うよ」と言っていた[45]。爆弾が存在することは、それが使用されることを意味していた。エリュールはこの点に関してつぎのような論を展開している。「かくも強力な器具をもっていることに気づいた所有者は、それを使うにいたる。なぜか。いやしくも技術であるかぎり、すべては善悪にかかわらず、それが手に入り次第、必ず使われるからだ。これが現代の主要な法則である。一九六〇年五月、原爆に関してのべられたジャック・スーステルの有名な言葉をここに引用しよう。それはわれわれすべての心の底を表現している。『可能だったから、それは必然的だった』。これこそあらゆる技術の発達を喝破した名言である[46]」

エリュールが「単一性《モニズム》」という言葉でよぶ、技術における有益な性質と破壊的性質との不可分性について考えてみよう。ノーランの場合、核技術を医療の向上というよい目的のために用いようとし、この試みはある程度は成功した。医療向上という側面において、ボーグマンの言葉を借りれば、「いくらか利点があることは明白」だ。しかし、ノーランの達成した善が、もっと大きな技術的現象や、核技術のほかの利用法から独立していると考えることはできない。事実、メキシコシティで開催されたアメリカラジウム学会の講演の終わりに、ノーランは、未来を予見するかのごとく、医療分野で発生しつつあると思われる流行に対して苦言を呈した。医療業界では、推奨される治療法を提示する目的で、より合理的かつ科学的な情報に基づいて、医学的データの収集と統計的評価をおこなおう、という動きがあり、ノーランはこの動きに対して警鐘を鳴らした。こうした開発――明らかに技術的存在論の構成要素である――が、医療の本質、規模、資金調達を厄介な方向に変化させてしまうと懸念したのだ。

ノーランはつぎのように不安を語った。「社会経済の革新」が生み出した「もっと効率的なシステム」は、「この産物の各提供者の未来から人間性を失わせる」。究極的には「画一化と自由裁量の欠如」にむかい、医師の「職業的使命に対する熱意」を「抑え込んでしまう」だろう、と。[47] このあとの数十年間で、医療の管理が進み、保険関連の計算に基づく介入や監督の影響が増大し、多様な新技術が導入された。その結果、ノーランが恐れていたさらなる「リスクと危険」がたしかに現実のものになり、ノーランが警告したような人間性の喪失が医師と患者の双方に生じた。ここで重要なのは、ノーランが異議を唱えた思考体系そのものとそれに対応する過程は、テクニックによる全面的文化支配というもっと大きな状況の本質的な部分であり、医師はこうした発展の影響をまぬがれなかった、ということだ。

エリュールはのちの著作で、技術的システムが有する重大な役割を論じている。技術的システムというのは、独特な技術的性格を帯び、協働してテクニックを前進させる大規模な機関のことだ。傑出した技術史学者トーマス・ヒューズも著書『アメリカの起源 *American Genesis*』のなかで同様の主題を強調している。ヒューズは、産業・軍事・政府・大学という官僚的システムが協働することで生み出す大きな影響力の存在を指摘している。これらの機関は大規模な技術的プロジェクトの発展を目的として協力し、そのうちに決定的な力、すなわちモメンタムを帯びはじめる。モメンタムはいずれ、実質的に抵抗不可能なものになる。ヒューズは、大規模な「軍事＝産業＝大学」の複合体の原形としてマンハッタン計画を挙げている。この複合体は、桁外れに大規模で高額なシステムをつくり出し、確立した。出来上がったシステムは、強大な「技術的モメンタム」を帯びて前進し、抵抗しようとする者をものともせずに突き進んだ[48]。

プリンストンの物理学者フリーマン・ダイソンの考えによると、マンハッタン計画のこうした性質が原因となり、軍人と科学者は一部の物理学者が抵抗や反対の意を示したにもかかわらず、原爆の開発を続行し、最終的にはそれを使用するに至った。ダイソンはつぎのように述べている。「なぜ、原爆は広島市民の上に落とされたのか？　おそらく、単にその時点で原爆投下を目的とした官僚的装置が存在したという理由で、広島への原爆投下はほぼ不可避だったのだろう。航空隊はすでに準備を整えて待機していた。テニアン島と太平洋に、爆撃機が飛び立つための大きな飛行場が用意されていた。全機構が準備万端だった。この計画を中止するためには、大統領は鉄の意志をもつ必要があっただろう[49]」。ダイソンはこのように、テクニックの決定的な力を認めるとともに、プロジェクトの推進において、強力な巨大協働システムの果たした役割を特定した。エリュールのテクニックに関する見解と同様に、ダイソンも技術的存在論の優位性を認識している。そうした状況は、人間の思考に影響をおよぼし、結果としてある種の「技術的な傲慢さ」を生み出す。「人間は自分の知性で何ができるか知ったとき、その技術的な傲慢さに呑み込まれてしまう」のだ。[50]

## マンハッタン計画の多大な影響

エリュールとヒューズにとって、マンハッタン計画はもっと広範な社会現象の一例でしかない。しかし非常に重大な一例である。それゆえこの原形をとおして、もっと全般的に、現在および近い未来における新技術の発達と適用について考えることができる。ビル・ジョイは、二〇〇〇年に話題をよんだワイアード誌の記事「未来にわれわれが必要とされない訳 *Why the Future Doesn't Need Us*」でまさにこの点について主張をしている。サン・マイクロシステムズ社共同設立者のひとりで、コンピュータ技術の先駆者である（それゆえ、反ＩＴではない）ジョイは、ナノテクノロジー、遺伝子工学、ロボット工学が果てしない拡大と加速をつづけながら前進した先に見える未来を危険だと感じた。マンハッタン計画の物理学者と同様に、ジョイは科学的探究と実験がもたらす興奮や中毒性を認めている。科学者が発見の過程に没頭しているとき、その発見によって生じうる危険が彼らの計算にはいり込む余地はほぼない、ということもわかっている。オッペンハイマーが一九五四年の保安許可をめぐる聴聞会で話した内容を思い出してみよう。「技術的に甘美なものを見つけたら、とにかくやってみる。その成果をどうするかについて議論するのは、技術を成功させたあとでしかなかった」[51]。ジョイは、こうした態度は危険だが、科学者や技術者に広く見られるという。技術の革新者は、「発見と革新の喜び」にとらわれて、「自分の発明の影響まで考えがおよばない」こともしばしばだ。[52]

ダイソンも同様の見解を示し、発見のスリルに魅入られた科学者が、わざわざ時間を割いて、この技術革新による有害な影響は何だろうかと考えることはめったにない。「技術的に甘美なものが存在するとき、登山家のような気持ちになる。手招きされるまま、山がそこにあるからというだけの理由で登ってしまう。その結果どうなるかは後回しだ」と。ダイソンはさらに、エリュールのいう「自己増大」と本質的に同じことを指摘する。技術は、ひとたび発見されれば、「自己発生的な過程」にはいり、「それ自身を生みだす」[53]。ダイソンいわく、科学者は技術的に甘美な発見を追求しているとき、「もっと新しく強力な技術へと前進する運動は、それ自体が命を獲得する可能性がある、ということに気づけない」[54]

ジョイは、マンハッタン計画が「当初の動機が取り除かれたあと」も前進をつづけた点に言及している。その理由については？　エリュール、ヒューズ、ダイソンの説明と同様に、「計画続行の理由」は「すでに確立したモメンタム」だろう、と述べている。[55]さらに、ジョイはこうも述べている。遺伝子工学、ナノテクノロジー、ロボット工学の発展が著しい現在、マンハッタン計画と同種のモメンタムや根底に潜む技術的な傲慢さが科学者と技術者のあいだに見られる。技術革新者は今もなお、激しく熱狂しながら「技術的に甘美なもの」を追い求めていて、新技術の発達と使用による長期的影響がどんなものか、立ち止まって考えることをしない。だが今回は、開発を正当化するための、多大な時間と費用をかけた戦争は存在しない。「そのかわりにわれわれを突き動かすものは、われわれ自身の習慣、欲望、経済システム、そして抑えがたい知への欲求である」[56]と。

核技術とそれ以降に開発された数々の革新的技術との関係について考えてみよう。科学者や技術者のあいだに類似の思考体系が見つかるのはたしかだ。だがそれだけでなく、今日の社会に浸透している技術の大部分は、それ自体が原爆の発見と使用から直接的に生まれたものである。インターネット、GPS、ドローン、レーザー技術にとどまらず、アメリカの州間高速道路網までもが、少なくとも部分的には核爆弾の開発、監視、試験、核戦争を想定した体制整備といった取り組みから派生している。[57]さらに、エリュールとヒューズが論じたような軍事・企業・大学による大規模な協働システムは、今も協力をつづけ、こうした技術適用の発展と普及に努めている。「アメリカの社会は、二一世紀になっても相変わらず、原爆の周辺に形成されており、また、その大部分が原爆をつうじて形成されている」。人類学者ジョセフ・マスコのこの言葉は、けっして誇張ではない。[58]

こうした新技術の適用とそれらが社会におよぼす劇的な影響は、道具主義的見方に対するエリュールの重要な反論を浮き彫りにする。それどころか、核技術から生まれた技術の発見と使用には、エリュールの考察の多くがぴたりとあてはまる。たとえば近年の歴史を振り返ると、つぎのことが明らかになる。新しい装置が発見されると、その装置は必ず使用される。ひとたび使用が始まると、その技術は命を得て、しばしばさらに新しい技術をはぐくみ、その結果新たな問題が生じる。「どんな技術にも予見不可能な影響が必ずある」とエリュールはいう。[59]われわれは、予見不可能だった影響に対する解決策として、新しい技術に目をむける。こうして同じ過程が繰り返される。重ねていうが、技術の増殖に善も悪もないと考えることはできない。つまり、一見よいと思われる技術の適用は、その技術の悪い影響から引き剝がすことができない。そしてエリュールのいうように、「悪しき影響は、好ましい影響から切り離すことができない」[60]

スマートフォンやインターネット、ソーシャルメディアのアプリは、より多くの人間同士をつなぎ、より多くの情報をより速く入手できるようにし、より多様な世界観や考え方を広めることを可能にしたかもしれない。だがその一方で、孤独感を増長させるとともに、記憶力、注意力、推論力、忍耐力、読解力、文章力を低下させることもわかっている。[61] さらに、コミュニケーション技術の普及は、多種多様な考え方に触れる機会を増やすのではなく、「社会関係資本《ソーシャルキャピタル》における橋渡し」を阻害し、その人がすでにもっている考え方の強化を促進することがわかっている。こうした作用は「サイバーバルカン化」、「エコーチェンバー現象」という名で知られている。[62]

ソーシャルメディアは、アラブの春のような一見民主的な運動を促進したことで、そのポジティブな役割が称えられたこともあった。しかし、その同じ道具の使用によって、アメリカの選挙制度は外国の組織からつづけざまに操作を受けた。もっと一般的な話でいうと、ソーシャルメディアによって、市民が事実と「フェイクニュース」を正確に識別することはずっと難しくなった。この過程は、カーツワイルが称賛していたヴァーチャルとリアルの混合と同じだ。さらにいえば、ソーシャルメディアを用いたコミュニケーションの手助けによって実現した、中東地域における平和と民主的統治についても、長期的な成功を収めたかどうかは、今ではよくいって疑問の余地があるというところだ。

World Wide Webを開発したティム・バーナーズ＝リーは今、こうした憂慮すべき結果を受けて、自身が三〇年以上まえに始動させたこの技術について深く後悔している。奇遇にも、発明の当初の目的は、核技術の研究者間でのデータ共有をしやすくすることだった。[63] バーナーズ＝リーは、自分の開発した通信技術が機能不全を引き起こしている現状を目の当たりにしてひどく戸惑っている。「国家ぐるみのハッキングがおこなわれ……虚偽の情報があっという間に広まり」、そして「ネット上の会話は、その調子も内容も怒りに満ちて両極化している」と。[64] 二〇一九年三月に開催されたワールドワイドウェブ財団の集会で、彼はウェブに関する概要評価を提示した。これは、痛烈な形でエリュールのいうモニズムを表す実例だった。「たしかにウェブは、機会を創出し、周縁的集団に声を与え、わたしたちの日常生活を容易にしました」と、バーナーズ＝リーは語った。「しかし同時に、詐欺師のために機会を創出し、憎しみを広める人に声を与え、あらゆる種類の犯罪を容易にもしたのです[65]」

彼が二〇一八年にヴァニティ・フェア誌のインタビューを受けたとき、マンハッタン計画の不穏な影は視界のそう遠くないところにあった。バーナーズ＝リーはインタビュー中、自責の念にかられながら各種の問題に考えをめぐらせた。二〇一六年の選挙操作でロシアのハッカーが果たした役割について。最近明らかになった、グーグルやフェイスブックやアマゾンに巨万の富を築かせた独占的なデータ共有と監視行為について。オッペンハイマーと同じく不安をかかえたバーナーズ＝リーは、彼の言葉を引き合いに出した。「自分の発明は……世界の破壊者になってしまうかもしれない」と語り、「うちのめされている」と心境を吐露した。ヴァニティ・フェア誌の記者カトリナ・ブルッカーはつぎのように書いている。「彼の目のまえには、きのこ雲が広がっていた[66]」と。

第二次世界大戦終結後、マンハッタン計画の科学者は、自分たちがつくり出したものの広まりを制御しようとし、科学者団体による運動をおこなったり、なんらかの国際管理の確立を試みたりした。まったく同じように、バーナーズ＝リーは、自らが鎖から解き放った各種の問題をどうにかしようと決意している。しかし、彼が諸問題に対して提案した解決策は、エリュールがテクニックの特質について述べたように、完全に技術的な性質のものだった。前述したような障害に関して、バーナーズ＝リーはこう述べている。「これらはバグとみなすべきである。問題は、人間がつくり出した既存のコードとソフトウェア系にあり、これは人間の手で修正することができる」と。彼はソリッドという名のウェブに基づく新たなプラットフォームを提案する。これによれば、分散化と民主化が図られ、ユーザーのプライバシー保護も向上するはずだという。[67]しかし、ソリッドや同種の何かが実現した場合、新しい問題が生じ、それを修復するためにべつの技術による解決策が提案されることはまずまちがいないだろう。

核の時代がつくり出したもうひとつの技術の普及にも、同種のモニズムが見られる。GPSは、移動の各工程を容易にしたが、その一方で多様な問題を生じさせた。たとえば、人間と自然の溝を広げ、その結果、人は方向の記憶が苦手になり、旅行の際に周囲の物理的要素から予測を立てて判断する能力が低下した。GPSへの依存は、「認知地図の縮小」を引き起こしただけではなく、機器の賢さに対する誤った信頼の形成を助長し、パークレンジャーたちが「GPS死」なる新語を発明するほどの悲劇的な結果をもたらしている。[68]ほかの技術と同様に、GPSは技術社会にある種の意識を形づくる一助となっている。グレッグ・ミルナーの言葉を借りれば、GPSは「われわれ人間のあり方を根本から変える可能性がある[69]」

新たな監視技術にも有益な影響と有害な影響がある。ＧＰＳ、閉回路テレビカメラ、顔認識技術、ドローン、ドライブレコーダー、ボディカメラ。そして、フェイスブック、インスタグラム、リンクトドイン、ツイッター、スナップチャットを使って人々が毎日嬉々としてサイバー空間に流し入れている何百万メガバイトものデータは挙げるまでもない。こうした技術は、親、教師、法執行機関に比類ない監視能力と警備能力を与える。警察は、以前なら不可能と思われたやり方で犯罪を捜査し、難事件を解決できるようになった。情報技術の発達や普及とともに、尿検査やＤＮＡ鑑定といった生物学的介入も、法執行機関の取り組みに役立ってきた。ＤＮＡ登録サイトＧＥＤマッチの利用によってカリフォルニア州で数々の重罪を犯したゴールデン・ステート・キラーの逮捕に至ったことは、長年未解決の事件を捜査するにあたってＤＮＡ技術が有益であることを示すほんの一例にすぎない。

しかし、こうした監視行為がはびこれば、ジョージ・オーウェルのビッグ・ブラザー的社会が無害に見え、伝統的なプライバシーの観念がもはや古風で趣深いものにさえ感じられるかもしれない。個人に関するデータの共有――本人が自ら無批判にデータを提供している場合も多い――は、警備や法的処罰のためだけに利用されているわけではない。商業的、広告的な目的のために、もっと広範な利用がおこなわれている。こうした技術のユーザーは、アマゾンやフェイスブックといったサイトを使用する便利さのために、自ら進んでプライバシーを手放している。だが、当然ながらこれにも限界はある。たとえば、二〇一六年の選挙で選挙コンサルティング会社ケンブリッジ・アナリティカがフェイスブックからデータを取得していた、と報じられたときに噴出した抗議の声を思い出せば明らかだ。人々は、私的なパーティに参加して、ユーチューブやインスタグラムに気に入らない写真が上がるのもわずらわしいし、パソコンの画面にネット通販や検索履歴と結びついていると思しきポップアップ広告が出るのもうっとうしい。こうした新技術の普及は、これまでのプライバシーの概念を大いに脅かしている。

バイオテクノロジーの分野では、植物の遺伝子組み換え問題がある。ヨーロッパでは強い反発があったが、アメリカでは実質的に公の議論がなされないまま普及した。トウモロコシの八〇パーセント以上、大豆の九〇パーセント以上が遺伝子組み換え作物であるアメリカでは、そうした食品の消費を拒むことは事実上は不可能だ。遺伝子組み換え作物を擁護する立場からは、食品価格の低下、輸送性の向上、味の向上、食品を提供できる人数の増加といった利点が主張されている。他方、批判的な立場の人は、ほかのバイオテクノロジーの発明から生じた長期的影響に言及している。たとえば、農薬として使用されたＤＤＴの有害性や、一部の抗生物質の過剰使用による悪影響（やその後の効力低下）などで、これらは長い時間がたってはじめて明らかになったものだ。反対者はさらに、遺伝子組み換え食品の多様な影響にはまだまだほかに懸念点があると主張している。

マンハッタン計画と新規の生体工学事業の関連をさらに強く示唆する事実がある。エリュールとヒューズが論じた大規模な核製造システムに参画していた企業が、アグリビジネス業界にも主役級のプレイヤーとして登場するのだ。いずれの場合も、企業は政府や大学と協力関係にある。たとえば、モンサント社。この企業は核の時代初期において、プルトニウムとウランをつくる際に使用するポロニウムの生産に一役買っており、最終的にはオークリッジのクリントン研究所を引き継いだ。同社が遺伝子組み換え食品の製造、特許、グローバルマーケティングにおいても中心的存在であるのは説明するまでもない。

人間を対象とした遺伝子工学技術はもっと大きな影響をおよぼす。人間に関する生体工学の支持者は、農作物の遺伝子組み換えを擁護する人と同じ論法で、新形態であるゲノム編集は、これまで使われてきた技術のつづきだと主張する。動植物の遺伝子組み換えは、これまでの品種改良と大差ない、人間についても同じで、遺伝的増強は、今日の実力社会においてわが子に競争力をつけようと考える親の「過干渉教育」とほとんど変わらない、というわけだ。さらに、ヒト成長ホルモン、ステロイド剤、向精神薬といった各種の生体医学的介入手段はすでに、特定の精神的、身体的障害がある人の治療だけでなく、人間の能力向上のために広く使われていると主張する。

日本への原爆投下を正当化するために、同じような連続性をもった主張がなされてきた。広島と長崎への原爆投下を擁護するとき、支配的言説の支持者はこう述べる。われわれはすでに総力戦に突入していたのであり、従来の火炎爆弾を用いてドレスデンや東京のような場所を爆撃することによる影響（東京では一〇万人以上の日本人が殺され、その大部分は民間人だった）と、原爆の破壊的影響とに実質的な差異はない、と。スタフォード・ウォレンの主張を思い出してみよう。広島と長崎への原爆投下を擁護する際、彼もこの種の主張を展開し、核爆弾は従来の爆弾にくらべて慈悲深いとまで言ってのけた。

しかし、ふたつの戦争形態が似たようなものであるなら、両方を正当化するのではなく、総力戦自体の倫理性を問うべきだ、と主張できないだろうか。合同調査委員会が収集して翻訳した、ヨハネス・ジーメス神父の広島論でも強く示唆されている点だ。マイケル・サンデルは、人間の遺伝子に対する増進的介入《エンハンスメント》について同じ問題提起をしている。近年のわが子に対する教育と新規の遺伝学的エンハンスメントに連続性が見られるなら、後者を正当化するのではなく、現代の「過干渉教育」的振舞いの妥当性を疑問視すべきではないか、と。[70]

批評家はこんな心配もしている。人間の遺伝子操作は、いずれ新たな優生学を生み出し、人間の心身を向上させるための新たな軍拡競争が始まる、と。フランケンシュタインの世界が現実になり、人間は自らが遺伝子向上技術によって生み出したものを制御できなくなる。こうした取り組みに対して、科学界と医学界の双方から強い警告の声が上がっている。しかし他方では、ある種の進展——光ファイバセンサーを脳に埋め込むことで色覚異常を改善した事例や、中国の科学者賀建奎《フー・ジェンクイ》が最近誕生した女の子の双子にゲノム編集をおこなったと発表したことなど——が、一部の人の不安をかきたてながらも、カーツワイルら楽観的技術決定論者の予見や野望に確証を与え、勢いづかせている。[71]

ジョイは、記事のタイトルにも表れているように、未来を心配している。マンハッタン計画が技術的モメンタムとその影響の危険について有益な教訓を提供しているのに、その教訓がこれまで無視されてきたことに恐れを抱いている。「われわれは、原爆第一号をつくり出したことと、その結果として生じた軍拡競争から教訓を得ておくべきだった」と、ジョイはいう。「あのとき、われわれはうまくやれなかった。そして厄介なことに、現在の状況は当時に酷似している」と。これだけにとどまらず、ジョイは不吉な予測を立てている。われわれの未来に待っているのは、遺伝学、ナノテクノロジー、ロボット工学の発達における新たな軍拡競争だと。[72] 核技術とちがって、今回の新技術は自己複製するのでさらに制御が難しくなる、とも述べている。

フィクションの世界にも、マンハッタン計画と新規のAI技術を結びつけて考察する挑発的な作品がある。二〇一五年に製作されたアレックス・ガーランド監督作品『エクス・マキナ』だ。AI技術者ネイサンは、洗練された高機能ロボットを開発中で、このロボットは今まさに特異点に到達しようとしている。あるとき、ケイレブという名の何も知らないプログラマーが「無作為に」選ばれ、最新高機能ロボット、エヴァと交流をもつようネイサンに指示される。ある種のチューニングテストで知能の程度を測ろうというわけだ。ケイレブは、とうとうネイサンの真の企みに気づいたとき、オッペンハイマーがトリニティ実験のあとで口にした（あるいは心のなかで言った）言葉をつぶやく。「われは死なり。世界の破壊者なり」と。本作には、マンハッタン計画と新規のAI技術のあいだに読み取れる関連性を示すものがもうひとつある。サウンドトラックに使われている一九八〇年代の歌で、英国のバンド、オーケストラル・マヌーヴァーズ・イン・ザ・ダーク（OMD）の「エノラ・ゲイの悲劇」だ。歌詞にはこうある。「エノラ・ゲイ、リトルボーイは今も母さんの誇りかい？　ああ、あなたがくれたキスを消し去ることなどできないよ」

フリーマン・ダイソンは、原爆の開発と使用についてこう述べている。恐るべき技術的モメンタムの推進力を目のあたりにして、「誰もがノーと言う勇気も先見性も失ってしまった」と。ジョイは、人々が勇気を欠き、どんな帰結が待つか検討することもせず、過去の教訓をすっかり忘れている、相変わらずの現況を恐れている。つまり、マンハッタン計画が落とした大きな影――リトルボーイ投下の顕著な比喩にも思える――は今もわれわれの社会に残っている。OMDの歌詞にあるように、このキスを消し去ることはまだできない。

## 〈テクニック〉とふたつの対立する言説

これまでの章で、原爆の解釈に関して対立するふたつの言説を見てきた。支配的言説の支持者は概してこう考える。原爆は必要なものだった、その使用が戦争を終結させ、多くのアメリカ人（と日本人）の命を救った、と。これに対抗する言説の支持者は、原爆は不要だった、日本は地上侵攻や原爆投下がなくても降伏するつもりだったし、一九四五年秋のどこかの時点では実際に降伏していただろう、と主張する。さらに、アメリカ政府の頭にあったのは、第二次世界大戦の終結というより、冷戦で先手を打つことだった、と考える。つまり、原爆は日本よりソ連と深く関係があった、と。

現在進行中のこうした議論と、テクニック、とりわけ「技術的モメンタム」の問題には、いったいどんな交点があるのだろう？　ひとつには、テクニックについて深く理解すると、物事の決定において行為する個人の主体性の影響は思ったほど大きくないとわかる。たとえば、レズリー・グローヴス将軍はこう述べている。ハリー・S・トルーマン大統領は決断したとはいえない、彼は「すべりゆくそりに乗った小さな男の子」みたいなものだった、と。フェレンツ・サースも、トリニティ実験に関する優れた著書のなかで、本質的には、技術的モメンタムがトルーマン大統領にかわって決断をした、と述べ、「トルーマンは実際には〝決断〟などしていない。マンハッタン計画というモメンタムが彼のかわりに決断を下したのだ[73]」と。

トルーマン大統領は、自分の「決断」を絶対に後悔しないと言っていたが、一九七九年にようやく発見された日記によると、公には認められないほどの大きな不安をかかえていたようだ。トリニティ実験の成功を知った日の晩、トルーマン大統領はこう記している。「私はなんらかの平和を望んでいる――だが恐ろしいことに、機械は倫理の数世紀先をいっているようだ。倫理が追いついたとき、いかなる部分についても、正当化する理由はなくなるだろう。そうならないことを願う。しかし、われわれは一惑星のシロアリでしかなく、地中深くまで掘りすぎたなら、報いを受けるのかもしれない――そんなこと、誰がわかるだろう？」[74]サースの主張によると、トルーマン大統領、グローヴス将軍、ヘンリー・スティムソン陸軍長官といった関係者の個人的動機や意思決定能力に注目が集まるあまり、「技術的モメンタム」による説明の重要性がきちんと認識されていない。そうであるなら、行為する個人の主体性はなんの役割も果たさないのだろうか？　強力な技術決定論のまえには、いかなる人間の抵抗力も否定されてしまうのか？　サースが提示する解釈は中間的なもので、「人はまったく運命を制御できないという異説と、人は完全に運命を制御できるという異説」のあいだのどこかにある。[75]悲観的技術決定論者といわれることの多いエリュールも、この点では同意すると思われ、サースと同様に、行為する個人の主体性と決定的力との関係についてもっと弁証法的な解釈を支持している。

## 人間の自由とデバイス・パラダイム

エリュールは、自分は技術決定論者ではないという。むしろ、テクニックの決定的特質を認識することは、人間の自由を実現するための第一歩だと主張する。現代の人間は、まず自分の生がどれくらい技術的環境に依拠しているかを認識し、それを受けとめなければ、自由に行為することはできない。決断をするときにみんなが採用する基準そのものがテクニックによって形づくられ、規定されている場合、われわれは自由に行為する立場にない。社会学者ピーター・バーガーも同様の点を指摘している。彼は社会学的想像力について議論するなかで、人間を操り人形にたとえている。操り人形師が人形の紐をたくみに操作することで人形の動きを制御するように、社会は人間の行動、振る舞い、思考を制御し、決定する。[76]

　しかし、エリュールと同様に、バーガーはこう考える。われわれは操り人形ではなく人間であるから、上を見上げ、自分を誘導する紐の長さや強さや方向を目で見て測り、知ることができる。こうした認識と理解を得ることは、決定的な力に対して自由に行為するために必要な第一段階である。エリュールによると、テクニックの決定的特質に対して無知であるかぎり、真の自由は手にはいらない。それどころか、知らないうちに「奴隷である状況を受け入れる」ことになる。「自由を回復できるとしたら、どれくらい自分が奴隷化しているか、人々に気づかせるしかない」。つまり、「ひょっとすると多大な犠牲をともなうかもしれないが、人間を支配するようになったテクニックに対して人々が自分の存在を主張することが自由への唯一の道なのだ[77]」

　ボーグマンが、技術を文化的な力として理解するにあたって最後に提示するのは、われわれの生活は「装置という枠組《デバイス・パラダイム》」に依拠している、という考え方だ。全体に影響をおよぼすこの枠組の存在と圧力をきちんと認識するべきだという。エリュールは、こうした枠組があらゆる部分に存在するとともに強大な力をもっていることが、現状ちゃんと理解されておらず、政治の分野ではとりわけそうだ、と考える。ボーグマンもこの点でエリュールと同意見だといえるだろう。ボーグマンいわく、アメリカの政党はいずれも、「技術を文化的な力として認識し、問題視すること」を拒否している。[78]それどころか、社会学者ロバート・ウスノーの主張によると、政治家たちは、現状を正当化するために、アメリカの強大な技術的力を引き合いに出す。それゆえ、テクニックを前進させるとまではいかずとも、維持することに加担している。[79]

ボーグマンは、生活がテクニックに支配されているとよくわかったら、技術社会に生きることの影響にあらがうために、「焦点となるもの」と「焦点となる実践」にどっぷりつかるのがよい、と勧める。ボーグマンのいう「焦点となるもの」、「焦点となる実践」というのは、たとえば、家族みんなで手料理を楽しんだり、林のなかをのんびりと歩いて時の流れを感じたり、楽器を演奏したりすることだ。ボーグマンのいう「究極的な共同体」のなかで焦点となるものと焦点となる実践にもっと注力すれば、技術に規定されない生活習慣を発達させることができる。こうした共同体的実践は、デバイス・パラダイムとは対照的な、人を解き放つ作用をもつ空間をつくり出すだろう。[80]

とはいえ、エリュールにとってもボーグマンにとっても、重要な第一歩は、規範を示すことより状況を記述することだった。とくにエリュールの主な知的貢献は、テクニックの、現代社会全体に浸透してあらゆる部分に存在するという特質を鮮やかに描き出した点にあると考えられてきた。面白いことに、エリュールが自任するいわば診断的立ち位置は、一九七一年の講演のときの著者の祖父の立ち位置と似ている。自分のような社会学者は、「自分がかかわり合いをもつ集団の状況を記述する」医師もしくは物理学者のような立場だと述べ、「放射能を浴び」ることまで引き合いに出している。エリュールは、分析を進める際、「知力は冷静で明快であり、方法は客観性を失わないでいられる」が、「全存在は緊張そのもの」だという。[81]これは、ノーランも同じだっただろう。エリュールは、社会学者は医師のようなものだという比喩をさらにこう展開する。「対策を発見するためには、まず病気と患者の綿密な研究、実験室的検査、そしてウィールスの遊離が必要である。病気が生じたときに、それを認知できる判定基準を確立しておくこと、また、病気の各段階での患者の症状を記述することが必要である。この予備的研究は、究極的な発見と対策の適用とに、欠くことができない[82]」

エリュール自身は、徹底的に診断した状況に対する解決策を提示しないが、支配的な社会状況をもっと深く理解することによって抵抗し、行為する個人の主体性を発揮し、自由に行為できる可能性を否定してはいない。しかし、自由への第一歩なるものがあるとすると、それは問題を十分に認識したあとでなければ成立しえないと強調している。換言すると、問題を認識することが、自由の可能性を開くということだ。「人間を圧迫しているもろもろの決定論を見、測り、分析することができるという事実こそ、かれらがそれらに直面し、そうすることによって、自由人として行動できることを意味する」と、エリュールは記している。[83]バーガーも、操り人形の比喩を使った議論のなかで同じ内容をつぎのように述べている。「人形たちと違って、われわれには自分たちの動作をやめて自分たちを動かしてきたからくりを見上げ認識するという可能性が残されているのである。この行為にこそ自由への第一歩があるのだ[84]」（『社会学への招待』、水野節夫・村山研一訳、ちくま学芸文庫、二〇一七年）

エリュールはさらに、抵抗の可能性を否定することは、技術決定論を推し進めることにつながると述べている。「もし人間が奮起して、自己の権利を主張しなければ……ことがらは私がのべるとおりに進むであろう」――つまり、「決定因子は必然性に変わるであろう」というのだ。[85] ボーグマンは、技術的環境あるいはデバイス・パラダイムを認識し、それに対抗する方法のひとつとして、焦点となるものと焦点となる実践に注力することを勧める。他方、エリュールは、もっと大づかみに抽象的な助言をしている。「われわれ各自も、その生活で、技術的決定因子に抵抗し、超克する方法を追求しなければならない。各自は、生活の各分野で、その職業で、またその社会、宗教、家族の諸関係で、この努力をしなければならない」と。[86]

核の時代の初期を振り返ってみると、ある抵抗が試みられていたら、歴史はまったくちがう進路をたどったかもしれないと思う場面がいくつもあるだろう。もし、政府高官が一九四五年七月後半か八月頭にレオ・シラードの嘆願書をトルーマン大統領へ届けていたら？　もし、オッペンハイマーが、ドイツに原爆はないと判明したあと、ロバート・ウィルソンら物理学者が示した懸念にもっとちゃんと耳を傾けていたら？　もし、アルベルト・アインシュタインとシラードが最初の書簡を書いていなかったら？　書いていたとしても、フランクリン・D・ルーズベルト大統領に届いていなかったら？　ジョセフ・ロートブラットの生き方や行動が示すように、ノーと言って歩き去ることは可能だった。マンハッタン計画で放射線を兵器として使用する可能性が模索されたとき（核爆発とはべつの話だ）、その選択肢の見送りに一役買ったのはじつはグローヴス将軍だった。[87] 原爆の場合も同じ行動をとることはできなかったのだろうか？

たしかにテクニックによる支配と技術的モメンタムの力をもっと深刻に受けとめるべきではあるが、

バーガーもエリュールも、技術的決定因子は社会学的方程式の一部でしかないと認識している。エリュールはつぎのように記している。「決定されているか、自由であるかの選択によって、この問題を考えてはならない。われわれはそれを弁証法的にみなければならない。人間は確かに決定されてはいるが、必然性を克服する道もまた開かれている、そしてこの行為こそ自由である、といわなければならない[88]」

社会学者を医師に見立てた比喩において、エリュールは病理診断医を自任し、技術社会の綿密かつ十全な評価を提示している。しかし、社会学者、少なくともエリュールのようなタイプの社会学者とはちがって、ノーランのような医師は治療をおこなう。だが、治療の有効性とは無関係に、不測の事態が発生したり、人体が突然の変化を起こしたり、そのほかさまざまな帰結が生じることを医師はわかっている。エリュールは、こうした帰結の可能性を考察するにあたり、医師が「神が奇蹟をおこなうか、患者が思わぬ体質的な反応をするのか、もしくは……予想外の心臓発作によって死ぬことがあることを認めている」点について考えをめぐらせている[89]。つぎの章で明らかになるが、ここでエリュールが最後に挙げた可能性は、エリュール（医師のような社会学者）とノーラン（皮肉屋の医師）に不思議な結びつきをもうひとつ与えている。これは、一九七一年の講演でノーランがデータは「今のところ入手できていない」と言った「終末期に何が起きるのか」に関係している[90]。

# 第9章　一九八三

**昔の仲間のうちでいちばんもてはやされたのは、元大尉のジェームズ・F・ノーラン医学博士だった。戦時中のメサで、科学者の子のじつに多くをこの世界に送り届けた産科医である。**

――ピーター・ワイデン『第一日 *Day One*』

一九八三年は重要な年だった。冷戦は最高潮に達していた。一九八三年、アメリカが蓄えた核兵器の数は二万三三〇五、ソ連は三万五八〇四にのぼった。このときには、英国、フランス、中国、イスラエルの四カ国も核兵器を保有していた。世界には六万以上の核弾頭が存在した。[1] こうした兵器のなかには、日本に投下された原爆の一〇〇〇倍もの威力をもつ水素爆弾あるいは熱核爆弾も含まれていた。一九八三年は、ロナルド・レーガン大統領がはじめてソ連を「悪の帝国」という語でよんだ年でもあり、また、ときにスターウォーズ計画と揶揄された、核技術の第三の波というべき戦略防衛構想（SDI）を新たに発表した年でもあった。

テレビ映画『ザ・デイ・アフター』が放送された年でもある。三八五〇万世帯、一億人以上が視聴し、テレビ映画史上最高視聴率を叩き出した。カンザス州ローレンスの町を舞台に、アメリカとソ連による仮想の全面核戦争を描き、核放射線の影響を細部まで生々しく提示してみせた。ＡＢＣネットワークで放映されたのは一一月二〇日だったが、レーガン大統領は前の月に映画を見た。心を動かされた大統領は、試写のあとで日記にこう書いている。「強烈だった――七〇〇万ドルの価値がある。とても衝撃的な作品で、観終わった私はすっかりふさいだ気分になった」[2]。レーガン大統領は、自分の核抑止政策の正しさを証明する作品だと考えたが、一説によると、むしろこの映画が一因となって一九八七年のレーガン大統領とソ連のミハイル・ゴルバチョフ大統領による中距離核戦力全廃条約締結に至ったともいわれている。条約締結にむけた一九八六年の会議のあと、レーガン政権は監督にこんな電報を打った。「貴殿の作品がこのことと無関係とは思わないでいただきたい。事実、関係があるのだから」[3]

また、一九八三年には、ヨハネス・ジーメス神父が一九四五年に発した「われわれのモラリストたちが、この疑問に対して明白な解答をあたえる日は、いつのことでありましょうか?」[4]という嘆きの問いに対して明白な解答を提示するかのように、アメリカのカトリック司教協議会が司牧書簡を発表した。司教書簡では、はっきりとこう述べられている。核の力を使っていようといまいと、兵器を用いて「人の住む都市や広大な地域全体を無差別に破壊する」ことは「絶対に許されない」ことであり、「罪のない民間人や非戦闘員を故意に殺害することはどんな場合でも誤りである」と。この立場から、アメリカの司教団は、「われわれの国は、一九四五年の原爆投下に対して深い悲しみを表明する」必要がある、との見解を示した。さらに、そうした悲しみなしには、「未来の核兵器使用を拒絶する道を見出す可能性はない」と述べている[4]。

一九八三年は、マーシャル諸島民が住民投票で自由連合協定を承認した年でもある。これは、完全な主権、自己統治、アメリカからの独立を得るための重要な第一歩だった。だがその一方で、アメリカ政府を当該地域における核実験の長期的影響に対処する責任から解放することにもつながった。クロスロード作戦のあと、各種のがんを患った海軍の下士官ジョン・スミザーマンが死んだのもこの年だった。さらに、一九四六年前半にアメリカ軍の撮影部隊が日本の様子を記録した、長崎と広島における被ばく者の生々しい姿を含む二万七〇〇〇メートルのカラーフィルムが、何十年もの秘匿期間を経てようやく公開された年でもあった。[5]

## 四〇周年記念集会

一九八三年は、ロスアラモス研究所設立四〇周年の節目でもあった。それで同年四月、ロスアラモス研究所で記念集会が開かれるはこびとなった。一九四三年の春からメサで働いた者が招待され、ジェームズ・F・ノーランもそのうちのひとりだった。記念集会に参加するために、かつての同僚一〇〇人以上がノーランも含めてロスアラモスへむかった。記念集会はジャーナリストのビル・モイヤーズが取材し、CBSネットワークのドキュメンタリー番組として放送された。参加した著名な物理学者のインタビューからは、後悔の念がひしひしと伝わってくる。たとえば、メサへつづく曲がりくねった道をのぼる車のなかで、モイヤーズはイジドール・ラビにきいた。長い年月を経てふたたびロスアラモスにむかっている今、研究所のことをどう思うかと。ラビは答えた。「悲しいですね。あの場所がまだ存在することが」。さらに、今ももっと強力で高性能な核兵器を追求しつづけている研究所が近づいてくるとこう言った。「忌まわしい……少なくとも三〇年まえには閉鎖しておくべきだった」[6]

　フラーロッジで開かれた会合のひとつで、ノーベル賞を受賞したドイツの物理学者ハンス・ベーテが演説をし、古い友人に会えたのはうれしいが、この場所でなされたことについては深く後悔している、と述べた。「われわれがここでした仕事は悲惨だった……われわれがつくり出したものは世界の大きな脅威となっている」[7]。ベーテは、二年後に発表した回顧記事で、軍拡競争を余儀なくした「技術的要請」について書いている。水素爆弾にはじまり、大陸間弾道弾、弾道弾迎撃ミサイル、個別誘導複数目標再突入体《MIRV》から最近の戦略防衛構想あるいはスターウォーズ計画まで、こうした新たな技術革新が、明白な「技術的要請」によって推し進められ、さらに「その影響についてなんの注意も払われなかった」過程について、エリュールとじつによく似た言葉で語っている。ベーテは政治家に対して「慎みを示し、技術的要請に軽々しくしたがうことがない」よう促している。[8]

　オーストリア生まれの理論物理学者ヴィクター・ワイスコフも、記念集会で講演をおこない、ベーテと同じく、旧友と再会し、ヒルでともに過ごした活気あふれる日々を思い出す喜びを語った。しかしその一方で、深い失望を表しもした。「自分たちがしたことの結果」が「人類がこれまでに直面した最大の危険に発展」してしまい、「私たちが生きがいを感じる地球上のあらゆるものをどんどん破壊しようとしている」と。とどまることを知らない軍拡競争については、「未来の世代は、まあ、人類が存続していたらの話だが、現在の軍拡競争を重度の集団的精神疾患の事例とみなすだろう」と述べた。エリュールが「テクニック」の「予見不可能な影響」を批判したように、ワイスコフはこう嘆いている。「四〇年まえ、私たちは心からよかれと思ってやっていた。あの当時は、自分たちの仕事のおよぼす影響が見えていなかった」[9]と。一九四三年からこれまで起きたことを考えれば、科学者には「特別な義務」がある、とワイスコフはいう。それは、自分たちの発明が「意図的ではないにせよ、世界を悲劇的な窮地に追い込む原因」になったという事実を、きちんと受けとめることだと。[10]

ワイスコフの嘆きに共鳴するように、記念集会がおこなわれた建物の外には、夜通し黙って訴えかけるデモの一団がいた。そのなかには、研究所の職員だった科学者もいた。ワイスコフは、講演のなかで、かつてともに働いた科学者にこう語りかけた。「私たちの研究所のまえでデモをする人たちを非難してはいけない。そんなに単純じゃないと言いたくなるスローガンもあるかもしれないが、彼らは核兵器開発競争に対する人々の嫌悪を表明しているのだから[11]」。二カ月後、アルバカーキでも反核運動支持者による抗議活動がおこなわれた。参加者のなかに、ピーター・オッペンハイマーがいた。戦時中のロスアラモス研究所を仕切っていた、かの有名な物理学者の息子である。[12]

## オラムの嘆願書

ポール・オラムも、四〇周年記念集会に出席した物理学者のひとりだ。ロスアラモス研究所に誘われたときは二四歳、プリンストン大学大学院で物理学と数学を学んでいた。ヒルでは、理論物理学部門に所属し、ワイスコフと仕事をした。記念集会に招待されてからずっと、オラムはなんとなく胸がざわざわし、参加を迷っていた。大部分の科学者と同じく、自分たちの発明の結果に罪悪感を抱き、集まったとして何を祝えばいいのかわからなかった。ヒルでの日々を振り返ってみても、ロバート・ウィルソンやフランク・オッペンハイマーと同じく、一九四五年の春から夏にかけて、ドイツの敗北を知ってもなお、科学者が計画を推し進めた理由がわからなかった。

「一九四五年の春、欧州戦線勝利の日が訪れたとき」と、オラムは述べている。「私たちは日本人が原爆をもっていないと確信していた。製造にはほど遠い段階だったから、彼らが原爆を手にする可能性があるとは誰も思っていなかった。なのになぜ、みんなで計画を中止して立ち去らなかったのだろう？　実現にむけてずっと取り組んできたものは、もはや必要なかったのに。誰かに先を越される心配ももうなかったのに」[13]。自分の問いに答えようと試みたオラムは、マンハッタン計画のほかの科学者と同様に、科学的発見の興奮作用と物理学者を押し流した技術的モメンタムの存在を認め、当時を振り返ってこう述べた。「ああいったものに没頭していると……どうしても途中でやめることはできない。すっかりとらわれているのだから」。さらに、こうつづけた。「欧州戦線勝利の日、最初に与えられた、原爆づくりを正当化する理由はもはや存在しないのだ、と立ち止まって考えた仲間はほぼ皆無だろう」[14]

オラムは、自責の念を抱くにとどまらず、核凍結運動を強く支持するようになっていた。こうした傾向を考えると、集会への参加を躊躇していたわけが理解できる。思い立ったオラムは、出席の返事をするまえに、ベーテ、ワイスコフ、ウィルソンら物理学者の友人数名に連絡をとり、自分の不安をうち明けて意見を聞いた。相手はおおむね共感を示し、集会に出席してなんらかの形で懸念を表明してはどうかと勧めた。オラムはこれを受けて、アメリカとソ連のあいだの「相互合意に基づく核武装の縮小」を訴え、「最終目標としてそうした兵器の全廃」を支持する嘆願書の草稿を作成した。[15]

嘆願書では、マンハッタン計画の科学者が「格別の責任」を感じていると認めたうえで、こう述べられていた。「われわれは、世界各国の核武装の現状に愕然とし、人類の未来を思って心底怯えている[16]」。オラムは集会に嘆願書を持参したが、ロスアラモス研究所の幹部は壇上から訴えかけることを許可しなかった。そこでオラムと彼に共感する友人たちは、集会とそのあとの晩餐会で内々に嘆願書を回覧した。最終的には、科学者七〇人の署名が集まった。ベーテ、オーウェン・チェンバレン、リチャード・ファインマン、エドウィン・マクミラン、エミリオ・セグレら五人のノーベル賞受賞者のほか、ウィルソン、ワイスコフ、ロバート・サーバーといった科学界の綺羅星《きら》たちが名を連ねていた。

同じ人数の科学者が、一九四五年のレオ・シラードによる嘆願書に署名している。だが興味深いことに、両方に署名した科学者はひとりとしていない。シラードの嘆願書が一九四五年のロスアラモス研究所に回ってきたとき、オッペンハイマーが大反対したことを考えれば不思議はない。[17]一九八三年の嘆願書に署名した七〇人は、懸念を抱いたまったくべつの科学者集団だった。晩餐会で嘆願書を手渡された者のなかに、水爆の父エドワード・テラーがいた。当然ながら、レーガン大統領が発表したばかりの戦略防衛構想にも協力していた彼は署名を拒否した。二度目に署名を求められると、バンッとテーブルを叩いて、「俺と戦争する気か、と凄んだ[18]」。イジドール・ラビも署名をしなかった。こちらは嘆願書の精神に共感しなかったのではなく、文章と目的が曖昧すぎるという理由だった。ジェームズ・F・ノーランも嘆願書に署名をしなかったうちのひとりである。

## もって五年か

記念集会までの歳月、医師としてたそがれ時を迎えつつあったノーランは、婦人科腫瘍学分野での功績に対してあまたの栄誉を受けた。たとえば、一九七六年一〇月には、カリフォルニア病院の同窓会がノーランのために謝恩ディナーを開き、友人や同僚一〇〇名以上が集まった。その多くはレジデントやフェローの時代に南カリフォルニアがんセンターでノーランの指導を受けた者たちだった。何人かの仕事仲間が、輝かしい経歴の各側面についてスピーチをした。ルイス・ヘンペルマンもそのひとりで、「戦時中」のことを語った。このとき、彼はロチェスター大学放射線科の長を務めていた。

謝恩ディナーの約一年半後、アン・ノーランが六四歳で亡くなった。アルコール依存症にともなう合併症が原因だった。義理娘のカレンは、その年の夏、すっかり気落ちしたノーランと浜辺を散歩したときのことを覚えている。妻の死を今なお嘆いていたノーランだったが、ふと冷静に予見するような口調で言った。私ももって五年かな。一年後、ノーランはジェイン・デイヴィス・ラムと再婚した。アンともどもセントルイス時代から友人だった女性だ。みんなジョン・バローズ高校の同窓だった。一九四五年九月にアン・ノーランが日本にいる夫へ送った手紙に、ジェインが「酒びたり」の夫を置いて家を出た話が書いてある。[19] ジェインはロサンゼルスのアンのもとへ来たがったが、アンが身を寄

左から順に、ジェームズ・F・ノーラン、キース・ラッセル、エリノア・ヘンペルマン、ルイス・ヘンペルマン、アン・ノーラン。1976年10月30日、ロサンゼルスのアスレチッククラブで開かれた謝恩ディナーにて。

せていたレイノルズの家はすでにぎゅうぎゅう詰めで「ちょっとの隙間もなかった」。だが、評判にたがわず心温かなもてなしの人だったアンは、近くのホテルに部屋をとり、少しのあいだジェインといっしょに泊まることにした。夫への手紙ではこう説明している。ジェインは別れて「かなり落ち込んでいる様子」だったから、「昔のよしみで何か力になるべきだと思ったの」と。[20] 一九七九年、著者の祖父はこのジェインとの結婚を決め、一九八三年の四〇周年記念集会も彼女と出席した。

一九八一年にも一大行事があり、ノーランはジェインやほかの家族をつれてアイルランドのダブリンへむかった。婦人科腫瘍学分野への貢献が、トリニティ・カレッジ・ダブリンでの第一回ジェームズ・F・ノーラン婦人科がん会議開催という形で認められたのだ。南カリフォルニア大学、トリニティ・カレッジ・ダブリン、ユニバーシティ・カレッジ・ダブリン、アイルランドがん学会、ウィンバリー学会による共同開催で、ヨーロッパとアメリカの各地から同分野の指導者たちが集まった。この会議が現在もつづいている証拠は見つからなかったが、ジェームズ・F・ノーラン賞の授与は、アメリカの西部婦人科腫瘍医連盟によって今も毎年おこなわれている。

一九八二年には、南カリフォルニアがんセンターを退職し、ジェインとふたりでカリフォルニア州のラグーナヒルズにある高齢者用コミュニティに引っ越した。レジャー・ワールドという名だったがために、ブラックユーモアの才を発揮したノーランから、「身障者（Cripples）、心臓病（Cardiacs）、高級車（Cadillacs）の3C」が住みつく「発作《シージャー》ワールド」とよばれてしまう。ここで暮らすあいだに、マンハッタン計画時代について最後のインタビューを受けた。フェレンツ・サースの電話取材に応じたのは一九八三年五月二四日だった。インタビューの内容は、核の時代の黎明期におけるノーランの貢献に関してなど多岐にわたった。オークリッジでレズリー・グローヴス将軍と対決したときのこと、トリニティ実験での任務、リトルボーイの運搬役を引き受けてテニアン島で過ごした日々、そして広島、長崎、ビキニ、エニウェトクを訪れたときのこと。「もうすっかり引退」だ、とノーランはサースに言った。ロスアラモス研究所にはちょうど「三年と三カ月と三日」いたことになる、とも。戦時中いっしょに働いた人物のことを問われると、こんなふうに答えた。グローヴス将軍は「冷血漢」、ヘンペルマンは「同級生」で「親しい友人」のひとり、物理学者ケネス・ベインブリッジは「根っからの善人」、気象学者ジャック・ハバードは「剽軽者《ひょうきん》」、スタフォード・ウォレンは「大ぼら吹き、でもいい人」と。[21]

数週間後、ノーランとジェインは、カリフォルニアの海岸沿いを上がって、サンタ・クララ大学を六月一一日に卒業した著者の姉ケイトのお祝いにやってきた。ケイトは、当時多くの人がそうだったように核凍結運動を支持していた。祝賀会中のあるとき、ケイトは原爆の製造と投下に加担したとして祖父を責めたてた。「ほんとうに原爆なんて落とす必要があったの？」と、ケイトは言った。いくらか空気がぴりぴりしたのをほかの家族が覚えている。ノーランはほんの二カ月まえ、ロスアラモスでワイスコフらの後悔の念に満ちた演説を聴いたばかりだった。それでもなお、彼は公式の言説にのっとった答えを返した。「原爆が戦争を終わらせ、アメリカ人の命を救ったんだよ」と。ノーランのふたりの兄は、第二次世界大戦中に軍隊にいた。予期したとおりに地上侵攻がおこなわれていたら、きっと参加していただろう。

あんなこと言わなきゃよかった、とケイトは祝賀会でのやりとりを後悔している（核兵器に関する見解についてではなく）。あれが実質的に祖父と交わした最後の会話になったからだ。四日後、ノーランは、カリフォルニア州のパロス・ベルデスで開かれた著者の妹アニーの高校の卒業式に出席した。卒業祝いだといって、ラピスラズリの指輪を贈った。片方なくしたカフスボタンをつくりかえたもので、ふたりとも青い目をしているからねと説明した。その日、ノーランとジェインがラグーナヒルズのコンドミニアムへ帰るとき、また父の日に集まろうとみんなで話した。だが、これは実現しない。翌日の一九八三年六月一七日、うちに一本の電話がかかってきた。ノーランたちといっしょだったらしい、リンの夫トム・ハンディからだった。このときのことは、はっきりと記憶に残っている。私は台所のあたりにいて、妹のアニーと両親も近くにいた。電話に出たのは父で、ひとことふたこと言葉を交わすと急に体がこわばった。「なんだって？」という父の声を覚えている。しばらくすると、父は受話器を母に手渡して言った。「父さんが死んだ」。母が電話を受けとると、うちひしがれた父は二階へ姿を消した。

祖父は六七歳でこの世を去った。高齢者用コミュニティの住人を冗談の種にしていった「3C」のひとつ、心不全が原因だった。死亡診断書の死因欄には「動脈硬化性心血管疾患」と書いてある。放射線被ばくと関連づけられている（あるいは、被ばくによって悪化しうるといわれている）心臓病だ。祖父の生活習慣（「呼吸器に対する一般的な慢性の刺激」と「大人の気分高揚剤」の使用）を鑑みれば、放射線が唯一の原因だと特定することはできないだろう。主要な原因ということさえ難しいかもしれない。それに、軍や病院の仕事で被ばくした量を実際より低く見せていたことを考えれば、放射線が原因だなんて本人は絶対に言わないだろう。生涯かなりの量を浴びつづけたと、はっきり自覚していたとしても。

私の姉ケイトの問いには原爆に関する公式の言説を返したノーランだったが、核の時代の初期に自分が果たした特異な役目のことを、ほんとうはどう感じていたのだろう？　ほとんど話題にしなかった日本での光景に悩まされたりしただろうか？　戦時中の経験を話すときがあるとしたら、たいていインディアナポリス号での気まずい瞬間か何かを自嘲気味に語ってみせるだけだった。ロスアラモスで何をしたかときかれれば、「赤ん坊をたくさん、この世界に送り届けたよ」と答えた。しかし、家族はこう思っていた。あのころ経験したすべてが、彼を深く苦しめていたと。たとえば、甥のビル・レイノルズは、日本での任務について何度か話をせがんだことがある。あんまり話しちゃいけないんだ、とかわしつづけたノーランだったが、一度だけ、ふと重々しい声でこう認めたという。「人が想像できないような、凄まじい惨状だったよ」[22]

ノーランは「頭のなかで闘っていた」と、レイノルズは考えている。「すっかり受け入れることなどとうていできない」相手で、心のなかでのこの格闘が「ノーランを酒にむかわせた」のかもしれないと。[23] ロサンゼルス時代の同僚ロバート・フトランも、ノーランが日本で見たものについては話したがらなかったのを覚えている。だが一度だけ、「とてつもない」惨状だったと漏らしたようだ。娘のリンも、ノーランが日本のことをけっして話さなかったと認めている。その一方で、戦時中の記憶が父親をずたずたにしていたことも覚えている。世界に命を送り出すのが生きがいの、思いやりと信念をもった人だったから、きっとつらかったはずだという。「一生口に出したくないようなものを見たんだと思う。とにかく恐ろしい状況だったんじゃないかな。パパは、絶対に絶対に話そうとしなかったもの」と、リンは語っている。しかし、口に出さなかっただけで、ノーランが苦しんでいたのは明らかだ

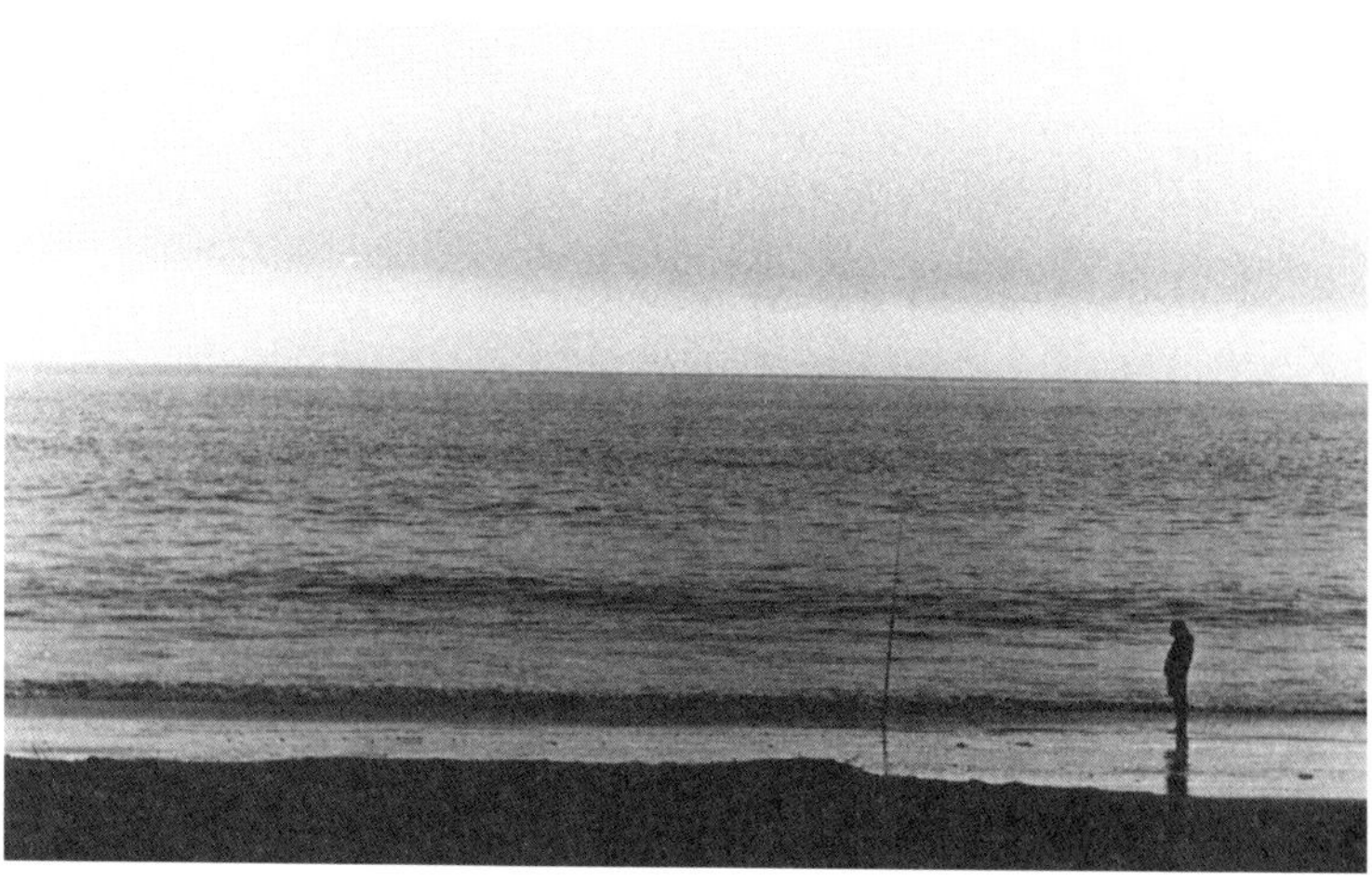

カリフォルニアの浜辺で釣りをするノーラン。

った。「心に傷を負わないはずがない」とリンは言う。「事実パパは傷ついて、ずっと苦しみのなかにいた。そう……だって、原爆にやられた直後の町を歩いて、人が死んでいくのを見たんだから。死体だけじゃなく、まさに目のまえで人が死んでいく、その姿を見てたんだから[24]」

ノーランの陰鬱な雰囲気については、義理の娘カレンを含め、ほかの家族もよく覚えている。ノーランは、ゴルフと絵を描くことのほかに、浜辺で釣りをするのが好きだった。釣りをしているあいだ、じっと何時間もつっ立ったまま、砂浜からただ海を眺めていた。甥のビル・レイノルズが、どうしてそんなに釣りが好きなのか、ときいたことがある。ノーランはこう答えた。釣りをしているあいだは、「ひとりでぼうっと海を見ていられるから」だと。また、ある新聞のインタビューでは、「そこでじっとしている理由をくれるから」と語っている。[25] 海を眺めながら、ノーランはいったい何を考えていたのだろう？　憂鬱な様子のとき、心のなかには何が浮かんでいたのだろう？　娘が想像したとおり、広島と長崎で見た死体や死にゆく人の姿だろうか？　若い理想に燃える孫が発した、責めたてるような問いだろうか？　あるいは、サンフランシスコのリトルボーイ輸送経路を詳述した新聞の切り抜きに友人が走り書きした、あの問いだろうか？「はたしてキミは正義の味方か、悪役か？」

## 最後のイメージ——リトルボーイを送り届ける

ノーランは問われても多くを語らなかったから、核の時代のはじめの歩みを本人が心のなかでどう思っていたかは想像するほかない。だが一九四五年秋の日本滞在中にはすでに、原爆の倫理的妥当性をめぐる問いに遭遇していたのはたしかだ。岩国空港の近くで足止めをくったとき、夜更けまで日本人医師と議論したこともあった。合同調査委員会が収集して翻訳したジーメス神父の記録には、こんな問いもあった。「総力戦の結果は、要するに物質的、精神的悪であって、それによって生ずるいかなる善よりも、はるかに大きな悪ではないでしょうか。われわれのモラリストたちが、この疑問に対して明白な解答をあたえる日は、いつのことでありましょうか？[26]」

ジーメス神父の問いに対して、最近ある種の答えを返したモラリストがひとりいる。ローマ教皇フランシスコだ。二〇一七年一二月末、教皇は一枚のカードを発行した。そこにはファットマン投下後の長崎で弟の死体を背負って焼き場に来た少年の写真が示されている。カードが配布されたのは、北朝鮮の金正恩《キムジョンウン》総書記とアメリカのドナルド・トランプ大統領が交わした公式声明の影響により、核兵器の使用が新たに世界の注目を集めていた時期だった。北朝鮮が「何千倍もの」報復をするとアメリカを脅したのに対し、二〇一七年八月、トランプ大統領は「世界が見たこともない炎と怒りに直面するだろう」と警告した。[27]

こうした脅し合いの激化を背景に、教皇はカードを配布した。本書で最後に考えたいのは、この「幼い弟《リトルボーイ》を送り届ける」少年の写真である。撮影者は、アメリカ海兵隊の写真家ジョー・オダネルで、ノーランを含む合同調査委員会と同じ時期に長崎にいた。オダネルは、一九四五年九月、長崎の町に足を踏み入れた。日本に半年以上いて各地を撮影してまわった。そのなかには長崎と広島をはじめとする日本の都市の戦争被害者の写真もあった。

オダネルは二台のカメラを携帯し、各場面の写真を二枚ずつ撮影していた。一枚は軍の記録用に、もう一枚はこっそりと自分用に。アメリカに帰国すると、オダネルは自分の秘密のネガをトランクに入れ、屋根裏にしまって何十年もそのままにしていた。あまりに痛ましく、戦争が終わったばかりのころは直視できないと感じたようだ。しかし時がたつと、日本での記憶がよみがえり頭から離れなくなった。「何年もあと、何年も何年もあとになって悪夢を見るようになった」と、オダネルは言う。「子どもの叫び声、どこまでもつづく瓦礫と骨の山、あのにおい。何度も何度も繰り返し夢に現れた。声はいつも哀切を帯び、いつだって必死に助けを求めていた。しかもそれは同時に、非難の声でもあった」[28]。ノーランの死の六年後、オダネルが写真を屋根裏にしまった年の四三年後、彼はトランクを開けて写真を取り出した。それらは『トランクの中の日本：米従軍カメラマンの非公式記録』（小学館）という名の写真集として、一九九五年にまず日本で、それから二〇〇五年にアメリカで出版された。

写真集のなかに、幼い弟を背負って焼き場に来た少年の写真があった。原爆投下後の長崎ではよく見られた光景だ。ノーランやウォレンをはじめとする合同調査委員会の調査員も、日本滞在中にこうした場面をたびたび目撃した。リン・ハンディが述べたように、「死体だけじゃなく、まさに目のまえで人が死んでいく、その姿を」見ていたのだ[29]。ある日、大学生になるオダネルの息子が夏休みのアルバイトから帰宅すると、台所のテーブルに最近になって父親が引っぱり出してきた写真が広がっているのを見つけた。彼の目は、弟を背負う少年の写真に引き寄せられた。眠ってるのかな、と言うと、「それはちがう。この子はなにも眠っているわけじゃない」とオダネルに教えられた。「死んでいるんだよ」[30]と。日本人ジャーナリストの取材に答えて、オダネルは写真の場面をつぎのように語っている。「この少年は、五分か一〇分ほど同じ場所に立っていた。白いマスクの男たちが少年に近づいていって、赤ん坊を結わえつけていた紐をするするとほどきだした。私はそのときはじめて、赤ん坊はもう死んでいるのだと気づいた。男たちが赤ん坊の手足をもって火にくべた。少年は身じろぎもせずに立ちつくし、じっと炎を見つめていた。噛みしめた下唇に血がにじんでいた。静かに燃える焼き場の炎は、沈みゆく夕日のようだった。少年はくるりと炎に背をむけると、無言のままで歩き去った[31]」

最初で唯一の原爆実戦使用から五〇年を記念して一九九五年に開催するはずだったスミソニアン博物館のエノラ・ゲイ展で、オダネルの写真の一部を展示する計画があった。しかし、この計画は放棄された。エノラ・ゲイ号の操縦士ポール・ティベッツやボックスカー号の操縦士チャ

赤ん坊の弟を背負って焼き場に来た長崎の少年。

ールズ・スウィーニーをはじめとする退役軍人から抗議を受けたからだ。彼らは、写真が伝える物語を「修正論者の歴史」と断じた。支配的な言説がひきつづき力をもっていたことを示すほんの一例である。しかしオダネル自身は、この言説をもはや共有していなかった。ナショナル・パブリック・ラジオによるインタビューに答えて、論争が起きていたとき、日本の地で見たものに基づく自分の見解はつぎのようなものだったと語っている。「従来の兵器を使っても、日本を打ち破ることはできた。本土に侵攻して予期されたとおり多数のアメリカ人負傷者を出さずとも、そうすることができた」[32]と。

戦後、オダネルはホワイトハウスの専属カメラマンとなり、そのあいだにハリー・S・トルーマン大統領の撮影を何度も担当した。一九五〇年、北太平洋に浮かぶウェーク島の浜辺でトルーマン大統領のとなりを歩きながら、勇気をふりしぼって尋ねてみた。原爆投下について後悔したことはありますか。「そりゃあるさ」とトルーマン大統領は答えた。「ものすごい不安をかかえてきたし――しかももっと多くを受け継いだんだ!」このいくぶん不可解な返事は、トルーマン大統領が公の場で示していた、原爆の使用承認への自信とは矛盾するかもしれない。しかし、「機械は倫理の数世紀先をいっているようだ」というおそれを吐露した一九四五年七月半ばの日記とは重なるものがある。[33]

二〇〇七年、オダネルは八五歳で亡くなった。日本滞在中の放射線被ばくに関連すると本人も家族も考えていた体の不調に長いあいだ苦しんでいた。一九四五年にオダネルが撮影した少年と幼い弟の強烈な写真は、二〇一七年末にフランシスコ教皇がカードにして多くの人に配布したときには、「戦争がもたらすもの」という言葉が添えられていた。これまで本書で見てきたように、核戦争や、もっと広く核産業がもたらしたものは、たしかにたっぷりとある。日本で苦しんでいる被ばく者。移住を余儀なくされ、いまだ愛する環礁で暮らすことができないビキニの人々。ネバダ州とニューメキシコ州の風下住民。放射線被ばくによる、ほかの大勢の犠牲者。核兵器と放射性核廃棄物の安全対策にかかる毎年の莫大な支出。つぎつぎと開発される新技術とその多様な影響。これらはすべて原爆が生み出したものである。OMDが歌う「エノラ・ゲイの悲劇」の歌詞にあるように、リトルボーイのキスはいまだ消えていないといえる。オダネルの訴えかけるような写真の幼子《リトルボーイ》とはちがい、一九四五年の夏にノーランとロバート・ファーマンが送り届けたリトルボーイは、今も息絶えてなどいないのだ。

　ところで、オダネルの写真がとらえているイメージは、本書で見てきたほかの物事と深く関連があり、それらを象徴しているように思える。文字どおり爆弾リトルボーイをテニアン島に送り届けたこと。トリニティ実験の成功を男児の誕生になぞらえた軍の暗号文。小さな男の子のようなトルーマン大統領を乗せたそりが技術決定論の丘をすべり降りるイメージ。このようにして数々の「リトルボーイを送り届けた」ことの意味を、四〇周年記念集会に出席した科学者たちは祝福することができなかった。では、この行事で何を記念できたのだろう？　ピーター・ワイデンは著書『第一日』で集会についてこう書いている。「昔の仲間のうちでいちばんもてはやされたのは、元大尉のジェームズ・F・ノーラン医学博士だった。戦時中のメサで、科学者の子のじつに多くをこの世界に送り届けた産科医である[34]」

　このように、一九八三年の科学者たちは、多くの「予見不可能な影響」をすでにもたらし、今後ももたらすだろう、自分の生み出した重大な破壊的技術を祝福できなかったとしても、命をこの世界へ導く手助けをした仲間の医師の仕事を称えることはできた。マンハッタン計画の明るい働き者の管理人ドロシー・マッキビンも、ノーランの最大の貢献はこの仕事だと感じたらしい。一九五二年のはじめ、マッキビンはノーランにサンタフェの地元紙〈ニュー・メキシカン〉の切り抜きを送った。建設費二五〇万ドルをかけたロスアラモス医療センターの落成式を報じる記事だった。奇遇にも第一面の写真は、ひとりの女性とその腕に抱かれた赤ん坊だった。「新医療センターの保育室にはいった赤ん坊第一号」である。切り抜きの上部には、ノーランが遺したものを称えるマッキビンの走り書きがあった。「ジム、あなたの始めた病院が今じゃこうよ！」[35] あるとき甥のビル・レイノルズが言ったとおり、ノーランの碑文にもっともふさわしく、本人もきっと選んだだろう言葉は、これだったのかもしれない。

「赤ん坊をたくさん、この世界に送り届けた」

# 訳者あとがき

第二次世界大戦中、アメリカで原子爆弾の開発と製造にあたった極秘の軍事プロジェクトを、通称〈マンハッタン計画〉という。陸軍のレズリー・グローヴス将軍の指揮のもと、のちに「原爆の父」とよばれる理論物理学者ロバート・オッペンハイマーを開発リーダーとして、ノーベル賞受賞者八名を含む超一流の科学者が集まり、他国に先を越されてはならないという大きな重圧のなかで、核分裂連鎖反応を利用した新型爆弾の開発に心血をそそいだ。

しかし、マンハッタン計画に参加したのは、軍人と科学者だけではなかった。広島と長崎あわせて二〇万人以上の死者を出すことになる大量破壊兵器の開発には、普段は人々の傷を癒し命を救っている医師たちも携わっていたのである。爆弾に用いるウランやプルトニウムから生じる放射線の安全管理をするためだった。だが、医師がなんらかの警告を発しても、それは軍人や科学者にはほぼ無視され、その結果として放射線による被害が出ると、医師は状況の隠蔽に加担した。原爆に関する書の多くが科学者や軍人をとりあげているのに対し、本書はこうした医師たちに焦点をあて、原爆の開発における彼らの葛藤と共謀を描くことで、核の時代の黎明期そのものを浮き彫りにする。

本書の中心人物、ジェームズ・F・ノーランは、放射線医学に通じた産婦人科医である点を見込まれてマンハッタン計画に参加し、原爆開発の研究拠点ロスアラモスで研究所の職員やその家族に対する医療を担うとともに、開発過程における放射線の安全管理に携わった。広島に投下された原爆〈リトルボーイ〉のウランを、ロスアラモス研究所から爆撃機の待つテニアン島へ運んだ二人組のひとりでもある。彼は、著者の祖父である。

著者ジェームズ・L・ノーランJr.は、アメリカの名門ウィリアムズ大学で社会学の教授を務め、社会と法、文化、技術との関係など幅広い分野で研究をつづけてきた。著書には、マックス・ウェーバら四人の外国人の目をとおしてアメリカの本質を描き出す『*What They Saw in America: Alexis de Tocqueville, Max Weber, G. K. Chesterton, and Sayyid Qutb*』(Cambridge University Press, 2016)や、薬物事件をめぐるアメリカの刑事司法理念の再構築を論じた『ドラッグ・コート―アメリカ刑事司法の再編』(小沼杏坪・妹尾栄一・小森榮訳、丸善プラネット、二〇〇六年)などがある。

本書の執筆は、父親の死をきっかけに、祖父ノーランが遺した秘密の箱を手にしたことから始まった。その箱には、原爆に関するノーラン個人の手紙や軍事記録、写真などが詰まっていた。著者はこれらの資料を手がかりに調査を始め、ロスアラモス研究所だけでなく、各地の関連施設をめぐり、日本も訪れて資料を集め、自ら関係者のインタビューもおこなった。

序文で本書のテーマを提示したあと、第1章では、マンハッタン計画の初期における科学者や医師の生活を描いている。第2章では、人類史上初の核実験〈トリニティ実験〉の過程とその影響について、第3章では、ノーランが日本に投下する原爆のウランを輸送する過程について、第4章と第5章では、放射線による被害状況を調査するために原爆投下後の日本へ派遣されたアメリカ人調査団について、第6章では、原爆投下の倫理性をめぐる議論について、第7章では、終戦後、マーシャル諸島でアメリカがおこなった一連の核実験について、第8章では、本来の医師の職務に戻ったノーランの姿勢や、原爆に限らず技術全般がはらむ問題について論じている。そして第9章では、原爆開発から約四〇年後の科学者の後悔や、多くを語らなかったノーランの胸中に考えをめぐらせている。

こうした内容を論じる著者の文章は、乾いた事実の羅列でもなければ、飾り立てた感情のドラマでもない。報告書、手紙、インタビュー、関連文献などから小さな事実や具体的なエピソード、本音の滲《にじ》み出た台詞を丁寧に掬《すく》い取り、ひとつひとつ積み上げることで、医師と科学者の葛藤や、軍部の冷酷さ、そして被ばく者の苦しみをまざまざと再現している。原爆の悲惨さが、染み入るように伝わってくるのだ。

歴史は繰り返す、という言葉があるが、けっして繰り返してはいけない歴史があるとともに、過去を見つめ直すことで変えられる未来もあるはずだろう。原書『*Atomic Doctors: Conscience and Complicity at the Dawn of the Nuclear Age*』が本国アメリカで刊行されたのは、二〇二〇年八月である。二〇二二年の二月を境に世界がまたひとつ様変わりした今、本書のもつ意義はよりいっそう深まったのではないだろうか。

ところで、本書はさまざまな著作を引用しているが、邦訳が出ているものも多い。アイリーン・ウェルサムの『プルトニウムファイル：いま明かされる放射能人体実験の全貌』（渡辺正訳、翔泳社、二〇一三年）、カイ・バード、マーティン・シャーウィンの『オッペンハイマー：「原爆の父」と呼ばれた男の栄光と悲劇』（河邉俊彦訳、ＰＨＰ研究所、二〇〇七年）、リチャード・ニューカムの『巡洋艦インディアナポリス撃沈』（平賀秀明訳、ヴィレッジブックス、二〇〇二年）、ジョン・ハーシーの『ヒロシマ増補版新装版』（石川欣一・谷本清・明田川融訳、法政大学出版局、二〇一四年）、邦訳ではないが、永井隆の『長崎の鐘』（平和文庫、二〇一〇年）など、ご関心に合わせてお読みいただければと思う。

また、訳文のなかの用語について補足する。放射線被ばくによって身体に生じる障害を表す際、「放射線病」という日本語を用いた。本書が対象とする時期における、大部分が未解明のものを表す語として、現在広く使われている「放射線障害」という語ではなく、当時の日本人医師の文献に見られた語のなかからこれを選んで使用した。

最後に、原書房の相原結城さん、校閲者の安朋子さん、訳文について多数の有益な助言をくれた友人であり翻訳者の弘瀬友稀さん、原爆に関する質問に丁寧にご回答くださった広島・長崎の各機関の方々、資料の取り寄せにご協力くださった図書館の方々に感謝申し上げます。

藤沢町子

二〇二二年五月

# 原注

## 序章

1. James F. Nolan, interview by Lansing Lamont, 1965, Lansing Lamont Papers, Harry S. Truman Library, Independence, MO; James F. Nolan to Richard F. Newcomb, August 12, 1957, James F. Nolan papers, 著者所有 .

## 第1章　ロスアラモスの生活

1. ノーランは、医科大学院の最後の年に、選択科目として放射線医学の授業を12時間履修した。
2. Louis Hempelmann, interview by Martin Sherwin, August 10, 1983, Voices of the Manhattan Project, Atomic Heritage Foundation.
3. Louis Hempelmann, interview by Paul Henriksen and Lillian Hoddeson, January 31, 1986, Los Alamos National Laboratory Archives( 以降、LANL), 3.
4. Hempelmann, interview by Sherwin.
5. オッペンハイマーは、1949年の下院非米活動調査委員会および1954年の保安許可に関する聴聞会で証言をした際、バーナード・ピーターズがバークレー時代の同僚のうち共産主義の者であると認めた。1954年に聴聞会が開かれたとき、バーナードとハンナはロチェスター大学で働いており、ハンナの研究室がヘンペルマンの研究室のとなりだった。オッペンハイマーによる証言――と、マッカーシー時代の全般的なヒステリー――の影響により、ピーターズ夫妻はロチェスター大学を退職し、インドへ移住した。カイ・バードとマーティン・シャーウィンによると、ハンナ・ピーターズの共産主義との関係を考慮し、「ＦＢＩは彼女を共産党員であると結論した」。カイ・バード、マーティン・シャーウィン、『オッペンハイマー:「原爆の父」と呼ばれた男の栄光と悲劇』、河邉俊彦訳、PHP研究所、2007年／Kai Bird and Martin Sherwin, American Prometheus: The Triumph and Tragedy of J. Robert Oppenheimer(New York: Vintage Books, 2005), 117.
6. Louis Hempelmann, interview by Barton Hacker, June 3–4, 1980, Department of Energy, Nuclear Testing Archive, Las Vegas( 以降、NTA).
7. Hempelmann, interview by Henriksen and Hoddeson, 3.
8. James F. Nolan to Richard F. Newcomb, August 12, 1957, James F. Nolan papers( 以降、JFN papers), 著者所有。
9. Robert Oppenheimer to James Nolan, March 4, 1943, JFN papers.
10. 戦時中のワシントン大学看護学部出身者の代表は、「ミス・ハリエット・ピーターソン、ミセス・サラ・ドーソン・プレストウッド、ミス・アメリア・コ

マディナ、ミス・ヘレン・シュナイダー、ミセス・ロサリン・トーマス・リンゼイ、ミセス・ジーン・スムート・クラム、ミセス・フランシス・フォスター・アレン、ミス・ロレッタ・アシュビー、ミス・ドリス・アレン」。戦時中にロスアラモスへ引き抜かれたワシントン大学医科大学院出身者は、ジェームズ・ノーラン、ルイス・ヘンペルマン、ポール・ハーグマン、アルフレッド・ラージ、ジェリー・H・アレン、ジャック・ブルックス。小児科生物化学講師アン・パーレイと技師のアナミー・ディッキー、アン・アープも、ワシントン大学からロスアラモスへ引き抜かれた。"Medical School to Advise on Health Services, Research at Los Alamos," Washington University Medical Alumni Quarterly 10, no. 1(October 1946): 14–15.

**11.** James Nolan to Robert Oppenheimer, March 6, 1943, JFN papers.

**12.** ヘンペルマンは、オッペンハイマーに宛てた1943年3月21日付のウェスタン・ユニオン社の電報で、つぎのように伝えている。「ノーランと私は3月24日水曜日に到着予定。ふたりの通行許可はヒルベリーが手配済。ルイス・ヘンペルマン」JFN papers. ウィリアム・S・ローリングによると、「サイトYの建設工事は3月には一定の段階に達し、研究所は職員を受け入れはじめた。3月24日、最初に到着した職員のなかには、医師のルイス・ヘンペルマンとジェームズ・ノーランがいた」William S. Loring, Birthplace of the Atomic Bomb: A Complete History of the Trinity Test Site(Jefferson, NC: McFarland, 2019), 11.

**13.** Hempelmann, interview by Sherwin: ヘンペルマンは、「だけど1年目は、研究所で私がすべきことはあまりなかった。まだ放射線による危険がなかったからね。ほかの職務上の危険も最小限だった。多かれ少なかれ、誰もが似たような雰囲気の大学組織にいるかのようにすごしていた。私はよくノーランの仕事を手伝った。医学的な問題を抱えた人の診察をした」と述べている。

**14.** Oppenheimer to Nolan, March 4, 1943, JFN papers.

**15.** Jonathan Weisgall, Operation Crossroads: The Atomic Tests at Bikini Atoll(Annapolis, MD: Naval Institute Press, 1994), 208.

**16.** アイリーン・ウェルサム、『プルトニウムファイル：いま明かされる放射能人体実験の全貌』、渡辺正訳、翔泳社、2013年 ／ Eileen Welsome, The Plutonium Files: America's Secret Medical Experiment in the Cold War(New York: Dial, 1999), 61.

**17.** Hymer Friedell, interview by Barton C. Hacker, June 12, 1979, NTA.

**18.** ウォレンとストーンの衝突に関する議論については、以下を参照。Barton C. Hacker, The Dragon's Tail: Radiation Safety in the Manhattan Project, 1942–1946(Berkeley: University of California Press, 1987), 49–52.

**19.** Stafford Warren, interview by Barton C. Hacker, October 30, 1979, NTA.

**20.** Hempelmann, interview by Hacker.

**21.** James F. Nolan, interview by Ferenc Szasz, May 24, 1983, Ferenc M. Szasz Papers, Center for Southwest Research, University of New Mexico Library, Albuquerque. ヘンペルマンは、1979年の証言録取で、「どこかで彼［ウォレン］と会って、得られる助力はすべて得なければならないと感じた」と述べている。医学博士ルイス・H・ヘンペルマンの証言録取書, December 20, 1979,

9, Bernice Lasovick v. United States of America, LANL.
**22.** Warren, interview by Hacker.
**23.** Stafford Warren, An Exceptional Man for Exceptional Challenges, oral history interview by Adelaide Tusler(Los Angeles: UCLA Oral History, 1983), 972.
**24.** ロバート・ノリスによると、マンハッタン計画が始動したとき、「計画参加者のうちの8人がすでにノーベル賞を受賞しており、戦後、さらに十数人が受賞することになった」Robert S. Norris, Racing for the Bomb: The True Story of General Leslie R. Groves, the Man behind the Birth of the Atomic Age(New York: Skyhorse, 2002), 239.
**25.** Ferenc Morton Szasz, The Day the Sun Rose Twice: The Story of the Trinity Site Nuclear Explosion, July 16, 1945(Albuquerque: University of New Mexico Press, 1984), 22–23.
**26.** 以下に引用あり。バード、シャーウィン、『オッペンハイマー』, 230; Weisgall, Operation Crossroads, 82; Szasz, Day the Sun Rose Twice, 21.
**27.** Jane S. Wilson, "Not Quite Eden," in Standing By and Making Do: Women of Wartime Los Alamos, ed. Jane S. Wilson and Charlotte Serber(Los Alamos: Los Alamos Historical Society, 2008), 62.
**28.** Joseph O. Hirschfelder, "The Scientific and Technological Miracle at Los Alamos," in Reminiscences of Los Alamos, 1943–1945, ed. Lawrence Badash, Joseph O. Hirschfelder, and Herbert P. Boida(London: D. Reidel, 1980), 70.
**29.** Eleanor Jette, Inside Box 1663(Los Alamos: Los Alamos Historical Society, 1977), 87. サースも同様に、「グローヴス将軍は陰で頻繁に激しく非難されており、ホイットニー・アシュブリッジ中佐は、みんながあまりに失礼な態度でつらくあたるので、心臓発作を起こして搬送されるはめになった」と述べている。Szasz, Day the Sun Rose Twice, 22.
**30.** Nolan to Newcomb, August 12, 1957, JFN papers.
**31.** Advisory Committee on Human Radiation Experiments: Final Report(Washington, DC: US Government Printing Office, October 1995), 37.
**32.** Henry Barnett, interview by Joseph Dancis, 1996, Oral History Project, Pediatric History Center(Elk Grove Village, IL: American Academy of Pediatrics, 2000), 9.
**33.** Warren, Exceptional Man, 964.
**34.** 以下に引用あり。Shirley B. Barnett, "Operation Los Alamos," in Wilson and Serber, Standing By, 115.
**35.** Ibid., 115–116.
**36.** Lynne Handy, interview by author, September 4, 2015.
**37.** Nolan, interview by Szasz.
**38.** James L. Nolan, "Los Alamos and the Atom Bomb through the Eyes of a Young Boy"(ホーリークロス大学での講演, Worcester, MA, January 24, 2006).
**39.** Nolan, interview by Szasz.
**40.** Hempelmann, interview by Hacker.
**41.** ウェルサム、『プルトニウムファイル』, 60.
**42.** Weisgall, Operation Crossroads, 208.
**43.** Paul Dodd, introduction to Exceptional Man, by Warren, xviii. ドッド自身はこの人物評に同意していない。
**44.** 主な問題は、ウォレンが「完全かつ正確な肩書とつづりを言えないことだった」。そのため、進行中の編集作業は、「ウォレンに教えられた名前の整合性のなさや、ときには誤り」によって妨げ

られた。 Dodd, introduction, xxvi.

**45.** 以下に引用あり。 Norris, Racing for the Bomb, 210.

**46.** J・F・ノーランの息子（著者の父）であるジェームズ・ローリー・ノーランは、幼少期と青年期にはローリーとよばれることが多かった。だが、大人になると、ほとんどの人が彼をジムとよんだ。本書では、彼をローリーとよぶ。本書が取り上げる時期は、彼の子ども時代にあたり、たいていローリーとよばれていたことと、本書でジェームズ・ローリー・ノーランではなくジェームズ・フィンドリー・ノーランを指すときに、そのことがはっきりとわかるようにするため、という理由。

**47.** Personnel Folder, April 10, 1943, JFN Personnel Files, LANL.

**48.** 以下に引用あり。バード、シャーウィン、『オッペンハイマー』, 81.

**49.** 以下に引用あり。 バード、シャーウィン、『オッペンハイマー』, 207.

**50.** 以下に引用あり。 Jennet Conant, 109 East Palace: Robert Oppenheimer and the Secret City of Los Alamos(New York: Simon and Schuster, 2005), 219.

**51.** Lynne Handy, interview by author, March 23, 2015. ジェームズ・ノーランとアンの娘であるリン・ノーランは、のちにトム・ハンディと結婚し、ハンディ姓を選んだ。

**52.** 以下に引用あり。 ibid., 149.

**53.** Elsie McMillan, “Outside the Inner Fence,” in Badash, Hirschfelder, and Boida, Reminiscences of Los Alamos, 43.

**54.** Hempelmann, interview by Sherwin.

**55.** Ibid.

**56.** 卒業アルバム、Los Alamos, 1944, JFN papers. バーネットによると、「限られた範囲ではあるが、医師はペットの問題も引き受けた……医師たちは……自分の、そして互いの獣医になった」 Shirley B. Barnett, “Operation Los Alamos,” 118.

**57.** 以下に引用あり。 Conant, 109 East Palace, 337.

**58.** Ruth Marshak, “Secret City,” in Wilson and Serber, Standing By, 32.

**59.** 以下に引用あり。 Peter Wyden, Day One: Before Hiroshima and After(New York: Simon and Schuster, 1984), 80–81.

**60.** 以下に引用あり。バード、シャーウィン、『オッペンハイマー』, 230.

**61.** Wilson, “Not Quite Eden,” 60–61.

**62.** Lynne Handy, interview by author, March 23, 2015.

**63.** Ibid.

**64.** Jette, Inside Box 1663, 18; Shirley B. Barnett, “Operation Los Alamos,” 109. エディス・トルスローによると、立ち上げ時の看護師3人は、サラ・ドーソン、ハリエット・ピーターソン、マーガレット・ショップ。 Edith C. Truslow, Manhattan District History: Nonscientific Aspects of Los Alamos Project Y, 1942 through 1964(Los Alamos, NM: Los Alamos Historical Society, 1991), 85.

**65.** Shirley B. Barnett, “Operation Los Alamos,” 111–112.

**66.** ヘンペルマンが分娩中に失神した件については、以下を参照。 Conant, 109 East Palace, 127.

**67.** Hempelmann, interview by Sherwin.

**68.** Shirley B. Barnett, “Operation Los Alamos,” 112.

**69.** ニューメキシコ州ロスアラモス近くのサン・イルデフォンソ・プエブロにある小さな博物館の展示の記載。

**70.** Conant, 109 East Palace, 143.

**71.** Ibid., 262–263; バード、シャーウィン、『オッペンハイマー』, 263; Bernice Brode, Tales of Los Alamos: Life on the

Mesa 1943–1945(Los Alamos, NM: Los Alamos Historical Society, 2006), 5.

**72.** サースによると、「1943 年から 1949 年までのあいだに、あの小さな共同体では 1000 人近い赤ん坊が生まれた。戦時中に生まれた 208 人の出生証明書には、地方、サンドヴァル郡、私書箱 1663 号とだけ記載されていた」Szasz, Day the Sun Rose Twice, 18.

**73.** Marshak, "Secret City," 31.

**74.** Conant, 109 East Palace, 214.

**75.** Hempelmann, interview by Hacker.

**76.** Marshak, "Secret City," 30.

**77.** Mr. and Mrs. Will Harrison to Lt. Col. Whitney Ashbridge, June 14, 1943, JFN papers.

**78.** Beverly Agnew, interview with Theresa Strottman, November 20, 1991, Los Alamos Historical Museum.

**79.** Henry Frisch, conversation with author, June 3, 2015.

**80.** McMillan, "Outside the Inner Fence," 43.

**81.** Jette, Inside Box 1663, 49.

**82.** Ibid., 50.

**83.** この件に関しては、ロスアラモスの理論物理学部門主任ヴィクター・F・ワイスコフも言及している。彼は、町議会の長を務めた際、この問題に対処しなければならなかったことを覚えている。「ロスアラモスで売春問題が生じた。おそらく宿舎で何かが起きていると誰かが報告してきたのだろう」Victor F. Weisskopf, interview by Ferenc M. Szasz, April 1981 interview, 15, Ferenc M. Szasz Papers, Center for Southwest Research, University of New Mexico Library, Albuquerque.

**84.** Hempelmann, interview by Sherwin.

**85.** 以下に引用あり。 Truslow, Manhattan District History, 91.

**86.** Louis Hempelmann, "History of Health Group," March 1943–November 1945, 2–3, LANL.「1 年目は、ほとんど放射線による危険がなかった」とヘンペルマンは述べている。「どこの大学の物理学実験室にもある程度の危険だった。だから、1 年目は私がすべきことはあまりなかった」Hempelmann, interview by Henriksen and Hoddeson.

**87.** Hempelmann, interview by Hacker.

**88.** ルイス・H・ヘンペルマンの証言録取書 ,19.

**89.** Hempelmann, "History of Health Group," 5; Hacker, Dragon's Tail, 78.

**90.** Hempelmann, "History of Health Group," 2.

**91.** Ibid., 14.

**92.** ルイス・H・ヘンペルマンの証言録取書 ,44.

**93.** Ibid., 61.

**94.** James Nolan, interview by Lansing Lamont, 1965, Harry S. Truman Library, Independence, MO.

**95.** Hempelmann, "History of Health Group," 5.

**96.** 1945 年 2 月 17 日土曜日のグローヴス将軍の日記に以下の記載がある。「ノックスヴィルにいるウォレン大佐からグローヴス将軍に電話があり……サイトYの病院と倉庫の施設を拡大する必要性について議論した。将軍が主任医師について尋ねると、ウォレン大佐は、現在はバーネット大尉が病院の責任者を務めている、と答えた。これにより、ノーランは病院を離れ、もっとヘンペルマンを手伝うことができるとのこと」1945 年 2 月 17 日付のグローヴス将軍の日記 , Papers of Lt. Gen. Leslie R. Groves, National Archives, College Park, MD.

## 第2章　トリニティ実験

1. サムエル・A・ハウトスミット、『ナチと原爆 ―― アルソス：科学情報調査団の報告』、山崎和夫・小沼通二訳、海鳴社、1977年／Samuel A. Goudsmit, Alsos(Los Angeles: Tomash, 1947), 70–71. ジャーナリストのウィリアム・L・ローレンスも、1944年末には、アメリカ人はドイツ人が「自分たちには遠くおよばない、ずっと遅れている」という「確証」を得ていた、と述べている。William L. Laurence, interview by Scott Bruns, March 28, 1964, 287, Columbia Oral History Archives, Columbia University.
2. ハウトスミット、『ナチと原爆』, 76.
3. Ibid.
4. 以下に引用あり。Kenneth Glazier, "The Decision to Use Atomic Weapons against Hiroshima and Nagasaki," Public Policy 18(Winter 1969): 515.
5. 以下に引用あり。Jon Else, The Day after Trinity: Robert Oppenheimer and the Atomic Bomb(New York: Voyager, 1995), CD-ROM, supplemental files, 383–384.
6. 以下に引用あり。Jon Else, The Day after Trinity, supplemental files, 246–247.
7. Thomas P. Hughes, American Genesis: A Century of Invention and Technological Enthusiasm, 1870–1970(Chicago: University of Chicago Press, 1989).
8. Joseph Rotblat, "Leaving the Bomb Project," Bulletin of the Atomic Scientists 41, no. 7(August 1985): 18.
9. Ibid.
10. US Atomic Energy Commission, In the Matter of J. Robert Oppenheimer: Transcript of Hearing before the Personnel Security Board, April 13, 1954(Washington, DC: US Government Printing Office, 1945), 2:266.
11. グローヴス将軍の側近ロバート・ファーマン少佐は、ドイツに原爆がないとわかったあとも、グローヴス将軍が日本とロシアに矛先をむけた、と述べている。「つまり、ドイツを想定した原爆の使用は早々になくなった。これはわれわれにとってよいことだった。だがそれでもなお、ロシア人が暴走するか何かした場合には、原爆を使用する準備がわれわれにはあったと思う。終戦間近のあの時期に、むこうがどんな状況なのかを想像することは難しかった。ロシア人は歩みをゆるめないだろうという大きな恐怖があった」Robert Furman, interview by Cindy Kelly, February 20, 2008, Voice of the Manhattan Project, Atomic Heritage Foundation. ロシア人に関する懸念が原爆を使用するという決断にどの程度影響したかについてはさかんに議論されてきたが、現在では、歴史学者ガー・アルペロビッツが述べているように、「ロシア人を圧倒することは考慮の対象だった」というかなりの証拠がそろっている。さらにいえば、「現在この方向を指し示している広範囲の証拠を無視すること」は以前から「不可能」だっただろう。Gar Alperovitz, "Historians Reassess: Did We Need to Drop the Bomb?," in Hiroshima's Shadow, ed. Kai Bird and Lawrence Lifschultz(Stony Creek, CT: Pamphleteer's, 1998), 17.
12. James F. Nolan to Richard F. Newcomb, August 12, 1957, James F. Nolan papers(以降、JFN papers), 著者所有.
13. Louis Hempelmann, interview by Barton Hacker, June 3–4, 1980, Department

of Energy, Nuclear Testing Archive, Las Vegas(以降、NTA).

**14.** Nolan to Newcomb, August 12, 1957, JFN papers.

**15.** John Donne, John Donne's Poetry: Authoritative Texts, Criticism, ed. A. L. Clements(New York: W. W. Norton, 1966), 86.

**16.** 以下に引用あり。 Else, Day after Trinity.

**17.** Sean L. Malloy, " 'A Very Pleasant Way to Die' : Radiation Effects and the Decision to Use the Atomic Bomb against Japan," Diplomatic History 36, no. 3(June 2012): 537.

**18.** Stafford Warren, An Exceptional Man for Exceptional Challenges, oral history interview by Adelaide Tusler(Los Angeles: UCLA Oral History, 1983), 783.

**19.** Ibid., 798.

**20.** Hymer Friedell, interview by Barton C. Hacker, June 12, 1979, NTA.

**21.** Warren, Exceptional Man, 783–784.

**22.** Stafford Warren, interview by Barton C. Hacker, October 30, 1979, NTA.

**23.** Louis Hempelmann, "History of the Preparation of the Medical Group for Trinity Test II," June 13, 1947, LANL.

**24.** Ferenc Morton Szasz, The Day the Sun Rose Twice: The Story of the Trinity Site Nuclear Explosion, July 16, 1945(Albuquerque: University of New Mexico Press, 1984), 63.

**25.** Hempelmann, interview by Hacker. ヘンペルマンは、このインタビューでつぎのように述べている。ウォレンは、放射性降下物に関する注意喚起と、トリニティ実験のもっと全般的な健康管理と安全の側面について、自分の功績を主張しすぎていた。ウォレンは、実際の対策担当者ではなく、助言役にすぎなかった。助言役としても「計画立案にせよなんにせよ、彼が果たした役割はごく限られたものだった」

**26.** J. O. Hirschfelder to J. R. Oppenheimer, "Strategic Possibilities Arising If a Thunderstorm Is Induced by Gadget Explosion," April 25, 1945, LANL.

**27.** Ibid.

**28.** ハバードは、1945年4月17日にロスアラモスに到着したことを日記に記録している。 John M. Hubbard, "Journal of J. Hubbard, Meteorologist," 13, LANL. ハバードの日記のコピーは、ロスアラモス国立研究所記録保管所とカルフォルニア工科大学アーカイブにある。一部は、アルバカーキ、ニューメキシコ大学にある Ferenc Szasz's papers にも含まれている。

**29.** Hubbard, "Journal," 19.

**30.** Ibid.

**31.** Szasz, Day the Sun Rose Twice, 77; Hubbard, "Journal," 110.

**32.** Hubbard, "Journal," 81.

**33.** Ibid., 90.

**34.** James F. Nolan, interview by Lansing Lamont, 1965, Harry S. Truman Library, Independence, MO; Warren, Exceptional Man, 785–790.

**35.** Hubbard, "Journal," 65.

**36.** J. O. Hirschfelder and John Magee to K. T. Bainbridge, "Danger from Active Material Falling from Cloud—Desirability of Bonding Soil near Zero with Concrete and Oil," June 16, 1945, LANL.

**37.** Joseph O. Hirschfelder, "The Scientific and Technological Miracle at Los Alamos," in Reminiscences of Los Alamos, 1943–1945, ed. Lawrence Badash, Joseph O. Hirschfelder, and Herbert P. Boida(London: D. Reidel, 1980), 75.

**38.** Hempelmann, interview by Hacker.

39. Ibid.
40. ノーランの軍事旅程表、1945年6月17-21日分, "Itemized Schedule of Travel and Other Expenses," JFN papers.
41. カルトロンという名称の由来は、カリフォルニア大学のサイクロトロン。
42. Nolan, interview by Lamont.
43. James F. Nolan, "Medical Hazards of TR #2," June 20, 1945, LANL. ノーランとグローヴス将軍の有名な対決に関しては多くの記述があり、なかには矛盾するものもある。たとえば、ヘンペルマンは、対決の日を1945年6月20日としているが、ノーランはポール・イーバーソルド（健康管理部門に新加入した、バークレー出身の物理学者）ほかとオークリッジへ行ったと述べている。バートン・ハッカーは、対決の日を1945年6月23日としている。サースは、ノーランは、「マッギー［原文ママ］、ホフマン、ヘンペルマン」の書いた報告書をもって、6月20日に飛行機でオークリッジへむかった、としている。 Szasz, Day the Sun Rose Twice, 65. しかし、ヘンペルマンは、トリニティ実験における医学部門の役割に関する記録文書のなかで、ノーランが「対策の詳細な計画」を準備し、オークリッジにいるグローヴス将軍の承認をもらいに行った、と述べている。同様に、1945年6月20日付の文書に対する、1945年7月11日付の補足文書に、イーバーソルドは、「ノーラン大尉による〈ＴＲ＃２の医学的危険〉に対する補足文書」という副題を含めている。 P. C. Aebersold to L. H. Hempelmann, "TR Site Monitoring as of July 11, 1945(Supplement to Medical Hazards of TR #2 by Capt. Nolan)," July 11, 1945, LANL. ラモントも、ノーランのインタビューをしたときに、「6月後半、ノーランは、グローヴス将軍の承認を得るために、彼の計算結果と避難計画をオークリッジへもっていかなければならなかった」と書いている（傍点は著者による）。サースは、1983年にノーランのインタビューをしたときの手書きのメモに、ノーランがつぎのように述べたと記している。「私たちはスタフォード・ウォレンと相談して――報告書を書き上げた。グローヴス将軍と話をするために、オークリッジへ飛んだ」。あとになってはじめて、ノーランは、ほかにも作成者がいるらしい発言をしたが、彼らが報告書を書いた、と言ったのではなく、報告書が彼らによって作られた、と言っただけである。また、サースが言及したのは、「マッギー［原文ママ］、ホフマン、ヘンペルマン」ではなく、「マギー、ハーシュフェルダー、ヘンペルマン」と思われる (James F. Nolan, interview by Ferenc Szasz, May 24, 1983, Ferenc M. Szasz Papers, Center for Southwest Research, University of New Mexico Library, Albuquerque)。 インタビューがおこなわれたのは、歴史的出来事が起きた40年近くあとである。ノーランの公式の軍事旅程表によると、各タイミングは以下。6月17日午前1時にサンタフェを出発、6月18日にオークリッジに到着、6月20日午前5時30分にオークリッジを出発。したがって、ノーランがグローヴス将軍と実際に話をしたのは6月19日と思われる。前述したヘンペルマンの話をべつにすれば、イーバーソルドが同行したことを示す記録はない。1945年7月11日付の補足用覚書の作成者がイーバーソルドだったので、ヘンペルマンは彼も同行者のひとりだと思ったのかもしれない。
44. Nolan, "Medical Hazards of TR #2."

45. Hempelmann, interview by Hacker.

46. この引用には、複数のバリエーションがある。ラモントは、著書『トリニティ実験の日 Day of Trinity』のなかで、グローヴス将軍の台詞を「なんだおまえ、ハースト気取りのプロパガンダ野郎か？」と記している (Lansing Lamont, Day of Trinity [New York: Atheneum, 1965], 127)。ただし、ノーランのインタビューをしたときのメモには、この問いかけを引用符つきで「おまえどうかしてるぞ、ハースト気取りのプロパガンダ野郎か？」と記している (Nolan, interview by Lamont)。フェレンツ・サースは、著書『太陽が二度のぼった日 The Day the Sun Rose Twice』のなかで、この台詞を「なんだおまえ……ハースト気取りのプロパガンダ野郎の類か？」と記しており、この表現は、サースがノーランのインタビュー時にとったメモと一致している (Szasz, The Day the Sun Rose Twice, 65; Nolan, interview by Szasz)。ジョン・アダムズは、オペラ『原爆博士 Doctor Atomic』のなかで、グローヴス将軍の台詞を「なんだおまえ、ハースト気取りのプロパガンダ野郎か？」としており、これは『トリニティ実験の日』からの抜粋である。Lansing Lamont, Day of Trinity(New York: Atheneum, 1965), 127; Szasz, Day the Sun Rose Twice, 65; Adams, Doctor Atomic.

47. Nolan, interview by Lamont.

48. Louis Jacot, interview by Lansing Lamont, Lansing Lamont Papers, Harry S. Truman Library, Independence, MO.

49. Ibid.

50. 最近、4人目のスパイ、ゴッドセンド(「天の賜物」の意) というロシアのコードネームをもつ、オスカー・セボラーも、1944年から1946年にかけてロスアラモスで働いていたことが判明した。Williams J. Broad, "4th Spy Unearthed in U.S. Atomic Bomb Project," New York Times, November 24, 2019, A1, 17.

51. Nolan, interview by Lamont.

52. Nolan, interview by Szasz.

53. Warren, Exceptional Man, 799.

54. たとえば、ハーシュフェルダーはのちにこう述べている。実験の前日、「われわれの優先順位はとても低かった」ので「われわれが手に入れられた最良の移動手段は、ジム・タックから借りた古い自動車だった」Hirschfelder, "Scientific and Technological Miracle," 75.

55. L. H. Hempelmann and James F. Nolan to Kenneth Bainbridge, "Danger to Personnel in Nearby Towns Exposed to Active Material Falling from Cloud," memo, June 22, 1945, LANL.

56. Ibid.

57. Ibid.

58. Malloy, " 'Pleasant Way to Die,' " 536–537.

59. Szasz, Day the Sun Rose Twice, 143.

60. J. O. Hirschfelder and John Magee to K. T. Bainbridge, "Improbability of Danger from Active Material Falling from Cloud," memo, July 6, 1945, LANL.

61. Hempelmann, interview by Hacker.

62. Louis Hempelmann, interview by Paul Henriksen and Lillian Hoddeson, January 31, 1986, LANL.

63. Hempelmann, interview by Hacker.

64. Ibid.

65. Ibid. ヘンペルマンはさらに、1979年の証言録取の際にこう述べている。「1945年の6月と7月には、一部の職員に関して大きな懸念を抱いていた。可能なかぎり早く原爆を完成させなければならないという事情がなければ、すべての作業を中止していただろう」。医

学博士ルイス・H・ヘンペルマンの証言録取書, December 20, 1979, Bernice Lasovick v. United States of America, 38–39, LANL. この時期のヘンペルマンの懸念に関する議論については、以下も参照。 William S. Loring, Birthplace of the Atomic Bomb: A Complete History of the Trinity Test Site(Jefferson, NC: McFarland, 2019), 199.

**66.** Louis Hempelmann, interview by Paul Henriksen and Lillian Hoddeson, January 31, 1986, LANL; Louis Hempelmann, interview by Ferenc M. Szasz, January 29, 1982, Ferenc M. Szasz Papers, Center for Southwest Research, University of New Mexico Library, Albuquerque.

**67.** Hempelmann, interview by Henriksen and Hoddeson.

**68.** Szasz, Day the Sun Rose Twice, 143.

**69.** Louis Hempelmann, "History of the Preparation of the Medical Group for Trinity Test II," June 13, 1947, A1, LANL.

**70.** Louis Hempelmann, "Hazards of Trinity Experiment," April 12, 1945, LANL.

**71.** K. Bainbridge to Capt. T. O. Jones, "Legal Aspects of TR Tests," memo, May 2, 1945, NTA; Barton C. Hacker, The Dragon's Tail: Radiation Safety in the Manhattan Project, 1942–1946(Berkeley: University of California Press, 1987), 85.

**72.** Hempelmann, "Hazards of Trinity Experiment."

**73.** L. H. Hempelmann to J. G. Hoffman, "Procedure to Be Used by Town Monitors," July 10, 1945, LANL.

**74.** Ibid.

**75.** Joseph G. Hoffman to Lt. D. Daley, "Changes and Supplement to Town Monitoring," July 7, 1945, 2, LANL.

**76.** Hempelmann, interview by Hacker.

**77.** Ibid.

**78.** Hempelmann, interview by Henriksen and Hoddeson, 9.

**79.** Stafford Warren, interview by Lansing Lamont, April 20, 1964, Lansing Lamont Papers, Harry S. Truman Library, Independence, MO. ラモントは、つぎのように述べている。「放射性降下物が広範囲にまき散らされる可能性について、陸軍があまり深く追究したくないと考えていることを、ふたりともわかっていた。軍部は終わりのない訴訟への不安に取り憑かれており、幹部のほとんどは、実験とその後の影響に関する事柄を、視界と頭のなかからなるべく早くすっかり追い出したいと思っているだけだった」Lamont, Day of Trinity, 251.

**80.** アイリーン・ウェルサム、『プルトニウムファイル：いま明かされる放射能人体実験の全貌』、渡辺正訳、翔泳社、2013 年 ／ Eileen Welsome, The Plutonium Files: America's Secret Medical Experiment in the Cold War(New York: Dial, 1999), 46.

**81.** Nolan, interview by Lamont.「誰も（自らの意志により）一度の被ばくで5レントゲンを超える放射線を浴びてはならないと勧告されている」Nolan, "Medical Hazards of TR #2."

**82.** "Conference about Contamination of Countryside near Trinity with Radioactive Materials," 会議の出席者：R・オッペンハイマー、R・トルマン、L・H・ヘンペルマン、ウォレン大佐、ノーラン大尉、J・ホフマン、J・ハーシュフェルダー、V・ワイスコフ、マギー、T・ジョーンズ大尉、P・C・イーバーソルド, July 10, 1945, LANL. こうした高い線量を許容したことについて、サー

スはつぎのように述べている。「科学者は要避難レベルを高い値に設定した。このように設定した理由のひとつは秘密保持だったが、医師は、一度の被ばくによる人体への悪影響はないだろうという認識をもってもいた。のちに生じる影響については、あまり懸念されていなかった。長期間におよぶ低線量被ばくの影響が認識されるのは、もっとあとのことである」Szasz, Day the Sun Rose Twice, 127.

**83.** Nolan, interview by Lamont.

**84.** ウェルサム、『プルトニウムファイル』, 47.

**85.** Hempelmann, interview by Hacker.

**86.** Nolan to Newcomb, August 12, 1957, JFN papers.

**87.** グローヴス将軍とパーネル提督の会話 , July 4, 1945, Groves Diary, Papers of Lt. Gen. Leslie R. Groves, National Archives, College Park, MD.

**88.** ルイス・H・ヘンペルマンの証言録取書, 46–47.

**89.** Hempelmann, interview by Hacker.

**90.** Stafford Warren to James F. Nolan, July 22, 1945, JFN papers.

**91.** Ibid.

**92.** ウォレンはのちに、マーシャル諸島における放射線の危険性について警告する文書のなかで、この点を強調している。「ニューメキシコ州でおこなった実験後の危険が比較的少なかったのは、熱柱があれほど高くまで上がったからである。高さ3キロにしか達していなかった場合、かなり悲惨な結果となっていたかもしれない」"Safety Predictions—Test Baker," Stafford Leak Warren Papers, UCLA Library Special Collections; NTA にもあり。

**93.** Warren to Nolan, July 22, 1945, JFN papers.

**94.** Hempelmann, interview by Hacker.

**95.** Hempelmann, interview by Szasz.

**96.** Stafford Warren to Major Gen. Groves, "Report on Test II at Trinity," memo, July 21, 1945, RG 77, National Archives, College Park, MD.

**97.** W・L・ローレンス、『0の暁：原子爆弾の発明・製造・決戦の記録』、崎川範行訳、創元文庫、1951年／ William L. Laurence, Dawn over Zero: The Story of the Atomic Bomb(New York: Alfred A. Knopf, 1946), 10–12.

**98.** Jack Hubbard, "Return to Trinity," 1974年10月6日、トリニティ実験場に戻った際の回想 , Stafford Leak Warren Papers, UCLA Library Special Collections.

**99.** 以下に引用あり。 Szasz, Day the Sun Rose Twice, 89; and Lamont, Day of Trinity, 242.

**100.** 以下に引用あり。 Szasz, Day the Sun Rose Twice, 91.

**101.** Szasz, Day the Sun Rose Twice, 124; Lamont, Day of Trinity, 244–245.

**102.** Szasz, Day the Sun Rose Twice, 126–127.

**103.** 1945年7月27日付のグローヴス将軍の日記 , Papers of Lt. Gen. Leslie R. Groves, National Archives, College Park, MD.

**104.** Szasz, Day the Sun Rose Twice, 132–133.

**105.** Hempelmann, interview by Henriksen and Hoddeson, 8.

**106.** Warren, interview by Lamont.

**107.** Barbara Kent, interview by author, July 11, 2019.

**108.** 以下に引用あり。 Samuel Gilbert, "Inside America's Atomic State," Al Jazeera, February 16, 2016, https://www.aljazeera.com/indepth/

features/2016/01/america-atomic-state-160107102647937.html.

**109.** Kent, interview by author; Robert Keller, interview by author, July 11, 2019.

**110.** Myrriah Gomez et al., Unknowing, Unwilling, and Uncompensated: The Effects of the Trinity Test on New Mexicans and the Potential Benefits of Radiation Exposure Compensation Act(RECA) Amendments(Albuquerque: Tularosa Basin Downwinders Consortium, February 2017).

**111.** 以下に引用あり。 Gilbert, "Inside America's Atomic State."

**112.** 以下に引用あり。 Lamont, Day of Trinity, 255.

**113.** 以下に引用あり。 Szasz, Day the Sun Rose Twice, 145.

## 第3章
## リトルボーイを送り届ける

**1.** Lynn Vincent and Sara Vladic, Indianapolis(New York: Simon and Schuster, 2018), 67–68.

**2.** James F. Nolan to Richard F. Newcomb, August 12, 1957, James F. Nolan papers( 以降、JFN papers), 著者所有 .

**3.** Ibid.

**4.** 以下に引用あり。 William Flynn, "The Day the Bomb Came to San Francisco," San Francisco Chronicle, August 2, 1970, A3.

**5.** 以下に引用あり。 Vincent and Vladic, Indianapolis, 66.

**6.** リチャード・ニューカム、『巡洋艦インディアナポリス撃沈』、平賀秀明訳、ヴィレッジブックス、2002 年／ Richard Newcomb, Abandon Ship! The Saga of the U.S.S. Indianapolis, the Navy's Greatest Disaster (New York: HarperCollins, 2001), 23.

**7.** Alice Blean to James F. Nolan, 以下の記事の切り抜きに添えられた言葉。Flynn, "Day the Bomb Came," JFN papers. ノーランに宛てた言葉の全文は以下。「ジムへ――わが子のために残しておいて！　はたしてキミは正義の味方か、悪役か？　こちらは元気。あなたたちもそうでありますように。アンによろしく。アリス・ブリーンより」

**8.** ノーランは「カメラの携帯と写真の撮影を許可」されていた。ジェームズ・F・ノーラン大尉に対する命令書 , 0522870, FA, July 9, 1945, JFN papers.

**9.** ヴィンセントとヴラディックは、修理はまだ完了していなかった、と述べている。「仕上げが必要なプロジェクトがいくつもあった。塗装すべき隔壁もあった。作業員が飛行機射出装置を除去したあと、船は傾き、わずかな角度ではあったが、もとに戻らなかった」Vincent and Vladic, Indianapolis, 73.

**10.** J. A. Flynn, Commander, US Navy, Executive Officer, "Memorandum to Officer Passengers," USS Indianapolis, July 12, 1945, JFN papers.

**11.** Flynn, "Day the Bomb Came." 荷箱の中身がリトルボーイのケーシング用のものだったのか、従来の爆弾用のものだったのかは定かでない。ダグ・スタントンによると、荷箱にはリトルボーイとされる原爆に不可欠な構成要素がはいっていた。ダグ・スタントン、『巡洋艦インディアナポリス号の惨劇』、平賀秀明訳、朝日文庫、2003 年／ Doug Stanton, In Harm's Way: The Sinking of the USS Indianapolis and the Extraordinary Story of Its Survivors(New York: Holt, 2001), 36. ヴィンセントとヴ

ラディックによると、荷箱には「将校たちとテニアン島へ運ばれるべき種々雑多なものがはいっていた」Vincent and Vladic, Indianapolis, 69. ノーランはのちにこう述べている。「格納庫には荷箱にはいった大きな機材があったが、自分が思うに、それは放射性物質とは無関係な爆弾用ケーシングだった」Nolan to Newcomb, August 12, 1957, JFN papers. ファーマンはのちにこう述べている。「自分たちと太平洋の基地に運ぶべきものがはいった大きな箱を利用した」。米軍艦インディアナポリス号上でノーランとおこなった原爆輸送任務に関する、ロバート・ファーマンによる日付未定の記述（以降、Furman on the Indy), 9, Robert R. Furman Papers, Library of Congress.

**12.** Grover Carter to Colleen Mondor, August 14, 1996, Indianapolis Historical Society, Indianapolis.

**13.** スタントン、『巡洋艦インディアナポリス号の惨劇』, 30.

**14.** Nolan to Newcomb, August 12, 1957, JFN papers.

**15.** Ibid.

**16.** ニューカム、『巡洋艦インディアナポリス撃沈』, 27; スタントン、『巡洋艦インディアナポリス号の惨劇』, 60.

**17.** Furman on the Indy, 12; 演説の草稿, August 5, 1985, 3, Robert R. Furman Papers, Library of Congress.

**18.** Nolan to Newcomb, August 12, 1957, JFN papers.

**19.** Ibid.

**20.** Ibid.

**21.** スタントン、『巡洋艦インディアナポリス号の惨劇』, 20.

**22.** F・ニーベル、C・ベイリー、『もはや高地なし：ヒロシマ原爆投下の秘密』、笹川正博・杉淵玲子訳、光文社、1960年／Fletcher Knebel and Charles W. Bailey II, No High Ground(New York: Harper and Brothers, 1960), 132.

**23.** ほとんどの記述は、1つの容器の存在にしか言及していない。しかし、ヴィンセントとヴラディックは、2つの容器の輸送に言及している。片方はダミーの容器で、もう片方は実際に臨界未満のウラン235を格納していたという。ファーマンはつぎのように述べている。「2つの荷は、旧式のアイスクリーム製造機ほどの大きさもなく、円筒形で、ぴかぴか光るアルミニウム製だった……そうした容器が2つあった。互いに異なる形状で、金銭的な価値を考慮すれば、実際には2つ目に1つ目と同等の注意を払うわけにはいかなかった。だから、試走や安全対策演習の際には、いつもこの第2の容器を使った」Furman on the Indy, 5, Robert R. Furman Papers, Library of Congress. テニアン島でインディアナポリス号から荷を降ろすのを手伝ったリチャード・パルーベックも、2つの容器があったことを覚えている。「われわれが船室にはいると、すでに男が3人いた。ひざほどの高さの鉛製の容器が2つあり、上部の輪に長いスチールのパイプがとおされてあった」USS Indianapolis Survivors, Only 317 Survived!(Indianapolis: USS Indianapolis Survivors Organization, 2006), 396.

**24.** Nolan to Newcomb, August 12, 1957, JFN papers.

**25.** Ibid.

**26.** Ibid. この場面について、ニューカムはつぎのように記している。「ファーマンとノーランは二重の意味で愉快だった。『インディアナポリス』沈没のおりには、救命いかだか内火艇にこのシリンダーを載せるという万々が一の計画を、2人

は改めて思いだしていた」ニューカム、『巡洋艦インディアナポリス撃沈』, 34.

**27.** Charles B. McVay to James F. Nolan, "Change of Duty," memo, July 26, 1945, JFN papers.

**28.** このときの議論全体については、以下を参照。Vincent and Vladic, Indianapolis, 429–430.

**29.** スタントン（『巡洋艦インディアナポリス号の惨劇』, 257）は、ヘインズ軍医に話をしたのは、ファーマンではなく、ノーランであるとしている。ヴィンセントとヴラディック（Indianapolis, 307）は、このときグアムへ行ったのはファーマンだけだとしている。ノーランのファイルにある記録によると、後者が正しいと思われる。ノーランは、つぎのように述べている。「〈インディアナポリス〉の沈没後、ファーマン少佐がグアムにいる生存者の何人かを訪問する機会があり、彼があのときのことをハインズ医師［原文ママ］に話した」Nolan to Newcomb, August 12, 1957, JFN papers.

**30.** 以下を参照。スタントン、『巡洋艦インディアナポリス号の惨劇』, 265–266. 出廷のまえに、橋本は、検察側・弁護側双方の法律家から、インディアナポリス号に対して魚雷を発射した際、インディアナポリス号がジグザグ航行していたか否かは問題となったか、と質問された。橋本は二度とも、ちがいはなかった、と答えた。実際の法廷でも、橋本は、ちがいはなかったと述べたが、この点について英語に通訳された言葉はもう少し曖昧だった。橋本の回答はつぎのように訳された。「魚雷発射の方法にはなんのちがいもないが、操艦は若干変化したはずだ」。これは橋本が意図した内容とはやや異なるので、なぜ弁護側の法務官が説明を求めなかったのかよくわからない。詳細な議論については、以下を参照。Vincent and Vladic, Indianapolis, 368.

**31.** Nolan to Newcomb, August 12, 1957, JFN papers.

**32.** 以下に引用あり。スタントン、『巡洋艦インディアナポリス号の惨劇』, 204.

**33.** 以下に引用あり。Vincent and Vladic, Indianapolis, 435–436.

**34.** 以下に引用あり。スタントン、『巡洋艦インディアナポリス号の惨劇』, 283.

**35.** Donald Blum to Colleen Mondor, February 27, 1996, Indianapolis Historical Society, Indianapolis.

**36.** ニューカムによると、当時は、軍の統合が検討されていたので、「海軍は、陸軍と航空隊に呑み込まれないために、命をかけた戦いをしていると感じていた」ニューカム、『巡洋艦インディアナポリス撃沈』, 256.

**37.** たとえば、海軍長官ジェームズ・フォレスタルと海軍元帥アーネスト・キングは、こうした問題の一部が少しずつ報道されはじめると、マクヴェイ艦長の聴聞会を急いだ。「そういう類の報道は必要ない」と、フォレスタル海軍長官は特別補佐官エドワード・ヒダルゴを叱責し、その後、マクヴェイ艦長の軍法会議を「ただちに」進めることをキング海軍元帥と決定した。のちに、海軍の法律家は、「海軍を訴訟のリスクにさらす」ことになるという理由で、海軍の過失を認める試みを拒否した。Vincent and Vladic, Indianapolis, 338, 411.

**38.** Nolan to Newcomb, August 12, 1957, JFN papers.

**39.** Donald Leslie Collins, "Recollections of Nagasaki, 1945," chap. 7 in Autobiography of Donald Leslie Collins, 7.12, 13.

**40.** ハロルド・ラスはさらに、「B - 29 は

脱出が難しい航空機だった」ので、墜落事故の生存者はほとんどいなかった、と述べている。Harlow W. Russ, Project Alberta: The Preparation of Atomic Bombs for Use in World War II(Los Alamos: Exceptional Books, 1990), 48.
41. James F. Nolan in The 509th Remembered: A History of the 509th Composite Group as Told by the Veterans That Dropped the Atomic Bombs on Japan, ed. Robert Krauss and Amelia Krauss(Wichita: 509th Press, 2013), 153.
42. Jennet Conant, 109 East Palace: Robert Oppenheimer and the Secret City of Los Alamos(New York: Simon and Schuster, 2005), 177.
43. Nolan to Newcomb, August 12, 1957, JFN papers.
44. スティーヴン・ウォーカー、『カウントダウン・ヒロシマ：08:15 August 6 1945』、横山啓明訳、早川書房、2005年 ／ Stephen Walker, Shockwave: Countdown to Hiroshima(New York: HarperCollins, 2005), 150–152; Robert S. Norris, Racing for the Bomb: The True Story of General Leslie R. Groves, the Man behind the Birth of the Atomic Age(New York: Skyhorse, 2002), 410–411; Leslie Groves, Now It Can Be Told: The Story of the Manhattan Project(New York: Harper and Brothers, 1962), 305–307.
45. James F. Nolan to Stafford Warren, “Monitoring Activities at Destination,” July 28, 1945, JFN papers.
46. John Lansdale to Captain James F. Nolan, “Safeguarding Information,” July 30, 1945, JFN papers.
47. Ibid.
48. Brendan McNally, “Burn after Reading,” The Rotarian, March 2014, 49.
49. Ibid.
50. 以下に引用あり。Conant, 109 East Palace, 140.
51. Nolan to Warren, “Monitoring Activities at Destination,” July 28, 1945, JFN Papers.
52. “Dr. Nolan Tells B.H. Exchange Club of First Atom Bomb Delivery to Tinian,” Beverly Hills Citizen, March 23, 1959.
53. Russ, Project Alberta, 64:「会議を始めるまえに、乗員は、プロジェクトAの医師であり放射線医学の専門家であるジェームズ・F・ノーランから簡単な診察を受けた」; ウォーカー、『カウントダウン・ヒロシマ』, 289–290.
54. Captain James F. Nolan, MC, to Col. S. L. Warren, MC, Oak Ridge, TN, “Additional Medical Activities at Destination,” August 7, 1945, JFN papers.
55. 以下に引用あり。ニーベル、ベイリー、『もはや高地なし』, 213; ウォーカー、『カウントダウン・ヒロシマ』, 289–290.
56. Nolan to Warren, “Additional Medical Activities at Destination,” August 7, 1945, JFN papers.
57. James F. Nolan, MD, to Robert J. Buettner, October 29, 1947, Stafford Leak Warren Papers, UCLA Library Special Collections.
58. ファーマンの日記, July 31, 1945, Robert R. Furman Papers, Library of Congress.
59. ファーマンの日記, August 28, 1945, Robert R. Furman Papers, Library of Congress.
60. Ibid.
61. ファーマンの日記, Robert R. Furman Papers, Library of Congress.

## 第4章　広島

1. Shields Warren, oral history interview by Peter D. Olch, October 10, 1972, 63, National Library of Medicine, National Institutes of Health, Bethesda, MD; H. W. Allen, memo establishing "Joint Commission for the Effects of the Atomic Bomb in Japan," October 12, 1945, Averill Liebow Papers, Medical History Library, Yale University.
2. 以下を参照。 M. Susan Lindee, Suffering Made Real: American Science and the Survivors at Hiroshima(Chicago: University of Chicago Press, 1994), 23; and Shields Warren, interview by Olch, 62. しかし、オーターソンとシールズ・ウォレンは、1956年の報告書のなかで、1945年8月下旬に陸軍代表として取り組みを開始したとき、オーターソンは「ほかのアメリカ人調査団が同様の目的で日本に進出しようとしていることを知らなかった」と述べている。Ashley W. Oughterson and Shields Warren, eds., Medical Effects of the Atomic Bomb in Japan(New York: McGraw-Hill,1956), 7. 後者がより正確な解釈と思われる。
3. Leslie Groves to Thomas Farrell, August 12, 1945, Top Secret, Tinian Files, National Archives, College Park, MD.
4. Stafford Warren, An Exceptional Man for Exceptional Challenges, oral history interview by Adelaide Tusler(Los Angeles: UCLA Oral History, 1983), 615, 813.
5. Hymer L. Friedell, interview by Barton C. Hacker, June 12, 1979, Department of Energy, Nuclear Testing Archive, Las Vegas(以降、NTA).1945年11月1日に開かれた功労者用晩餐会では、ウォレンも当時のことをつぎのように述べている。「派遣する人員の選定は非常に難しかった……活動の軍事的性質ゆえに、軍人でなければならなかった……参加がかなわず、ひどくがっかりした者もいた」Stafford Warren, "Odyssey in the Orient"（オークリッジ医学会主催の功労者用晩餐会での講演 , November 1, 1945), Stafford Leak Warren Papers, UCLA Library Special Collections(以降、Stafford Warren Papers, UCLA). アイリーン・ウェルサムも、ヘンペルマンは「ひとり残されて不満だったろう」、と述べている。アイリーン・ウェルサム、『プルトニウムファイル：いま明かされる放射能人体実験の全貌』、渡辺正訳、翔泳社、2013年／ Eileen Welsome, The Plutonium Files: America's Secret Medical Experiment in the Cold War(New York: Dial, 1999), 109.
6. Louis Hempelmann, interview by Barton C. Hacker, June 3–4, 1980, NTA.
7. L. H. Hempelmann, "History of the Health Group(A-6), March 1943–November 1945," April 6, 1945, NTA.
8. "Investigation of the After Effects of the Bombing in Japan," chap. 6 in "Manhattan District History, Book 1, Vol. 4, Auxiliary Activities," 6.1–2, NTA.
9. それからオーターソンは、ガイ・デニット准将に計画を提示して承認を得ようとした。1945年8月28日付のデニット准将宛の書簡のなかで、オーターソンは、「日本に投下された2つの原爆の影響を調査することは、わが国にとって非常に重要です」と主張した。ほかの理由として、「残留放射線の影響」による危険の可能性を挙げ、「微々たる」危険の原因でしかないと考えるが、可能なかぎり早い段階で調査すべきだと述べている。デニット准将はオーター

ソンの計画を承認し、その後まもなく陸軍の人員調達が始まった。オーターソンは、最終的には軍医12人と下士官11人のチームを結成する。以下に引用あり。Averill A. Liebow, "Hiroshima Medical Diary," Yale Journal of Biology and Medicine 38(October 1965): 82.

**10.** Ibid., 85. リーボウの日記の開始日は、1945年9月18日。リーボウが陸軍調査団に参加することになると知った日。

**11.** オーターソンと同様に、シールズ・ウォレンも、原爆の医学的影響に関する戦後の調査は「まだ何もおこなわれていない」と考えた。それゆえ、シールズ・ウォレンは、海軍軍医総監ロス・マッキンタイアに話をし、原爆の生存者を研究することと、「当該地域に有能な医学チームを派遣すること」の必要性を強く主張した。この要望の利点に納得したマッキンタイアは、9月8日、シールズ・ウォレンに対して、日本に派遣する海軍医学チームを編成するよう命令した。最終的には、将校と下士官合計15名のチームとなった。マンハッタン計画調査団の調査員は、このときすでに日本入りしていた。Shields Warren, interview by Olch, 62.

**12.** H. W. Allen, memo establishing "Joint Commission for the Effects of the Atomic Bomb in Japan," October 12, 1945, Averill Liebow Papers, Medical History Library, Yale University.

**13.** 以下を参照。Lindee, Suffering Made Real, 117–142; ウェルサム、『プルトニウムファイル』, 115.

**14.** 広島市・長崎市 原爆災害誌編集委員会編、『原爆災害 ── ヒロシマ・ナガサキ』、岩波現代文庫、2005年／Eisei Ishikawa and David L. Swain, trans., Hiroshima and Nagasaki: The Physical, Medical, and Social Effects of the Atomic Bomb(New York: Basic Books, 1981), 530.

**15.** 以下に引用あり。Gosuke Nagahisa, "RERF Chairman Expresses Words of Remorse and Appreciation to A-Bomb Survivors at 70th Anniversary Ceremony," Chugoku Shimbun, June 20, 2017, http://www.hiroshimapeacemedia.jp/?p=77599.

**16.** Daniel Lang, "A Fine Moral Point," New Yorker, June 8, 1946, 62. 以下も参照。"Investigation of the After Effects," 6.39. 本報告書によると、「1945年8月にマンハッタン工兵管区調査団の編成を指示するにあたり、グローヴス将軍が強調した主な目的のひとつは、広島・長崎における原爆のその後の影響について、手早く予備報告書を入手したい、ということだった。それゆえ、さまざまなグループは、そうした手早い報告書を作成するために入手可能なデータを得るとすぐにアメリカへ帰国し、もっと詳細かつより長期的な調査は現地に残っているほかの調査員にまかせた」(強調は原文による)

**17.** Lang, "Fine Moral Point," 62.

**18.** ウェルサム、『プルトニウムファイル』, 110.

**19.** グローヴス将軍とリー軍医による通話の覚書, Oak Ridge Hospital, 9:00 a.m., August 25, 1945, Correspondence("Top Secret") of the Manhattan Engineer District, microfilm publication M1109, file 5G, National Archives, Washington, DC.

**20.** Ibid.

**21.** Louis Hempelmann, interview by Paul Henriksen and Lillian Hoddeson, January 31, 1986, 10, LANL.

**22.** グローヴス将軍とリー軍医による通話の覚書, Oak Ridge Hospital, 9:00 a.m.,

August 25, 1945.

23. 1945年8月8日付のグローヴス将軍の日記, Papers of Lt. Gen. Leslie R. Groves, National Archives, College Park, MD.

24. Robert S. Stone, MD, to Lieutenant Colonel H. L. Friedell, August 9, 1945, 以下に引用あり。 Advisory Committee on Human Radiation Experiments: Final Report(Washington, DC: US Government Printing Office, October 1995), 35.

25. Robert Oppenheimer to Brigadier General Thomas Farrell, memo, May 11, 1945, in The Atomic Bomb and the End of World War II, ed. William Burr, document 5, National Security Archive, https://nsarchive2.gwu.edu/nukevault/ebb525-The-Atomic-Bomb-and-the-End-of-World-War-II/documents/010.pdf.

26. Stafford Warren to Leslie Groves, "The Use of the Gadget as a Tactical Weapon Based on Observations Made during Test II," July 25, 1945, Stafford Warren Papers, UCLA.

27. 以下を参照。 Sean L. Malloy, " 'A Very Pleasant Way to Die' : Radiation Effects and the Decision to Use the Atomic Bomb against Japan," Diplomatic History 36, no. 3(June 2012): 542, ここでマロイは、「ジェイコブソンの記事は、グローヴス将軍にとって好都合だとわかった」と記している。以下も参照。R・J・リフトン、G・ミッチェル、『アメリカの中のヒロシマ』、大塚隆訳、岩波書店、1995年/ Robert J. Lifton and Greg Mitchell, Hiroshima in America: Fifty Years of Denial(New York: G. P. Putnam's Sons, 1995), 41–42, ここでリフトンとミッチェルも、ジェイコブソンの一件によるこうした結果について述べている。以下も参照。 Paul Boyer, By the Bomb's Early Light: American Thought and Culture at the Dawn of the Atomic Age(Chapel Hill: University of North Carolina Press, 1994), 307.

28. リーボウはつぎのように記している。マンハッタン計画調査団の任務は、「ワシントンへすぐさま報告をするために、影響に関する手短な予備調査をおこなうことだった。主な目的は、自国の軍隊を守るために、残留放射線の有無を判断することだった」Liebow, "Hiroshima Medical Diary," 84.

29. Donald L. Collins, "Pictures from the Past: Journeys into Health Physics in the Manhattan District and Other Diverse Places," in Health Physics: A Backward Glance: Thirteen Original Papers on the History of Radiation Protection, ed. Ronald L. Kathren and Paul L. Ziemer(New York: Pergamon, 1980), 41.

30. Ibid.

31. Ibid. べつの記述では、コリンズはこのときを振り返って、ファレル将軍に、「お言葉ですが将軍、この地域の放射能を測定することが自分の任務だと理解していました」と言ったと述べている。Donald Leslie Collins, "Recollections of Nagasaki, 1945," chap. 7 in Autobiography of Donald Leslie Collins, 7.13.

32. Collins, "Recollections of Nagasaki," 7.14.

33. Collins, "Pictures from the Past," 41; Donald Collins, oral history interview by Heather Wade, April 26, 2004, New York State Military Museum. 実際、コリンズが星条旗新聞で自分たちの「調査結果」の記事を読んだ可能性はある。コリンズの班がまだ沖縄で長崎への輸送を待っていた、1945年9月17日に

発行されたこの軍事新聞では、9月9日にグローヴス将軍がトリニティ実験場で開いた記者会見（これについては本章でのちに論じる）で与えた情報を報じていた。記事には、グローヴス将軍がつぎのような発言をしたと記載されている。「広島に原爆が投下された11日後、危険な放射線が存在する恐れはなさそうである……爆発の影響下にあるいかなる地点においても、地上あるいは空中から放出されているX線は、耐容線量未満である」。つまり、グローヴス将軍は、「当該地域において生活することは、誰にとっても、永久的に安全であり、なんの危険性もない」と述べたということだ。 "Hiroshima Free of Death Rays, Report of Jap Experts Shows," Stars and Stripes, September 17, 1945.

**34.** テニアン島で概要説明を受けるまえ、コリンズは「自分たちの任務」は、「爆撃を受けた日本の広島と長崎の町を調査することと、負傷者の治療にあたる日本人医師を手伝うこと」だと理解していた。 Collins, "Recollections of Nagasaki," 7.9–10.

**35.** "Investigation of the After Effects," 6.3.

**36.** James B. Newman Jr. to Leslie Groves, memo, October 1, 1945 には、「ファーマン、任務完了。ファーマン班は、10月4日ごろ、本国へむけて出発予定」と記載されている。 Tinian Files, National Archives, College Park, MD.

**37.** Account from Colonel R. C. Wilson in "Investigation of the After Effects," 6.45.

**38.** 1945年9月5日付のファーマンの日記 , Robert R. Furman Papers, Library of Congress.

**39.** Marcel Junod, "The Hiroshima Disaster," International Review of the Red Cross 22(September–October and November–December 1982): 6.

**40.** James F. Nolan to Robert J. Buettner, October 29, 1947, Stafford Warren Papers, UCLA; Stafford Warren, "Odyssey in the Orient" ; "Investigation of the After Effects," 6.6.

**41.** Masao Tsuzuki, "Experimental Studies on the Biological Action of Hard Roentgen Rays," American Journal of Roentgenology 16(August 1926): 134–150.

**42.** 以下に引用あり。 Lang, "Fine Moral Point," 64. マルセル・ジュノーも、合同調査委員会が宮島に滞在した最初の晩に、同じような会話がなされたことを覚えている。ジュノーによると、都築教授はつぎのように言った。「明日、広島にはいったら、私の実験の最終結果を見られるでしょう……死者8万人、負傷者10万人です。原爆の作用はまったく同じようなものです。実験の規模はずっと、ずっと大きいですが、それだけですよ」Marcel Junod, Warrior without Weapons(New York: Macmillan, 1951), 266.

**43.** Leslie Groves to Thomas Farrell, September 5, 1945, Tinian Files, National Archives, College Park, MD.

**44.** James B. Newman to Leslie Groves, September 2, 1945, Tinian Files, National Archives, College Park, MD.

**45.** Wilfred Burchett, "The First Nuclear War," in Hiroshima's Shadow, ed. Kai Bird and Lawrence Lifschultz(Stony Creek, CT: Pamphleteer's, 1998), 68–69.

**46.** 1945年9月11日付の星条旗新聞が、この可能性についてつぎのように報じた。「ロンドン・デイリー・エクスプレス紙によると、記者のひとりであるウィルフレッド・バーチェットが、東京で観察下におかれ、最近の広島滞在において血液中の白血球が放射能の影響を

受けたか否かを調べられている」"First Americans in Nagasaki See Atomic Havoc," Stars and Stripes, September 11, 1945.

**47.** Burchett, "First Nuclear War," 69.

**48.** Peter Wyden, Day One: Before Hiroshima and After(New York: Simon and Schuster, 1984), 326.

**49.** Stafford Warren, Exceptional Man, 644.

**50.** ウィルソンはのちに、こう述べている。「このときは、爆弾による穴や多数の航空機の瓦礫があり、1機は滑走路のど真ん中にあったが、なんとか着陸に成功した」Account of General(formerly Colonel) R. C. Wilson in "Investigation of the After Effects," 6.48.

**51.** ウォレンはこのときのことを回想して、つぎのように述べている。「軍服を着た日本人の一団に迎えられた。彼らは椅子を引っ張り出して、何ケース分もの瓶ビールを用意していてくれた。……そんなことをしている時間はなかったので、われわれはみんなバスに乗り込んで、正午ごろ出発した」Stafford Warren, "Odyssey in the Orient."

**52.** Stafford Warren, "Odyssey in the Orient"；以下に Morrison の引用あり。Lang, "Fine Moral Point," 66.

**53.** Stafford Warren, Exceptional Man, 590; 以下に Morrison の引用あり。Lang, "Fine Moral Point," 66.

**54.** Stafford Warren, Exceptional Man, 595–596; Stafford Warren, "Odyssey in the Orient"；Nolan to Buettner, October 29, 1947, Stafford Warren Papers, UCLA.

**55.** Junod, Warrior without Weapons, 295.

**56.** Ibid., 299.

**57.** John J. Flick, "Ocular Lesions following the Atomic Bombing of Hiroshima and Nagasaki," American Journal of Ophthalmology 31, no. 2(February 1948): 137, 142.

**58.** 以下に引用あり。Junod, Warrior without Weapons, 270–271.

**59.** Junod, "Hiroshima Disaster," 13.

**60.** Ibid., 14–15.

**61.** Special Correspondent Iyo, "American Research Delegation Astonished: Pronounces in Hiroshima 'It Should Not Be Used,' " Mainichi Shimbun, September 11, 1945, 20.

**62.** Ibid. 広島市にある広島平和記念資料館の外には、マルセル・ジュノーの小さな記念碑がある。以下、碑文の一部抜粋。「9月8日調達した大量15屯の医薬品と共に廃墟の市街へ入り惨禍の実情を踏査。自らも被爆市民の治療にあたる。博士の尽力でもたらされた医薬品は市内各救護所へ配布。数知れぬ被爆者を救う。博士の人道的行為に感謝し、国際赤十字のヒューマニズムを讃え永く記念してこれを建てる」

**63.** Stafford Warren, "Odyssey in the Orient."

**64.** Stafford Warren, Exceptional Man, 612.

**65.** ピア・デ・シルヴァからの覚書によると、ある時点で、アメリカ人将校たちは都築と本橋をアメリカへ連れていきたいと考えていたらしい。1945年10月29日の覚書のなかで、デ・シルヴァはつぎのように記している。「原爆使節団がアメリカへ帰国する際、陸軍省に要請して、原爆に関連する医学的データの編集を手伝ってもらうために、日本人医師2人をアメリカに送るつもりである。その日本人医師は、ドクター都築正男とドクター本橋均である」Stafford Warren Papers, UCLA.

**66.** Stafford Warren, Exceptional Man, 611.

**67.** Thomas Farrell to Leslie Groves, September 10, 1945, Tinian Files, National

Archives, College Park, MD.

**68.** Ibid.

**69.** Flick, "Ocular Lesions," 138, 141.

**70.** 以下に引用あり。 W. H. Lawrence, "No Radioactivity in Hiroshima," New York Times, September 13, 1945, 4.

**71.** 以下に引用あり。 Chad R. Diehl, Resurrecting Nagasaki: Reconstruction and the Formation of Atomic Narratives(Ithaca, NY: Cornell University Press, 2018), 121–122.

**72.** Stafford Warren, Exceptional Man, 813.

**73.** Stafford Warren to Gavin Hadden, June 17, 1948, Stafford Warren Papers, UCLA.

**74.** Stafford Warren to Leslie Groves, October 11, 1945, Tinian Files, National Archives, College Park, MD.

**75.** Warren to Hadden, June 17, 1948, Stafford Warren Papers, UCLA.

**76.** Stafford Warren, Exceptional Man, 668.

**77.** Howard W. Blakeslee, "Atom Bomb Turned Mile Ring of Desert into Jade-Like Glass," Washington Post, September 12, 1945, 1. 歴史学者ジャネット・ファレル・ブローディは、このイベントのことを、「実験場と周辺地域のどこにも放射線がないという偽りを信じさせる目的で……入念な演出をほどこされたツアー」と正確に説明している。 Janet Farrell Brodie, "Radiation Secrecy and Censorship after Hiroshima and Nagasaki," Journal of Social History 48, no. 4(2015): 847.

**78.** Charles B. Degges, "Crater of First A-Bomb Shown to U.S. Newsmen," Los Angeles Times, September 12, 1945, 4.

**79.** ファレル将軍でさえ、グローヴス将軍に宛てた9月10日付の機密の覚書のなかで、「先日送った日本人による報告書の概要は、単回被ばく線量の臨床的影響に関して基本的に正しい」と伝えている。 Thomas Farrell to Leslie Groves, secret memo, September 10, 1945, Tinian Files, National Archives, College Park, MD.

**80.** 以下に引用あり。 Blakeslee, "Atom Bomb," 1.

**81.** Malloy, " 'Pleasant Way to Die,' " 538. バートン・バーンスタインの研究も参照。バーンスタインは、ルイス・アルヴァレズ、ケネス・ベインブリッジ、ハンス・ベーテ、ロバート・ブロード、フランク・オッペンハイマーなどロスアラモスの大物科学者にインタビューをし、「放射能による地上汚染を回避することが、高高度の空中爆発をおこなおうことにした理由だと考えている者はひとりもおらず、一因だと考える者すらいなかった」ことを明らかにした。 Barton Bernstein, "Doing Nuclear History: Treating Scholarship Fairly and Interpreting Pre-Hiroshima Thinking about 'Radioactive Poisoning,' " SHAFR Newsletter, September 1996. アルバカーキのニューメキシコ大学図書館アーカイブにあるFerenc M. Szasz Papersを漁っているとき、マロイとバーンスタインの立場を裏付ける、興味深い有力な証拠を発見した。サースは、トリニティ実験に関する著書の初期段階の草稿のなかで、長崎と広島の原爆は、「爆発によって当該地域全体に放射性粒子がまき散らされ」ないように、あの高度から投下された、と記していた。サースはこの草稿を、トリニティ実験に深く関わっていた気象学者ジャック・ハバードにわたして確認をしてもらった。ハバードは、サースに宛てて、原稿の余白にこう記している。「この記載は事実ではないと思う。広島と長崎の原爆投下高度に関する決定は、完全に軍事的な理由

に基づいており、実際には爆風による損害を最大化するためだったと考える。放射性降下物についてなんらかの検討がおこなわれていたとしても、私は一度も聞いたことがない」。サースの原稿の余白に書かれた、ハバードによる手書きのコメント , The Day the Sun Rose Twice, Ferenc M. Szasz Papers, Center for Southwest Research, University of New Mexico Library, Albuquerque. 広島と長崎の原爆投下まえに優勢だった考え方を示すほんの一例として、ウォレンがグローヴス将軍に宛てた 1945 年 7 月 25 日付の覚書がある。この覚書のなかで、ウォレンは、「爆風のより効果的な利用のために、爆発の高度を約 600 メートルにまで上げた場合……」と記している。 Stafford Warren Papers, UCLA. 爆発の高度をこの高さまで引き上げることによって、放射線レベルを低下させることができる可能性について、この覚書ではいっさい言及されていない。

**82.** 以下に引用あり。 Blakeslee, "Atom Bomb," 1.

**83.** ヘンペルマンとグローヴス将軍の通話, August 25, 1945, Groves Diary, Papers of Lt. Gen. Leslie R. Groves, National Archives, College Park, MD.

**84.** Hempelmann, interview by Hacker.

**85.** Ibid.

**86.** Warren to Hadden, June 17, 1948, Stafford Warren Papers, UCLA.

**87.** Ibid.

**88.** Collins, "Recollections of Nagasaki," 7.26.

**89.** Warren, "Odyssey in the Orient."

**90.** Nolan to Buettner, October 29, 1947, Stafford Warren Papers, UCLA.

## 第 5 章　東京と長崎

**1.** James F. Nolan to Robert J. Buettner, October 29, 1947, Stafford Leak Warren Papers, UCLA Library Special Collections( 以降、Stafford Warren Papers, UCLA) ; "Investigation of the After Effects of the Bombing in Japan," chap. 6 in "Manhattan District History, Book 1, Vol. 4, Auxiliary Activities," 6.7, NTA.

**2.** Nolan to Buettner, October 29, 1947, Stafford Warren Papers, UCLA.

**3.**「フリーデル大佐班は、一連の台風に妨げられて、9 月 26 日まで広島に到着することができなかった。フリーデル班は、ファレル将軍の部隊が集めた予備的なデータを補足するための調査を、たった 1 週間ほどで実施しなければならなかった。フリーデル班は 10 月 3 日に広島を出発し、アメリカへ帰国するために、長崎にいるグループと合流した」Vincent C. Jones, Manhattan: The Army and the Atomic Bomb(Washington, DC: Center of Military History, United States Army, 2007), 544–545.

**4.** Averill A. Liebow, "Hiroshima Medical Diary," Yale Journal of Biology and Medicine 38(October 1965): 100.

**5.** James L. Nolan, "Los Alamos and the Atom Bomb through the Eyes of a Young Boy" ( ホーリークロス大学での講演 , Worcester, MA, January 24, 2006).

**6.** たとえば、広島で剖検をした、日本陸軍軍医学校の少佐ヤマシタキヨシは、アメリカ人医師に「[彼の班の] 剖検結果と標本を提出」するように言われたことに対して不満を表した。そうすることは、「敗戦国の惨めさを強く感じさ

せた」と述べた。 Kiyoshi Yamashina, "Recollections of the Time of the Atomic Bombing," 5, Averill Liebow Papers, Medical History Library, Yale University.

7. Nolan to Buettner, October 29, 1947, Stafford Warren Papers, UCLA.

8. Ibid.

9. 以下に引用あり。ジョージ・ビショップ、『ペドロ・アルペ SJ 伝:第 28 代イエズス会総長:広島の原爆を見た一イエズス会士の生涯 改訂版』、緒形隆之訳、宇品印刷授産場、2012 年／George Bishop, Pedro Arrupe SJ(Leominster, UK: Gracewing, 2007), 157.

10. ジョン・ハーシーが所有していた文書のなかに、1945 年 12 月 6 日付の、リーボウによるジーメス神父の記録の翻訳のコピーがあり、「部外秘」の印がついている。 John Hersey Papers, Beinecke Library, Yale University.

11. John Hersey to Robert H. Donahugh, July 21, 1985, John Hersey Papers, Beinecke Library, Yale University.

12. Liebow, "Hiroshima Medical Diary," 121.

13. Ibid., 124.

14. ジョン・ハーシー、『ヒロシマ 増補版 新装版』、石川欣一・谷本清・明田川融訳、法政大学出版局、2014 年／John Hersey, Hiroshima(New York: Vintage Books, 1946), 75.

15. Liebow, "Hiroshima Medical Diary," 124.

16. ジョン・ハーシー、『ヒロシマ 増補版 新装版』

17. J・ジーメス、『聖心の使徒』第 18 巻 7・8 月合併号、9 月号「原爆!」、出崎澄男訳、祈祷の使徒会本部、1970 年／P. Siemes, "Atomic Bomb on Hiroshima, Eyewitness Account of P. Siemes," trans . Averill Liebow, 16, Averill Liebow Papers, Medical History Library, Yale University.

18. Ibid., 17–18.

19. Stafford Warren to Gavin Hadden, June 17, 1948, Stafford Warren Papers, UCLA. この会話をしたときその場にいたアメリカ人として、ウォレンはとくに、ノーラン、オーターソン、カート・カズナーの名を挙げている。

20. Ibid.

21. Stafford Warren, An Exceptional Man for Exceptional Challenges, oral history interview by Adelaide Tusler(Los Angeles: UCLA Oral History, 1983), 947.

22. R・J・リフトン、G・ミッチェル、『アメリカの中のヒロシマ』、大塚隆訳、岩波書店、1995 年／Robert J. Lifton and Greg Mitchell, Hiroshima in America: Fifty Years of Denial(New York: G. P. Putnam's Sons, 1995), 90; James Hershberg, James B. Conant: Harvard to Hiroshima and the Making of the Nuclear Age(New York: Alfred A. Knopf, 1993), 295, 761.

23. Norman Cousins, "The Literacy of Survival," in Hiroshima's Shadow, ed. Kai Bird and Lawrence Lifschultz(Stony Creek, CT: Pamphleteer's, 1998), 305.

24. Ibid.

25. 米国戦略爆撃調査団編、『米国戦略爆撃調査報告書』のまえがき、バイリンガル・グループ訳、東海敬監修、長崎国際文化会館、1996 年／Foreword to Japan's Struggle to End the War, by US Strategic Bombing Survey(Washington, DC: US Government Printing Office, July 1, 1946).

26. 米国戦略爆撃調査団、『米国戦略爆撃調査報告書』, 45.

27. Sean L. Malloy, Atomic Tragedy: Henry

L. Stimson and the Decision to Use the Bomb against Japan(Ithaca, NY: Cornell University Press, 2008), 162.

**28.** Warren to Hadden, June 17, 1948, Stafford Warren Papers, UCLA.

**29.** Nolan to Buettner, October 29, 1947, Stafford Warren Papers, UCLA.

**30.** これらの写真は、アメリカの軍人が写り込んでいる点でめずらしい。

**31.** Donald Leslie Collins, "Recollections of Nagasaki, 1945," chap. 7 in Autobiography of Donald Leslie Collins, 7.24.

**32.** Ibid., 7.31.

**33.** Chad R. Diehl, Resurrecting Nagasaki: Reconstruction and the Formation of Atomic Narratives(Ithaca, NY: Cornell University Press, 2018), 145–167.

**34.** 調来助、「原爆被災復興日誌」 ／ Raisuke Shirabe, A Physician's Diary of the Atomic Bombing and Its Aftermath(Nagasaki: Nagasaki Association for Hibakushas' Medical Care, 2002), 6–7. 以下も参照。永井隆、「原子爆弾救護報告書」／ Takashi Nagai, Atomic Bomb Rescue and Relief Report(Nagasaki: Nagasaki Association for Hibakushas' Medical Care, 2000), 16–17.

**35.** Warren to Hadden, June 17, 1948, Stafford Warren Papers, UCLA.

**36.** 調、「原爆被災復興日誌」, 5.

**37.** 永井、「原子爆弾救護報告書」, 4.

**38.** 調、「原爆被災復興日誌」, 47.

**39.** Margaret Nobuko Kosuge, "Prompt and Utter Destruction: The Nagasaki Disaster and the Initial Medical Relief," International Review of the Red Cross 89, no. 866(June 2007): 300.

**40.** Ibid.

**41.** 以下に引用あり。 ibid.

**42.** Ibid., 300–301.

**43.** 永井隆、『長崎の鐘』、平和文庫、2010年 ／ Takashi Nagai, The Bells of Nagasaki, trans. William Johnston(Tokyo: Kodansha International, 1984), 56–59.

**44.**Ibid., 90.

**45.** 永井、『長崎の鐘』, 90–93.

**46.** 永井、『長崎の鐘』, 93.

**47.** 永井、『長崎の鐘』, 92. 以下も参照。永井、「原子爆弾救護報告書」, 7. 永井はここで、彼が「二次線」とよぶものについて議論している。「二次線」とは、「物体に突き当ると或深さ透過する」放射線で、永井が「二次的原子爆発」という用語でよぶ現象、すなわち新たな放射性核種の生成を引き起こす。この二次線による影響は、永井自身や調のように初期放射線を浴びた者と、「爆撃後に現場に後片付等の為に来」た者との両方ではっきりと見られた。ジョン・ホイッティア・トリートは、永井の記述を「核兵器の地上における効力を直接体験によって知り得た、最も科学的に正確な記録」と評している。(ジョン・W・トリート、『グラウンド・ゼロを書く：日本文学と原爆』、水島裕雅・成定薫・野坂昭雄監訳、法政大学出版局、2010年 ／ John Whittier Treat, Writing Ground Zero: Japanese Literature and the Atomic Bomb [Chicago: Chicago University Press, 1995]), 311.

**48.** Charles B. Degges, "Crater of First A-Bomb Shown to U.S. Newsmen," Los Angeles Times, September 12, 1945, 4.

**49.** Takemae Eiji, Inside GHQ: The Allied Occupation of Japan and Its Legacy, trans. Robert Ricketts and Sebastian Swann(New York: Continuum, 2002), 428.

**50.** Thomas Farrell to Leslie Groves, September 14, 1945, Tinian Files, National Archives, College Park, MD. ファレル

将軍は、この通信文のなかで、グローヴス将軍が使えそうな情報を提供しようと試みてもいた。海軍軍医が爆撃地域の土、木材、金属の標本を採取したが、「収集したものが放射能を有することを示す証拠はいっさい開示されなかった」と述べている。海軍軍医が実際に放射能を発見しなかったのか、発見した何かについてファレル将軍に開示しなかっただけなのかはわからない。この記載の直後で、ファレル将軍はグローヴス将軍にウォレンによる詳細調査の結果がまもなく得られることを請け合っている。

**51.** 広島市・長崎市原爆災害誌編集委員会編、『原爆災害 ── ヒロシマ・ナガサキ』、岩波現代文庫、2005 年／ Eisei Ishikawa and David L. Swain, trans., Hiroshima and Nagasaki: The Physical, Medical, and Social Effects of the Atomic Bomb(New York: Basic Books, 1981), 530.

**52.** Stafford Warren, Exceptional Man, 669.

**53.** Birchard Brundage to Stafford Warren, November 12, 1947, Warren Papers, UCLA.

**54.** Stafford Warren, Exceptional Man, 613–614.

**55.** 調、「原爆被災復興日誌」, 49.

**56.** Ibid., 47.

**57.** Donald L. Collins, "Pictures from the Past: Journeys into Health Physics in the Manhattan District and Other Diverse Places," in Health Physics: A Backward Glance: Thirteen Original Papers on the History of Radiation Protection, ed. Ronald L. Kathren and Paul L. Ziemer(New York: Pergamon, 1980), 41.

**58.** Collins, "Recollections of Nagasaki," 7.33.

**59.** 合同調査委員会の最終報告書には、長崎医科大学班として、調と北村の名が記載されている。だが、「職員と医学生のうち生存した者はみな、合同調査委員会の活動にときどき参加した」と付記されており、こうした参加者には当然ながら永井も含まれていただろう。Ashley Oughterson et al., Medical Effects of the Atomic Bombs: The Report of the Joint Commission for the Investigation of the Effects of the Atomic Bomb(Washington, DC: US Department of Energy, April 19, 1951), 1:vii. さらに、スタフォード・ウォレンのファイルには、永井の自宅から回収した、封筒入りの医学検査資料があった。

**60.** Shields Warren, oral history interview by Peter D. Olch, October 10, 1972, 71, National Library of Medicine, National Institutes of Health, Bethesda, MD.

**61.** 以下に引用あり。John Dougill, In Search of Japan's Hidden Christians: A Story of Suppression, Secrecy and Survival(Tokyo: Tuttle, 2012), 195.

**62.** パウロ・アロイジウス・グリン、『長崎の歌』、聖心女子大同窓会グループ訳、大和幸子編、マリスト会、1991 年／ Paul Glynn, A Song for Nagasaki(San Francisco: Ignatius, 2009), 181–184.

**63.** Diehl, Resurrecting Nagasaki, 106.

**64.** グリン、『長崎の歌』, 181–184.

**65.** Tokusaburo Nagai, interview by author, September 11, 2018.

**66.** リフトン、ミッチェル、『アメリカの中のヒロシマ』, 13–22.

**67.** William Laurence, interview by Scott Bruns, March 28, 1964, 377–378, Columbia University Oral History Archives, Columbia University.

**68.** W・L・ローレンス、『0の暁：原子爆弾の発明・製造・決戦の記録』、崎川

範行訳、創元文庫、1951 年／ William L. Laurence, Dawn over Zero: The Story of the Atomic Bomb(New York: Alfred A. Knopf, 1946), 235–237.

**69.** アイリーン・ウェルサム、『プルトニウムファイル：いま明かされる放射能人体実験の全貌』、渡辺正訳、翔泳社、2013 年 ／ Eileen Welsome, The Plutonium Files: America's Secret Medical Experiment in the Cold War(New York: Dial, 1999), 115.

**70.** 竹前栄治が述べているように、「原爆傷害調査委員会は、医療提供を拒んだことで多くの人に非難された。原爆傷害調査委員会の務めは、軍のために〝純粋な〟調査をおこなうことであって、人道的な目的ではなかったので、科学者は、調査対象の人々に対して医学的支援をおこなわないよう、はっきりと指示を受けていた。これは、ワシントンにおける政治的決定だった。政府高官は、原爆被害者を助けることは、アメリカの罪を認めることを意味し、アメリカの倫理面におけるリーダーシップが損なわれる、と恐れていたのだ」Eiji, Inside GHQ, 430.

**71.** M. Susan Lindee, Suffering Made Real: American Science and the Survivors at Hiroshima(Chicago: University of Chicago Press, 1994), 128. 以下も参照。Eiji, Inside GHQ, 430:「しかし、実際には、アメリカ人医師と日本人医師はしばしば命令に背き、こっそりといってもよいようなやり方で治療をほどこした」

**72.** Shields Warren, interview by Olch, 67.

**73.** Liebow, "Hiroshima Medical Diary," 110.

**74.** Tomiko Morimoto West, interview by author, July 10, 2019.

**75.** Stafford Warren, Exceptional Man, 599.

**76.** Ibid., 608–609.

**77.** Ibid., 605.

**78.** David C. Milam, The Last Bomb: A Marine's Memoirs of Nagasaki(Austin: Eakin, 2001), 19.

**79.** Ibid., 605; Collins, "Recollections of Nagasaki," 7.39–40.

**80.** Collins, "Recollections of Nagasaki," 7.41.

**81.** ウォレンによると、つぎのような指示が「[自分の] 周辺に通達された。〝強奪してはならない。暴行や強姦をしてはいけない。品行方正にして、騒ぎをおこさないこと〟」Stafford Warren, Exceptional Man, 593.

**82.** Collins, "Recollections of Nagasaki," 7.39.

**83.**「グローヴス将軍がもつ、物語を統制する能力の一部は、秘密保持と機密扱いをうまく利用する点にあった」Robert S. Norris, Racing for the Bomb: The True Story of General Leslie R. Groves, the Man behind the Birth of the Atomic Age(New York: Skyhorse, 2002), 440.

**84.** Liebow, "Hiroshima Medical Diary," 123.

**85.** Ibid., 133.

**86.** James B. Newman Jr. to Leslie Groves, October 5, 1945, Tinian Files, National Archives, College Park, MD.

**87.** Ibid.

**88.** 調、「原爆被災復興日誌」, 53–54.

**89.** Stafford Warren, Exceptional Man, 662–663.

**90.** 蜂谷道彦、『ヒロシマ日記』、平和文庫、2010 年 ／ Michihiko Hachiya, Hiroshima Diary: The Journal of a Japanese Physician, August 6–September 30, 1945, trans. and ed. Warner Wells(Chapel Hill: University of North Carolina Press, 1955), 232.

91. Liebow, "Hiroshima Medical Diary," 121, 174.
92. Ibid., 237.
93. Ibid., 238–239.
94. Ibid., 239.
95. Nolan to Buettner, October 29, 1947, Stafford Warren Papers, UCLA.

## 第6章　放射線とその言説の管理

1. 1945年10月、ノーランは、「1943年6月から1945年7月まで」の務めに対して勲功章を授与された。具体的な表彰の内容は以下である。「危険な完成品を扱うことから生じうるあらゆる災害から担当地域を守るための計画を立案し、実施した。75の病床を有する病院と5,000人を対象とした各種設備完備の診療所からなる軍の医療施設を組織し、自身もその業務に従事した。熱心に任務に従事するなかで、優れた専門的技能と管理能力を発揮し、原爆の開発に必要だった、大規模な研究と製造プログラムに従事する職員の健康に対する害悪を排除することに大きく貢献した。ノーラン大尉の功績は自身と軍に多くの賞賛をもたらした」James F. Nolan papers(以降、JFN papers), 著者所有. それから1945年11月には、第509混成部隊の一員として果たした役目と東方指令行動（原爆の輸送とテニアン島での任務のこと）に対して、従軍青銅星章を授与された。JFN papers.
2. Lynne Handy, interview by author, March 23, 2015.
3. Stafford Warren to Major General L. R. Groves, 以下に付した添え状, "Preliminary Report—Atomic Bomb Investigation," November 27, 1945, Stafford Leak Warren Papers, UCLA Library Special Collections(以降、Stafford Warren Papers, UCLA).
4. レズリー・グローヴス, 以下での証言, Hearings before the Special Committee on Atomic Energy, United States Senate, Seventy-Ninth Congress(Wednesday, November 28, 1945), 33.
5. Ibid., 31–37.
6. アイリーン・ウェルサム、『プルトニウムファイル：いま明かされる放射能人体実験の全貌』、渡辺正訳、翔泳社、2013年 / Eileen Welsome, The Plutonium Files: America's Secret Medical Experiment in the Cold War(New York: Dial, 1999), 113.
7. Stafford Warren to Leslie Groves, "Preliminary Report—Atomic Bomb Investigation," memo, November 27, 1945, 8, Stafford Warren Papers, UCLA.
8. Ibid., 4.
9. ブラッドリー、『隠るべき所なし：ビキニ環礁原爆実験記録』、佐藤亮一訳、大日本雄弁会講談社、1949年／David Bradley, No Place to Hide(Boston: Little, Brown, 1948), 199.
10. Stafford Warren, interview by Barton C. Hacker, October 30, 1979, Department of Energy, Nuclear Testing Archive, Las Vegas(以降、NTA).
11. James F. Nolan, interview by Lansing Lamont, 1965, Harry S. Truman Library, Independence, MO.
12. グローヴス, 証言, 34.
13. Warren to Groves, "Preliminary Report," memo, 1.
14. グローヴス, 証言, 36. J・ジーメス、『聖心の使徒』第18巻7・8月合併号、9月号「原爆！」
15. Ibid.
16. Louis Hempelmann, Clarence C. Lushbaugh, and George L. Voelz, "What Has

Happened to the Survivors of the Early Los Alamos Nuclear Accidents?"(October 2, 1979, presented at the Conference for Radiation Accident Preparedness, Oak Ridge, TN, October 19–20, 1979), 5, Los Alamos National Laboratory Archives(以降、LANL).

**17.** Louis H. Hempelmann, Hermann Lisco, and Joseph G. Hoffman, "The Acute Radiation Syndrome: A Study of Nine Cases and a Review of the Problem," Annals of Internal Medicine 36, no. 2(February 1952): 284.

**18.** Hempelmann, Lushbaugh, and Voelz, "What Has Happened?" 16.

**19.** L. H. Hempelmann to files, "Accident Report at Omega," July 6, 1945, LANL.

**20.** James F. Nolan to Stafford Warren, "Additional Medical Activities at Destination," secret memo, August 7, 1945, JFN papers.

**21.** Hempelmann, "Accident Report at Omega."

**22.** アレックス・ウォラーステインが述べているように、「第2次世界大戦という緊急事態が、安全性より便宜性を優先した……冷戦については、多くの懸念点があったものの、もっと落ち着いたペースで対処してもよかった」Alex Wallerstein, "The Demon Core and the Strange Death of Louis Slotin," New Yorker, May 21, 2016.

**23.** J. F. Nolan, "History of Health Group during Interim Period, November 1945 to May 1946," April 16, 1945, LANL.

**24.** Ibid.

**25.** Ibid.

**26.** 以下に引用あり。 Jonathan Weisgall, Operation Crossroads: The Atomic Tests at Bikini Atoll(Annapolis, MD: Naval Institute Press, 1994), 138.

**27.** Patrick Cleary, "Account of the Parajito Laboratory Accident of 21 May 1946," May 29, 1946, Production Materials for Louis Slotin Sonata, 1946–2006, Collected by Paul Mullin, New York Public Library(以降、Slotin materials, NYPL).

**28.** Ibid.

**29.** Norris Bradbury to Marshall and Roger, memo, May 22–26, 1945, Slotin materials, NYPL.

**30.** Memo about "Meeting—May 23, 1946 2:30 p.m." to Louis Hempelmann, James F. Nolan, Paul Hageman, Harry O. Whipple, Darol Froman, Phil Morrison, Robinson, Newburger, C. W. Betts, Challis, Slotin materials, NYPL.

**31.** Norris Bradbury to Roger and Marshall, May 26, 1946, Slotin materials, NYPL.

**32.** ロスアラモス研究所が発表した1946年5月24日付のプレスリリースには、つぎのように記載されていた。「質問に対する回答として、ブラッドベリー博士は、研究所の事故がビキニ環礁で計画されている実験に影響をおよぼすことはない、と述べた」Slotin materials, NYPL.

**33.** Hempelmann, Lisco, and Hoffman, "Acute Radiation Syndrome," 284–285.

**34.** Nolan, interview by Lamont.

**35.** Hempelmann, Lushbaugh, and Voelz, "What Has Happened?," 2. 報告書の作成者らは、同追加調査のなかで、あとからつぎのようなことも述べている。「事例4［グレイヴス］では、おそらく放射線が引き起こしたと思われる粘液水腫によって、血液中のコレステロールが増加し、心臓病が悪化したと考えられるかもしれない。その結果、最初の心臓発作が生じた可能性が高い」Ibid., 15.

36. C. W. Betts to Leslie Groves, "Radiation Accident at Site Y," May 27, 1946, Slotin materials, NYPL.「スローティン博士の被ばく線量は700レントゲン、グレイヴス博士の被ばく線量は200レントゲンだった。クラインとヤングの被ばく線量は100レントゲンだった」
37. N. E. Bradbury to Mrs. June Kline, May 25, 1946, Advisory Committee on Human Radiation Experiments, National Archives(hereafter ACHRE, National Archives), College Park, MD.
38. S. Allan Kline, "Estimated Damages to S. Allan Kline Resulting from Radiation Accident at Los Alamos, New Mexico in 1946," ACHRE, National Archives, College Park, MD.
39. S. Allan Kline to Caroll L. Tyler, March 13, 1951, ACHRE, National Archives.
40. C. L. Tyler to S. Allan Kline, response to March 13, 1951, letter, n.d., ACHRE, National Archives.
41. Clifford T. Honicker, "America's Radiation Victims: The Hidden Files," New York Times Magazine, November 19, 1989.
42. Betts to Groves, "Radiation Accident at Site Y," May 27, 1946, Slotin materials, NYPL.
43. "Relative Intensities," compiled 1:00 p.m., May 22, 1946, Slotin materials, NYPL. ジョー・ホフマンは、べつの文書で、8人全員の被ばく線量を推定している。この推定によると、クラインは、最低でも45レントゲン、多ければ100レントゲンの放射線を浴びており、実際の被ばく線量はおそらく60レントゲンだったと考えられる。"Estimates of Dosage Range," November 7, 1946, ACHRE, National Archives.
44. Louis H. Hempelmann to J. J. Nickson, December 10, 1946, ACHRE, National Archives.
45. Stafford Warren to Colonel K. D. Nichols, "Policy Matters," memo, December 28, 1946, ACHRE, National Archives.
46. Ibid.
47. Louis Hempelmann to Robert Kimball, December 7, 1949, ACHRE, National Archives.
48. Louis Hempelmann, interview by Barton C. Hacker, June 3–4, 1980, NTA.
49. Hempelmann, Lushbaugh, and Voelz, "What Has Happened?" 16.
50. スタフォード・ウォレン, 以下での証言, Hearings before the Special Committee on Atomic Energy, United States Senate, Seventy-Ninth Congress(February 15, 1946), 510.
51. James B. Newman Jr. to Leslie Groves, October 5, 1945, Tinian Files, National Archives, College Park, MD.
52. John J. Flick, "Ocular Lesions following the Atomic Bombing of Hiroshima and Nagasaki," American Journal of Ophthalmology 31, no. 2(February 1948): 139.
53. 米国戦略爆撃調査団編、『米国戦略爆撃調査報告書』、バイリンガル・グループ訳、東海敬監修、長崎国際文化会館、1996年 ／ US Strategic Bombing Survey, The Effects of the Atomic Bombs on Hiroshima and Nagasaki(Washington, DC: US Government Printing Office, June 30, 1946), 15.
54. Ashley W. Oughterson and Shields Warren, eds., Medical Effects of the Atomic Bomb in Japan(New York: McGraw-Hill, 1956), 88–89. 同報告書に言及したHarry M. Cullingsも参照。「同引用文献表4.4をもとに計算した結果、広島で負傷したが生存した者72,000人のう

ち 30,000 人（42％）、長崎で負傷したが生存した者 25,000 人のうち 13,000 人（51％）が「放射線傷害」を負っており、ほかの傷害との組み合わせである場合も多かったと考えられる」Harry M. Cullings, "Impact on the Japanese Atomic Bomb Survivors of Radiation Received from the Bombs," Health Physics 106, no. 2(February 2014): 284.

**55.** Shields Warren and Rupert Draeger, "The Pattern of Injuries Produced by the Atomic Bombs at Hiroshima and Nagasaki," U.S. Naval Medical Bulletin 46, no. 9(September 1946): 1350.

**56.** Ibid., 1352–1353.

**57.** Nello Pace and Robert Smith, "Measurement of the Residual Radiation Intensity at the Hiroshima and Nagasaki Atomic Bomb Sites," (April 16, 1946), Naval Medical Research Institute, 1–3, Stafford Warren Papers, UCLA. 以下も参照。Averill A. Liebow, Shields Warren, and Elbert De Coursey, "Pathology of Atomic Bomb Casualties," American Journal of Pathology 25, no. 5(1949): 853–1927. 日本に投下された原爆について、筆者らはつぎのように述べている。「中性子は、大気中で相当な距離を進むことができるので、より重大であるかもしれない。組織に損傷を与える力は、レントゲン等価線量（rep）換算で、ガンマ線の数倍である」Ibid., 861.

**58.** Pace and Smith, "Measurement," 2.

**59.** 広島市・長崎市原爆災害誌編集委員会編、『原爆災害 ── ヒロシマ・ナガサキ』、岩波現代文庫、2005 年／ Eisei Ishikawa and David L. Swain, trans., Hiroshima and Nagasaki: The Physical, Medical, and Social Effects of the Atomic Bomb(New York: Basic Books, 1981), 79, 151.

**60.** Greg Mitchell, Atomic Cover-Up: Two U.S. Soldiers, Hiroshima and Nagasaki, and the Greatest Movie Never Made(New York: Sinclair Books, 2012), 30–35; ウェルサム、『プルトニウムファイル』, 119.

**61.** 1945 年 9 月 10 日付の谷本清の日記, 101–102, John Hersey Papers, Beinecke Library, Yale University.

**62.** ウェルサム、『プルトニウムファイル』, 119.

**63.** Mitchell, Atomic Cover-Up, 30–31.

**64.** David C. Milam, The Last Bomb: A Marine's Memoirs of Nagasaki(Austin: Eakin, 2001), 23.

**65.** 以下を参照。スーザン・サザード、『ナガサキ：核戦争後の人生』、宇治川康江訳、みすず書房、2019 年／ Susan Southard, Nagasaki: Life after Nuclear War(New York: Penguin, 2015), 223–224; ウェルサム、『プルトニウムファイル』, 119; Tetsuji Imanaka et al., "Gamma-Ray Exposure from Neutron-Induced Radionuclides in Soil in Hiroshima and Nagasaki Based on DS02 Calculations," Radiation and Environmental Biophysics 47, no. 3(2008): 331–336; and George D. Kerr et al., "Workshop Report on Atomic Bomb Dosimetry—Residual Radiation Exposure: Recent Research and Suggestions for Future Studies," Health Physics 105, no. 2(2013): 140–149.

**66.** Stafford Warren to Leslie Groves, "The Use of the Gadget as a Tactical Weapon Based on Observations Made during Test II," July 25, 1945, Stafford Warren Papers, UCLA. ジャネット・ファレル・ブローディは、ウォレンの覚書は意図的に曖昧な記載にしていたのかもしれない、と述べている。覚書のことを、「安心を与えることと、放射線の危険につ

いて現実に即して公正に評価することとを、見事に両立している」と評している。 Janet Farrell Brodie, "Radiation Secrecy and Censorship after Hiroshima and Nagasaki," Journal of Social History 48, no. 4(2015): 855. 覚書は、このようにして、グローヴス将軍に「安心」を与え、放射線の影響に関して、自分に都合のよい記載にのみ目をむけることを許した。

**67.** Sean L. Malloy, " 'A Very Pleasant Way to Die' : Radiation Effects and the Decision to Use the Atomic Bomb against Japan," Diplomatic History 36, no. 3(June 2012): 539; Leslie Groves to George C. Marshall, July 30, 1945, Top Secret, Manhattan Project File, Folder 4, Trinity Test, National Archives, Washington, DC, http://www.nuclearfiles.org/menu/library/correspondence/groves-leslie/corrgroves1945-07-30.htm.

**68.** Malloy, " 'Pleasant Way to Die,' " 540.

**69.** 以下に引用あり。 "No Two-Headed Baby Salmon," New York Daily News, April 28, 1957.

**70.** Leslie Groves to Stafford Warren, May 8, 1958, Stafford Warren Papers, UCLA.

**71.** ブローディは、トリニティ実験後にウォレンがグローヴス将軍に宛てて書いた覚書も同じく、わざと曖昧にしてあるとともに、「グローヴス将軍をなだめる」目的で「放射線による危険」を最小限に記載してあった、と述べている。 Brodie, "Radiation Secrecy," 855.

**72.** サザード、『ナガサキ』, 224; Brodie, "Radiation Secrecy," 851. リンディは、日本政府が医療補助の対象に「初期の入市者」を含めはじめた年を 1962 年と特定している。 Lindee, Suffering Made Real, 9.

**73.** サザード、『ナガサキ』, 177.

**74.** 公益財団法人放射線影響研究所、「要覧」、2017 年 ,Radiation Effects Radiation Foundation, A Brief Description(Hiroshima: Radiation Effects Radiation Foundation, April 2016), 26–30.

**75.** 長崎大学大学院医歯薬学総合研究科、原爆後障害医療研究所、原爆医学資料展示室の常設展より。

**76.** 放射線影響研究所、「要覧」, 30.

**77.** Ibid., 31; 長崎大学大学院医歯薬学総合研究科、原爆医学資料展示室の常設展より。

**78.** サザード、『ナガサキ』. 以下も参照。 Cullings, "Impact on the Japanese," 281. カリングスは、「生存者は、不安、社会的偏見、社会からの拒絶、そのほかの社会的圧力といった心理社会的影響を受けた」と述べている。広島の生存者ウェスト森本富子によると、原爆によってひどい傷害を負った彼女のいとこは、「外見の損傷が理由で、結婚相手がなかなか見つからなかった」。また、ウェストの「親友」の母親は「とても美人」だったが、彼女も爆撃によって外見が損なわれた。戦後、海外から帰国した夫は、「外見の醜さを理由に離婚した」という。 Tomiko Morimoto West, interview by author, July 10, 2019.

**79.** 医学博士ルイス・H・ヘンペルマンの証言録取書 , December 20, 1979, 31, Bernice Lasovick v. United States of America, LANL.

**80.** ウェルサム、『プルトニウムファイル』, 15–19.

**81.** Louis Hempelmann to Robert Oppenheimer, "Health Hazards related to Plutonium," August 16, 1944, NTA. ヘンペルマンはつぎのように述べている。「ここ 2 週間、化学部門の成員が、医学部門が体内にはいったら危険なプルトリ

ウムの量を特定できていないことについて、大きな懸念を表明している。この懸念は、10 ミリグラムのプルトニウムがドン・マスティックの顔に飛び散った事故に起因している」
82. Robert Oppenheimer to Louis Hempelmann, August 16, 1944, NTA.
83. Louis Hempelmann to Robert Oppenheimer, "Medical Research Program," August 29, 1944, NTA.
84. Louis Hempelmann to Robert Oppenheimer, "Meeting of Chemistry Division and Medical Group," March 26, 1945, NTA. ヘンペルマン、ウォレン、フリーデル、ジョセフ・W・ケネディ、アーサー・ウォール、ライト・ランガムがこの会議に出席したと思われる。
85. Advisory Committee on Human Radiation Experiments: Final Report(Washington, DC: US Government Printing Office, October 1995), 241.
86. Hymer L. Friedell to Commanding Officer, Santa Fe Area, Santa Fe, New Mexico, Attention: Capt. James Nolan, "Shipping of Specimens," April 16, 1945, NTA.
87. ウェルサム、『プルトニウムファイル』, 121.
88. Advisory Committee, 244.
89. 以下に引用あり。ウェルサム、『プルトニウムファイル』, 321.
90. 以下に引用あり。 ibid., 324.
91. Advisory Committee, 267.
92. 放射線を用いた人体実験に関する最終報告書を受けとったビル・クリントン大統領の言葉 , October 3, 1995, Old Executive Office Building, Washington, DC.
93. ウェルサム、『プルトニウムファイル』, 470.
94. Lynne Handy, interview by author, March 23, 2015.
95. James L. Nolan, "Los Alamos and the Atom Bomb through the Eyes of a Young Boy"（ホーリークロス大学での講演 , Worcester, MA, January 24, 2006).
96. Advisory Committee, 267.
97. 以下に引用あり。ウェルサム、『プルトニウムファイル』, 5.
98. "Osaka University Probe the Atomic Bomb in Depth," Mainichi Shimbun, September 14, 1945.
99. 以下に引用あり。 Samuel Gilbert, "Inside America's Atomic State," Al Jazeera, February 16, 2016, https://www.aljazeera.com/indepth/features/2016/01/america-atomic-state-160107102647937.html
100. Advisory Committee, 37.
101. Ibid., 269.

## 第7章　ビキニとエニウェトク

1. 以下に引用あり。 Jonathan M. Weisgall, Operation Crossroads: The Atomic Tests at Bikini Atoll(Annapolis, MD: Naval Institute Press, 1994), 107.
2. 以下に引用あり。 Robert C. Kiste, The Bikinians: A Study of Forced Migration(Menlo Park, CA: Cummings, 1974), 28.
3. Kisti, Bikinians, 22–26; Weisgall, Operation Crossroads, 105.
4. Robert Oppenheimer to President Harry S. Truman, "Concerns about Atomic Testing—Cover Letter Attached," May 3, 1946, Digital National Security Archive, President's Secretary File, Harry S. Truman Library.
5. President Harry S. Truman to Dean

Acheson, "Concerns about Atomic Testing—Cover Letter Attached," May 7, 1946, Digital National Security Archive, President's Secretary File, Harry S. Truman Library.

**6.** 以下に引用あり。 Weisgall, Operation Crossroads, 13.

**7.** 以下に引用あり。 ibid., 14.

**8.** 以下に引用あり。 ibid., 87.

**9.** James P. Delgado, Nuclear Dawn: The Atomic Bomb from the Manhattan Project to the Cold War(Oxford: Osprey, 2009), 151.

**10.** Stafford Warren, An Exceptional Man for Exceptional Challenges, oral history interview by Adelaide Tusler(Los Angeles: UCLA Oral History, 1983), 858.

**11.** Stafford Warren to James F. Nolan, April 19, 1946, Department of Energy, Nuclear Testing Archive, Las Vegas（以降、NTA）.

**12.** L. Berkhouse et al., Operation Crossroads 1946, United States Atmospheric Nuclear Weapons Tests, Nuclear Test Personnel Review(Washington, DC: Defense Nuclear Agency, Department of Defense, May 1, 1984), 56–57.

**13.** Stafford Warren, Exceptional Man, 855–856.

**14.** Ibid., 867.

**15.** 以下に引用あり。 John Crosby, Out of the Blue: A Book about Radio and Television(New York: Simon and Schuster, 1952), 7.

**16.** Weisgall, Operation Crossroads, 199.

**17.** Ibid., 9.

**18.** Ibid., 9, 223.

**19.** "Safety Predictions—Test Baker," 5, Stafford Leak Warren Papers, UCLA Library Special Collections. 同文書は、NTA にもあり。

**20.** Ibid., 14–16.

**21.** Weisgall, Operation Crossroads, 228; Keith M. Parsons and Robert A. Zaballa, Bombing the Marshall Islands: A Cold War Tragedy(New York: Cambridge University Press, 2017), 26.

**22.** "Forrestal and Blandy Get Close-Up of Sakawa Sinking and Other Ruins," New York Times, July 3, 1946.

**23.** Ibid.

**24.** 以下に引用あり。 Weisgall, Operation Crossroads, 196.

**25.** 以下に引用あり。 "Forrestal and Blandy"；and "Bikini Atom Bomb Not So Powerful as One at Nagasaki, Blandy Says," New York Times, July 3, 1946.

**26.** ブラッドリー、『隠るべき所なし：ビキニ環礁原爆実験記録』、佐藤亮一訳、大日本雄弁会講談社、1949 年／ David Bradley, No Place to Hide(Boston: Little, Brown, 1948), 109–110.

**27.** 以下に引用あり。 Weisgall, Operation Crossroads, 236.

**28.** Louis Hempelmann, interview by Barton C. Hacker, June 3–4, 1980, NTA.

**29.** Ibid.

**30.** Stafford Warren, Exceptional Man, 903–904.

**31.** Ibid., 911.

**32.** Ibid., 124–126.

**33.** 以下に引用あり。 Weisgall, Operation Crossroads, 242.

**34.** アンソニー・グアリスコ , 以下での証言 , Hearings before the Committee on Veterans' Affairs, United States Senate, Ninety-Ninth Congress(December 11, 1985), 589. 著者が聞いたある研究者の話によると、ウォレンの妻は、インタビューで、ウォレンが何年もクロスロード作戦に関する悪夢を見ていたことを認めた。

35. 以下に引用あり。ブラッドリー、『隠るべき所なし』, 138.

36. 以下に引用あり。 ブラッドリー、『隠るべき所なし』, 162–163.

37. Anne Chambers, "A Study of the Relocation of Two Marshallese Atoll Communities," Kroeber Anthropological Society Papers 44(1971): 38.

38. Kiste, Bikinians, 112–113.

39. Weisgall, Operation Crossroads, 270.

40. R. R. Newell, "Report of Medico-legal Board," August 19, 1946, NTA.

41. Ibid.

42. Weisgall, Operation Crossroads, 275–278; アイリーン・ウェルサム、『プルトニウムファイル：いま明かされる放射能人体実験の全貌』、渡辺正訳、翔泳社、2013 年 ／ Eileen Welsome, The Plutonium Files: America's Secret Medical Experiment in the Cold War(New York: Dial, 1999), 174–175. クロスロード作戦の参加者であり、全米放射線生存者協会の中央・東部副会長を務めるフレッド・C・トンプソンは、1985 年 12 月 11 日、上院退役軍人問題委員会で証言をした際に証拠を提示した。トンプソンによると、クロスロード作戦参加者のうち 1,054 人から回答を得て、その 75 パーセントはなんらかの問題をかかえていた。たとえば、「がん 195 例、心血管疾患 124 例、変形性関節炎 104 例、筋肉が骨に変わる症状 90 例、子孫への遺伝的影響 107 例、生殖不能 81 例、死亡 81 例」。トンプソンは、自身の医学的問題として、つぎのように述べた。クロスロード作戦の約 16 年後、「関節にさまざまな問題が生じはじめた。とくに手首と肩がひどかった。関節の諸問題と痛みはどんどん増して、今ではつねに痛みがあり、杖を使って歩くこともままならない。両手を手術し、歯も抜いた。心臓病を患っており、つい最近、糖尿病だと判明した。すべては、クロスロード作戦時に浴びた放射線のせいだと考える」フレッド・C・トンプソン , 以下での証言 , Hearings before the Committee on Veterans' Affairs, United States Senate, Ninety-Ninth Congress(December 11, 1985), 512–513.

43. Weisgall, Operation Crossroads, 276; Tom Wicker, "Serving His Country," New York Times, August 29, 1983, A19.

44. Jack Adair Tobin, "The Resettlement of the Enewetak People: A Study of a Displaced Community in the Marshall Islands" (PhD diss., University of California, Berkeley, 1967), microfilm, 27.

45. L. H. Berkhouse et al., Operation Sandstone 1948, United States Atmospheric Nuclear Weapons Tests, Nuclear Test Personnel Review, DNA 6033F(Washington, DC: prepared by the Defense Nuclear Agency as executive agency for the Department of Defense, December 19, 1983), 18.

46. Chambers, "Study of the Relocation," 34.

47. "Marshall Islands: A Chronology: 1944–1983" (July 1983), A Publication of the Micronesia Support Committee, Honolulu, Hawaii, 9, David J. Bradley Papers, Rauner Special Collections Library, Dartmouth College.

48. Tobin, "Resettlement of the Enewetak People," 30.

49. Berkhouse et al., Operation Sandstone 1948, 2.

50. Barton C. Hacker, Elements of Controversy: The Atomic Energy Commission and Radiation Safety in Nuclear Weapons Testing, 1947–1974(Berkeley: University of California Press, 1994), 20.

**51.** Ibid.

**52.** サンドストーン作戦に関する軍事報告書の第5章によると、「7.6.8顧問団」は「J・F・ノーラン、AEC」の「指揮または監督下」にあった。同報告書の第8章によると、「このとき、放射線の安全管理に関する助言役を務めるために、ドクター・ノーラン、ドクター・ウィプル、ノールトン大尉がバイロコ号に乗船してきた」。1948年2月29日付の覚書には、この報告書の付録が含まれており、そのなかで、アメリカ海軍中佐フランク・ワイナントが、「任務部隊7.6に報告するにあたり、以下の民間人が任務部隊7.6.8（顧問団）へ主要任務のために追加で配属された」という見出しの下に「ドクター・ジェームズ・F・ノーラン、ドクター・ハリー・ウィプル、ドクター・ノーマン・P・ノールトンJr.」の名を記載している。"Operation Sandstone, Nuclear Explosions, 1948," (March 20, 1948), 37, 58, 162–163, NTA.

**53.** "Operation Sandstone, Nuclear Explosions, 1948," (March 20, 1948), 6, NTA.

**54.** J. E. Hull, "Atomic Weapons Tests, Eniwetok Atoll, Operation Sandstone, 1948, Report to the Joint Chiefs of Staff," vol. 1, annex 1, pt. 3, p. 246, NTA.

**55.** Ibid., 246–247.

**56.** "Operation Sandstone, Nuclear Explosions, 1948" (March 20, 1948), 27.

**57.** Ibid.

**58.** Frank I. Winant Jr., Commander, USN, to Dr. James F. Nolan, Task Group 7.6, May 28, 1948, James F. Nolan papers, 著者所有.

**59.** C. Thomas et al., Analysis of Radiation Exposure for Naval Personnel at Operation Sandstone,(McLean, VA: prepared by the Science Applications International Corporation for the Defense Nuclear Agency, August 15, 1983), 3, https://www.dtra.mil/Portals/61/Documents/NTPR/4-RadExpRpts/5DNA-TR-83-13Analysisof_RadExposurefor-NavalPersonnelatOpSANDSTONE.pdf.

**60.** Hacker, Elements of Controversy, 33.

**61.** "Operation Sandstone Radiation Injuries," July 27, 1948, 2, Los Alamos National Laboratory Archives.

**62.** Louis Hempelmann to Robert Stone, June 28, 1948, 2, Los Alamos National Laboratory Archives.

**63.** Ibid.

**64.** Hacker, Elements of Controversy, 34.

**65.** Parsons and Zaballa, Bombing the Marshall Islands, 65.

**66.** Ibid., 73–82. ロバート・コンラッドは、上院退役軍人問題委員会で証言をした際、ロンゲラップ住民の4分の3がベータ線熱傷を負い、のちに甲状腺腫瘍を患った者もいたことを認めている。ロバート・コンラッド，以下での証言，Hearings before the Committee on Veterans' Affairs, United States Senate, Ninety-Ninth Congress(December 11, 1985), 499–500.

**67.** Susanne Rust, "How the US Betrayed the Marshall Islands, Kindling the Next Nuclear Disaster," Los Angeles Times, November 10, 2019; Trevor Nace, "Fears Grow That 'Nuclear Coffin' Is Leaking Waste into the Pacific," Forbes, May 27, 2019. ネイスは、ルニット・ドームのなかには、「放射性の土壌73,000立方メートル」があると述べており、カイル・スウェンソンも以下の文献で同じく258万立方フィートと述べている。"The U.S. Put Nuclear Waste under a Dome on a Pacific Island. Now It Is Cracking Open," Washington Post blogs, May 20,

2019, https://www.washingtonpost.com/nation/2019/05/20/us-put-nuclear-waste-under-dome-pacific-island-now-its-cracking-open/.

**68.** Rust, "How the US Betrayed."

**69.** Walter J. Hickel, Who Owns America(Englewood Cliffs, NJ: Prentice-Hall, 1971), 208.

**70.** デイヴィッド・ブラッドリー，以下での証言，Hearings before the Committee on Veterans' Affairs, United States Senate, Ninety-Ninth Congress(December 11, 1985), 490.

**71.** Ibid, 491–492.

**72.** Ibid., 487.

**73.** Ibid., 487, 492.

## 第８章 医師ノーランとテクニックの葛藤

**1.** Robert Futoran, interview by author, April 10, 2019. 以下も参照。James F. Nolan, Juan Araujo Vidal, and John H. Anson, "Early Experiences in the Treatment of Carcinoma of the Uterine Cervix with Cobalt-60 Teletherapy and Intracavitary Radium," American Journal of Obstetrics and Gynecology 72, no. 4(October 1956): 789–803. この論文のなかで、ノーラン、ヴィダル、アンソンは、1948年7月1日に、放射線の外部照射による治療を目的として「450 kv.; 5 mm. Cu H.V.L. X線装置」を用いた患者の治療を開始した、と述べている(789)。ノーランが軍に与えられたのは、このX線装置だったと思われる。

**2.** Lynne Handy, interview by author, September 4, 2015.

**3.** James L. Nolan, "Los Alamos and the Atom Bomb through the Eyes of a Young Boy"（ホーリークロス大学での講演，Worcester, MA, January 24, 2006).

**4.** Carl Maag et al., Shot Hood: A Test of the Plumbbob Series, United States Atmospheric Nuclear Weapons Tests, Nuclear Test Personnel Review(Washington, DC: Defense Nuclear Agency, Department of Defense, May 13, 1983), 18.

**5.** アトミック・ヘリテージ財団によると、2018年4月時点で、政府は、34,372件の請求を受け、ネバダの風下住民や核実験による放射線の影響を受けたほかの人々との和解に際し、20億ドルを上回る金額を支払った。"Nevada Test Site Downwinders," Atomic Heritage Foundation, July 31, 2018, https://www.atomicheritage.org/history/nevada-test-site-downwinders.

**6.** Albert Borgmann, "Technology as a Cultural Force: For Alena and Griffin," Canadian Journal of Sociology 31, no. 2(2006): 353.

**7.** Ibid., 353–354.

**8.**「ノーラン・アプリケーター」の図が、1963年発行のCancer of the Female Reproductive Organsに掲載されている。同書の図49の説明には、つぎのような記載がある。「ノーラン・アプリケーターの説明図。タンデムの角度が調整可能、サイズの異なる取り外し可能なオボイドあり。直腸と膀胱への放射線照射を少なくするために、オボイド内にろ過装置が含まれている」Alfred I. Sherman, Cancer of the Female Reproductive Organs(St. Louis: C. V. Mosby, 1963), 111.

**9.** James F. Nolan and Edith Quimby, "Dosage Calculations for Various Combinations of Parametrial Needles and Intracervical Tandems," Radiology 40, no. 4(April 1943): 391–402; James F.

Nolan and William Stambo, "Dosage Calculations for Various Plans of Intra-vaginal X-Ray Therapy," Radiology 49, no. 4(1947): 462–475; James F. Nolan and James P. Steele, "Carinoma of the Endometrium: Measurements of the Radiation Distribution around Various Multiple Capsule Applications of Radium in Irregular Uteri," Radiology 51, no. 2(1948): 166–176; Alfred Sherman, James F. Nolan, and Willard M. Allen, "The Experimental Application of Radioactive Colloidal Gold in the Treatment of Pelvic Cancer," American Journal of Roentgenology and Radium Therapy 64, no. 1(1950): 75–85; James F. Nolan, "Cancer of the Cervix, Vulva, and Vagina," California Medicine 99, no. 3(September 1963): 189–196; James F. Nolan, C. Paul Morrow, and John Anson, "Factors Influencing Prognosis," Gynecologic Oncology 2(1974): 300–307; Wilfredo Hernandez-Linares et al., "Carcinoma In Situ of the Vagina: Past and Present Management," Obstetrics and Gynecology 56, no. 3(September 1980): 356–360; Neville F. Hacker et al., "Superficially Invasive Vulvar Cancer with Noda Metastases," Gynecologic Oncology 15(1983): 65–77.

**10.** James F. Nolan, "The Risks and Hazards Thereof" (以下での会長講演 , the Fifty-Third Annual Meeting of the American Radium Society, Mexico City, March 15–18, 1971), published in American Journal of Roentgenology 114, no. 1(January 1972): 3.

**11.** Ibid., 4.

**12.** Ibid.

**13.** ノーランの同僚であるロバート・フトランによると、ノーランとフトランは、30日に一度の頻度で放射線検出用のフィルムバッジを身につけ、その日の線量を丸々30日間分の線量であるかのように記録した。このようにして、被ばく量を実際よりずっと低い値に見せかけていた。Futoran, interview by author.

**14.** Nolan, "Risks and Hazards Thereof," 4.

**15.** Ibid.

**16.** Ibid., 5.

**17.** "From Alamogordo to Los Angeles Tumor Unit," Medical Tribune, May 4, 1970, 4; Lynne Handy, interview by author, September 4, 2015.

**18.** Lynne Handy, interview by author, March 23, 2015.

**19.** Nolan, "Risks and Hazards Thereof," 5.

**20.** Ibid.

**21.** Ibid. ノーランが言及しているのは、ルカによる福音書17章11-19節の規定の病を患っている10人の人を清める話。

**22.** Nolan, "Risks and Hazards Thereof," 5.

**23.** Ibid., 6.

**24.** Futoran, interview by author.

**25.** Nolan, "Risks and Hazards Thereof," 6.

**26.** Borgmann, "Technology as a Cultural Force," 353.

**27.** William Laurence, interview by Scott Bruns, March 28, 1964, 374, Oral History Archives, Columbia University.

**28.** Ibid., 378.

**29.** レイ・カーツワイル、『ポスト・ヒューマン誕生：コンピュータが人類の知性を超えるとき』、井上健監訳、小野木明恵・野中香方子・福田実共訳、日本放送出版協会、2007年／ Ray Kurzweil, The Singularity Is Near: When Humans Transcend Biology(London: Penguin Books, 2005), 28.

**30.** 以下に引用あり。 Christianna Reedy, "Kurzweil Claims That the Singular-

ity Will Happen by 2045," Futurism, October 5, 2017, https://futurism.com/kurzweil-claims-that-the-singularity-will-happen-by-2045. 以下も参照。Kelly McSweeney, "Ray KurzweilPredictions Persist: Is Technological Singularity Next?," Now, January 31, 2019, https://now.northropgrumman.com/ray-kurzweil-predictions-persist-turns-70/.

**31.** カーツワイル、『ポスト・ヒューマン誕生』, 29.

**32.** Neil Postman, Building a Bridge to the 18th Century(New York: Alfred A. Knopf, 1999), 42.

**33.** Borgmann, "Technology as a Cultural Force," 353.

**34.** Jon Else, The Day after Trinity: Robert Oppenheimer and the Atomic Bomb(New York: Voyager, 1995), CD-ROM.

**35.** 以下に引用あり。Else, The Day after Trinity, supplemental files, 50.

**36.** 以下で、シュヴァリエがオッペンハイマーの言葉を引用している。Else, The Day after Trinity, supplemental files, 51.

**37.** Jacques Ellul, "The Technological Order," Technology and Culture 3, no. 4, Proceedings of the Encyclopedia Britannica Conference on the Technological Order(Autumn 1962): 394.

**38.** Jeffrey P. Greenman, Read Mercer Schuchardt, and Noah J. Toly, Understanding Jacques Ellul(Eugene, OR: Cascade Books, 2012), 23.

**39.** グリーンマン、シューハルト、トリは、この点をつぎのようにまとめている。「テクニックは、機械的世界のすべてを抱き込む意識になりうる」Ibid. エリュールによると〈テクニック〉とは、「人間活動のすべての分野で、合理的に到達された、また（特定の発達段階での）絶対的な効率をもつ諸方法の総体」のこと。ジャック・エリュール、『エリュール著作集1 技術社会 上』、島尾永康・竹岡敬温訳、すぐ書房、1975年 ／ Jacques Ellul, The Technological Society(New York: Alfred A. Knopf, 1964), xxv.

**40.** Ellul, "Technological Order," 410. この点については、以下も参照。Robert Wuthnow, Restructuring of American Religion(Princeton, NJ: Princeton University Press, 1988).

**41.** エリュール、『技術社会』, 96.

**42.** エリュールによると、「旧社会とテクニックに支配された典型的社会との重大な分岐点は1945年ごろに訪れたという点について、学者たちは現在おおむね同意している」Jacques Ellul, Perspectives of Our Age, ed. Willem H. Vanderburg(Berkeley: Anansi, 1981), 28.

**43.** エリュール、『技術社会』, 95. 以下も参照。Sonya D. Schmid, "Data, Discourse, and Disruption: Radiation Effects and Nuclear Orders," in The Age of Hiroshima, ed. Michael D. Gordin and G. John Ikenberry(Princeton, NJ: Princeton University Press, 2020), 243–258. シュミッドは、「チェルノブイリの惨事は、何十年もかけて確立し、今では当然に感じられる、軍事的な用途と平和的な用途との区別というものが人為的であることを露呈させた」と述べている。Schmid, "Data, Discourse, and Distruption," 254.

**44.** Kenneth Glazier, "The Decision to Use Atomic Weapons against Hiroshima and Nagasaki," Public Policy 18(Winter 1969): 515.

**45.** 以下に引用あり。サムエル・A・ハウトスミット、『ナチと原爆 ―― アル

ソス:科学情報調査団の報告』、山崎和夫・小沼通二訳、海鳴社、1977年/Samuel A. Goudsmit, Alsos(Los Angeles: Tomash, 1947), 76.

**46.** エリュール、『技術社会』, 99.

**47.** Nolan, "Risks and Hazards Thereof," 6.

**48.** Thomas Hughes, American Genesis: A Century of Invention and Technological Enthusiasm, 1870–1970(Chicago: University of Chicago Press, 2004).

**49.** 以下に引用あり。Else, Day after Trinity, supplemental files, 108.

**50.** Ibid.

**51.** US Atomic Energy Commission, In the Matter of J. Robert Oppenheimer: Transcript of Hearing before the Personnel Security Board, April 13, 1954(Washington, DC: US Government Printing Office, 1954), 2:266.

**52.** Bill Joy, "Why the Future Doesn' t Need Us," Wired, April 2000, 243.

**53.** エリュール、『技術社会』, 87.

**54.** Joy, "Why the Future," 243.

**55.** Ibid., 250.

**56.** Ibid., 256.

**57.** 以下を参照。Joseph Masco, The Nuclear Borderlands: The Manhattan Project in Post–Cold War New Mexico(Princeton, NJ: Princeton University Press, 2006), 24–25.

**58.** Ibid., 25.

**59.** Ellul, "Technological Order," 412.

**60.** Ibid.

**61.** ニコラス・G・カー、『ネット・バカ:インターネットがわたしたちの脳にしていること』、篠儀直子訳、青土社、2010年/Nicholas Carr, The Shallows: What the Internet Is Doing to Our Brains(New York: W. W. Norton, 2010); David Rothenberg, "How the Web Destroys the Quality of Students' Research Papers," Chronicle of Higher Education, August 15, 1997, A44; マーク・バウアーライン、『アメリカで大論争!! 若者はホントにバカか』、畔上司訳、阪急コミュニケーションズ、2009年/Mark Bauerlein, The Dumbest Generation: How the Digital Age Stupifies Young Americans and Jeopardizes Our Future(New York: Penguin, 2008); David Shenck, The End of Patience(Bloomington: Indiana University Press, 1999); シェリー・タークル、『つながっているのに孤独:人生を豊かにするはずのインターネットの正体』、渡会圭子訳、ダイヤモンド社、2018年/Sherry Turkle, Alone Together: Why We Expect More from Technology and Less from Each Other(New York: Basic Books, 2011); Nicholas Carr, "Is Google Making Us Stupid?," Atlantic, July / August 2008.

**62.** 以下を参照。Robert Putnam, Bowling Alone: The Collapse and Revival of American Community(New York: Simon and Schuster, 2000). パットナムは、「インターネットによって、自分のコミュニケーションを自分とまったく同じ関心を共有する人に限定することができてしまう」現象である「サイバーバルカン化」を、「社会関係資本の橋渡し」に対する脅威とみなしている。Ibid., 177–178.〈サイバーバルカン化(cyberbalkanization)〉という用語は、マーシャル・ヴァン・アルスタインとエリック・ブリニョルフソンによって、以下の論文内でこうした事柄を議論する際に考案されたと思われる。"Electronic Communities: Global Village or Cyberbalkans," March 1996, http://web.mit.edu/marshall/www/papers/CyberBalkans.pdf.

**63.** Katrina Brooker, " 'I Was Devastated' :

Tim Berners-Lee, the Man Who Created the World Wide Web, Has Some Regrets," Vanity Fair, August 2018, https://www.vanityfair.com/news/2018/07/the-man-who-created-the-world-wide-web-has-some-regrets; "30 Years On, What's Next #ForTheWeb?," Web Foundation, March 12, 2019, https://webfoundation.org/2019/03/web-birthday-30/.

**64.** "30 Years On."

**65.** Ibid. 以下も参照。 Tim Berners-Lee, "I Invented the Web. We Can Fix It," New York Times, November 29, 2019, A29. バーナーズ＝リーは、ここでつぎのように述べている。「ウェブの創出から30年がたったころには、なにより人のためになる使い方がされているといいと思っていた……しかし、現実はもっとずっと複雑だった。偏見や憎しみや嘘の情報がオンラインで広まることで、共同体は引き裂かれている。詐欺師はウェブを使って個人情報を盗み、ストーカーは相手を疲弊させ、怯えさせる。それから、巧妙なデジタル戦略で民主主義を転覆する厄介者もいる。アメリカでおこなわれた2020年の大統領選やほかのさまざまな地域でおこなわれた選挙では、的をしぼった政治広告が使われ、ここでもまた投票者の理解と選択の機会が損なわれようとしていた」

**66.** Brooker, " 'I Was Devastated.' "

**67.** Ibid.

**68.** Greg Milner, Pinpoint: How GPS Is Changing Technology, Culture, and Our Minds(New York: Norton, 2016), 111–137.

**69.** Ibid., xviii–xix.

**70.** マイケル・J・サンデル、『完全な人間を目指さなくてもよい理由：遺伝子操作とエンハンスメントの倫理』、林芳紀・伊吹友秀訳、ナカニシヤ出版、2010年／ Michael Sandel, The Case against Perfection(Cambridge, MA: Harvard University Press, 2007). この点については、サンデルの著書の第3章をとくに参照。

**71.** D. T. Max, "Beyond Human," National Geographic, April 2017, 40–63; "Brave New Dialogue," editorial, Nature Genetics 51, no. 365(2019), https://www.nature.com/articles/s41588-019-0374-2.

**72.** Joy, "Why the Future," 248.

**73.** Ferenc Morton Szasz, The Day the Sun Rose Twice: The Story of the Trinity Site Nuclear Explosion, July 16, 1945(Albuquerque: University of New Mexico Press, 1984), 152.

**74.** 以下に引用あり。 ibid., 157.

**75.** Ibid.

**76.** ピーター・L・バーガー、『社会学への招待』、水野節夫・村山研一訳、ちくま学芸文庫、2017年／ Peter Berger, Invitation to Sociology: A Humanistic Perspective(New York: Anchor Books, 1963), 121, 176.

**77.** Ellul, "Technological Order," 410.

**78.** Borgmann, "Technology as a Cultural Force," 359.

**79.** Wuthnow, Restructuring of American Religion, 268–296.

**80.** Borgmann, "Technology as a Cultural Force," 360.

**81.** エリュール、『技術社会』, xxvii.

**82.** エリュール、『技術社会』, xxxi.

**83.** エリュール、『技術社会』, xxxiii.

**84.** バーガー、『社会学への招待』, 176.

**85.** エリュール、『技術社会』, xxix, xxxi.

**86.** エリュール、『技術社会』, xxxii.

**87.** Sean L. Malloy, " 'A Very Pleasant Way to Die' : Radiation Effects and the Decision to Use the Atomic Bomb against Japan," Diplomatic History 36, no. 3(June

2012): 526–528.
**88.** エリュール、『技術社会』, xxxiii.
**89.** Ibid., xxxi.
**90.** Nolan, "Risks and Hazards Thereof," 6.

## 第9章 一九八三

**1.** Robert S. Norris and Hans M. Kristensen, "Global Nuclear Weapons Inventories, 1945–2010," Bulletin of the Atomic Scientists 66, no. 4(2010): 81.
**2.** Matt Novak, "Reagan Thought This 1983 Nuclear Apocalypse Movie Validated His Nuclear Policy," Paleofuture(blog), Gizmodo, April 17, 2017, 1983 年 10 月 10 日付のレーガンの日記を引用している。https://paleofuture.gizmodo.com/reagan-thought-this-1983-nuclear-apocalypse-movie- alid-1794377982.
**3.** 以下に引用あり。 Dawn Stover, "Facing Nuclear Reality: 35 Years after The Day After," Bulletin of the Atomic Scientists, December 13, 2018, https://thebulletin.org/facing-nuclear-reality-35-years-after-the-day-after/.
**4.** National Conference of Catholic Bishops, The Challenge of Peace: God's Promise and Our Response: A Pastoral Letter on War and Peace(Washington, DC: US Conference of Catholic Bishops, May 3, 1983), 2, http://www.usccb.org/issues-and-action/human-life-and-dignity/war-and-peace/nuclear-weapons/upload/statement-the-challenge-of-peace-1983-05-03.pdf.
**5.** Greg Mitchell, Atomic Cover-Up: Two Soldiers, Hiroshima and Nagasaki, and the Greatest Movie Never Made(New York: Sinclair Books, 2012).
**6.** "Los Alamos," Our Times with Bill Moyers, June 26, 1983, CBS News Archives.
**7.** Ibid.
**8.** Hans Bethe, "The Technological Imperative," Bulletin of the Atomic Scientists 41, no. 7(August 1985): 34–36.
**9.** Victor Weisskopf, "Los Alamos Anniversary: 'We Meant So Well,' " Bulletin of the Atomic Scientists 39, no. 7(August / September 1983): 24–26.
**10.** Ibid., 25.
**11.** Ibid., 26.
**12.** Ferenc Morton Szasz, The Day the Sun Rose Twice: The Story of the Trinity Site Nuclear Explosion, July 16, 1945(Albuquerque: University of New Mexico Press, 1984), 176.
**13.** Paul Olum, "Hiroshima: Memoir of a Bomb Maker . . . 'the Gadget,' " History News Network, Columbian College of Arts and Sciences, George Washington University, July 5, 2002, http://hnn.us/articles/171.html. 未発表だったオラムの回想録を、ジョージ・ペレスがヒストリー・ニュース・ネットワークに提供した。
**14.** Ibid.
**15.** "Frightened for the Future of Humanity," New York Times, April 24, 1983, E21. ニューヨーク・タイムズ紙が、オラムの嘆願書を転載し、つぎのような記載を付している。「以下の声明文には、1943 年に最初の原爆の開発に尽力した科学者 70 名の署名がある」
**16.** Ibid.
**17.** シラードの嘆願書に署名したのは、ほとんどがシカゴ大学冶金研究所の科学者だった。シラードの嘆願書はロスアラモス研究所にもまわってきたが、オッペンハイマーが、その文書を支持する動きを封じた。以下を参照。 Peter Wyden, Day One: Before Hiroshima and

After(New York: Simon and Schuster, 1984), 177–179.

**18.** Gregg Herken, "Mad about the Bomb," Harper's, December 1983, 55.

**19.** Ann Nolan to James F. Nolan, September 21, 1945, James F. Nolan papers, 著者所有 .

**20.** Ibid.

**21.** James F. Nolan, interview by Ferenc Szasz, May 24, 1983, Ferenc M. Szasz Papers, Center for Southwest Research, University of New Mexico Library, Albuquerque.

**22.** Bill Reynolds, interview by author, December 10, 2018.

**23.** Ibid.

**24.** Lynne Handy, interview by author, March 23, 2015.

**25.** "From Alamogordo to Los Angeles Tumor Institute," Medical Tribune Report, May 4, 1970.

**26.** ジョン・ハーシー、『ヒロシマ 増補版 新装版』 ／ P. Siemes, "Atomic Bomb on Hiroshima, Eyewitness Account of P. Siemes," trans. Averill Liebow, 18, Medical History Library, Yale University.

**27.** Noah Bierman, "Trump Warns North Korea of 'Fire and Fury,' " Los Angeles Times, August 8, 2017.

**28.** 以下に引用あり。 "Dad's Images of Death," Las Vegas Review-Journal, August 6, 2007, https://www.reviewjournal.com/news/dads-images-of-death/.

**29.** Lynne Handy, interview by author, March 23, 2015.

**30.** 以下に引用あり。 "Dad's Images of Death," Las Vegas Review-Journal, August 6, 2007, https://www.reviewjournal.com/news/dads-images-of-death/.

**31.** "10 Year Old Boy Carries Dead Baby Bro to Cremation," Editor's Journal(blog), August 8, 2014, https://theeditorsjournalwordpress.com/2014/08/05/10-year-old-boy-carries-dead-baby-bro-to-cremation/.

**32.** 以下に引用あり。Douglas Martin, "Joe O' Donnell, 85, Dies; Long a Leading Photographer," New York Times, August 14, 2007.

**33.** 以下に引用あり。 ジョー・オダネル写真、ジェニファー・オルドリッチ 聞き書き、『トランクの中の日本：米従軍カメラマンの非公式記録 J・オダネル写真集』、平岡豊子訳、小学館、1995 年 ／ Joe O' Donnell, Japan 1945: A U.S. Marine's Photographs from Ground Zero(Nashville: Vanderbilt University Press, 2005), 84; and Szasz, Day the Sun Rose Twice, 157.

**34.** Wyden, Day One, 363–364.

**35.** "Medical Center Opens," New Mexican(Santa Fe), January 27, 1952, 手書きのメモを添えた記事の切り抜き , JFN papers.

## 図版クレジット

Page 23: Human Radiation Experiments / Atomic Heritage Foundation
Pages 32, 35, 89（上と下）, 104, 108, 115, 116, 139, 143, 144（上と下）, 163, 174, 175, 213, 258, 263, 295, 337, 341: James F. Nolan papers, 著者所有
Pages 66, 74, 76, 219: Los Alamos National Laboratory Archives
Pages 148, 149, 150: 毎日新聞社提供
Page 152: Averill A. Liebow Collection / Yale University Archives
Page 156: US Army White Sands Missile Range Public Affairs Office
Pages 166, 176: © James L. Nolan, Jr.
Page 179: 永井徳三郎
Page 187: Surveys of Hiroshima and Nagasaki / Atomic Heritage Foundation
Page 189 : Stafford Leak Warren Papers, UCLA Library Special Collections
Pages 251, 268, 271: David J. Bradley Papers, Rauner Special Collections Library, Dartmouth College Library
Page 261, 262, 264: US Navy
Page 276: Sasha Davis
Page 287: Wikimedia Commons
Page 345: Joe O'Donnell

◆著者　ジェームズ・L・ノーラン Jr.　James L. Nolan, Jr.

ウィリアムズ大学社会学教授。研究分野は、法と社会、文化、技術と社会の変化、比較歴史社会学など。著作に、薬物事件とアメリカ刑事司法についての『ドラッグ・コート―アメリカ刑事司法の再編』(2006年刊、丸善プラネット)などがある。マンハッタン計画に参加し、原爆の開発から輸送、投下後の調査まで、すべての過程にかかわった医師ジェームズ・F・ノーランの孫。

◆訳者　藤沢町子(ふじさわ・まちこ)

大阪生まれ。京都大学総合人間学部人間科学系卒業。一般企業の宣伝部·国際部を経て、現在は知財関連業務に従事。翻訳学校フェロー・アカデミーで出版翻訳を学ぶ。

原爆投下《げんばくとうか》、米国人医師《べいこくじんいし》は何《なに》を見《み》たか

マンハッタン計画《けいかく》から広島《ひろしま》・長崎《ながさき》まで、隠蔽《いんぺい》された真実《しんじつ》

2022年7月1日　第1刷

2022年7月20日　第2刷

著者……………………ジェームズ・L・ノーラン Jr.

訳者……………………藤沢町子《ふじさわまちこ》

ブックデザイン………永井亜矢子（陽々舎）

発行者…………………成瀬雅人

発行所…………………株式会社原書房

〒160-0022 東京都新宿区新宿 1-25-13

電話・代表　03(3354)0685

http://www.harashobo.co.jp/

振替・00150-6-151594

印刷……………新灯印刷株式会社

製本……………東京美術紙工協業組合



ISBN 978-4-562-07186-9　Printed in Japan